税收业务提升好帮手系列丛书

增值税专用发票打虚打骗案例解析与法律风险防控

刘兵　郭勇平　武雪君　梁静雲　朱永芳　编著

税务人员
纳税人
税务爱好者等
案头必备手册

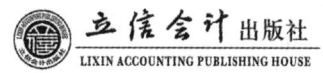

立信会计出版社
LIXIN ACCOUNTING PUBLISHING HOUSE

图书在版编目(CIP)数据

增值税专用发票打虚打骗案例解析与法律风险防控/
刘兵等编著.—上海:立信会计出版社,2020.6
ISBN 978-7-5429-6533-2

Ⅰ.①增… Ⅱ.①刘… Ⅲ.①增值税-发票-税收管
理-风险管理-案例-中国 ②增值税-发票-税法-研究-
中国 Ⅳ.①F812.423 ②D922.220.4

中国版本图书馆 CIP 数据核字(2020)第 101849 号

策划编辑　　张巧玲
责任编辑　　张巧玲

增值税专用发票打虚打骗案例解析与法律风险防控
Zengzhishui zhuanyong fapiao daxu dapian anli jiexi yu falü fengxian fangkong

出版发行	立信会计出版社			
地　　址	上海市中山西路 2230 号	邮政编码	200235	
电　　话	(021)64411389	传　　真	(021)64411325	
网　　址	www.lixinaph.com	电子邮箱	lixinaph2019@126.com	
网上书店	http://lixin.jd.com	http://lxkjcbs.tmall.com		
经　　销	各地新华书店			

印　　刷	固安华明印业有限公司		
开　　本	787 毫米×1092 毫米	1/16	
印　　张	24.25		
字　　数	576 千字		
版　　次	2020 年 6 月第 1 版		
印　　次	2020 年 6 月第 1 次		
书　　号	ISBN 978-7-5429-6533-2/F		
定　　价	98.00 元		

如有印订差错,请与本社联系调换

前　言

增值税专用发票既是纳税人从事生产经营活动的重要会计凭证,同时又是兼记销货方纳税义务和购货方进项税额的合法证明,具有扣税功能,与金钱利益关联,与之相伴的涉票行为不断出现,随之税务机关、公安机关联合重拳"打虚""打骗"。因此,增值税专用发票的风险防控问题便成为实务工作者研究的题中之义。基于此,我们编著了本书。

本书具备以下特色。

一是"全",注重内容翔实。本书包括增值税及增值税专用发票基础理论、增值税专用发票的税法风险防控、增值税专用发票的刑法风险防控三个部分,从多角度、多层面,详细地介绍了增值税专用发票风险防控实务;既适用于增值税专用发票行为人,也适用于税务机关工作人员,大家可以"各取所需"。

二是"实",注重实务操作。本书以实用为出发点,从增值税专用发票日常管理、检查过程切入,触及税法层面、刑法层面的风险防控,引用了大量已经发生的案例,"以案说事""以案析法"。

三是"易",注重通俗易懂。本书只涉及实务层面的风险防控,不涉及"高深"的理论,更不会涉及无端的问题争论,只是用简洁的语言,将增值税专用发票风险防控的专业问题通俗化。

当然由于我们水平有限,书中难免存在不当或错漏之处,期待大家指正。

编　者

2020 年 4 月 21 日

目　　录

第一部分　增值税及增值税专用发票基础理论

第二部分　增值税专用发票的税法风险防控

上编　增值税专用发票日常管理的税法风险防控

下编　增值税专用发票检查过程中的税法风险防控

第三部分　增值税专用发票的刑法风险防控

上编　虚开增值税专用发票的刑法风险

下编　骗取出口退税的刑法风险防控

第一部分
增值税及增值税专用发票基础理论

增值税的概念最早出自美国耶鲁大学亚当斯《商业税》(1917)一文中,他将工资、租金、利息和利润的总和列为毛利,认为营业毛利体现了国民所得增加部分,应该对这部分增加值征税。法国在1954年成功实行增值税制度,并为世界各地其他国家增值税制度的设立树立了参考体系。迄今为止,世界上已有160多个国家和地区实行了增值税制度,并且增值税的制度也在不断地完善与发展。

第一章　国内增值税及增值税专用发票概述

中国从 1979 年开始引进增值税，在少数地区对机器机械和农业机具两个行业以及自行车、缝纫机、电风扇三个产品征收增值税。1983 年 1 月 1 日开始在全国试行，在全国试点的基础上，1984 年正式确立了增值税制度，自 2009 年 1 月 1 日起，全国实施消费型增值税。发展至今，增值税已经成为中国最主要的税种之一，增值税的收入占中国全部税收的 60% 以上，是最大的税种，2016 年 5 月 1 日全面实现营业税改征增值税。

第一节　增值税纳税义务人及征收范围

一、增值税纳税人的基本规定

(一)纳税人

在中华人民共和国境内销售货物或者加工、修理修配劳务，销售服务、无形资产、不动产以及进口货物的单位和个人，为增值税的纳税人。单位包括企业、行政单位、事业单位、军事单位、社会团体及其他单位，个人包括个体工商户和其他个人。

单位租赁或者承包给其他单位或者个人经营的，以承租人或者承包人为纳税人。

对报关进口的货物，以进口货物的收货人或办理报关手续的单位和个人为进口货物的纳税人；对代理进口货物，以海关完税凭证(专用缴款书)上的纳税人为增值税的纳税人，若开具给代理人，则代理人为纳税人，若开具给委托方，则委托方为纳税人，即完税凭证上注明的主体为进口环节增值税纳税人。

(二)扣缴义务人

中华人民共和国境外的单位或者个人在境内销售劳务，在境内未设有经营机构的，以其境内代理人为扣缴义务人；在境内没有代理人的，以购买方为扣缴义务人。在境内销售服务、无形资产或者不动产，以购买方为扣缴义务人。

（三）增值税纳税人的分类

依据纳税人的会计核算健全与否和企业规模的大小等标准,可将纳税人划分为一般纳税人和小规模纳税人。

1. 一般纳税人

如果会计核算健全,能够按照国家统一的会计制度规定设置账簿,根据合法、有效凭证进行核算,并且年应税销售额超过小规模纳税人标准的企业和个体工商户,应当登记为一般纳税人。

能够按照国家统一的会计制度规定设置账簿,根据合法、有效凭证核算,能够提供准确税务资料的年应税销售额超过财政部、国家税务总局规定的小规模纳税人标准以及新开业的纳税人,可以向主管税务机关申请一般纳税人资格认定。

非企业性单位、不经常发生应税行为的企业,可以选择按小规模纳税人纳税。应税销售额,是指纳税人在连续不超过 12 个月或 4 个季度的经营期内累计应征增值税销售额,包括纳税申报销售额、稽查查补销售额、纳税评估调整销售额。

经营期是指在纳税人存续期内的连续经营期间,含未取得销售收入的月份或季度。

超过年应税销售额规定标准的纳税人(除符合有关规定选择按小规模纳税人纳税的纳税人外),在所属申报期结束后 15 日内按照相关规定和程序办理一般纳税人登记手续;未按规定时限办理的,主管税务机关应当在规定时限结束后 5 日内制作《税务事项通知书》,告知纳税人应当在 5 日内向主管税务机关办理相关手续;逾期仍不办理的,次月起按销售额依照增值税税率计算应纳税额,不得抵扣进项税额,直至纳税人办理相关手续为止。

2. 小规模纳税人

自 2018 年 5 月 1 日起,增值税小规模纳税人标准统一为年应征增值税销售额 500 万元以下。

在 2018 年 5 月 1 日前已登记为增值税一般纳税人的单位和个人,若在此日期之前连续 12 个月(以 1 个月为 1 个纳税期)或者连续 4 个季度(以 1 个季度为 1 个纳税期)累计应税销售额未超过 500 万元的,可于 2018 年 12 月 31 日前,转登记为小规模纳税人,如果转登记日前经营期不满 12 个月或者 4 个季度的,按照月(季度)平均应税销售额估算累计应税销售额。

自转登记日的下期起连续不超过 12 个月或者连续不超过 4 个季度的经营期内,转登记纳税人应税销售额超过财政部、国家税务总局规定的小规模纳税人标准的,应当按照《增值税一般纳税人登记管理办法》(国家税务总局令第 43 号)的有关规定,向主管税务机关办理一般纳税人登记。转登记纳税人按规定再次登记为一般纳税人后，不得再转登记为小规模纳税人。

年应税销售额超过小规模纳税人标准的其他个人按小规模纳税人纳税。

二、增值税征收范围

我国增值税的征税范围包括销售货物或者加工、修理修配劳务，销售服务、无形资产、不动产以及进口货物。

(一) 销售货物

销售货物是指有偿转让包括电力、热力、气体在内的有形动产的所有权。

(二) 销售劳务

销售劳务是指有偿提供加工、修理修配劳务。其中，加工只是受委托加工货物，即委托方提供原料及主要材料，受托方按照委托方的要求制造并收取加工费的业务；修理修配是指受托方对损伤和丧失功能的货物进行修复，使其恢复原状和功能的业务。

(三) 销售服务

销售服务是指有偿提供包括交通运输服务、邮政服务、电信服务、建筑服务、金融服务、现代服务、生活服务等在内的各项服务。

(四) 销售无形资产

销售无形资产是指有偿转让无形资产的所有权或者使用权的业务活动。无形资产是指不具实物形态，但能带来经济利益的资产，包括技术、商标、著作权、商誉、自然资源使用权和其他权益性无形资产。

(五) 销售不动产

销售不动产是指有偿转让不动产所有权的业务活动，不动产是指不能移动或者移动后会引起性质、形状改变的财产，包括建筑物、构筑物等。

(六) 视同销售

单位或者个体工商户的下列行为，视同销售货物：

(1) 将货物交付其他单位或者个人代销。

(2) 销售代销货物。

(3) 设有两个以上机构并实行统一核算的纳税人，将货物从一个机构移送其他机构用于销售，但相关机构设在同一县(市)的除外。

(4) 将自产或者委托加工的货物用于非增值税应税项目。

(5) 将自产、委托加工的货物用于集体福利或者个人消费。

（6）将自产、委托加工或者购进的货物作为投资，提供给其他单位或者个体工商户。

（7）将自产、委托加工或者购进的货物分配给股东或者投资者。

（8）将自产、委托加工或者购进的货物无偿赠送其他单位或者个人。

（9）单位或个体工商户向其他单位和个人无偿销售应税服务、无偿转让无形资产或者不动产，但用于公益事业或者以社会公众为对象的除外。

（10）财政部和国家税务总局规定的其他情形。

（七）兼营行为

兼营行为是指纳税人的经营范围涵盖销售货物、劳务、服务、无形资产、不动产这五类应税销售行为中的两个及以上，并且这个所包括的多种应税行为不发生在同一项销售行为中。

纳税人兼营销售货物、劳务、服务、无形资产或者不动产，适用不同税率或者征收率的，应当分别核算适用不同税率或者征收率的销售额；未分别核算的，从高适用税率；纳税人兼营免税、减税项目的，应当分别核算免税、减税项目的销售额；未分别核算的，不得免税、减税。

（八）混合销售

混合销售是指一项销售行为既涉及服务又涉及货物，并且该项服务是由其销售的货物所衍生的，两者是紧密相连的。

税务处理原则是按企业主营项目的性质划分适用的项目来缴纳增值税。即销售货物为主的企业的混合销售按照销售货物缴纳增值税，销售服务为主的企业的混合销售按照销售服务缴纳增值税。①

第二节　增值税税率和征收率

一、增值税税率

（1）纳税人销售或进口货物，提供加工、修理修配劳务，有形动产租赁服务适用13%的税率。

（2）纳税人销售服务、无形资产，除另有规定外，税率为6%。

---

① 丁芸主编：《中国税制》，中国财政经济出版社，2017年8月版。

（3）纳税人销售交通运输、邮政、基础电信、建筑、不动产租赁服务，销售不动产，转让土地使用权，销售或者进口下列货物，税率为 9%：

① 粮食等农产品、食用植物油、食用盐。

② 自来水、暖气、冷气、热水、煤气、石油液化气、天然气、二甲醚、沼气、居民用煤炭制品。

③ 图书、报纸、杂志、音像制品、电子出版物。

④ 饲料、化肥、农药、农机、农膜。

⑤ 国务院规定的其他货物。

纳税人出口货物，境内单位和个人跨境销售国务院规定范围内的服务、无形资产，税率为 0，国务院另有规定的除外。

二、增值税征收率

（1）小规模纳税人和选择按简易计税方式计税的一般纳税人适用增值税征收率。征收率一般为 3%，特殊项目适用 5% 的征收率。

（2）适用 5% 征收率的项目：

① 小规模纳税人销售自建或取得的不动产。

② 一般纳税人选择简易计税方法计税的不动产销售。

③ 房地产开发企业中的小规模纳税人，销售自行开发的房地产项目。

④ 其他个人销售其取得（不含自建）的不动产（不含其购买的住房）。

⑤ 一般纳税人选择简易计税方法计税的不动产经营租赁。

⑥ 小规模纳税人出租（经营租赁）其取得的不动产（不含个人出租住房）。

⑦ 其他个人出租（经营租赁）其取得的不动产（不含住房）。

⑧ 个人出租住房，按 5% 的征收率减按 1.5% 计税。

⑨ 一般纳税人和小规模纳税人提供劳务派遣服务选择差额纳税的。

⑩ 一般纳税人 2016 年 4 月 30 日前签订的不动产融资租赁合同，或以 2016 年 4 月 30 日前取得的不动产提供融资租赁服务，选择按简易计税方法的。

⑪ 一般纳税人收取试点前开工的一级公路、二级公路、桥、闸通行费，选择适用简易计税方法的。

⑫ 一般纳税人提供人力资源外包服务，选择适用简易计税方法的。

⑬ 纳税人转让 2016 年 4 月 30 日前取得的土地使用权，选择适用简易计税方法的。

第三节　增值税的税收优惠

增值税的税收优惠主要有税基式优惠、税率式优惠和税额式优惠,具体优惠方式包括对特定应税项目免税、即征即退、设置低税率、设置起征点等。

一、免征增值税项目

(一) 法定免征增值税项目

(1) 农业生产者销售的自产农产品。

(2) 避孕药品和用具。

(3) 古旧图书。

(4) 直接用于科学研究、科学试验和教学的进口仪器、设备。

(5) 外国政府、国际组织无偿援助的进口物资和设备。

(6) 由残疾人的组织直接进口供残疾人专用的物品。

(7) 销售的自己使用过的物品。

(二) 专项民生服务

(1) 托儿所、幼儿园提供的保育和教育服务,在规定收费标准范围内的教育费、保育费为免征增值税收入。

(2) 养老机构提供的养老服务。

(3) 残疾人福利机构提供的育养服务。

(4) 婚姻介绍服务。

(5) 殡葬服务。

(6) 医疗机构提供的医疗服务。

(7) 为了配合国家住房制度改革,企业、行政事业单位按房改成本价、标准价出售住房取得的收入。

(三) 个人发生的以下应税销售行为

(1) 残疾人员本人为社会提供的服务。

(2) 学生勤工俭学提供的服务。

(3) 家政服务企业由员工制家政服务员提供家政服务取得的收入。

(4) 个人转让著作权。

(5) 个人销售自建自用住房。

（6）涉及家庭财产分割的个人无偿转让不动产、土地使用权。

（四）符合规定的教育服务

（1）从事学历教育的学校提供的教育服务。

（2）政府举办的从事学历教育的高等、中等和初等学校（不含下属单位），举办进修班、培训班取得的全部归该学校所有的收入。

（3）政府举办的职业学校设立的主要为在校学生提供实习场所、并由学校出资自办、由学校负责经营管理、经营收入归学校所有的企业，从事"现代服务"（不含融资租赁服务、广告服务和其他现代服务）、"生活服务"（不含文化体育服务、其他生活服务和桑拿、氧吧）业务活动取得的收入。

（五）门票收入

（1）纪念馆、博物馆、文化馆、文物保护单位管理机构、美术馆、展览馆、书画院、图书馆在自己的场所提供文化体育服务取得的第一道门票收入。

（2）寺院、宫观、清真寺和教堂举办文化、宗教活动的门票收入。

（六）特殊运输服务

（1）台湾航运公司、航空公司从事海峡两岸海上直航、空中直航业务在大陆取得的运输收入。

（2）纳税人提供的直接或者间接国际货物运输代理服务。

（七）以下利息收入

（1）国家助学贷款。

（2）国债、地方政府债。

（3）人民银行对金融机构的贷款。

（4）住房公积金管理中心用住房公积金在指定的委托银行发放的个人住房贷款。

（5）外汇管理部门在从事国家外汇储备经营过程中，委托金融机构发放的外汇贷款。

（6）统借统还业务中，企业集团或企业集团中的核心企业以及集团所属财务公司按不高于支付给金融机构的借款利率水平或者支付的债券票面利率水平，向企业集团或者集团内下属单位收取的利息。

（八）金融和保险业的免税规定

（1）被撤销金融机构以货物、不动产、无形资产、有价证券、票据等财产清偿债务。

（2）保险公司开办的一年期以上人身保险产品取得的保费收入。

（3）下列金融商品转让收入：

① 合格境外投资者（QFII）委托境内公司在我国从事证券买卖业务。

② 香港市场投资者(包括单位和个人)通过沪港通买卖上海证券交易所上市 A 股。

③ 对香港市场投资者(包括单位和个人)通过基金互认买卖内地基金份额。

④ 证券投资基金(封闭式证券投资基金,开放式证券投资基金)管理人运用基金买卖股票、债券。

⑤ 个人从事金融商品转让业务。

(4)金融同业往来利息收入。

(5)符合条件的担保机构从事中小企业信用担保或者再担保业务取得的收入(不含信用评级、咨询、培训等收入)3 年内免征增值税。

(6)土地使用权及自然资源使用权。

(7)将土地使用权转让给农业生产者用于农业生产。

(8)土地所有者出让土地使用权和土地使用者将土地使用权归还给土地所有者。

(9)县级以上地方人民政府或自然资源行政主管部门出让、转让或收回自然资源使用权(不含土地使用权)。

(九) 其他免税项目

(1)纳税人提供技术转让、技术开发和与之相关的技术咨询、技术服务。

(2)农业机耕、排灌、病虫害防治、植物保护、农牧保险以及相关技术培训业务,家禽、牲畜、水生动物的配种和疾病防治。

(3)国家商品储备管理单位及其直属企业承担商品储备任务,从中央或者地方财政取得的利息补贴收入和价差补贴收入。

(4)行政单位之外的其他单位收取的符合规定的政府性基金和行政事业性收费。

(5)福利彩票、体育彩票的发行收入。

(6)军队空余房产租赁收入。

(7)军队转业干部就业和随军家属就业。

二、增值税即征即退

增值税即征即退主要包括安置残疾人即征即退政策、资源综合利用即征即退政策、新型墙体材料即征即退政策、软件产品即征即退政策、融资租赁业务即征即退以及其他即征即退政策。

(一) 安置残疾人即征即退政策

对安置残疾人的单位和个体工商户(以下称纳税人),由税务机关按纳税人安置残疾人的人数,限额即征即退增值税。具体限额,由县级以上税务机关根据纳税人所在区县(含县级市、旗,下同)适用的经省(含自治区、直辖市、计划单列市,下同)人民政府批准的月最低工资标准的 4 倍确定①。

(二) 资源综合利用即征即退政策

销售自产的符合条件的资源综合利用产品和提供资源综合利用劳务(以下称销售综合利用产品和劳务)的纳税人,可按《资源综合利用产品和劳务增值税优惠目录》列明的退税比例享受增值税即征即退政策②。

(三) 新型墙体材料即征即退政策

对纳税人销售自产的列入财税〔2015〕73 号文所附《享受增值税即征即退政策的新型墙体材料目录》的新型墙体材料,实行增值税即征即退 50% 的政策。

(四) 软件产品即征即退政策

增值税一般纳税人销售其自行开发生产的软件产品,按 13% 税率征收增值税后,对其增值税实际税负超过 3% 的部分实行即征即退政策③。

(五) 融资租赁业务即征即退政策

经人民银行、银监会或者商务部批准从事融资租赁业务的试点纳税人中的一般纳税人,提供有形动产融资租赁服务和有形动产融资性售后回租服务,对其增值税实际税负超过 3% 的部分实行增值税即征即退政策。

(六) 其他即征即退政策

一般纳税人提供管道运输服务,对其增值税实际税负超过 3% 的部分实行增值税即征即退政策。

自 2018 年 5 月 1 日至 2020 年 12 月 31 日,对动漫企业增值税一般纳税人销售其自主开发生产的动漫软件,对其增值税实际税负超过 3% 的部分,实行即征即退政策④。

自 2000 年 1 月 1 日起,对飞机维修劳务增值税实际税负超过 6% 的部分,实行由税务机关即征即退的政策。

自 2015 年 7 月 1 日起,对纳税人销售自产的利用风力生产的电力产品,实行增值税即征即退 50% 的政策。

三、起征点

个人发生应税行为的销售额未达到增值税起征点的,免征增值税;达到起征点的,全

---

① 《财政部　国家税务总局关于促进残疾人就业增值税优惠政策的通知》(财税〔2016〕52 号)。
② 《财政部　国家税务总局关于印发〈资源综合利用产品和劳务增值税优惠目录〉的通知》(财税〔2015〕78 号)。
③ 《财政部　国家税务总局关于软件产品增值税政策的通知》(财税〔2011〕100 号)。
④ 《财政部　税务总局关于延续动漫产业增值税政策的通知》(财税〔2018〕38 号)。

额计算缴纳增值税。增值税起征点不适用于登记为一般纳税人的个体工商户。

增值税起征点幅度如下：

按期纳税的，为月销售额 5 000～20 000 元(含本数)。

按次纳税的，为每次(日)销售额 300～500 元(含本数)。

第四节　增值税应纳税额的计算

由于对纳税人划分了一般纳税人和小规模纳税人，分别适用税率和征收率，所以在应纳税额的计算上也存在很大不同，总体而言，计税方法可分为一般计税方法和简易计税方法。

一、一般计税方法

增值税是对流转环节的增值额征收的一种税，理论上来说，用增值额乘以适用税率即为应纳税额，但在实践中，增值额难以衡量与计算，因此采用间接的方式来计算增值税额，即应纳增值税额＝销项税额－进项税额，进而销项税额和进项税额的确定就显得尤为重要。

(一) 销项税额

销项税额是纳税人销售货物或提供应税劳务，销售服务、无形资产或不动产，按照不含增值税销售额和适用税率计算并向购买方收取的增值税额。销项税额的计算公式：

$$销项税额＝不含税销售额×适用税率$$
$$不含税销售额＝含税销售额÷(1＋税率)$$

含税价格主要包括以下几种情况：商业企业零售价；普通发票注明的销售额；价外费用；包装物押金。

一般销售方式下，销售额是指纳税人发生应税销售行为时向购买方(劳务和服务的承受方)收取的全部价款和价外费用。

价外费用，包括销售方在价外向购买方收取的手续费、补贴、基金、集资费、返还利润、奖励费、违约金、滞纳金、延期付款利息、赔偿金、代收款项、代垫款项、包装费、包装物租金、储备费、运输装卸费以及其他各种性质的价外收费。

纳税人发生应税销售行为，价格明显偏低且无正当理由的，或者发生应税销售行为但无销售额的，由主管税务机关按以下顺序核定销售额：

（1）按照纳税人最近时期同类货物的平均销售价格确定。

（2）按照其他纳税人最近时期同类货物的平均售价确定。

（3）按组成计税价格确定：

$$组成计税价格＝成本×（1＋成本利润率）$$

或：

$$组成计税价格＝成本×（1＋成本利润率）＋消费税$$

（二）进项税额

纳税人购进货物、劳务、服务、无形资产、不动产所支付或负担的增值税税额即为进项税额。进项税额与销项数额是相对应的关系，销售方收取的销项税额就是购买方支付的进项税额。进项税额作为可抵扣部分，如果把控不严，很容易成为纳税人偷漏税的一个渠道，因此判断纳税人取得进项税额能不能抵扣尤为重要。

1. 准予从销项税额中抵扣的进项税额

进项税额的抵扣主要有凭票抵扣和计算抵扣两种方式，符合条件的企业还可按照10％或15％的比例加计抵扣进项税额。

凭票抵扣即按照增值税专用发票、从海关取得的进口增值税专用缴款书、从税务机关或者扣缴义务人取得的代扣代缴税款完税凭证等合法合规凭证上注明的增值税额抵扣进项税额。

计算抵扣主要应用于购进农产品、购进国内旅客运输服务和桥、闸通行费，按照取得相关凭证上注明的金额，依据特定的扣除率计算可抵扣的进项税额。

2. 不得从销项税额中抵扣的进项税额

纳税人购进货物、劳务、服务、无形资产、不动产，取得的增值税扣税凭证不符合法律、行政法规或者国务院税务主管部门有关规定的，其进项税额不得从销项税额中抵扣。

用于简易计税方法计税项目、免征增值税项目、集体福利或者个人消费的购进货物、劳务、服务、无形资产和不动产。

购进的贷款服务、餐饮服务、居民日常服务和娱乐服务。

非正常损失的购进货物，以及相关劳务和交通运输服务；非正常损失的在产品、产成品所耗用的购进货物（不包括固定资产）、劳务和交通运输服务；非正常损失的不动产，以及该不动产所耗用的购进货物、设计服务和建筑服务；非正常损失的不动产在建工程所耗用的购进货物、设计服务和建筑服务。

3. 不得抵扣进项税额的计算

适用一般计税方法的纳税人，兼营简易计税方法计税项目、免征增值税项目而无法

划分不得抵扣的进项税额,按照下列公式计算不得抵扣的进项税额:

$$不得抵扣的进项税额 = 当期无法划分的全部进项税额 \times \left(当期简易计税方法计税项目销售额 + 免征增值税项目销售额 \right) \div 当期全部销售额$$

一般纳税人已抵扣进项税额的固定资产、无形资产或者不动产,发生《增值税暂行条例》和"营改增通知"规定不得从销项税额中抵扣进项税额情形的,按照下列公式计算不得抵扣的进项税额:

$$不得抵扣的进项税 = 固定资产、无形资产或者不动产净值 \times 适用税率$$

二、简易计税方法

小规模纳税人发生应税销售行为适用简易计税方法,一般纳税人发生财政部和国家税务总局规定的特定应税销售行为也可以选择适用简易计税方法,但不得抵扣进项税额。简易计税方式的公式是:

$$当期应纳增值税额 = 当期不含税销售额 \times 征收率$$

$$不含税销售额 = 含税销售额 \div (1 + 征收率)$$

三、扣缴计税方法

境外的单位或个人在境内销售劳务,在境内未设有经营机构的,以其境内代理人为扣缴义务人;在境内没有代理人的,以购买方为扣缴义务人。扣缴义务人按照下列公式计算应扣缴税额:

$$应扣缴税额 = 接受方支付的价款 \div (1 + 税率) \times 税率$$

第五节 进出口环节增值税的税务处理

一、进口环节增值税处理

(一)进口环节增值税的征收范围及纳税人

根据《增值税暂行条例》的规定,只要是申报进入中华人民共和国海关境内的货物,不分产地、用途、自行采购或捐赠,除另有规定外,均应按照规定缴纳进口环节的增值税。

进口货物的收货人(承受人)或办理报关手续的单位和个人,为进口货物增值税的纳税义务人。对于企业、单位和个人委托代理进口应征增值税的货物,以海关开具的完税凭证上的纳税人为增值税纳税人。跨境电子商务零售进口商品按照货物征收关税和进口环节增值税、消费税,购买跨境电子商务零售进口商品的个人作为纳税义务人。电子商务企业、电子商务交易平台企业或物流企业可作为代收代缴义务人。

(二) 进口环节增值税的适用税率

进口环节增值税税率不区分纳税人的性质,一律按照货物所适用的基本税率13％或低税率9％来计税,即小规模纳税人在进口环节的增值税也要适用13％或9％的税率,不使用征收率。

(三) 进口环节增值税应纳税额计算

纳税人进口货物,按照组成计税价格和规定的税率计算应纳税额。组成计税价格是指在没有实际销售价格时,按照税法规定计算出作为计税依据的价格。进口货物计算增值税的组成计税价格和应纳税额计算公式如下:

$$组成计税价格＝关税完税价格＋关税＋消费税$$
$$应纳税额＝组成计税价格×税率$$

(四) 在计算进口货物的增值税时应该注意以下问题

(1) 进口货物增值税的组成计税价格中包括已纳关税税额,如果进口货物属于消费税应税消费品,其组成计税价格中还要包括进口环节已纳消费税税额。在计算进口环节的应纳增值税税额时不得抵扣任何税额,即在计算进口环节的应纳增值税税额时,不得抵扣发生在我国境外的各种税金。

(2) 一般贸易下进口货物的关税完税价格以海关审定的成交价格为基础的到岸价格作为完税价格。

(3) 纳税人进口货物取得的合法海关完税凭证,是计算增值税进项税额的唯一依据,其价格差额部分以及从境外供应商取得的退还或返还的资金,不作进项税额转出处理。

(4) 跨境电子商务零售进口商品按照货物征收关税和进口环节增值税、消费税,以实际交易价格(包括货物零售价格、运费和保险费)作为完税价格。

(5) 跨境电子商务零售进口商品的进口环节增值税、消费税取消免征税额,暂按法定应纳税额的70％征收。超过单次限值、累加后超过个人年度限值的单次交易,以及完税价格超过2 000元限值的单个不可分割商品,均按照一般贸易方式全额征税。

(五) 进口环节的税收优惠

属于"来料加工、进料加工"贸易方式进口国外的原材料、零部件等在国内加工后复出口的,对进口的料、件按规定给予免税或减税,但这些进口免、减税的料件若不能加工复出口,而是销往国内的,就要予以补税。

跨境电子商务零售进口商品的单次交易限值为人民币 5 000 元,个人年度交易限值为人民币 26 000 元,在此限值以内进口的跨境电子商务零售进口商品,关税税率暂设为0;进口环节增值税、消费税暂按法定纳税额的 70% 征收。

(六) 进口环节增值税的管理

进口货物的增值税由海关代征,个人携带或者邮寄进境自用物品的增值税,连同关税一并计征。

进口货物增值税纳税义务发生时间为报关进口的当天,其纳税地点应当由进口人或其代理人向报关地海关申报纳税,其纳税期限应当自海关填发海关进口增值税专用缴款书之日起 15 日内缴纳税款。

跨境电子商务零售进口商品自海关放行之日起 30 日内退货的,可申请退税,并相应调整个人年度交易总额。

跨境电子商务零售进口商品购买人(订购人)的身份信息应进行认证;未进行认证的,购买人(订购人)身份信息应与付款人一致。

二、出口货物、劳务和跨境应税行为增值税的退免税和征税

我国的出口货物、劳务和跨境应税行为退(免)增值税是指在国际贸易业务中,对我国报关出口的货物、劳务和跨境应税行为退还或免征其在国内各生产和流转环节按税法规定缴纳的增值税,即对应征收增值税的出口货物、劳务和跨境应税行为实行零税率。

增值税出口货物、劳务和跨境应税行为的零税率,从税法上理解有两层含义:一是对本道环节生产或销售货物、劳务和跨境应税行为的增值部分免征增值税;二是对出口货物、劳务和跨境应税行为前道环节所含的进项税额进行退付。

(一) 适用增值税退(免)税政策的范围

1. 出口企业出口货物

出口企业,是指依法办理工商登记、对外贸易经营者备案登记,自营或者委托出口货物的单位或个体工商户,以及依法办理工商登记但未办理对外贸易经营者备案登记,委托出口货物的生产企业。出口货物,是指向海关报关后实际离境并销售给境外单位或个人的货物,分为自营出口货物和委托出口货物两类。生产企业,是指具有生产能力(包括加工修理修配能力)的单位或个体工商户。

2. 出口企业或其他单位视同出口货物

(1) 对外援助、对外承包、境外投资的出口货物。

(2) 进入特殊区域的出口货物。

（3）免税品经营企业销售的货物。

（4）销售给用于国际招标建设项目的中标机电产品。

（5）向海上油气开采企业销售自产海洋工程结构物。

（6）销售用于国际运输工具上的货物。

（7）输入特殊区域的水电气。

3. 出口企业对外提供加工修理修配劳务

对外提供加工修理修配劳务，是指对进境复出口货物或从事国际运输的运输工具进行的加工修理修配。

4. 跨境应税行为

适用增值税免税政策的跨境应税行为主要包括完全发生在境外的特定服务，为出口货物提供的邮政、收派、保险服务，向境外单位提供的完全在境外消费的特定服务和无形资产，以无运输工具承运方式提供的国际运输服务，为境外单位之间的货币资金融通及其他金融业务提供的与境内的货物、无形资产和不动产无关的直接收费金融服务。以上跨境应税行为若适用增值税零税率，则不能再享受增值税免税政策。

（二）增值税出口退税率

1. 基本规定

除财政部和国家税务总局根据国务院决定而明确的增值税出口退税率（以下称退税率）外，出口货物的退税率为其适用税率。应税服务退税率为应税服务适用的增值税税率。即有形动产租赁服务退税率为13%；交通运输业、邮政业服务退税率为9%；现代服务业（有形动产租赁服务除外）退税率为6%；加工修理修配劳务的退税率按照所加工货物的退税率执行。

2. 出口退税率的特殊规定

外贸企业购进按简易办法征税的出口货物、从小规模纳税人购进的出口货物，其退税率分别为简易办法实际执行的征收率、小规模纳税人征收率。上述出口货物取得增值税专用发票的，退税率按照增值税专用发票上的税率和出口货物退税率孰低的原则确定。

出口企业委托加工修理修配货物，其加工修理修配费用的退税率，为出口货物的退税率。

中标机电产品、出口企业向海关报关进入特殊区域销售给特殊区域内生产企业生产耗用的列名原材料、输入特殊区域的水电气，其退税率为适用税率。如果国家调整列名原材料的退税率，列名原材料应当自调整之日起按调整后的退税率执行。

适用不同退税率的货物、劳务及跨境应税行为，应分开报关、核算并申报退（免）税，未分开报关、核算或划分不清的，从低适用退税率。

（三）增值税退（免）税的计税依据

1. 基本规定

出口货物、劳务的增值税退（免）税计税依据，按出口货物、劳务的出口发票（外销发票）、其他普通发票或购进出口货物、劳务的增值税专用发票、海关进口增值税专用缴款书确定。

增值税退免税依据，对于生产企业而言，一般是扣减所含保税和免税金额后的离岸价；对于外贸企业而言，一般是购进货物增值税专用发票注明的金额或海关进口增值税专用缴款书注明的完税价格。[①]

2. 出口货物退税的计算

（1）生产企业出口货物、劳务、服务和无形资产的增值税"免、抵、退"税，依下列公式计算。

① 当期应纳税额的计算：

当期应纳税额＝当期销项税额－（当期进项税－当期不得免征和抵扣税额）

$$\text{当期不得免征和抵扣税额} = \text{当期出口货物离岸价} \times \text{外汇人民币折合率} \times \left(\text{出口货物适用税率} - \text{出口货物退税率} \right) - \text{当期不得免征和抵扣税额抵减额}$$

$$\text{当期不得免征和抵扣税额抵减额} = \text{当期免税购进原材料价格} \times \left(\text{出口货物适用税率} - \text{出口货物退税率} \right)$$

出口货物离岸价（FOB）以出口发票计算的离岸价为准。实际离岸价应以出口发票上的离岸价为准，但如果出口发票不能反映实际离岸价，主管税务机关有权核定。

② 当期"免、抵、退"税额的计算：

$$\text{当期免抵退税额} = \frac{\text{当期出口货物离岸价}}{\text{外汇人民币折合率}} \times \text{出口货物退税率} - \text{当期免抵退税额抵减额}$$

当期免抵退税额抵减额＝当期免税购进原材料价格×出口货物退税率

③当期应退税额和免抵税额的计算：

当期期末留抵税额≤当期"免、抵、退"税额，则：

当期应退税额＝当期期末留抵税额。

当期免抵税额＝当期免抵退税额－当期应退税额。

当期期末留抵税额＞当期"免、抵、退"税额，则：

当期应退税额＝当期免抵退税额。

---

① 丁芸主编：《中国税制》，中国财政经济出版社，2017 年 8 月版。

当期免抵税额＝0。

（2）外贸企业出口货物、劳务和应税行为增值税免退税，依下列公式计算。

① 外贸企业出口委托加工修理修配货物以外的货物：

$$增值税应退税额＝增值税退（免）税计税依据×出口货物退税率$$

② 外贸企业出口委托加工修理修配货物：

$$出口委托加工修理修配货物的增值税应退税额＝委托加工修理修配的增值税退（免）税计税依据×出口货物退税率$$

③ 外贸企业兼营的零税率应税行为增值税免退税的计算：

$$外贸企业兼营的零税率应税服务应退税额＝外贸企业兼营的零税率应税行为免退税计税依据×零税率应税行为增值税退税率$$

（3）融资租赁出口货物退税的计算。

融资租赁出租方将融资租赁出口货物租赁给境外承租方、将融资租赁海洋工程结构物租赁给海上石油天然气开采企业，向融资租赁出租方退还其购进租赁货物所含增值税。

其计算公式如下：

$$增值税应退税额＝购进融资租赁货物的增值税专用发票注明的金额或海关进口增值税专用缴款书注明的完税价格×融资租赁货物适用的增值税退税率$$

第六节　增值税的纳税义务发生时间、纳税期限、纳税地点

一、增值税纳税义务发生时间

发生应税销售行为，为收讫销售款项或者取得索取销售款项凭据的当天；先开具发票的，为开具发票的当天。进口货物，为报关进口的当天。增值税扣缴义务发生时间为纳税人增值税纳税义务发生的当天。

二、增值税纳税期限

增值税的纳税期限分别为 1 日、3 日、5 日、10 日、15 日、1 个月或者 1 个季度。纳税人的具体纳税期限，由主管税务机关根据纳税人应纳税额的大小分别核定；不能按照固定期限纳税的，可以按次纳税。

纳税人(扣缴义务人)以1个月或者1个季度为1个纳税期的,自期满之日起15日内申报纳税;以1日、3日、5日、10日或者15日为1个纳税期的,自期满之日起5日内预缴税款,于次月1日起15日内申报纳税并结清上月应纳税款。以一个季度为纳税期限的规定仅适用于小规模纳税人。

纳税人进口货物,应当自海关填发海关进口增值税专用缴款书之日起15日内缴纳税款。

纳税人出口货物适用退(免)税规定的,应当向海关办理出口手续,凭出口报关单等有关凭证,在规定的出口退(免)税申报期内按月向主管税务机关申报办理该项出口货物的退(免)税;境内单位和个人跨境销售服务和无形资产适用退(免)税规定的,应当按期向主管税务机关申报办理退(免)税。具体办法由国务院财政、税务主管部门制定。

三、增值税纳税地点

固定业户应当向其机构所在地的主管税务机关申报纳税。总机构和分支机构不在同一县(市)的,应当分别向各自所在地的主管税务机关申报纳税;经国务院财政、税务主管部门或者其授权的财政、税务机关批准,可以由总机构汇总向总机构所在地的主管税务机关申报纳税。

固定业户到外县(市)销售货物或者劳务,应当向其机构所在地的主管税务机关报告外出经营事项,并向其机构所在地的主管税务机关申报纳税;未报告的,应当向销售地或者劳务发生地的主管税务机关申报纳税;未向销售地或者劳务发生地的主管税务机关申报纳税的,由其机构所在地的主管税务机关补征税款。

非固定业户销售货物或者劳务,应当向销售地或者劳务发生地的主管税务机关申报纳税;未向销售地或者劳务发生地的主管税务机关申报纳税的,由其机构所在地或者居住地的主管税务机关补征税款。

进口货物,应当向报关地海关申报纳税。

扣缴义务人应当向其机构所在地或者居住地的主管税务机关申报缴纳其扣缴的税款。

第七节 关于增值税专用发票

一、基本内涵

增值税专用发票是由国家税务总局监制设计印制的,既作为纳税人反映经济活动中的重要会计凭证又是兼记销售方纳税义务和购买方进项税额的合法证明。

二、种类及构成

增值税专用发票是收执方作为付款或收款的原始凭证,属于商事凭证,由基本联次或者基本联次附加其他联次构成,分为三联版和六联版两种。基本联次为三联:第一联为记账联,是销售方核算销售额和销项税额的主要凭证,即销售方记账凭证;第二联为抵扣联,是购买方计算进项税额的证明,即购买方扣税凭证;第三联为发票联,即购买方记账凭证。增值税专用发票印色第一联为蓝色,第二联为绿色,第三联为棕色。六联版的其他联次为副联,其用途可由纳税人自行确定。

第八节　虚开增值税专用发票的法律制度

一、税法规定

《中华人民共和国发票管理办法》(简称《发票管理办法》)和《中华人民共和国税收征收管理法》(简称《税收征收管理法》)的基本规定。

(一)任何单位和个人不得虚开增值税专用发票

1. 虚开情形

为他人、为自己开具与实际经营业务情况不符的发票;让他人为自己开具与实际经营业务情况不符的发票;介绍他人开具与实际经营业务情况不符的发票。

2. 税务处罚

虚开发票的,由税务机关没收违法所得;虚开金额在1万元以下的,可以并处5万元以下的罚款;虚开金额超过1万元的,并处5万元以上50万元以下的罚款;构成犯罪的,依法追究刑事责任。

(二)任何单位和个人应当按照发票管理规定使用增值税专用发票

1. 违法情形

转借、转让、介绍他人转让发票、发票监制章和发票防伪专用品;知道或者应当知道是私自印制、伪造、变造、非法取得或者废止的发票而受让、开具、存放、携带、邮寄、运输;拆本使用发票;扩大发票使用范围;以其他凭证代替发票使用。

2. 税务处罚

转借、转让、介绍他人转让发票、发票监制章和发票防伪专用品的;知道或者应当知道是私自印制、伪造、变造、非法取得或者废止的发票而受让、开具、存放、携带、邮寄、运输的;私自印制、伪造、变造发票,非法制造发票防伪专用品,伪造发票监制章的,由税务机关没收违法所得,没收、销毁作案工具和非法物品,并处 1 万元以上 5 万元以下的罚款;情节严重的,并处 5 万元以上 50 万元以下的罚款;对印制发票的企业,可以并处吊销发票准印证;构成犯罪的,依法追究刑事责任。

二、刑法规定

根据《中华人民共和国刑法》(简称《刑法》)第 205 条的规定,行为人为他人虚开、为自己虚开、让他人为自己虚开、介绍他人虚开增值税专用发票的,以虚开增值税专用发票罪论,行为人虚开税款数额在 1 万元以上或者虚开增值税专用发票致使国家税款被骗取5 000 元以上的,构成本罪,依法追究刑事责任。

第二章　国外增值税概述

目前全球有 160 多个国家和地区实行了增值税制度,增值税的征税范围基本涵盖了货物、劳务、服务、无形资产和不动产。由于每个国家和地区的政治经济、社会文化等存在差异,因此在遵循对增值额征税的基本原理之上,每个国家和地区形成了各具特色的增值税制度。各个国家和地区在对本国(地区)增值税制度的改革完善过程中,也促进了世界增值税制度的完善和发展。

第一节　增值税的内涵与基本模式

一、增值税的内涵

增值税是以货物和劳务为课税对象,以增值额为计税依据,多阶段、多环节征收的一种新型货物劳务税,即增值税是对货物流转或劳务提供过程中实现的增值额课征的一种流转税。[①]

二、增值税的类型

根据对外购固定资产所含税金扣除方式的不同,增值税可以分为生产型增值税、收入型增值税、消费型增值税。

生产型增值税指在征收增值税时,只能扣除属于非固定资产项目的那部分生产资料的税款,不允许扣除固定资产价值中所含有的税款。该类型增值税的征税对象大体上相当于国民生产总值,因此被称为生产型增值税。

收入型增值税指在征收增值税时,只允许扣除固定资产折旧部分所含的税款,未提折旧部分不得计入扣除项目金额。该类型增值税的征税对象大体上相当于国民收入,因此称为被收入型增值税。

消费型增值税指在征收增值税时,允许将固定资产价值中所含的税款全部一次性扣

---

① 全国人大常委会预算工作委员会:《增值税法律制度比较研究》,中国民主法制出版社,2010 年版。

除。这样,就整个社会而言,生产资料都排除在征税范围之外。该类型增值税的征税对象仅相当于社会消费资料的价值,因此被称为消费型增值税。

三、增值税的基本模式

从世界增值税的发展史来看,增值税可以分为三种模式,分别是欧洲增值税模式、日本消费税模式和新西兰的商品与服务税模式。

欧洲增值税属于传统的增值税模式。目前实行的是消费型增值税,征税对象涵盖所有的商品和劳务,征税范围十分广泛。强调以增值额为计税依据,实行多档次税率和多减免项目,实行零税率的范围广泛,普遍实行增值税纳税人注册(登记)制度,即对增值税的纳税人(无论是企业还是个人)规定了起征点,未达起征点的纳税人不得登记注册,也不用缴纳增值税。其中,实行零税率的项目不可以抵扣进项税额,属于免税范围的项目不可抵扣进项税额。我国现行的增值税制度就是借鉴了欧洲增值税模式,因此有许多相似之处。

日本的消费税模式实质上是普遍意义上的增值税,其基本特点包括:一是采取宽税基,除一些特殊交易外,对商品和劳务普遍课税,以强调税负公平。二是实行低税率,以鼓励国内消费。三是允许扣除进项税额,以避免重复征税。四是设定起征点,以减少中小企业负担。五是实行出口"零税率",以鼓励出口贸易。

新西兰的商品与劳务税模式是现代意义上的增值税,实现了理论上理想的增值税所有财政的、经济的目标,因此被认为是"完美"的增值税。最为重要的是,制定该增值税法,是为了避免先前增值税制中的税收减让和多税率引起的扭曲,及避免由此产生的遵从和执法成本。新西兰1986年采用的增值税法与理论上理想的增值税非常接近,许多国家以及国际货币基金组织等国际组织的税收专家们强烈提倡使用新西兰模式。

第二节 典型国家的增值税制度

由于每个国家和地区实施增值税的历史原因不同,增值税的称谓及表现形式在不同国家和地区也存在差异。目前增值税的称谓主要有商品和劳务税(Goods and Service Tax)、增值税(Value Added Tax)、消费税(Consumption Tax)等,下面详细介绍几个典型国家的增值税制度。[①]

---

① 相关国家的增值税资料来自荷兰国家财税文献局(IBFD)国际税务研究平台(TRP-Tax Research Platform),https://online.ibfd.org/kbase/。

一、新西兰商品和劳务税

新西兰在 20 世纪 80 年代进行税制改革,以商品和劳务税(Goods and Service Tax)代替了营业税。新西兰实行的商品和劳务税是现代增值税的代表,目前新西兰也是世界增值税征税范围最广的一个国家。

(一)征税范围及纳税义务人

根据新西兰《货物与劳务法》规定,在境内的增值税注册登记者发生的销售货物、提供劳务以及进口货物的行为,都属于增值税的征税范围。除法律规定的免税项目以外,其他所有货物、劳务均属于商品和劳务税征收范围,包括金融服务、销售不动产等。

一般而言,所有从事应税活动的人必须注册登记为商品和劳务税纳税人,对于年度应税供应低于 60 000 新西兰元的人来说,可选择是否注册成为商品和劳务纳税人。新西兰无小规模纳税人制度,营业额低于起征点的纳税人的经营者不缴纳增值税。自 2016 年 10 月 1 日起,商品和劳务税将适用于非居民供应商向新西兰居民消费者提供的跨境远程服务和无形资产。如果总营业额在 12 个月内超过或预计超过 60 000 新西兰元,则新规则要求非居民纳税人必须注册登记成为商品和劳务税纳税人。非居民供应商必须确定客户是否是新西兰居民消费者。非居民供应商无须向新西兰商品和劳务税注册企业退还供应商的商品和劳务税,也无须发出商品和劳务税发票。

(二)税率

新西兰商品和劳务税实行的是单一税率,除出口、特定金融服务和个别商品以外,对所有商品和劳务都按 15% 的统一税率来征税。

(三)税收优惠

新西兰的商品和劳务税的优惠政策比较少,基本上只有零税率及部分免税项目的优惠。出于增值税抵扣机制和目的地征税原则的一个必须机制,新西兰设置了出口零税率,对于境内提供货物或劳务并没有税率上的优惠。其中免税项目主要有:符合规定的金融服务;非营利主体销售捐赠货物和服务的行为;通过租赁、服务占用协议以及占用许可的方式销售住房;租赁土地用于居住;销售其他财产用于居住等。

(四)应纳税额

新西兰商品和劳务税的销项税额等于货物或劳务的不含增值税价乘以法定税率,如果货物或劳务的价格以货币为对价,则将货币的数额换算成不含税价来计算销项税额;若不是以货币为对价,则按其公允价值来计税。对无偿或者低于市场价提供的货物或劳务以及关联交易,通常要按其公允价值来计算销项税额。

在一个纳税期允许从销项税额中抵扣的进项税额包括：销售货物和提供服务所包含的进项税额；销售二手货物所包含的进项税额；在该期间内发票所记载的进项税额或已支付的进项税额；根据税法计算的其他可以抵扣的进项税额。

(五) 征管制度

新西兰商品和劳务税纳税人在 12 个月的期间内应税供应(Taxable supply)不超过 25 万美元，且申请纳税期限为 6 个月，则按 6 个月为纳税期限；如果纳税人在 12 个月期间内的应税供应超过纳税期限。其中，适用 2 个月及 1 个月纳税期限的纳税人可以申请将纳税期限改为 2 个月，但超过或可能超过 2 400 万美元的纳税人只能适用 1 个月的纳税期限。

新西兰的增值税按月申报，当月销项税额大于进项税额就按应交税额征税，反之，则按月申请退税。新西兰发票管理很简单，印制数量、印制联数、发票大小的决定权都在于企业，但必须按规定具备发票的基本要素，包括税号、单价、数量、金额和品名。

二、荷兰增值税

增值税的征税对象是企业家在生产和分销过程的每个阶段的所有商品和服务。为了防止税收在后续阶段重复征收，增值税机制的一般原则是企业家有权从购买商品和服务中扣除增值税，即进项增值税，只对第三方提供的商品和服务征收增值税，即销项增值税。

(一) 征税范围和纳税义务人

荷兰增值税(Value Added Tax)的课税对象包括生产或经营者以取得报酬为目的而进行货物销售、提供劳务、购买货物(欧盟内)和进口货物(欧盟外)等交易行为。[1]

荷兰增值税提出了"经营者"(entrepreneur)这个概念，类似于纳税义务人。"经营者"是指任何独立开展商业活动的"人"，包括自由职业和有形或无形资产的开发，其目的是永久性地从中获取收入。有资格成为经营者并在荷兰成立或在荷兰境内拥有固定机构的自然人和法人实体，如果几个公司的财务、组织机构和经济联系彼此密切相关，则被视为单一经营者(增值税组)。

非居民经营者如果在荷兰境内进行任何应税交易，则与居民经营者一样征税。一般而言，在荷兰境内发生应税行为的非居民经营者必须在税务当局注册。注册后，非居民经营者会收到一个增值税识别号码，在荷兰的应税交易中必须使用这些增值税纳税识别号。从 2015 年 1 月 1 日起，在欧盟各成员国提供电子服务的经营者可以选择申请迷你一

---

[1] 全国人大常委会预算工作委员会：《增值税法律制度比较研究》，中国民主法制出版社，2010 年 3 月版，第 50 页。

站式服务(MOSS)系统,以避免需要在每个成员国单独注册。

接受非居民经营者服务或货物的居民企业和境内组织,根据"反向收费"机制需要缴纳增值税,即供应方不向客户收取应付的增值税,而是购买方必须通过其收到的服务或货物价值的定期增值税回报来计算缴纳增值税。

(二)税率

荷兰增值税的标准税率为21%,适用于大部分商品和服务;优惠税率为9%;零税率主要适用于特定的运输工具、出口相关的出口货物和运输服务等。

(三)应税金额

应税金额是商品和服务的应税供应品收到的对价(不含增值税)或进口税(包括关税)。对价包括与交易直接相关的服务的价值,例如:保险、运输和佣金的费用,但不包括供应商给予客户的折扣和暂时性费用(例如,使用所提供货物应付的税费)。在计算最终纳税义务时,可以扣除或退还购买商品和服务的进项税,以便实际上只对增值额征税。

(四)税收优惠

除了低税率和零税率外,荷兰对特定商品和服务实行免税优惠,免税项目主要涉及不动产的转让和租赁(2年以内的新不动产除外)、社会公共服务、特定人群或机构提供的服务、金融和保险服务等。

三、日本消费税

日本消费税(Consumption Tax)是一种基于销售的税,对商品和服务供应进行征税,其性质与欧式增值税相似。

(一)征税范围和纳税义务人

在日本境内销售货物或者提供应税劳务,从海关进口货物(不区分是否为商业目的)或者接受应税劳务都要缴纳消费税,征税范围比较广。

凡发生应税行为的个人和法人都是日本消费税的纳税义务人,符合条件的外国居民或企业也可申请成为日本消费税纳税义务人,外国居民或企业只有注册成为日本消费税纳税义务人,才有资格享受日本的消费税退税政策。

非居民个人和非居民企业可以按照与居民相同的规则征收消费税,如果注册成为日本消费税纳税人,当有退税需求时,有权要求退税。

(二)应税金额

国内应税交易的应税基础是为货物和服务支付的对价。

在计算进口环节消费税时,计税基数是进口货物的价格加上关税和其他消费税的数额。

(三) 税率

日本消费税税率为 10%（全国消费税为 7.8%，地方消费税为 2.2%）。零税率主要适用于出口货物以及其他与出口相关的活动，比如国际运输服务。

(四) 税收优惠

日本消费税的免税项目主要包括土地出售或租赁、银行和保险服务、医疗保健、住房租赁和教育。自 2017 年 7 月 1 日起，比特币或其他虚拟货币也被纳入免税项目。

(五) 征管制度

日本消费税的计税方式采用的是账簿法，即每个纳税人均要求设立完整的账簿，在计算消费税税额的时候，按照账簿上记载的销项税额减去进项税额，正数则为应纳税额，若为负数，则可向税务机关申请退税。

四、加拿大商品和劳务税

(一) 征税范围和纳税义务人

加拿大商品和劳务税（Goods and Services Tax）要求生产和分销链中的大多数企业对国内销售征收税。供应商可以就购买在制作应税或零税率商品的商业活动中使用的商品和服务所支付的税款申请退款（进项税抵免）。最后的消费者最终承担全部税收成本，因为最终消费者无法为已支付的商品和劳务税申请进项税抵免。

在加拿大从事商业活动的过程中，每个在加拿大销售商品或提供应税劳务的人都必须注册成为商品和劳务税的纳税义务人。一般而言，所有国内交易均受 GST 的规限，进口商品也要缴纳商品和劳务税，如果进口服务的接收者没有注册成为商品和劳务纳税人，则不对该项进口服务征税。

规定中所提到的"人"概念非常广泛。加拿大的商品和劳务税将合伙企业视为与合伙人分开的实体，还将信托、遗产、社团、工会、俱乐部、协会和任何其他组织视为单独的人（即使这些实体可能处于非法人形式），个人和公司也是人。商业活动是指具有贸易性质的商业或贸易活动，还特别包括在加拿大从事非免税房地产活动。

根据公共服务机构的特殊规定，如果该纳税人在全球范围内提供的年度应税总额不超过 30 000 加元，则该人是小供应商，可以选择是否注册为商品和劳务税的纳税人。

在加拿大设置常设机构经营的非居民通过常设机构进行活动被视为加拿大居民。对于从加拿大出口的货物以及在访问加拿大时使用的短暂住宿等服务，非居民享受退税政策。

(二) 应税金额

一般而言,应税金额即销售收入,包括与销售商品和提供服务有关的所有价款和价外费用,进口关税、消费税、包装费、运输费等都应包含在应税收入中。

(三) 税率

基本税率为 5%;零税率主要适用于基本食品杂货,某些处方药,某些医疗器械以及某些农业和渔业产品。

(四) 税收优惠

加拿大的商品和劳务税除零税率外没有低税率优惠,但是对部分商品和劳务免税,免税项目主要包括二手住宅销售、住宅租赁、普通医疗和牙科服务、教育服务、法律援助服务及国内金融服务等。

五、法国增值税

法国增值税(Value Added Tax)体系跟其他欧盟成员国的增值税制度相一致。

(一) 征税范围和纳税义务人

除明确规定不征税外,在境内销售应税商品和提供应税服务,包括欧盟内部的收购和自供应,均被纳入增值税征税范围。持续经营的企业连带商誉一同转让、专利等无形资产的转让也须缴纳增值税。

所有在法国境内销售应税商品和提供应税服务的人,都是增值税纳税人。无论进口商的类型如何,从欧盟以外进口货物均需缴纳增值税。对于中小企业而言,可以选择成为纳税人,或者享受免税政策,销售商品的企业营业额低于 82 800 欧元,提供服务的企业营业额低于 33 200 欧元,被视为中小型企业。

在法国境内销售商品或提供劳务的非居民企业,不论其是否在法国成立,均按照与居民企业家相同的规则缴纳法国增值税。在法国没有常设机构的非欧盟企业家必须在法国任命一名负责申报和缴纳税款的税务代表。如果没有指定税务代表,则由客户支付增值税(反向收费)。

(二) 应税金额

应税金额包括销售货物及提供劳务所收取的价格和其他费用,包括保险、佣金、利息和类似费用以及间接税,但不包括提前付款和报销费用的折扣。进口货物的应税金额为关税完税价格和关税。

(三) 税率

法国增值税的基本税率为 20%。除基本税率和零税率外,还有三档低税率,分别为

10%、5.5%、2.1%。其中10%的税率适用于交通运输、游戏和娱乐、与供水有关的服务，以及作者和艺术家的书籍和版权转让，向个人提供的家庭护理服务，住房工作和餐馆服务等；5.5%的税率仅适用于与基本必需品有关的某些用品(例如水，食品和残疾人服务)、动物园门票、社会住房建设和翻新；2.1%的税率适用于出售某些新闻出版物、书籍、现场表演和药品等。零税率主要适用于出口、欧盟内部货物供应以及飞机和远洋船舶。

(四) 税收优惠

法国增值税的免税项目主要有：融资和银行服务，保险服务，建筑用地销售，医疗保健，教育以及在某些条件下由非营利组织提供的服务。

(五) 征管制度

在法国没有常设机构且在法国境内不提供任何应税商品和居民的非居民企业可以申请退税；在法国拥有常设机构的非居民企业，在境外发生应税行为的也可以申请退税。

六、俄罗斯增值税

(一) 征税范围和纳税义务人

在俄罗斯境内销售货物、提供安装工程和其他服务的活动应征收增值税，包括但不限于免费供应、为内部消费而进行的建筑和安装工程、货物进口。

从2017年1月1日起，外国公司向私人提供的某些电子服务(不以个体企业家的身份行事)应视为在俄罗斯提供，因此须缴纳俄罗斯增值税(Value Added Tax)。特别是，这些服务包括在因特网上提供广告服务和广告空间，通过因特网提供软件和数据库的使用权，托管服务和域名服务，通过因特网进行数据存储和处理，提供与提供服务有关的服务，在互联网上销售商品等。在这种情况下，外国公司应在俄罗斯税务机关注册，提交增值税纳税申报表并在俄罗斯缴纳增值税。

俄罗斯税法规定，增值税纳税义务人是指根据俄罗斯法律设立的法人实体和在俄罗斯从事业务的非居民实体，包括个体企业。

如果在俄罗斯开展的商业活动期限不超过30天，则无须注册为纳税人。如果纳税期前3个月的营业额不超过200万卢布，则纳税人可以申请免征增值税，免税期限为12个月。对于向俄罗斯境内提供应交消费税货物或进口货物的纳税人，不适用于该项针对小企业的免税政策。

非居民纳税人没有单独的增值税登记要求，但向俄罗斯个人提供电子服务的外国提供者必须在俄罗斯税务机关注册。自2019年1月1日起，向公司和个体企业家提供电子服务的外国供应商必须要注册增值税。

(二) 应税金额

对于增值税而言,应税金额是不含增值税的销售价格。在进口的情况下,应税金额包括关税完税价格,关税和相关费用以及消费税。如果纳税人同时具有应税和免税项目,则必须分别核算。

(三) 税率

增值税的标准税率为18%,基本食品,药品,童装和期刊适用10%的低税率,零税率适用于货物出口、国际运输服务以及出发地或目的地位于俄罗斯境外的国内旅客和行李运输服务。自2017年1月1日起,外国公司向个人提供的电子服务适用的增值税税率为15.25%。

(四) 税收优惠

俄罗斯增值税免税项目主要包括提供某些医疗用品和服务,出售住宅和土地,提供公共交通服务,非营利性许可企业提供的教育服务,银行提供的银行服务,保险公司提供的保险服务,律师协会成员提供的法律服务和清算破产债务人财产服务等。

七、韩国增值税

韩国增值税(Value Added Tax)规定对商品和服务的供应以及货物的进口征收增值税(VAT)。购买时支付的增值税(进项税)可以抵扣销售增值税。

(一) 征税范围和纳税义务人

应税商品包括具有财产价值的所有有形和无形物品。有形商品包括商品,产品,原材料,机械,建筑物和其他有形物品。无形商品包括动力,热量,其他可控制的自然力量和权利。应税服务包括除商品外具有财产价值的所有服务和其他活动。

在经济活动中销售商品或提供服务的人,无论其目的是否为营利,均为增值税纳税义务人。在韩国有营业地的非居民可以在韩国提供商品或服务时缴纳增值税。营业地点必须代表非居民登记。没有国内营业地并向非商业消费者提供某些数字内容的非居民,必须根据简化的增值税征收和支付登记程序进行登记。如果在韩国没有营业地的非居民(包括外国游客)提供食品、住宿、广告服务或办公用品等商品或服务,则商品和服务的增值税可退还。

(二) 应税金额

应税金额包括在供应或进口的早期水平,包装成本,运输,保险等征收的海关和消费税,但不包括支付给代理商的佣金和财务费用。

为计算应纳税额,与以下购买相关的已缴纳的进项税总额须从销售收入的产品税中扣除：

（1）贸易商已经或打算用于其业务的商品或服务的供应。

（2）贸易商已经或打算用于其业务的商品的进口。

如果进项税超过销项税，超出部分可退还。

简化的税收制度适用于年收入不超过 4 800 万韩元的小企业，其中纳税义务是参考名义增加值确定的，具体如下：

$$
\begin{array}{l}纳税\\义务\end{array} = \left[\left(\begin{array}{c}收入包括发票上\\的任何增值税\end{array} \right) - \left(\begin{array}{c}与税务发票一起提供的投入\\商品或服务的应税金额\end{array} \right) \right] \times \left(\begin{array}{c}行业平均\\增值税税率\end{array} \right) \times 10\%
$$

（三）税率

韩国增值税税率为 10%。零税率主要适用于出口货物、在韩国境外提供的服务、船舶和飞机的国际运输服务；为外汇收入提供的其他商品或服务。

（四）税收优惠

免税项目主要有未加工的农产品、医疗服务、教育服务、部分的运输服务、上市金融或保险服务、房屋租赁列出的独立个人服务。

八、印度商品和劳务税

印度自 2017 年 7 月 1 日起实施商品和劳务税（Goods and Services Tax，GST），取代之前消费税、服务税、邦级增值税和中央销售税等一系列间接税。改革后的印度商品和劳务税分为四个子税，分别为中央商品和劳务税（CGST）、邦中央商品和劳务税（SGST）、综合中央商品和劳务税（IGST）、中央直辖区中央商品和劳务税（UTGST）。

商品和劳务税法规延伸至整个印度，包括查谟和克什米尔通过了一项特殊法律来实施商品和劳务税。

（一）征税范围

印度实行 GST 改革后，原则上将所有的货物和劳务都纳入 GST 征收范围内，但饮用白酒、原油、高速柴油、汽油、航空燃油、天然气以及电力能源产品暂不纳入 GST 征收范围，仍按改革前的制度征税。

（二）纳税义务人

印度 GST 的纳税人可分为一般纳税人和小规模纳税人。年应税销售额超过 1 500 万卢比的纳税人为一般纳税人，超过 200 万卢比但不超过 1 500 万卢比的纳税人为小规模纳税人，未达到年应税销售额 200 万卢比起征点的纳税人免征商品和劳务税，如未达到起征点但主动办理税务登记的纳税人，则视为一般纳税人，可正常抵扣进项税额。此外,印度小规模纳税人仅限于在邦内经营的餐饮服务业、制造业和商贸企业,且不得通过电子商务进行经营,通过电子商务销售货物和提供劳务的纳税人,不适用起征点的规定,无论年应税销售额多少均应办理税务登记成为一般纳税人。

非居民纳税人是指在印度境内没有固定的营业地或居住地,偶尔发生应税行为的任何人。在印度发生应税行为的非居民纳税人必须进行税务登记,并且没有登记门槛。

非居民纳税人必须提前缴纳税款,金额相当于其寻求登记期间的估计纳税义务。预付税款的退还金额,只有在该纳税人提供了他所获得的注册证明书有效期的所有期间所需的全部纳税申报表后,才会退还预缴税款。

(三)应税金额

印度 GST 的应税金额根据纳税人提供的商品或服务的交易价格来确定,即实际支付或应付的价格。如果应税商品或服务的交易价格不能准确提供或其交易价格明显不公允,则根据不同交易情形按照以下方式来确定交易价格。

对于特定商品或服务,政府可根据 GST 理事会的建议来确定应税商品或服务的交易价格;如果商品或服务的交易价格并非完全以货币形式存在,比如以物易物交易,则该商品或服务的交易价格通常以市场公允价格来确定,或根据其等价物的实际价格来确定,如果商品或服务的交易直接发生,而不是通过代理商,则该商品或服务的价格通常是市场公允价格或类似商品和服务的价格;如果通过代理商销售或购进货物,则交易价格通常是市场公允价格;如果货物或服务的交易价格不能通过前述任何规则确定,则该商品或服务的交易价格基于其成本来确定。

(四)税率

印度消费税的标准税率分别为 12% 和 18%,涵盖了大部分商品和服务。商品和劳务税税率分别为 5% 及 28%,适用于大众消费品及奢侈品。5% 的税率适用于大众消费品,28% 适用于商品,如洗漱用品、充气水、白色家电、汽车和私人飞机。另外一项适用于中档车(45%)、大型车(48%)、SUV(50%)和豪华车(5%)。

在国内供应商品或服务的情况下,税率在 CGST 和 SGST/UTGST 之间平均分配,例如,18% 被分为 9%,由中央和各邦政府共同征收。在邦级供应商品或服务的情况下,IGST 税率为 18%,由中央政府征收和收取,此后将补偿供应地所在的邦。

以下经济行为适用零税率:根据条件出口货物或服务;向经济特区开发商或经济特区单位提供商品或服务。

(五)税收优惠

免税项目包括以下类型的商品或服务:

(1)免税商品包括家禽、初级农产品、生活必需品等。

（2）免税服务包括政府部门或组织提供的社会公共服务、日单价低于 1 000 卢比的住宿服务等。

（3）经济特区开发商或经济特区单位授权进口的所有商品或服务。

（4）年营业额不超过 200 万卢比的企业免征商品和劳务税。

（六）征管制度

印度的商品和劳务税实行"双轨制"，中央和邦政府分别征收属于自己领域的商品和劳务税。对于邦内交易，由中央政府和邦政府分别征收中央商品和劳务税（CGST）和邦商品和劳务税（SGST）；对于邦际交易，由中央政府征收综合商品和劳务税（IGST）。

第二部分
增值税专用发票的税法风险防控

增值税专用发票的法律风险包括税法风险和刑法风险。税法风险是针对税务机关税务处理、税务行政处罚、增值税专用发票涉票行为而言的;刑法风险是针对公安司法机关侦破、起诉、裁判增值税专用发票涉票犯罪行为而言的。本部分用两编的内容介绍增值税专用发票的税法风险防控,包括增值税专用发票日常管理过程中的税法风险防控和增值税专用发票检查过程中的税法风险防控。重点在增值税专用发票检查过程中的税法风险,因为涉及虚开增值税专用发票的相关风险问题。

上 编

增值税专用发票日常管理的税法风险防控

　　根据《发票管理办法》,增值税专用发票的日常管理包括领购、保管、开具、认证、缴销和税务机关的检查等环节,在不同的环节有不同的法律规制。裁判文书网显示,2016年至今全国一共发生的有关增值税专用发票的各种诉讼案件超过2万起,占同期涉税案件的三分之一。除了涉及诉讼,增值税日常征管中对于发票领购、使用、保管、遗失、甄别等问题,存在大量的事务性工作,给纳税人和税务机关带来巨大工作量。因此在增值税发票管理中存在大量法律风险。作为纳税人(或者行为人),应当了解增值税专用发票的管理规定,只有了解了相关规定以及在管理增值税专用发票过程中存在的法律风险,才能有效地防控法律风险。

　　增值税专用发票管理过程是一个动态的过程,本部分涉及的政策依据是目前公布的仍然有效的基本依据。在简政放权的大背景下,国家税务总局要求税务系统开展便民春风行动,各主管税务机关会在辖区内根据实际情况进一步简化办税办票程序,因此在具体适用增值税专用发票管理制度规定时,可以参考主管税务机关的当时的规定。

第三章　增值税专用发票核定与
领购的税法风险防控

纳税人想要充分发挥营改增政策的效用,就需要解决现阶段自身增值税专用发票规范管理中存在的问题,并且深刻认识了解增值税专用发票的风险并进行有效地防控。本章具体介绍增值税专用发票核定与领购的税法风险防控。

第一节　增值税专用发票核定的税法风险防控

一、风险点

税务机关会开展风险管理及纳税评估。

纳税人应了解增值税专用发票核定的基本程序、相关依据及自身应承担的责任,避免因资料缺失延误办理,减少因不了解相关政策法规而产生的争议。注意与风险有关的事项:

(1)纳税人对报送材料的真实性和合法性承担责任。

(2)申请该事项的纳税人,需要事前依法刻制发票专用章。

(3)领用增值税专用发票的增值税一般纳税人和纳入自行开具增值税专用发票范围的增值税小规模纳税人,在完成票种核定后,还需要依法办理增值税专用发票(增值税税控系统)最高开票限额审批事项。

(4)纳税人需要注意的是,使用符合电子签名法规定条件的电子签名,与手写签名或者盖章具有同等法律效力。

(5)纳入自行开具增值税专用发票试点范围的小规模纳税人发生增值税应税行为,需要开具增值税专用发票的,可以自愿使用增值税专用发票管理系统自行开具,并依法申报缴纳税款。

(6)纳税信用 A 级的纳税人可一次领取不超过 3 个月的增值税专用发票用量,纳税信用 B 级的纳税人可一次领取不超过 2 个月的增值税专用发票用量。以上两类纳税人生产经营情况发生变化,需要调整增值税专用发票用量的,要在手续齐全的情况下,依法即时办理。

(7) 符合《国家税务总局关于新办纳税人首次申领增值税专用发票有关事项的公告》(国家税务总局公告 2018 年第 29 号)中规定的新办纳税人首次申领增值税专用发票条件的,可以要求主管税务机关自受理申请之日起 2 个工作日内办结。

纳税人需要注意:新办纳税人首次申领增值税专用发票主要包括发票票种核定、增值税专用发票(增值税税控系统)最高开票限额审批、增值税税控系统专用设备初始发行、发票领用等涉税事项。自 2018 年 8 月 1 日起,首次申领增值税专用发票的新办纳税人办理发票票种核定,增值税专用发票最高开票限额不超过 10 万元,每月最高领用数量不超过 25 份;增值税普通发票最高开票限额不超过 10 万元,每月最高领用数量不超过 50 份。各省税务机关可以在此范围内结合纳税人税收风险程度,自行确定新办纳税人首次申领增值税专用发票票种核定标准。

(8) 对于实行纳税辅导期管理的增值税一般纳税人,领用增值税专用发票实行按次限量控制,主管税务机关会根据纳税人的经营情况核定每次专用发票的供应数量,但每次发放专用发票数量不得超过 25 份。

对纳税信用评价为 D 级的纳税人,增值税专用发票领用按辅导期一般纳税人政策办理,普通发票的领用实行交(验)旧供新、严格限量供应。

(9) 临时到本省、自治区、直辖市以外从事经营活动的单位或者个人,凭所在地税务机关的证明,向经营地主管税务机关领用经营地的发票。

主管税务机关对外省、自治区、直辖市来本辖区从事临时经营活动的单位和个人领用发票的,可以要求其提供保证人或者根据所领用发票的票面限额以及数量交纳不超过 1 万元的保证金,并限期缴销发票。按期缴销发票后,解除保证人的担保义务或者退还保证金。

提供保证人或者交纳保证金的具体范围由省税务机关规定。

(10) 主管税务机关向需要使用增值税税控系统的每一位纳税人发放《增值税税控系统安装使用告知书》,告知纳税人有关政策规定和享有的权利,纳税人要注意权利保障。

二、税法风险防控

(一)了解基本情况

1. 发票核定方式
依纳税人申请办理。

2. 办理机关
办理的机关是区县税务机关。

3. 办理地点

可通过办税服务厅(场所)、电子税务局办理,具体地点和网址可从省(自治区、直辖市和计划单列市)税务局网站"纳税服务"栏目查询。

4. 具体事项

纳税人办理了"多证合一"市场准入登记后需要领用发票的,应当持相关登记证照、经办人身份证明,按照国务院税务主管部门规定式样制作的发票专用章的印模,向主管税务机关申请办理发票领用手续。主管税务机关根据领用单位和个人的经营范围、规模,确认领用发票的种类、数量以及领用方式。经办人身份证明,是指经办人的居民身份证、护照或者其他能证明经办人身份的证件;发票专用章,是指用票单位和个人在其开具发票时加盖的有其名称、社会信用代码、发票专用章字样的印章。

5. 收费标准

主管税务机关不收费。

6. 办理时间

税务机关在 5 个工作日内办结发票核定事项;办结时限不包含增值税专用发票(增值税税控系统)最高开票限额审批环节时限。对申请增值税专用发票的纳税人,自纳税人增值税专用发票(增值税税控系统)最高开票限额获批之日起 1 个工作日内办结。

7. 需要报送的资料

纳税人需要报送的资料有:

(1)发票票种核定报送资料清单:《纳税人领用发票票种核定表》;社会信用登记证件;经办人居民身份证或其他证明身份的合法证件;经办人居民身份证或其他证明身份的合法证件复印件;外出经营活动税收管理证明;发票专用章印模;发票领用报送条件的相关证明资料。

(2)发票票种核定报送条件:《外出经营活动税收管理证明》的报送条件为外埠纳税人;发票专用章印模的报送条件为首次申请增值税专用发票票种核定的纳税人。

8. 税务机关的便民规范

网上办理;免填单服务;推广网络发票应用。

(二)了解相关依据

相关依据有:

(1)《中华人民共和国发票管理办法》第 15 条、第 16 条、第 17 条、第 18 条。

(2)《中华人民共和国发票管理办法实施细则》第 12 条、第 13 条、第 14 条、第 15 条、第 16 条、第 20 条、第 23 条。

(3)《国家税务总局关于印发〈税控收款机管理系统业务操作规程〉的通知》(国税发

〔2005〕126 号)第 2 条第(一)项。

(4)《国家税务总局关于发布〈纳税信用管理办法(试行)〉的公告》(国家税务总局公告 2014 年第 40 号)第 29 条、第 32 条。

(5)《国家税务总局关于推行增值税专用发票系统升级版有关问题的公告》(国家税务总局公告 2014 年第 73 号)第 3 条第(三)款、第(四)款。

(6)《国家税务总局关于创新税收服务和管理的意见》(税总发〔2014〕85 号)。

(7)《国家税务总局关于推行增值税专用发票系统升级版工作有关问题的通知》(税总发〔2014〕156 号)附件 1 第 5 条、第 6 条、第 13 条。

(8)《国家税务总局关于全面推行增值税专用发票系统升级版有关问题的公告》(国家税务总局公告 2015 年第 19 号)第 3 条第四款。

(9)《国家税务总局关于全面推行增值税专用发票系统升级版工作有关问题的通知》(税总发〔2015〕42 号)附件 1《增值税专用发票系统升级版操作办法》第 5 条。

(10)《国家税务总局关于再次明确不得将不达增值税起征点的小规模纳税人纳入增值税专用发票系统升级版推行范围的通知》(税总函〔2015〕199 号)第 1 条、第 3 条。

(11)《国家税务总局关于加强增值税专用发票数据应用防范税收风险的指导意见》(税总发〔2015〕122 号)。

(12)《国家税务总局关于停止使用货物运输业增值税专用发票有关问题的公告》(国家税务总局公告 2015 年第 99 号)。

(13)《国家税务总局关于全面推开营业税改征增值税试点有关税收征收管理事项的公告》(国家税务总局公告 2016 年第 23 号)第 3 条。

(三) 熟悉领用增值税专用发票核定流程

流程图如图 3-1 所示。

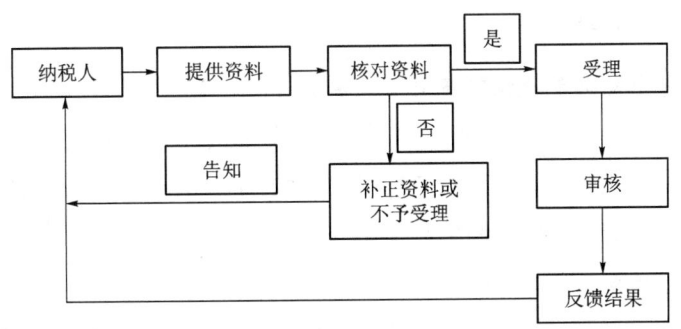

图 3-1　领用增值税专用发票核定流程图

1. 税务机关受理申请

(1) 对纳税人提交资料齐全、符合法定形式的申请,主管税务机关予以受理。

（2）对纳税人提交资料不齐全或不符合法定形式的申请，主管税务机关制作《税务事项通知书》（补正通知），一次性告知纳税人需要补正的内容。

（3）依法不属于主管税务机关职权或业务受理范围的，制作《税务事项通知书》（不予受理通知），告知纳税人不予受理的原因。

2. 税务机关确认

主管税务机关对纳税人的用票申请进行确认。

（1）如果为外埠纳税人申请，主管税务机关可以要求其提供发票担保。

（2）如果纳税人是首次申请增值税专用发票，还需要办理增值税专用发票最高开票限额行政许可。

（3）如果为辅导期增值税一般纳税人，增值税专用发票实行按次限量控制，每次最高领用数量不能超过 25 份。

（4）如果纳税人需要核定印有本单位名称发票，前提是必须先办理"印制有本单位名称发票"，纳税人方可向主管税务机关申请发票票种核定。

（5）对使用增值税专用发票系统升级版的纳税人，为保证其在网络出现故障时仍能正常开票，主管税务机关可对其设定离线开票时限和离线开具发票总金额（设定标准及方法由各省、自治区、直辖市和计划单列市国家税务局确定）。

（6）选择使用增值税电子发票的纳税人，主管税务机关通过增值税电子发票系统将电子发票的号段赋予纳税人。

（7）对已办理发票票种核定的纳税人，向主管税务机关申请重新核定其使用的发票种类、单次（月）领用数量和开票限额（不包括专票限额），也通过本业务实现。

3. 发放领用许可

制作《税务事项通知书》（发票票种核定通知），打印并向纳税人发放《发票领用簿》。

(四) 明晰几个问题

1. 增值税专用发票票种核定事项可以申请的内容

该事项可对纳税人已核定发票的数量、单张发票最高开票限额（增值税专用发票最高开票限额除外）进行变更，也可以申请新增发票种类，还可以对企业购买发票的人员信息进行维护，修改、新增购票人员信息。

2. 增值税专用发票核定时限

根据《国家税务总局关于增值税专用发票综合服务平台等事项的公告》（国家税务总局公告 2020 年第 1 号）第 3 条规定，纳税人办理增值税普通发票、增值税电子普通发票、收费公路通行费增值税电子普通发票、机动车销售统一发票、二手车销售统一发票票种核定事项，除税务机关按规定确定的高风险等情形外，资料齐全、符合法定形式的，税务机关受理后即时办结。但以上为增值税普通发票票种核定的时限。增值税专用发票核定事项税务机关在 5 个工作日内办结。

第二节　增值税专用发票领用的税法风险防控

一、风险点

纳税人应了解增值税专用发票领用的基本程序、相关依据及自身应承担的责任,避免因资料缺失延误办理,减少因不了解相关政策法规而产生的争议。需要注意相关风险问题:

(1)纳税人对报送材料的真实性和合法性承担责任。

(2)申请该事项的纳税人,需要事前刻制发票专用章。

(3)申请领用增值税专用发票的纳税人,还需办理增值税专用发票(增值税税控系统)最高开票限额审批事项。

(4)非首次领用增值税专用发票纳税人,应事前办理发票验旧。

(5)使用增值税专用发票管理新系统的纳税人,非首次领用增值税专用发票前,应联网上传增值税专用发票开具信息,或到办税厅进行增值税专用发票存根联数据采集,方便进行增值税专用发票验旧。

(6)增值税专用发票应当按照规定领购、开具和保管,不得非法代开发票、虚开发票。一般纳税人有下列情形之一的,不得领购开具增值税专用发票:会计核算不健全,不能向税务机关准确提供增值税销项税额、进项税额和应纳税额数据及其他有关增值税税务资料的;有《税收征收管理法》规定的税收违法行为,拒不接受税务机关处理的。

(7)在领购中要杜绝虚开增值税专用发票,虚开增值税专用发票行为是指为他人、为自己开具与实际经营业务情况不符的发票;让他人为自己开具与实际经营业务情况不符的发票;介绍他人开具与实际经营业务情况不符的发票。针对纳税人违反规定虚开增值税专用发票的行为,根据《发票管理办法》的规定,由税务机关没收违法所得;虚开金额在 1 万元以下的,可以并处 5 万元以下的罚款;虚开金额超过 1 万元的,并处 5 万元以上 50 万元以下的罚款;构成犯罪的,依法追究刑事责任。在虚开增值税专用发票罪中,无论是在真的增值税专用发票上虚开,还是在伪造的增值税专用发票上虚开,只要达到法律规定的定罪标准,都应以虚开增值税专用发票罪定罪处罚。

(8)在领购中要杜绝私自印制专用发票,增值税专用发票在增值税的抵扣环节发挥着重要的作用,为加强对增值税专用发票的管理,法律规定增值税专用发票由国务院税务主管部门确定的企业印制,禁止私自印制、伪造、变造发票。违反此项规定,构成犯罪的,纳税人将被依法追究刑事责任。所谓虚开是在无任何商品交易行为(购销行为)的情况下,利用所持有的增值税专用发票,采取无中生有或以少开多的手段,为他人虚开,为自己虚开或介绍他人虚开增值税专用发票。

(9) 在领购中要杜绝向主管税务机关以外的单位和个人买取专用发票;目前在巨额经济利益和庞大买方市场的驱使下,发票违法犯罪活动的主体日益呈现组织化、职业化、专业化趋势。假发票从生产到使用可以将它分为生产、批发、零售、使用等流通环节。整个违法犯罪组织严密,分工明确、单线联系,手段隐蔽,往往是印制、兜售、虚开发票等一系列的犯罪活动互相联系。

(10) 在领购中要杜绝借用他人增值税专用发票;对于纳税人转借、转让增值税专用发票的行为,《发票管理办法》规定了行政处罚,不过由于此类行为的社会危害性相对于虚开发票行为较小,暂不涉及刑事责任。

(11) 纳税人使用符合电子签名法规定条件的电子签名,与手写签名或者盖章具有同等法律效力。

(12) 纳税信用 A 级的纳税人可一次领取不超过 3 个月的增值税专用发票用量。纳税信用 B 级的纳税人可一次领取不超过 2 个月的增值税专用发票用量。

(13) 开具增值税专用发票的单位和个人应当按照税务机关的规定存放和保管发票,不得擅自损毁。已经开具的发票存根联和发票领用簿,应当保存 5 年。

(14) 纳税信用 D 级的纳税人,增值税专用发票领用按辅导期一般纳税人政策办理。

(15) 纳税人在运用增值税专用发票管理系统开具发票时,应认真检查系统中的发票代码、号码与纸质发票是否一致。如发现税务机关错填发票代码、号码的电子信息,应持纸质发票和增值税税控系统专用设备到税务机关办理退回手续。

二、税法风险防控

(一)了解基本情况

1. 发票领用方式
依纳税人申请办理。

2. 办理机关
办理的机关是区县税务机关。

3. 办理地点
纳税人可通过办税服务厅(场所)、电子税务局、自助办税终端办理,具体地点和网址可从省(自治区、直辖市和计划单列市)税务局网站"纳税服务"栏目查询。

4. 具体事项

需要领用发票的单位和个人,在向主管税务机关办理发票领用手续后,可以按税务机关确认的发票种类、数量以及领用方式、开票限额,到税务机关领取发票。

5. 收费标准

主管税务机关不收费。

6. 办理时间

对纳税人资料齐全、符合法定形式的申请,主管税务机关受理后即时办结。

7. 需要报送的资料

纳税人需要报送以下资料:

(1)发票领用报送资料:《发票领用簿》;金税盘、税控盘、报税盘(通过网上领用可不携带相关设备);税控收款机用户卡;社会信用登记证件;经办人身份证明;经办人身份证明复印件。

(2)发票领用报送条件:金税盘、税控盘、报税盘的报送条件为领用增值税专用发票时提供;经办人身份证明原件及复印件为首次办理或经办人发生变化时提供。

8. 税务机关的便民规范

对纳税人资料齐全、符合法定形式的申请,主管税务机关受理后会即时办结;依托互联网平台,创新增值税专用发票领购形式,提供增值税专用发票网上申领服务,实现增值税专用发票自动验旧,引入现代物流服务配送增值税纸质发票,打造线上与线下相结合的增值税专用发票服务新体系。提供自助办税终端服务,实现纳税人自助领取增值税专用发票;提供同城通办服务;对已通过身份信息比对的办税人员简化报送资料,不再要求出示社会信用登记证件、身份证件复印件等材料。

(二)了解相关依据

相关依据有:

(1)《中华人民共和国发票管理办法》第 15 条、第 17 条。

(2)《中华人民共和国发票管理办法实施细则》第三章。

(3)《国家税务总局关于印发〈增值税防伪税控系统管理办法〉的通知》(国税发〔1999〕221 号)第 17 条。

(4)《国家税务总局关于印发〈税控收款机管理系统业务操作规程〉的通知》(国税发〔2005〕126 号)第 3 条第(一)、(二)项。

(5)《国家税务总局关于修订〈增值税专用发票使用规定〉的通知》(国税发〔2006〕156号)第 7 条。

(6)《国家税务总局关于印发〈增值税一般纳税人纳税辅导期管理办法〉的通知》(国

税发〔2010〕40 号)第 8 条、第 9 条、第 10 条。

(7)《国家税务总局关于增值税防伪税控系统汉字防伪项目试运行有关问题的通知》(国税发〔2011〕44 号)。

(8)《国家税务总局关于取消发票工本费有关问题的通知》(国税函〔2012〕608 号)第 1 条。

(9)《国家税务总局关于在全国开展营业税改征增值税试点有关征收管理问题的公告》(国家税务总局公告 2013 年第 39 号)第 1 条。

(10)《国家税务总局关于铁路运输和邮政业营业税改征增值税专用发票及税控系统使用问题的公告》(国家税务总局公告 2013 年第 76 号)第 1 条第(一)、(二)项。

(11)《国家税务总局关于简化增值税专用发票领用和使用程序有关问题的公告》(国家税务总局公告 2014 年第 19 号)第 5 条第(一)、(二)项。

(12)《国家税务总局关于发布〈纳税信用管理办法(试行)〉的公告》(国家税务总局公告 2014 年第 40 号)第 29 条、第 32 条。

(13)《国家税务总局关于停止使用货物运输业增值税专用发票有关问题的公告》(国家税务总局公告 2015 年第 99 号)。

(14)《国家税务总局关于全面推开营业税改征增值税试点有关税收征收管理事项的公告》(国家税务总局公告 2016 年第 23 号)第 3 条。

(15)《国家税务总局关于加快推行办税事项同城通办的通知》(税总发〔2016〕46 号)。

(三)熟悉增值税专用发票领用流程

流程图如图 3-2 所示。

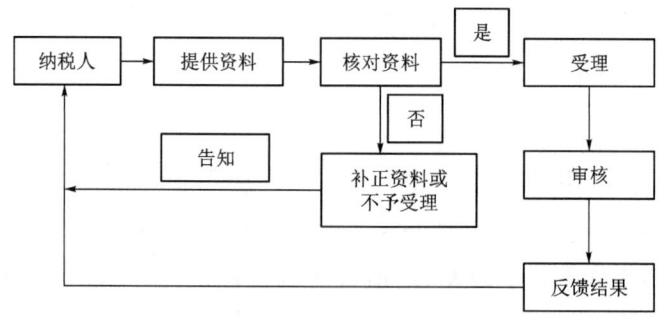

图 3-2 增值税专用发票领用流程图

(1) 对纳税人报送资料齐全、符合法定形式的,主管税务机关通知纳税人领取《发票领用簿》领用发票,在领用簿上打印领用记录,将实物发票交给纳税人。发票领用事项会在 5 个工作日内办结。

(2) 主管税务机关根据纳税人的经营情况核定每次增值税专用发票的供应数量,但每次发放增值税专用发票数量不超过 25 份。

在辅导期纳税人领用的增值税专用发票未使用完而再次领用的,主管税务机关发放增值税专用发票的份数不超过核定的每次领用增值税专用发票份数与未使用完的增值税专用发票份数的差额。

辅导期纳税人 1 个月内多次领用增值税专用发票的,应从当月第二次领用增值税专用发票起,按照上一次已领用并开具的增值税专用发票销售额的 3% 预缴增值税,未预缴增值税的,主管税务机关不得向其发放增值税专用发票。

预缴增值税时,纳税人应提供已领用并开具的增值税专用发票记账联,主管税务机关根据其提供的增值税专用发票记账联计算应预缴的增值税。

(3) 以下纳税人可一次领取不超过 3 个月的增值税专用发票用量,手续齐全的,税务机关办税服务厅即时办理:

① 纳税信用为 A 级的纳税人。

② 市级税务局确定的纳税信用好、税收风险等级低的其他类型纳税人。

上述纳税人 2 年内有涉税违法行为、移交司法机关处理记录,或者正在接受税务机关立案稽查的,不适用本项即时办理规定。

(4) 对纳税人报送资料不齐全或不符合法定形式的申请,主管税务机关将制作《税务事项通知书》(补正通知),一次性告知纳税人需补正的内容。

(5) 对于依法不属于税务机关职权或业务受理范围的申请,主管税务机关会制作《税务事项通知书》(不予受理通知),告知纳税人不予受理的原因。

(四) 明晰几个问题

1. 增值税专用发票网上申领申请可以撤销

主管税务机关未审核的申请,纳税人可以申请撤销。

2. 不一定参加开具增值税专用发票的培训

《国家发展改革委关于治理和规范企业纳税环节相关收费问题的通知》(发改价格〔2011〕432 号)第 1 条规定:"取消增值税防伪税控系统培训费。禁止增值税防伪税控系统专用设备生产或服务单位向初始用户收取培训费、证书费、换证费等相关收费,增值税防伪税控系统专用设备的供货单位向初始用户提供必要的设备使用培训,所需费用应由供货单位承担在经营成本中列支。"即如纳税企业确定的防伪税控开票员在外单位时已参加过防伪税控开票系统的培训,并具有技术服务单位核发的防伪税控系统培训合格证书,可不再参加防伪税控培训。

3. 辅导期一般纳税人增购增值税专用发票时预缴的增值税可以依法抵减

辅导期纳税人按规定预缴的增值税可在本期增值税应纳税额中抵减,抵减后预缴增值税仍有余额的可抵减下期再次领购专用发票时应当预缴的增值税。

4. 辅导期增值税一般纳税人辅导期结束后，因增购专用发票发生的预缴增值税余额可以申请退还

纳税辅导期结束后，纳税人因增购专用发票发生的预缴增值税有余额的，主管税务机关应在纳税辅导期结束后的第一个月内，一次性退还纳税人。

第三节　增值税专用发票(税控系统)最高开票限额审批的税法风险防控

一、风险点

纳税人应了解增值税专用发票(税控系统)最高开票限额审批的基本程序、相关依据及自身应承担的责任，避免因资料缺失延误办理，减少因不了解相关政策法规而产生的争议。需要注意的风险问题：

(1) 纳税人对报送材料的真实性和合法性承担责任。

(2) 办理该事项的纳税人，需事先进行增值税专用发票票种核定。

(3) 符合《国家税务总局关于新办纳税人首次申领增值税专用发票有关事项的公告》(国家税务总局公告 2018 年第 29 号)规定的新办纳税人首次申领增值税专用发票条件的，主管税务机关应当自受理申请之日起 2 个工作日内办结。

新办纳税人首次申领增值税专用发票主要包括增值税专用发票票种核定、增值税专用发票(增值税税控系统)最高开票限额审批、增值税税控系统专用设备初始发行、发票领用等涉税事项。

自 2018 年 8 月 1 日起，首次申领增值税专用发票的新办纳税人办理发票票种核定，增值税专用发票最高开票限额不超过 10 万元，每月最高领用数量不超过 25 份。各省税务机关可以在此范围内结合纳税人税收风险程度，自行确定新办纳税人首次申领增值税专用发票票种核定标准。

(4) 纳税人使用符合电子签名法规定条件的电子签名，与手写签名或者盖章具有同等法律效力。

(5) 申请事项办结后，纳税人还需办理增值税税控系统专用设备的初始发行或变更发行。

(6)《国家税务总局关于简化增值税专用发票领用和使用程序有关问题的公告》(国家税务总局公告 2014 年第 19 号)规定，一般纳税人申请增值税专用发票最高开票限额不超过 10 万元的,主管税务机关不需要事前进行实地查验。

(7) 实行纳税辅导期管理的小型商贸批发企业,领购专用发票的最高开票限额不得超过 10 万元;其他一般纳税人专用发票最高开票限额应根据企业实际经营情况重新核定。

二、税法风险防控

(一)了解基本情况

1. 审批方式
依纳税人申请办理。

2. 办理机关
办理的机关是区县税务机关。

3. 办理地点
纳税人可通过办税服务厅(场所)、电子税务局办理,具体地点和网址可从省(自治区、直辖市和计划单列市)税务局网站"纳税服务"栏目查询。

4. 具体事项
纳税人在初次申请使用增值税专用发票以及变更增值税专用发票限额额度时,向主管税务机关申请办理增值税专用发票(增值税税控系统)最高开票限额审批。

5. 收费标准
主管税务机关不收费。

6. 办理时间
增值税专用发票最高开票限额审批事项,会在主管税务机关自受理行政许可申请之日起 10 个工作日内做出行政许可决定;10 个工作日内不能做出决定的,经主管税务机关负责人批准,可以延长 5 个工作日。

7. 需要报送的资料
纳税人需要报送以下资料:

(1) 增值税专用发票最高开票限额审批报送资料:《税务行政许可申请表》;《增值税专用发票最高开票限额申请单》2 份;经办人身份证件原件及复印件。

(2) 符合增值税专用发票最高开票限额审批报送条件的,委托提出申请还应报送:代理委托书原件;代理人身份证件原件及复印件。

8. 税务机关的便民规范
税务机关对增值税专用发票(增值税税控系统)最高开票限额审批(10 万元以下)提供"最多跑一次"服务。纳税人在资料完整且符合法定受理条件的前提下,最多只需要到税务机关跑一次。纳税人可以在"跑一次"的过程中办理完相关事项。按照省税务机关统一规定,逐步扩大不需事前实地查验的范围。

(二)了解相关依据

相关依据有:

(1)《国家税务总局关于简化增值税专用发票领用和使用程序有关问题的公告》(国家税务总局公告 2014 年第 19 号)第 2 条。

(2)《国家税务总局关于公布税务行政许可事项目录的公告》(国家税务总局公告 2015 年第 87 号)第 5 项。

(3)《国家税务总局关于税务行政许可若干问题的公告》(国家税务总局公告 2016 年第 11 号)。

(4)《国家税务总局关于在全国开展营业税改征增值税试点有关征收管理问题的公告》(国家税务总局公告 2013 年第 39 号)第 3 条。

(5)《国务院对确需保留的行政审批项目设定行政许可的决定》附件第 236 项。

(三)熟悉增值税专用发票最高开票限额审批流程

流程图如图 3-3 所示。

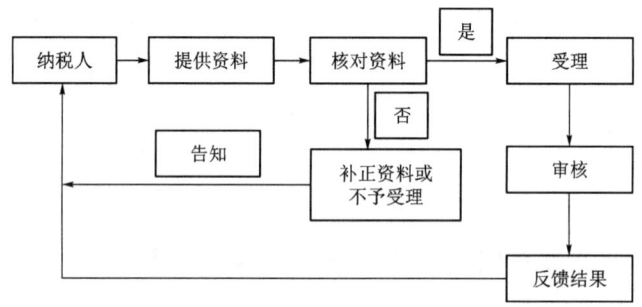

图 3-3　增值税专用发票最高开票限额审批流程图

(1)税务机关办税服务厅接收纳税人报送的资料,核对资料是否齐全、是否符合法定形式、填写内容是否完整,符合的即时接收,制作《税务行政许可受理通知书》送达纳税人,并制作《税务文书送达回证》由纳税人签收。

(2)纳税人申请材料存在问题可以当场更正的,税务机关会一次性告知纳税人更正;纳税人申请材料不齐全或不符合法定形式的,税务机关会当场制作《补正税务行政许可材料告知书》,一次性告知纳税人需要补正的材料,并制作《税务文书送达回证》由纳税人签收。

(3)申请事项不属于税务机关管辖范围,但不需要取得税务行政许可的,税务机关应当即时告知申请人不受理,同时告知其解决的途径。

(4)纳税人提出的行政许可申请事项依法不属于本行政机关职权范围的,税务机关办税服务厅不予受理,当场制作并送达《税务行政许可不予受理通知书》,并制作《税务文书送达回证》由纳税人签收。

（5）税务机关办税服务厅录入增值税专用发票（增值税税控系统）最高开票限额信息及行政许可信息，1 个工作日内将相关资料信息转下一环节按规定程序处理。

（6）办税服务厅收到反馈后 1 个工作日内通知纳税人领取办理结果。纳税人应凭《税务行政许可受理通知书》领取《准予税务行政许可决定书》或《不予税务行政许可决定书》，制作《税务文书送达回证》由纳税人签收。审批结果为"不予税务行政许可"的，告知纳税人在《不予税务行政许可决定书》上注明的期限内，享有依法申请行政复议或提起行政诉讼的权利。

（7）增值税专用发票最高开票限额审批事项会在税务机关自受理行政许可申请之日起 10 个工作日做出行政许可决定；10 个工作日内不能做出决定的，经税务机关负责人批准，可以延长 5 个工作日，税务机关制作《税务行政许可延期决定告知书》送达纳税人，并制作《税务文书送达回证》由纳税人签收。

（8）增值税一般纳税人申请专用发票最高开票限额不超过 10 万元的，税务机关不需要事前进行实地查验。

（9）实行纳税辅导期管理的小型商贸批发纳税人，领用增值税专用发票的最高开票限额不得超过 10 万元；其他增值税一般纳税人增值税专用发票最高开票限额根据纳税人实际经营情况核定。

（10）试点地区住宿业增值税小规模纳税人自行开具增值税专用发票的，最高开票限额不超过 1 万元。

(四) 明晰几个问题

开具增值税专用发票注意点图如图 3-4 所示。

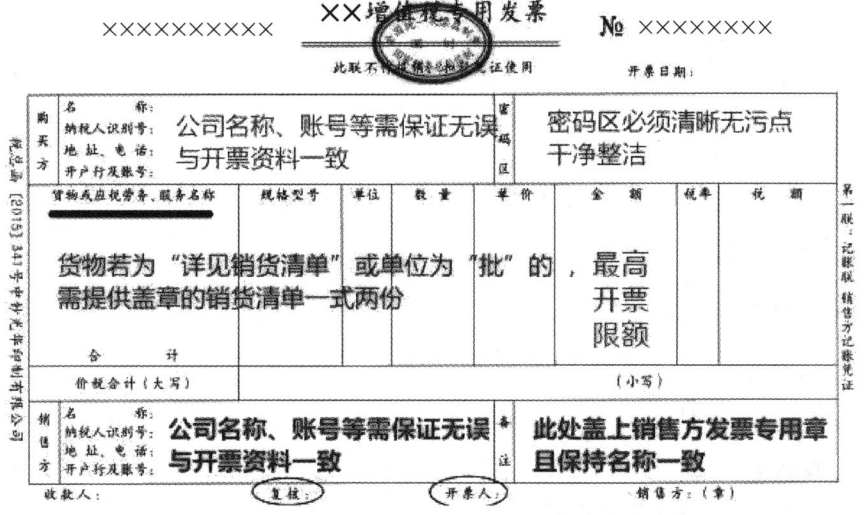

图 3-4　开具增值税专用发票注意点图

最高开票限额,是指单份增值税专用发票或货运专票开具的销售额合计数不得达到的上限额度。根据《中华人民共和国增值税暂行条例》第 6 条规定,销售额为纳税人销售货物或者应税劳务向购买方收取的全部价款和价外费用,但是不包括收取的销项税额。因此,销售额指的是不含增值税的全部价款和价外费用。

第四节　增值税税控系统专用设备初始发行的税法风险防控

一、风险点

纳税人应了解增值税税控系统专用设备初始发行的基本程序、相关依据及自身应承担的责任,避免因资料缺失延误办理,减少因不了解相关政策法规而产生的争议。需要注意的风险问题:

（1）纳税人对报送材料的真实性和合法性承担责任。

（2）纳税人使用符合电子签名法规定条件的电子签名,与手写签名或者盖章具有同等法律效力。

（3）主管税务机关向需要使用增值税税控系统的每一位纳税人发放《增值税税控系统安装使用告知书》(简称《使用告知书》),告知纳税人有关政策规定和享有的权利。纳税人可以注意权利保障。

（4）纳税人办理初始发行后,可携带相关资料领取增值税专用发票。

（5）使用增值税专用发票管理系统纳税人要在每月征收期申报前抄报增值税专用发票数据。

（6）纳税人取得由服务单位开具的增值税税控系统专用设备销售发票(初次购买)以及相关的技术维护费发票,可以按规定按照发票票面的价税合计全额抵减增值税税款,不足抵减的可结转下期继续抵减。

二、税法风险防控

(一)了解基本情况

1. 审批方式
依纳税人申请办理。

2. 办理机关
办理的机关是区县主管税务机关。

3. 办理地点

纳税人可通过办税服务厅(场所)、自助办税终端办理,具体地点可从省(自治区、直辖市和计划单列市)税务局网站"纳税服务"栏目查询。

4. 具体事项

纳税人在初次使用或重新领购增值税税控系统专用设备开具发票之前,需要税务机关对增值税税控系统专用设备进行初始化发行,将开票所需的各种信息载入增值税税控系统专用设备。

5. 收费标准

主管税务机关不收费。

6. 办理时间

对纳税人资料齐全、符合法定形式的申请,主管税务机关受理后会即时办结。

7. 需要报送的资料

纳税人需要报送以下资料:金税盘(税控盘)、报税盘(根据领购的税控系统专用设备报送);经办人身份证件原件;《税务事项通知书》(发票票种核定通知)或《准予税务行政许可决定书》。

8. 税务机关的便民规范

纳税人在资料完整且符合法定受理条件的前提下,最多只需要到税务机关"跑一次"。

(二)了解相关依据

相关依据有:

(1)《中华人民共和国税收征收管理法》第 23 条。

(2)《国家税务总局关于修订〈增值税专用发票使用规定〉的通知》(国税发〔2006〕156号)第 3 条。

(3)《国家税务总局关于全面推行增值税专用发票系统升级版有关问题的公告》(国家税务总局公告 2015 年第 19 号)。

(三)熟悉增值税税控系统专用设备初始发行流程

流程图如图 3-5 所示。

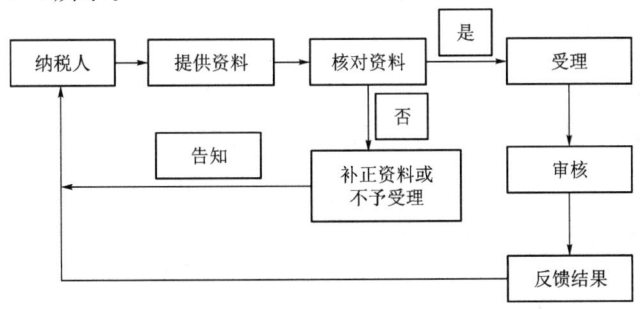

图 3-5　增值税税控系统专用设备初始发行流程图

第五节　增值税税控系统专用设备变更发行的税法风险防控

一、风险点

纳税人应了解增值税税控系统专用设备变更发行的基本程序、相关依据及自身应承担的责任,避免因资料缺失延误办理,减少因不了解相关政策法规而产生的争议和风险。需要注意的风险问题:

(1)纳税人对报送材料的真实性和合法性承担责任。

(2)纳税人使用符合电子签名法规定条件的电子签名,与手写签名或者盖章具有同等法律效力。

(3)增值税税控系统专用设备信息中涉及发票票种、票量、最高开票限额调整的,需要进行发票票种调整及增值税专用发票(增值税税控系统)最高开票限额审批。

(4)使用金税盘(税控盘)的纳税人需要增加(减少)分开票机的,必须对原有的主开票机专用设备进行变更。

(5)变更的内容包括:纳税人名称变更;纳税人除名称外其他税务登记基本信息变更;纳税人发行授权信息变更;因纳税人金税盘、税控盘、报税盘损坏,而对其金税盘、税控盘、报税盘进行变更;因纳税人开票机数量变化而进行发行变更;增值税专用发票管理系统离线开票时限和离线开票总金额变更;购票人员姓名、密码发生变更等。

二、税法风险防控

(一)了解基本情况

1. 审批方式

依纳税人申请办理。

2. 办理机关

办理的机关是区县主管税务机关。

3. 办理地点

纳税人可通过办税服务厅(场所)、电子税务局办理,具体地点和网址可从省(自治区、直辖市和计划单列市)税务局网站"纳税服务"栏目查询。

4. 具体事项

纳税人增值税税控系统专用设备载入信息发生变更的,税务机关对金税盘(税控盘)、报税盘及数据库中的信息作相应变更。

5. 收费标准

主管税务机关不收费。

6. 办理时间

对资料齐全、符合法定形式的税企,主管税务机关受理后会即时办结。

7. 需要报送的资料

纳税人需要报送的资料:金税盘(税控盘)、报税盘(根据领购的税控系统专用设备报送);经办人身份证件原件;《税务事项通知书》(发票票种核定通知)或《准予税务行政许可决定书》或《准予变更税务行政许可决定书》。

8. 税务机关的便民规范

纳税人在资料完整且符合法定受理条件的前提下,最多只需要到税务机关"跑一次"。

(二)了解相关依据

相关依据有:

(1)《中华人民共和国税收征收管理法》第 23 条。

(2)《国家税务总局关于修订〈增值税专用发票使用规定〉的通知》(国税发〔2006〕156号)第 3 条。

(三)熟悉增值税税控系统专用设备变更发行流程

流程图如图 3-6 所示。

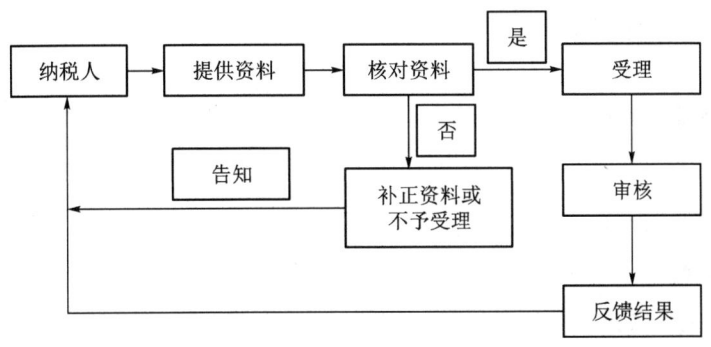

图 3-6 增值税税控系统专用设备变更发行流程图

第六节　增值税税控系统专用设备注销的税法风险防控

一、风险点

纳税人应了解增值税税控系统专用设备注销的基本程序、相关依据及自身应承担的责任,避免因资料缺失延误办理,减少因不了解相关政策法规而产生的争议。需要注意的风险问题:

(1)纳税人对报送材料的真实性和合法性承担责任。

(2)纳税人使用符合电子签名法规定条件的电子签名,与手写签名或者盖章具有同等法律效力。

(3)注销发行前,纳税人应事前办理空白发票的退回或缴销,以及采集已开具增值税专用发票数据。

(4)纳税人有下列情形之一的,纳税人需要上缴增值税税控系统专用设备:

① 依法清税注销、终止纳税义务。

② 减少分开票机。

③ 根据国家税务总局的统一部署,需要更换新型号防伪税控设备的,其旧型号防伪税控设备需办理注销发行。

(5)纳税人当前使用的增值税税控系统专用设备发生损毁或盗失等情况,若继续使用的,做更换金税设备处理,不再继续使用的,报税务机关备案并办理注销发行。

(6)增值税纳税人使用的税控盘、金税盘、报税盘等税控专用设备丢失、被盗,应及时向主管税务机关报告。

二、税法风险防控

(一)了解基本情况

1. 审批方式

依纳税人申请办理。

2. 办理机关

办理的机关是区县主管税务机关。

3. 办理地点

纳税人可通过办税服务厅(场所)办理,具体地点可从省(自治区、直辖市和计划单列市)税务局网站"纳税服务"栏目查询。

4. 具体事项

纳税人发生清税等涉及增值税税控系统专用设备需要注销发行的,税务机关在增值税税控系统中注销纳税人发行信息档案。需要收缴设备的,收缴纳税人金税盘(税控盘)、报税盘。

5. 收费标准

主管税务机关不收费。

6. 办理时间

对资料齐全、符合法定形式的税企,税务机关受理后会即时办结。

7. 需要报送的资料

纳税人需要报送以下资料：金税盘(税控盘)、报税盘(根据领购的税控系统专用设备报送);经办人身份证件原件;有清税注销情形的,纳税人还应提供《清税申报表(注销申请表)》。

8. 税务机关的便民规范

纳税人在资料完整且符合法定受理条件的前提下,最多只需要到税务机关"跑一次"。

(二)了解相关依据

相关依据有：

(1)《中华人民共和国税收征收管理法》第 23 条。

(2)《国家税务总局关于修订〈增值税专用发票使用规定〉的通知》(国税发〔2006〕156号)第 3 条、第 23 条。

(3)《国家税务总局关于统一小规模纳税人标准等若干增值税问题的公告》(国家税务总局公告 2018 年第 18 号)第 6 条。

(三)熟悉增值税税控系统专用设备注销的流程

流程图如图 3-7 所示。

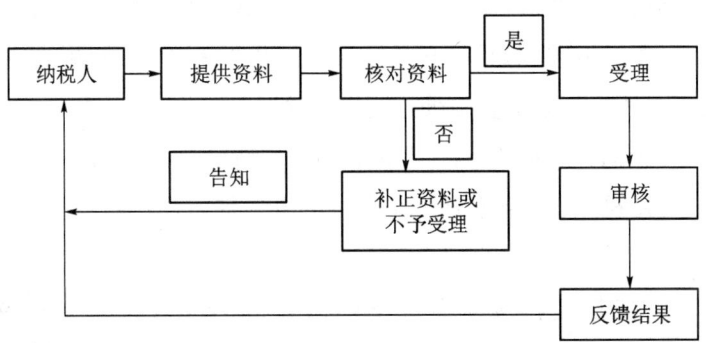

图 3-7　增值税税控系统专用设备注销流程图

第四章 增值税专用发票保管与缴销的税法风险防控

增值税最突出的特点就是拥有增值税专用发票的一般纳税人的进项税额是可以抵扣的。但并不是指只要一般纳税人拥有增值税专用发票就可以将进项税额抵扣,抵扣的前提是增值税专用发票完整且填写符合有关规定。税务机关会对增值税专用发票进行检查,符合规定的才予以抵扣。所以,增值税专用发票规范化管理是保证纳税人进项税额全额抵扣的要求。本章具体介绍增值税专用发票保管与缴销的税法风险防控。

第一节 增值税专用发票验旧的税法风险

一、风险点

纳税人应了解增值税专用发票验旧的基本程序、相关依据及自身应承担的责任,避免因资料缺失延误办理,减少因不了解相关政策法规而产生的争议。需要注意的风险问题:

(1)纳税人对报送材料的真实性和合法性承担责任。

(2)纳税人开具的作废发票,应全联提供。

(3)使用增值税专用发票管理系统的纳税人,应联网上传发票开具信息,不具备联网条件的,可携带存储有申报所属月份开票信息的金税盘、税控盘、报税盘或其他存储介质到税务机关报送其发票开具信息,方便进行发票验旧。

(4)纳税人可根据其核定的票种、票量和验旧的情况,领取发票。

(5)纳税人使用符合电子签名法规定条件的电子签名,与手写签名或者盖章具有同等法律效力。

(6)纳税人应按规定作废发票。发票遗失、损毁的,应向主管税务机关报告处理。

二、税法风险防控

(一)了解基本情况

1. 发票验旧方式

依纳税人申请办理。

2. 办理机关

办理的机关是区县级主管税务机关。

3. 办理地点

纳税人可通过办税服务厅(场所)、电子税务局、自助办税终端办理,具体地点和网址可从省(自治区、直辖市和计划单列市)税务局网站"纳税服务"栏目查询。

4. 具体事项

纳税人将已开具发票的相关信息通过电子或纸质方式,报送税务机关查验,税务机关应当按照规定对已开具发票进行验旧。

取消增值税专用发票(包括增值税专用发票、增值税普通发票、增值税电子普通发票、机动车销售统一发票、二手车销售统一发票)的手工验旧,税务机关利用增值税专用发票管理系统等系统上传的发票数据,通过信息化手段实现增值税专用发票验旧工作。

5. 收费标准

主管税务机关不收费。

6. 办理时间

对资料齐全、符合法定形式的申请,税务机关受理后会即时办结。

7. 需要报送的资料

纳税人需要报送以下资料:

(1)发票验旧报送资料:《发票领用簿》;已开具发票存根联(记账联)(已上传电子信息的不需要提供);作废发票全部联次;红字普通发票全部联次。

(2)发票验旧报送条件:使用税控机的纳税人还应报送发票使用汇总数据报表。

(3)通过税收征管系统发票验旧模版报送发票开具信息的纳税人还应报送:存储介质;存储介质的报送条件为需要上传发票电子开具信息。

8. 税务机关的便民规范

纳税人可通过网上办税服务平台办理发票验旧;税务机关鼓励纳税人引入涉税中介机构依法出具鉴证报告;提供同城通办服务。

(二)了解相关依据

相关依据有:

（1）《中华人民共和国发票管理办法》第 15 条第 2 款。

（2）《中华人民共和国发票管理办法实施细则》第 15 条、第 17 条。

（3）《国家税务总局关于印发〈税控收款机管理系统业务操作规程〉的通知》（国税发〔2005〕126 号）第 3 条第 3 款。

（4）《国家税务总局关于简化增值税专用发票领用和使用程序有关问题的公告》（国家税务总局公告 2014 年第 19 号）第 1 条。

（5）《国家税务总局关于加快推行办税事项同城通办的通知》（税总发〔2016〕46 号）。

（三）熟悉增值税专用发票验旧流程

流程图如图 4-1 所示。

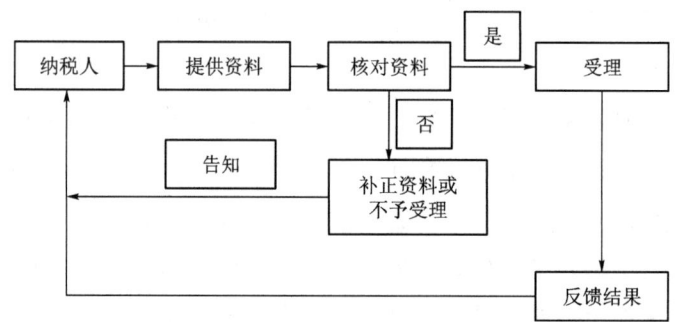

图 4-1 发票验旧流程图

（1）纳税人报送资料齐全、符合法定形式的,进行发票验旧处理。

（2）纳税人报送资料不齐全或不符合法定形式的,制作《税务事项通知书》（补正通知）,一次性告知纳税人需补正的内容。

（3）依法不属于本机关职权或本业务受理范围的,制作《税务事项通知书》（不予受理通知）,告知纳税人不予受理的原因。

（四）明晰几个问题

1. 发票验旧的办理时限

纳税人在下次领用发票前验旧。手头发票开完了,需要去税局购买新的发票时才进行发票验旧,一般是整本发票开完才做验旧,不是每次都要做的。验旧的前提是要验旧的发票的开票明细已经报送且收到报送成功的回执。

2. 网厅的发票验旧注意事项

增值税专用发票和增值税普通发票在"增值税专用发票验旧"中进行;"普通发票验旧"支持的是通用机打发票;增值税专用发票必须抄过税后方可验旧,通用机打发票需要完成明细数据采集后才可验旧;无论是增值税专用发票还是普通发票。一天只能验旧 3 次。

3. 缴销后的增值税专用发票还要验旧

对缴销后的增值税专用发票,纳税人仍然需要验旧。

第二节　增值税专用发票挂失、损毁报告的税法风险防控

一、风险点

纳税人应了解增值税专用发票挂失、损毁报告的基本程序、相关依据及自身应承担的责任,避免因资料缺失延误办理,减少因不了解相关政策法规而产生的争议。需要注意的风险问题:

(1)纳税人对报送材料的真实性和合法性承担责任。

(2)纳税人对增值税专用发票挂失、损毁报备后,违反发票管理规定的,按照规定进行处理。

(3)纳税人丢失增值税专用发票,大多是由于保管不善。丢失"空白发票"根据《中华人民共和国发票管理办法实施细则》(简称《发票管理办法实施细则》)第 31 条规定处理,使用发票的单位和个人应当妥善保管发票,发生发票丢失情形时,应当于发现丢失当日书面报告税务机关,然后填报《发票挂失损毁报告表》,持税控设备到主管税务机关或自行办理电子发票退回或作废手续。

税务机关对丢失增值税专用发票的纳税人,可以按《发票管理办法》未按照规定保管发票的情形,由税务机关责令限期改正,可以并处 1 万元以下的罚款;情节严重的,处 1 万元以上 3 万元以下罚款。税务机关对丢失空白普通发票的纳税人,可以按《发票管理办法》第 36 条未按照规定保管发票的情形,由税务机关责令限期改正,可以并处 1 万元以下的罚款。情节严重的,处 1 万元以上 3 万元以下罚款。

(4)《国家税务总局关于增值税专用发票综合服务平台等事项的公告》(国家税务总局公告 2020 年第 1 号)第 4 条规定:"纳税人同时丢失已开具增值税专用发票或机动车销售统一发票的发票联和抵扣联,可凭加盖销售方发票专用章的相应发票记账联复印件,作为增值税进项税额的抵扣凭证、退税凭证或记账凭证。纳税人丢失已开具增值税专用发票或机动车销售统一发票的抵扣联,可凭相应发票的发票联复印件,作为增值税进项税额的抵扣凭证或退税凭证;纳税人丢失已开具增值税专用发票或机动车销售统一发票的发票联,可凭相应发票的抵扣联复印件,作为记账凭证。"

所以从 2020 年 1 月 8 日开始纳税人丢失增值税专用发票的发票联、抵扣联后,已无需前往税务机关申请开具《丢失增值税专用发票已报税证明单》,可凭相应发票的其他基

本联次复印件,作为增值税进项税额的抵扣凭证、退税凭证或记账凭证。

（5）纳税人使用符合电子签名法规定条件的电子签名,与手写签名或者盖章具有同等法律效力。

（6）增值税纳税人使用的税控盘、金税盘、报税盘等税控专用设备丢失、被盗,应及时向主管税务机关报告。

二、税法风险防控

(一)了解基本情况

1. 发票挂失、损毁报告方式

依纳税人申请办理。

2. 办理机关

办理的机关是区县级主管税务机关。

3. 办理地点

纳税人可通过办税服务厅（场所）、电子税务局办理,具体地点和网址可从省（自治区、直辖市和计划单列市)税务局网站"纳税服务"栏目查询。

4. 具体事项

使用发票的单位和个人应当妥善保管发票。发生发票丢失、损毁情形时,应当于发现当日书面报告主管税务机关。

纳税人丢失专用发票后,必须按规定程序向当地主管税务机关、公安机关报失。

5. 收费标准

主管税务机关不收费。

6. 办理时间

对资料齐全、符合法定形式的申请,税务机关受理后会即时办结。

7. 需要报送的资料

纳税人需要报送的资料如下:

（1）发票挂失、损毁报告报送资料:《发票挂失/损毁报告表》;《挂失/损毁发票清单》;公安部门受理报案的有关材料(如有)。

（2）发票挂失、损毁报告报送条件:《挂失/损毁发票清单》的报送条件为发票数量较大,在报告表中无法全部反映的;公安部门受理报案的有关材料的报送条件为丢失、被盗增值税专用发票的。

8. 税务机关的便民规范

可通过网上办税服务平台进行发票挂失、损毁报备。

（二）了解相关依据

相关依据有：

（1）《中华人民共和国发票管理办法》第 29 条。

（2）《中华人民共和国发票管理办法实施细则》第 31 条。

（3）《国家税务总局关于增值税专用发票综合服务平台等事项的公告》（国家税务总局公告 2020 年第 1 号）第 4 条。

（三）熟悉增值税专用发票挂失、损毁报告流程

流程图如图 4-2 所示。

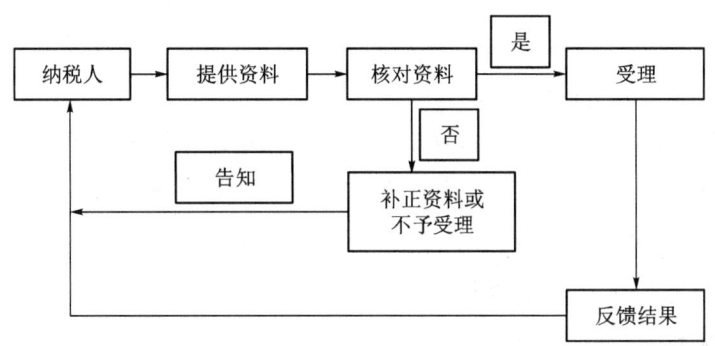

图 4-2　发票挂失、损毁报告流程图

（1）纳税人报送资料齐全、符合法定形式的，主管税务机关录入《发票挂失/损毁报告表》。如果丢失、被盗发票为失控发票的，主管税务机关应作失控发票处理。对违反规定发生被盗、丢失专用发票的纳税人，主管税务机关必须严格按《税收征收管理法》和《发票管理办法》的规定，处以 1 万元以下的罚款，并可视具体情况，对丢失专用发票的纳税人，在一定期限内（最长不超过半年）停止领用专用发票。

对纳税人申报遗失的增值税专用发票，如发现非法代开、虚开问题的，该纳税人应承担偷税、骗税的连带责任。

（2）纳税人报送资料不齐全或不符合法定形式的，税务机关将制作《税务事项通知书》（补正通知），一次性告知纳税人需补正的内容。

（3）依法不属于本机关职权或本业务受理范围的，制作《税务事项通知书》（不予受理通知），告知纳税人不予受理的原因。

（四）明晰几个问题

丢失发票或者擅自损毁发票面临的责任

《发票管理办法》第 36 条规定，跨规定的使用区域携带、邮寄、运输空白发票，以及携

带、邮寄或者运输空白发票出入境的,由税务机关责令改正,可以处 1 万元以下的罚款;情节严重的,处 1 万元以上 3 万元以下的罚款;有违法所得的予以没收。丢失发票或者擅自损毁发票的,依照前款规定处罚。

《发票管理办法实施细则》第 31 条规定,使用发票的单位和个人应当妥善保管发票。发生发票丢失情形时,应当于发现丢失当日书面报告税务机关。

案例解析 **受票人发票遗失,开票人的税法风险**

一、案例引入

2018 年 6 月,深圳市中易腾达科技股份有限公司(简称中易腾达)向客户销售模组一批,并开具增值税专用发票(发票联、抵扣联)108 份,但因客户保管不善,将发票全部遗失,由中易腾达向税务局申请补办。

2018 年 8 月 28 日,深圳市中易腾达科技股份有限公司收到国家税务总局深圳市福田区税务局做出的深福税罚告〔2018〕97 号《税务行政处罚事项告知书》,认为中易腾达违反了《中华人民共和国发票管理办法》第 35 条、第 36 条的规定,处罚人民币 10 000 元整。

中易腾达接受处罚,及时按照规定缴纳罚款。

二、综合解析

(一)发票丢失的处理办法

现行简政放权的政策背景下,2019 年 7 月 31 日,国家税务总局发布《国家税务总局关于公布取消一批税务证明事项以及废止和修改部分规章规范性文件的决定》(国家税务总局令第 48 号),"1.删去《中华人民共和国发票管理办法实施细则》(国家税务总局令第 25 号公布,国家税务总局令第 37 号、第 44 号修改)第 31 条中的'并登报声明作废'。"

由此,发票丢失后,不再需要登报声明作废。

(二)发票丢失的处罚依据

我国对发票有严格的管控,并施行了《中华人民共和国发票管理办法》《中华人民共和国发票管理办法实施细则》《中华人民共和国税收票证管理办法》,对发票的印制、领购、开具保管、检查都作了规定,并规定了相应的罚则。

《中华人民共和国发票管理办法》第 35 条对不按规定开具、缴销发票等九项行为进行了规定,其中第(九)项即未按照规定存放和保管发票的,此情形下,由税务机关责令改正,可以处 1 万元以下的罚款;有违法所得的予以没收。

《中华人民共和国发票管理办法》第 36 条规定:"跨规定的使用区域携带、邮寄、运输空白发票,以及携带、邮寄或者运输空白发票出入境的,由税务机关责令改正,可以处 1

万元以下的罚款;情节严重的,处 1 万元以上 3 万元以下的罚款;有违法所得的予以没收。丢失发票或者擅自损毁发票的,依照前款规定处罚。"

《中华人民共和国发票管理办法实施细则》第 34 条规定:"税务机关对违反发票管理法规的行为进行处罚,应当将行政处罚决定书面通知当事人;对违反发票管理法规的案件,应当立案查处。对违反发票管理法规的行政处罚,由县以上税务机关决定;罚款额在 2 000 元以下的,可由税务所决定。"

（三）增值税专用发票丢失后认证抵扣处理

1. 抵扣联丢失

抵扣联是企业按照税法的规定在支付了上一道环节的增值税以后,在本单位或企业生产阶段可以抵扣的原始凭证,是企业抵扣进项税额的重要凭据。一般纳税人在丢失抵扣联后,如果是已认证的,则可使用发票联复印件留存备查;如果是未进行认证的,则可以使用发票联进行认证,并将发票联复印件留存备查。

2. 发票联丢失

发票联是一般纳税人购买货物后,从销售方索取的增值税专用发票其中的一联,同采购入款单和银行结算凭证一起作为财务部门账账务处理的原始凭证。一般纳税人如丢失发票联,可将记账联作为记账凭证,抵扣联复印件留存备查。

3. 发票联与抵扣联都丢失

一般纳税人丢失发票联和抵扣联后,根据《国家税务总局关于增值税专用发票综合服务平台等事项的公告》(国家税务总局公告 2020 年第 1 号)第 4 条的规定,纳税人同时丢失已开具增值税专用发票或机动车销售统一发票的发票联和抵扣联,可凭加盖销售方发票专用章的相应发票记账联复印件,作为增值税进项税额的抵扣凭证、退税凭证或记账凭证。

第三节　增值税专用发票缴销的税法风险防控

一、风险点

纳税人应了解增值税专用发票缴销的基本程序、相关依据及自身应承担的责任,避免因资料缺失延误办理,减少因不了解相关政策法规而产生的争议。需要注意的风险问题：

（1）纳税人对报送材料的真实性和合法性承担责任。

（2）纳税人应当按照税务机关的规定存放和保管发票，不得擅自损毁。已开具的增值税专用发票存根联和发票登记簿，应当保存5年。保存期满，报经税务机关查验后销毁。

（3）纳税人使用符合电子签名法规定条件的电子签名，与手写签名或者盖章具有同等法律效力。

（4）临时到本省、自治区、直辖市以外从事经营活动的单位或者个人，向经营地税务机关领用经营地的发票。纳税人跨区域经营活动结束，应当向经营地税务机关结清税款、缴销发票。

（5）开具增值税专用发票的纳税人应当在办理信息变更（指纳税人因住所、经营地点变动，涉及改变主管税务机关的）或者清税注销的同时，办理发票的缴销手续。

使用增值税专用发票管理系统的纳税人办理清税注销时，应将结存未用的纸质增值税专用发票送交主管税务机关进行剪角作废，同时作废相应的发票数据电文。

（6）纳税人应在税务机关通知发票换版时，对领用尚未填开的空白发票进行缴销。

（7）一般纳税人转登记为小规模纳税人，可以继续使用现有增值税税控系统专用设备开具增值税专用发票，不需要缴销增值税税控系统专用设备和增值税专用发票。

（8）不能忽视国家税务总局关于缴销的最新规定。

二、税法风险防控

（一）了解基本情况

1. 发票缴销方式

依纳税人申请办理。

2. 办理机关

办理机关是区县级主管税务机关。

3. 办理地点

纳税人可通过办税服务厅（场所）、电子税务局办理，具体地点和网址可从省（自治区、直辖市和计划单列市）税务局网站"纳税服务"栏目查询。

4. 具体事项

纳税人因变更或注销税务登记、换版、损毁等原因缴销发票的，到税务机关对空白发票做剪角处理。

5. 收费标准

主管税务机关不收费。

6. 办理时间

对资料齐全、符合法定形式的申请,税务机关受理后会即时办结。

7. 需要报送的资料

发票领用报送以下资料:《发票领用簿》;需缴销的增值税专用发票。

8. 税务机关的便民规范

税务机关提供同城通办服务。

(二)了解相关依据

相关依据有:

(1)《中华人民共和国发票管理办法》第 28 条、第 29 条。

(2)《税务登记管理办法》(国家税务总局令第 7 号公布,国家税务总局令第 36 号、第 44 号、第 48 号修改)第 29 条、第 31 条、第 35 条。

(3)《国家税务总局关于修订〈增值税专用发票使用规定〉的通知》(国税发〔2006〕156 号)第 24 条。

(三)熟悉增值税专用发票缴销流程

流程图如图 4-3 所示。

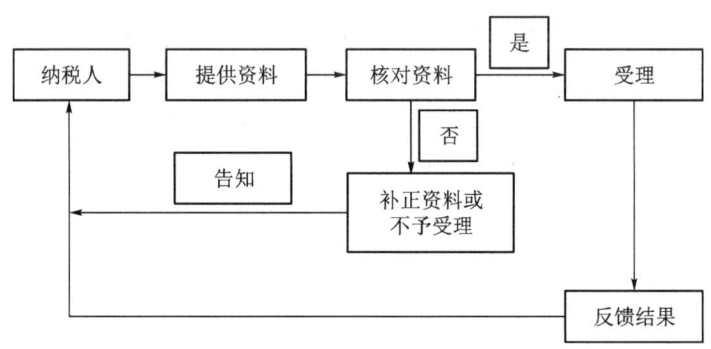

图 4-3 增值税专用发票缴销流程图

办税服务厅接收纳税人资料,核对资料是否齐全、是否符合法定形式、填写内容是否完整,资料齐全、符合法定形式的,税务机关受理后即时办结;不符合的当场一次性告知应补正资料或不予受理原因。

（四）明晰几个问题

纳税人未按规定缴销增值税专用发票面临的责任是《发票管理办法》规定的行政处罚,具体行政处罚是:"有下列情形之一的,由税务机关责令改正,可以处 1 万元以下的罚款;有违法所得的予以没收:……(八)未按照规定缴销发票的。"纳税人要注意防控。

第五章 增值税专用发票开具的税法风险防控

目前,纳税人开票行为仍然存在较多不规范的现象,不仅包括填写不规范,还包括某些企业为了增加成本费用,恶意地用自然人的身份证号码去税务机关代开发票的情况。如果代开数额较大或代开频率较高都会引起税务机关的关注,并将该企业列为重点怀疑对象,一旦被查实,企业会面临巨额的罚款,这是得不偿失的。除此之外,某些小规模纳税人不考虑自身经营状况要求税务机关代开数额较大增值税专用发票,很容易让税务机关怀疑其是代其他企业开票。本章具体介绍增值税专用发票开具的税法风险防控。

第一节 纳税人开具发票的税法风险防控

一、风险点

纳税人应了解开具增值税专用发票的基本程序、相关依据及自身应承担的责任,避免因资料缺失延误办理,减少因不了解相关政策法规而产生的争议和风险,特别是虚开的风险。

二、税法风险防控

(一)了解基本情况

(1)增值税一般纳税人销售货物、提供加工修理修配劳务和发生应税行为,使用新系统开具增值税专用发票、增值税普通发票、机动车销售统一发票、增值税电子普通发票。

纳入增值税小规模纳税人自开增值税专用发票试点的小规模纳税人需要开具增值税专用发票的,可以通过新系统自行开具,主管税务机关不再为其代开。纳入增值税小规模纳税人自开增值税专用发票试点的小规模纳税人销售其取得的不动产,需要开具增值税专用发票的,仍须向税务机关申请代开。

（2）销售商品、提供服务以及从事其他经营活动的单位和个人，对外发生经营业务收取款项，收款方应当向付款方开具发票；特殊情况下，由付款方向收款方开具增值税专用发票。

所有单位和从事生产、经营活动的个人在购买商品、接受服务以及从事其他经营活动支付款项，应当向收款方取得增值税专用发票。取得增值税专用发票时，不得要求变更品名和金额。

（3）增值税纳税人购买货物、劳务、服务、无形资产或不动产，索取增值税专用发票时，须向销售方提供购买方名称（不得为自然人）、纳税人识别号或统一社会信用代码、地址电话、开户行及账号信息，不需要提供营业执照、税务登记证、组织机构代码证、开户许可证、增值税一般纳税人资格登记表等相关证件或其他证明材料。

（4）纳税人应在发生增值税纳税义务时开具增值税专用发票。

（二）明晰几个问题

（1）单位和个人在开具增值税专用发票时，必须做到按照号码顺序填开，填写项目齐全，内容真实，字迹清楚，全部联次一次打印，内容完全一致，并在发票联和抵扣联加盖发票专用章。

开具增值税专用发票应当使用中文。民族自治地方可以同时使用当地通用的一种民族文字。

（2）国家税务总局编写了《商品和服务税收分类与编码（试行）》，并在新系统中增加了商品和服务税收分类与编码相关功能。使用新系统的增值税纳税人，应使用新系统选择相应的商品和服务税收分类与编码开具增值税专用发票。

（3）纳税人应在互联网连接状态下在线使用新系统开具增值税专用发票，新系统可自动上传已开具的增值税专用发票明细数据。

纳税人因网络故障等原因无法在线开票的，在税务机关设定的离线开票时限和离线开具增值税专用发票总金额范围内仍可开票，超限将无法开具发票。纳税人开具增值税专用发票次月仍未连通网络上传已开具增值税专用发票明细数据的，也将无法开具增值税专用发票。纳税人需要连通网络上传发票数据后方可开票，若仍无法连通网络的，需要携带专用设备到税务机关进行征期报税或非征期报税后方可开具增值税专用发票。

纳税人已开具未上传的增值税专用发票为离线发票。离线开票时限，指的是自第一份离线发票开具时间起开始计算可离线开具的最长时限。离线开票总金额，指的是可开具离线发票的累计不含税总金额，离线开票总金额按不同票种分别计算。

纳税人离线开票时限和离线开票总金额的设定标准及方法由各省、自治区、直辖市和计划单列市税务局确定。

按照有关规定不使用网络办税或不具备网络条件的特定纳税人，以离线方式开具增值税专用发票，不受离线开票时限和离线开具增值税专用发票总金额限制。

（4）一般纳税人销售货物、提供加工修理修配劳务和发生应税行为可汇总开具增值税专用发票。汇总开具增值税专用发票的，同时使用新系统开具《销售货物或者提供应税劳务清单》，并加盖发票专用章。

案例解析　　**不按规定开具发票的税法风险**

一、案例引入

2016 年 5 月，某县政府为了招商引资，从外地引入某企业投资开办石化商贸公司（简称石化公司），经销石化产品。经营模式为从上游企业购进粗白油等产品，然后以"柴油"等销售给下游企业。

人民银行认为企业涉嫌洗钱，将线索移交公安机关。公安机关初查后认为涉嫌虚开，将案件移交给稽查局。稽查局检查后认为涉嫌偷逃消费税，将案件又移交公安局，公安局不受理。

稽查局根据对石化公司的税务检查，做出《税务稽查工作底稿》，对石化公司记账凭证进行了检查，最后得出结论如下：

……

综上所述，以上违法事实是：该企业实际购进和销售货物均为柴油，购进货物取得的增值税专用发票所列货物名称为粗白油等，与实际购进货物名称不一致。

根据《中华人民共和国增值税暂行条例》（国务院令第 538 号）第 9 条规定的"纳税人购进货物或者应税劳务，取得的增值税扣税凭证不符合法律、行政法规或者国务院税务主管部门有关规定的，其进项税额不得从销项税额中抵扣"和《中华人民共和国增值税暂行条例实施细则》（财政部　国家税务总局第 50 号令）第 19 条规定的"条例第九条所称增值税扣税凭证，是指增值税专用发票、海关进口增值税专用缴款书、农产品收购发票和农产品销售发票以及运输费用结算单据"，以及《中华人民共和国发票管理办法》（国务院令第 587 号）第 22 条规定的"开具发票应当按照规定的时限、顺序、栏目，全部联次一次性如实开具，并加盖发票专用章"和《国家税务总局关于修订〈增值税专用发票使用规定〉的通知》（国税发〔2006〕156 号）第 11 条规定的"专用发票应按下列要求开具：（一）项目齐全，与实际交易相符；（二）字迹清楚，不得压线、错格；（三）发票联和抵扣联加盖财务专用章或者发票专用章；（四）按照增值税纳税义务的发生时间开具；对不符合上列要求的专用发票，购买方有权拒收"等，纳税人上述购进货物取得增值税专用发票的行为属于取得与实际交易不符的增值税专用发票，其进项税额不得从销项税额中抵扣。

二、综合解析

(一)事实分析

律师对石化企业购销流程涉及单据进行分析发现,企业在购进、运输、出售过程中都没有换货,均记载是粗白油。具体记载如下:

(1)与上游企业签订的合同:粗白油。

(2)进项税发票:粗白油。

(3)上游出库、记账:粗白油。

(4)企业入库、记账:粗白油。

(5)运输方记账:柴油。

(6)企业支付用途:粗白油。

(7)企业出售合同:柴油。

(8)销项发票:柴油。

(9)企业出库单、记账:粗白油。

(10)企业收入记账:粗白油货款。

但是为何会出现这种销项发票与货物不相符呢? 其实,这种销售模式是在石化行业很常见的"变名销售""变名开票"。这种行为的性质应如何认定,是否为虚开呢? 这是比较纠结的问题。

(二)法律分析

1. 石化公司的行为不缴纳消费税

《中华人民共和国消费税暂行条例》(简称《消费税暂行条例》)规定,消费税的征收环节是:生产环节、委托加工环节、进口环节以及珠宝玉石等的零售环节。石化公司的经营行为没有发生生产环节,只是发生购进和销售环节,经营行为只涉及流通环节。

《国家税务总局关于消费税有关政策问题的公告》(国家税务总局公告2012年第47号,简称47号公告)第1条规定:"纳税人以原油或其他原料生产加工的在常温条件下(25℃/一个标准大气压)呈液态状(沥青除外)的产品,按以下原则划分是否征收消费税:(一)产品符合汽油、柴油、石脑油、溶剂油、航空煤油、润滑油和燃料油征收规定的,按相应的汽油、柴油、石脑油、溶剂油、航空煤油、润滑油和燃料油的征收规定征收消费税。"

《国家税务总局关于消费税有关政策问题补充规定的公告》(国家税务总局公告2013年第50号,简称50号公告)第2条规定:纳税人生产加工符合国家税务总局公告第47号第1条第(一)项规定的产品,无论以何种名称对外销售或用于非连续生产应税消费品,均应按规定缴纳消费税。

因此,生产者负有在油品方面应当承担消费税的纳税义务。按照这一规定,生产者生产出售的粗白油符合柴油性状,生产者"无论以何种名称对外销售",均应当是消费税的纳税人,缴纳消费税。

2. 石化公司的行为不涉嫌虚开增值税专用发票罪

石化公司进行了真实的货物交易,有货物购销;石化公司开具的发票数量、金额真实。石化公司开具的增值税专用发票上的数量与真实的货物销售数量是一致的,而发票上金额与真实货物销售额一致,仅仅是品名不一致。石化公司虽然在货物购销中为下游企业开具增值税专用发票,但是因为开具的数量和金额与实际销售数量和金额完全一致,所以也不符合第二款"有货物购销或者提供或接受了应税劳务但为他人、为自己、让他人为自己、介绍他人开具数量或者金额不实的增值税专用发票。"

石化公司开具与实际货物品名不一致的增值税专用发票不属于《最高人民法院关于适用〈全国人民代表大会常务委员会关于惩治虚开、伪造和非法出售增值税专用发票犯罪的决定〉的若干问题的解释》中"虚开增值税专用发票"的行为。

3. 石化公司不需要作进项税转出

石化公司在购进之后,再销售时改变了购进货物的名称,没有改变货物的性状即"换货销售",属于改变名称开具发票,即"变名开票""变名销售"。

生产者出厂销售"粗白油"尽管没有开具"柴油"的增值税专用发票,但是仍然缴纳消费税的原因是"粗白油"的性状属于"柴油",符合47号公告第1条第(一)项的规定,而不是看其是否开具了"柴油"的增值税专用发票,才缴纳消费税,生产者缴纳消费税是看生产者的出厂行为是否符合征收消费税的法律规定。

生产者以其出厂名称"粗白油"开具发票,在石化公司之前的流通环节仍然以"粗白油"的增值税专用发票进行流转,石化公司取得"粗白油"进项税发票,简言之:出厂名称是"粗白油",流通环节名称是"粗白油",石化公司取得的进项税增值税专用发票名称仍然是"粗白油",石化公司可以据此抵扣进项税,不需要作进项税转出,补缴进项税、滞纳金。

同时,由于石化公司已经将购进货物再销售,申报认证抵扣的进项税已经由最终端消费者承担,因此没有造成进项税流失。如果再转出进项税就属于重复征税。

(三) 问题思考

在实务中,税务机关在遇到票货不符时,大多第一反应认为是存在虚开,但是在此类"变名销售""变名开票"销售模式中,我们不能只着眼于进项和销项的发票记载,因为,不管是虚开还是变名销售,核心在于销售的和开具的发票记载的货物品名不一致,这种情况下,应查清究竟有没有真实的交易行为,然后根据实际情况处理。

第二节　申请代开增值税专用发票的税法风险防控

一、风险点

纳税人应了解申请代开增值税专用发票的基本程序、相关依据及自身应承担的责任,避免因资料缺失延误办理,减少因不了解相关政策法规而产生的争议。需要注意的风险问题:

(1)纳税人对报送材料的真实性和合法性承担责任。

(2)增值税小规模纳税人月销售额不超过3万元(按季纳税9万元)的,当期因代开增值税专用发票已经缴纳的税款,在发票全部联次追回后可以向税务机关申请退还。

(3)纳税人使用符合电子签名法规定条件的电子签名,与手写签名或者盖章具有同等法律效力。

(4)纳税人提供的各项证明资料为复印件的,均需注明"与原件一致"并签章。

(5)国家税务总局确定的试点行业小规模纳税人,发生增值税应税行为,需要开具增值税专用发票的,可以自愿使用增值税专用发票管理系统自行开具;试点行业纳税人销售其取得的不动产,应当向不动产所在地税务机关申请代开增值税专用发票。

(6)因开具错误、销货退回、销售折让、服务中止等原因,已代开增值税专用发票需作废的,纳税人可向原代开机关申请作废已代开的发票;不符合作废条件的,可以通过开具红字发票处理;纳税人需要退回已征收税款的,可以向税务机关申请退税。

(7)接受税务机关委托代征税款的保险业、证券业、信用卡业和旅游业企业,向代理人或经纪人支付佣金费用后,可代代理人或经纪人统一向主管税务机关申请汇总代开增值税普通发票或增值税专用发票。代开增值税专用发票时,应向主管税务机关出具个人保险代理人的姓名、身份证号码、联系方式、付款时间、付款金额、代征税款的详细清单。主管税务机关为个人保险代理人汇总代开增值税专用发票时,在备注栏内注明"个人保险代理人汇总代开"字样。

(8)其他个人委托房屋中介、住房租赁企业等单位出租不动产,需要向承租方开具增值税专用发票的,可以由受托单位代其向主管税务机关按规定申请代开增值税专用发票。

(9)小规模纳税人月销售额未超过10万元(按季30万元)的,当期因开具增值税专用发票已经缴纳的税款,在增值税专用发票全部联次追回或者按规定开具红字专用发票后,可以向主管税务机关申请退还。

(10)中国境内提供公路货物运输和内河货物运输且具备相关运输资格并已纳入税收管理的小规模纳税人,将营运资质和营运机动车、船舶信息向主管税务机关进行备案后,可在税务登记地、货物起运地、货物到达地或运输业务承揽地(含互联网物流平台所在地)中任何一地,就近向税务机关申请代开增值税专用发票。

(11)小规模纳税人转让其取得的不动产,不能自行开具增值税专用发票的,可向不动产所在地主管税务机关申请代开;纳税人向其他个人转让其取得的不动产,不得开具或申请代开增值税专用发票。

小规模纳税人中的单位和个体工商户出租不动产,不能自行开具增值税专用发票的,可向不动产所在地主管税务机关申请代开增值税专用发票;纳税人向其他个人出租不动产,不得开具或申请代开增值税专用发票。

其他个人销售其取得的不动产和出租不动产,购买方或承租方不属于其他个人的,纳税人缴纳增值税等税费后可以向不动产所在地主管税务机关申请代开增值税专用发票。

小规模纳税人跨县(市、区)提供建筑服务,不能自行开具增值税专用发票的,可向建筑服务发生地主管税务机关按照其取得的全部价款和价外费用申请代开增值税专用发票。

(12)纳税人办理产权过户手续需要使用发票的,可以使用增值税专用发票第六联或者增值税普通发票第三联。

(13)增值税小规模纳税人应在代开增值税专用发票的备注栏上,加盖本单位的发票专用章。

(14)提供建筑服务,纳税人代开增值税专用发票时,应提供建筑服务发生地县(市、区)名称及项目名称。

销售不动产,纳税人代开增值税专用发票时,应在"货物或应税劳务、服务名称"栏填写不动产名称及房屋产权证书号码(无房屋产权证书的可不填写),"单位"栏填写面积单位,应提供不动产的详细地址。

出租不动产,纳税人代开增值税专用发票时,应提供不动产的详细地址。

跨县(市、区)提供不动产经营租赁服务、建筑服务的小规模纳税人(不包括其他个人),代开增值税专用发票时,在发票备注栏中自动打印"YD"字样。

(15)增值税纳税人应在代开增值税专用发票的备注栏上,加盖本单位的发票专用章(为其他个人代开的特殊情况除外)。税务机关在代开增值税普通发票以及为其他个人代开增值税专用发票的备注栏上,加盖税务机关代开发票专用章。

二、税法风险防控

(一)了解基本情况

1. 代开方式

依纳税人申请办理。

2. 办理机关

办理的机关是区县级主管税务机关。

3. 办理地点

纳税人可通过办税服务厅(场所)、电子税务局、自助办税终端办理,具体地点和网址可从省(自治区、直辖市和计划单列市)税务局网站"纳税服务"栏目查询。

4. 具体事项

已办理税务登记的增值税小规模纳税人(包括个体经营者)以及国家税务总局确定的其他纳税人,发生增值税应税行为,需要开具增值税专用发票,可以向主管税务机关提出代开申请。申请代开增值税专用发票的货物运输业小规模纳税人,适用"货物运输业小规模纳税人异地代开增值税专用发票备案"的"申请条件"。

税务机关代开增值税专用发票使用六联票,代开增值税普通发票使用五联票。税务机关为增值税纳税人代开的增值税专用发票,第五联代开发票岗位留存,以备发票的扫描补录;第六联交税款征收岗位,用于代开发票税额与征收税款的定期核对;其他联次交增值税纳税人。税务机关为纳税人代开的增值税专用发票,第四联由代开发票岗位留存,以备发票扫描补录;第五联交征收岗位留存,用于代开发票与征收税款的定期核对;其他联次交纳税人。税务机关代开发票部门通过新系统代开增值税专用发票,系统自动在发票上打印"代开"字样。

5. 收费标准

主管税务机关不收费。

6. 办理时间

对资料齐全、符合法定形式的申请,税务机关受理后会即时办结。

7. 需要报送的资料

纳税人申请代开增值税专用发票,需要报送相关资料和满足相关条件:

(1)代开增值税专用发票报送资料:《代开增值税专用发票缴纳税款申报单》;加载统一社会信用代码的营业执照。

(2)代开增值税专用发票报送条件:其他个人出租不动产或转让不动产的还应报送;出租、买卖合同原件及复印件;出租人或转让人身份证件原件及复印件;经办人身份证件原件及复印件。

（3）保险代理人、证券经纪人、信用卡个人代理人、旅游业个人代理人汇总代开的还应出具：个人代理人的姓名、身份证号码、联系方式、付款时间、付款金额、代征税款的详细清单。

（4）纳税人跨县(市、区)提供建筑服务增值税纳税人还应报送：《外出经营活动税收管理证明》，并需事前办理《外出经营活动税收管理证明》报验登记。

（5）申请作废代开增值税专用发票的还应报送：已开具发票各联次。

8. 税务机关的便民规范

税务机关通过网上办税服务平台提供代开增值税专用发票服务。税务机关提供自助办税终端服务，实现纳税人通过自助办税终端填写申请表、缴纳税款、自行开具发票。对已通过身份信息比对的办税人员简化报送资料。

（二）了解相关依据

相关依据有：

(1)《中华人民共和国发票管理办法》第 16 条。

(2)《中华人民共和国发票管理办法实施细则》第 19 条。

(3)《国家税务总局关于取消小规模企业销售货物或应税劳务由税务所代开增值税专用发票审批后有关问题的通知》(国税函〔2004〕895 号)。

(4)《国家税务总局关于印发〈税务机关代开增值税专用发票管理办法(试行)〉的通知》(国税发〔2004〕153 号)。

(5)《国家税务总局关于加强税务机关代开增值税专用发票管理问题的通知》(国税函〔2004〕1404 号)。

(6)《国家税务总局关于国家税务局为小规模纳税人代开发票及税款征收有关问题的通知》(国税发〔2005〕18 号)。

(7)《国家税务总局关于修订〈增值税专用发票使用规定〉的通知》(国税发〔2006〕156号)第 10 条。

(8)《国家税务总局关于修订增值税专用发票使用规定的补充通知》(国税发〔2007〕18 号)第 2 条。

(9)《财政部　国家税务总局关于将铁路运输和邮政业纳入营业税改征增值税试点的通知》(财税〔2013〕106 号)附件 1《营业税改征增值税试点实施办法》第 50 条。

(10)《国家税务总局关于小微企业免征增值税和营业税有关问题的公告》(国家税务总局公告 2014 年第 57 号)第 3 条。

(11)《国家税务总局关于发布〈纳税人转让不动产增值税征收管理暂行办法〉的公

告》(国家税务总局公告 2016 年第 14 号)第 10 条、第 11 条。

(12)《国家税务总局关于发布〈纳税人提供不动产经营租赁服务增值税征收管理暂行办法〉的公告》(国家税务总局公告 2016 年第 16 号)第 11 条、第 12 条。

(13)《国家税务总局关于发布〈纳税人跨县(市、区)提供建筑服务增值税征收管理暂行办法〉的公告》(国家税务总局公告 2016 年第 17 号)第 9 条。

(14)《国家税务总局关于发布〈房地产开发企业销售自行开发的房地产项目增值税征收管理暂行办法〉的公告》(国家税务总局公告 2016 年第 18 号)第 23 条、第 24 条。

(15)《国家税务总局关于全面推开营业税改征增值税试点有关税收征收管理事项的公告》(国家税务总局公告 2016 年第 23 号)第 4 条。

(16)《国家税务总局关于明确营业税改征增值税有关征管问题的通知》(税总函〔2016〕181 号)第 1 条。

(三)熟悉申请代开增值税专用发票流程

流程图如图 5-1 所示。

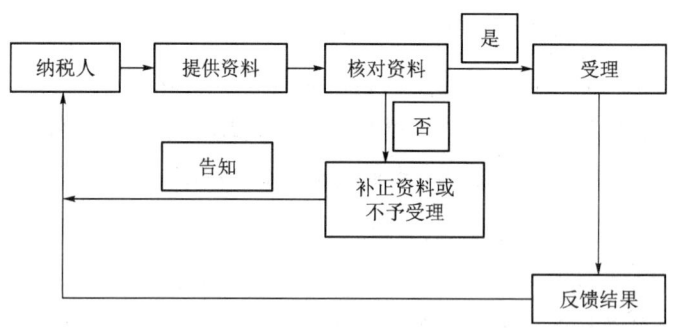

图 5-1　代开增值税专用发票流程图

(1)增值税纳税人申请代开增值税专用发票时,应填写《代开增值税专用发票缴纳税款申报单》,携带加载统一社会信用代码的营业执照,到主管税务机关税款征收岗位按增值税专用发票上注明的税额全额申报缴纳税款。

税务机关接收资料,核对资料是否齐全、是否符合法定形式、填写内容是否完整,资料齐全、符合法定形式的,税务机关受理后即时办结;不符合的当场一次性告知应补正资料或不予受理原因。

(2)代开增值税专用发票的货物运输业小规模纳税人办理材料:《货物运输业代开增值税专用发票缴纳税款申报单》、加载统一社会信用代码的营业执照复印件、经办人身份证件原件及复印件。

(3)申请代开增值税专用发票的其他纳税人办理材料:《代开增值税专用发票缴纳税款申报单》。

（4）有以下情形的,还应提供相应办理材料:

① 纳税人出租不动产:不动产权属资料原件及复印件。

② 纳税人转让取得的不动产:不动产合同、协议或者税务机关认可的其他资料原件及复印件。

③ 自然人(身份证件原件及复印件)。

④ 已办理税务登记的纳税人:加载统一社会信用代码的营业执照原件、经办人身份证件原件及复印件。

（5）代开专用发票遇有填写错误、销货退回或销售折让等情形的,按照专用发票有关规定处理。

税务机关代开专用发票时填写有误的,应及时在防伪税控代开票系统中作废,重新开具。

代开专用发票后发生退票的,税务机关应按照增值税一般纳税人作废或开具负数专用发票的有关规定进行处理。对需要重新开票的,税务机关应同时进行新开票税额与原开票税额的清算,多退少补;对无需重新开票的,按相关规定退还增值税纳税人已缴的税款或抵顶下期正常申报税款。

（6）税务机关为小规模纳税人代开专用发票需要开具红字专用发票的,比照一般纳税人开具红字专用发票的处理办法,信息表第二联交代开税务机关。

（7）2016 年 5 月 1 日起,增值税小规模纳税人销售其取得的不动产以及其他个人出租不动产,购买方或承租方不属于其他个人的,纳税人缴纳增值税后可以向地税局申请代开增值税专用发票。对于具备增值税专用发票安全保管条件、可连通网络、地税局可有效监控代征税款及代开发票情况的政府部门等单位,县(区)以上地税局经评估后认为风险可控的,可以同意其代征税款并代开增值税专用发票。

（8）2016 年 5 月 1 日起,小规模纳税人销售自行开发的房地产项目,自行开具增值税普通发票。购买方需要增值税专用发票的,小规模纳税人向主管税务机关申请代开。

（9）代开增值税专用发票事项适用于同城通办业务。

(四) 明晰几个问题

纳税人申请税务机关代开增值税专用发票,需要明晰具体填开规定。

（1）"单价"和"金额"栏分别填写不含增值税税额的单价和销售额;"税率"栏填写增值税征收率。"销售方名称"栏填写代开税务机关名称;"销售方纳税人识别号"栏填写代开税务机关的统一代码。"销售方开户行及账号"栏填写税收完税凭证字轨及号码或系统税票号码(免税代开增值税普通发票可不填写)。

（2）备注栏内注明纳税人名称和纳税人识别号;税务机关为跨县(市、区)提供不动产经营租赁服务、建筑服务的小规模纳税人(不包括其他个人),代开增值税专用发票时,在发票备注栏中自动打印"YD"字样;税务机关为纳税人代开建筑服务发票时应在发票的备注栏注明建筑服务发生地县(市、区)名称及项目名称;税务机关为个人保险代理人汇总代开增值税专用发票时,应在备注栏内注明"个人保险代理人汇总代开"字样;税务机关为出售或出租不动产代开发票时应在备注栏注明不动产的详细地址。

第三节　红字增值税专用发票开具的税法风险防控

一、风险点

纳税人应了解红字增值税专用发票开具的基本程序、相关依据及自身应承担的责任,避免因资料缺失延误办理,减少因不了解相关政策法规而产生的争议。需要注意的风险问题:

(1)纳税人对报送材料的真实性和合法性承担责任。

(2)购买方取得专用发票已用于申报抵扣的,购买方可在增值税专用发票管理新系统中填开并上传《开具红字增值税专用发票信息表》(简称《信息表》),在填开《信息表》时不填写相对应的蓝字专用发票信息,应暂依《信息表》所列增值税税额从当期进项税额中转出,待取得销售方开具的红字专用发票后,与《信息表》一并作为记账凭证。

(3)购买方取得专用发票未用于申报抵扣、但发票联或抵扣联无法退回的,购买方填开《信息表》时应填写相对应的蓝字专用发票信息。

(4)销售方开具专用发票尚未交付购买方,以及购买方未用于申报抵扣并将发票联及抵扣联退回的,销售方可在新系统中填开并上传《信息表》。销售方填开《信息表》时应填写相对应的蓝字专用发票信息。

(5)使用增值税专用发票管理新系统的纳税人,具备网络上传条件的,可以通过网络办理。

(6)按照开具红字发票的不同情形做好纳税申报表的填写和账务处理。

(7)纳税人已使用增值税专用发票管理系统的,可在开票系统中申请并获取校验结果,即在开票系统中通过上传《开具红字增值税专用发票信息表》(也可凭《开具红字增值税专用发票信息表》电子信息或纸质资料到税务机关申请校验),系统自动校验通过后,生成带有"红字发票信息表编号"的《开具红字增值税专用发票信息表》,并将信息同步至纳税人端系统中。

(8)销售方凭税务机关系统校验通过的《开具红字增值税专用发票信息表》开具红字

专用发票,在增值税专用发票管理系统中以销项负数开具。红字专用发票应与《开具红字增值税专用发票信息表》——对应。

(9) 纳税人开业设立至认定或登记为一般纳税人期间,未取得生产经营收入,未按照销售额和征收率简易计算应纳税额申报缴纳增值税的,其在此期间取得的增值税扣税凭证在认定或登记为一般纳税人后,可以在认定或登记为一般纳税人后抵扣进项税额。

购买方纳税人取得的增值税专用发票,按照《国家税务总局关于推行增值税专用发票系统升级版有关问题的公告》(国家税务总局公告 2014 年第 73 号)规定的程序,由销售方纳税人开具红字增值税专用发票后重新开具蓝字增值税专用发票。

购买方纳税人按照国家税务总局公告 2014 年第 73 号规定填开《开具红字增值税专用发票信息表》或《开具红字货物运输业增值税专用发票信息表》时,选择"所购货物或劳务、服务不属于增值税扣税项目范围"或"所购服务不属于增值税扣税项目范围"。

(10) 一般纳税人转登记为小规模纳税人,在一般纳税人期间发生的增值税应税销售行为,发生销售折让、中止或者退回等情形,需要开具红字发票的,按照原蓝字发票记载的内容开具红字发票;开票有误需要重新开具的,先按照原蓝字发票记载的内容开具红字发票后,再重新开具正确的蓝字发票。

(11) 自行开具增值税专用发票的小规模纳税人以及税务机关为小规模纳税人代开增值税专用发票,需要开具红字专用发票的,按照一般纳税人开具红字专用发票的方法处理。

二、税法风险防控

(一) 了解基本情况

1. 红字增值税专用发票开具方式
依纳税人申请办理。

2. 办理机关
办理的机关是区县级主管税务机关。

3. 办理地点
纳税人可通过办税服务厅(场所)、电子税务局、增值税专用发票管理系统办理,具体地点和网址可从省(自治区、直辖市和计划单列市)税务局网站"纳税服务"栏目查询。

4. 具体事项
(1) 红字增值税专用发票开具申请。

纳税人开具增值税专用发票后,发生销货退回、开票有误、应税服务中止以及发票抵扣联、发票联均无法认证等情形但不符合作废条件,或者因销货部分退回及发生销售折让,需要开具红字专用发票的,需取得税务机关系统校验通过的《开具红字增值税专用发票信息表》。

（2）作废开具红字发票信息表。

《开具红字增值税专用发票信息表》填开错误且尚未使用的,纳税人可申请作废。

5. 收费标准

主管税务机关不收费。

6. 办理时间

对资料齐全、符合法定形式的申请,税务机关受理后会即时办结。

7. 需要报送的资料

纳税人需要报送《开具红字增值税专用发票信息表》（电子信息或纸质资料）。

（二）了解相关依据

相关依据有:

(1)《中华人民共和国发票管理办法实施细则》第 27 条。

(2)《国家税务总局关于简化增值税专用发票领用和使用程序有关问题的公告》（国家税务总局公告 2014 年第 19 号）第 4 条。

(3)《国家税务总局关于红字增值税专用发票开具有关问题的公告》（国家税务总局公告 2016 年第 47 号）。

(4)《国家税务总局关于推行增值税专用发票系统升级版工作有关问题的通知》（税总发〔2014〕156 号）附件 1《增值税专用发票系统升级版操作办法（试行）》第 15 条、第 16 条。

(5)《国家税务总局关于纳税人认定或登记为一般纳税人前进项税额抵扣问题的公告》（国家税务总局公告 2015 年第 59 号）第 2 条第 1 款。

(6)《关于全面推开营业税改征增值税试点的通知》（财税〔2016〕36 号）附件 1《营业税改征增值税试点实施办法》第 42 条。

（三）熟悉红字增值税专用发票开具流程

流程图如图 5-2 所示。

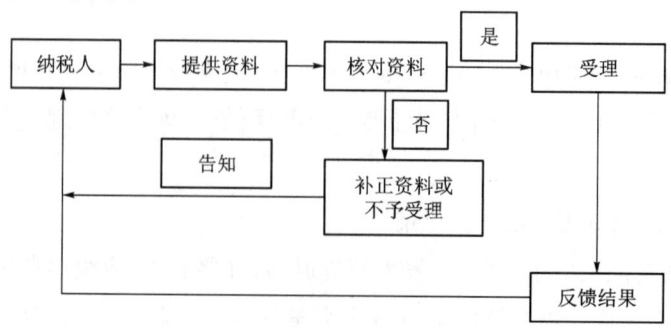

图 5-2　红字增值税专用发票开具流程图

纳税人通过网络上传《开具红字增值税专用发票信息表》(也可凭《信息表》电子信息或纸质资料到税务机关申请校验),系统自动校验通过后,生成带有"红字发票信息表编号"的《信息表》,并将信息同步至纳税人端系统中。

(四) 明晰几个问题

1. 可以申请开具红字增值税专用发票的法定情形

一般纳税人开具增值税专用发票后,发生销货退回、开票有误、应税服务中止以及发票抵扣联、发票联均无法认证等情形但不符合作废条件,或者因销货部分退回及发生销售折让,可申请开具红字专用发票。

(1) 发生以下情形(前提必须在增值税专用发票认证期限内且购货方未认证抵扣),由销货方申请红字:

发票开具有误且发票未认证,发票尚未交付给购买方的(仅限发票开具的当月或次月申请);发票开具有误且发票未认证,购买方拒收的。

(2) 发生以下情形,由购货方申请红字:

发生退货且发票已认证;发生折扣折让且发票已认证。

2. 红字专用发票不需要认证

纳税人要注意,红字增值税专用发票不需要认证。

3. 购买方申请开具红字增值税专用发票信息表后,要做进项税额转出

购买方发票认证结果为"认证相符"的,购买方应在填开《信息表》后依《信息表》所列增值税税额从填开《信息表》当期的进项税额中转出。

认证结果为"无法认证""纳税人识别号认证不符""专用发票代码、号码认证不符",以及所购货物或服务不属于增值税扣税项目范围的,购买方不列入进项税额,不作进项税额转出。

4. 纳税人填开了红字增值税专用发票信息表,未上传,发现红字信息表有误,可进行作废处理

对未上传的红字增值税专用发票信息,可直接在开票系统中作废,无须至大厅处理。

5. 已上传成功的红字增值税专用发票信息表内容填错,要依法到税务机关处理

《信息表》填错,应凭纸质《信息表》(加盖公章)、情况说明(加盖公章)及企业电子办税员联系卡至办税服务厅办理《信息表》撤销,然后重新填开《信息表》。

6. 按规定开具红字发票后,不需要将该笔业务的相应记账凭证复印件报送主管税务机关备案

《国家税务总局关于简化增值税专用发票领用和使用程序有关问题的公告》(国家税

务总局公告 2014 年第 19 号）第 4 条规定："简化红字专用发票办理手续。一般纳税人开具专用发票后，发生销货退回或销售折让，按照规定开具红字专用发票后，不再将该笔业务的相应记账凭证复印件报送主管税务机关备案。"

7. 使用增值税专用发票系统升级版的纳税人，通过系统填开并上传的《开具红字增值税专用发票信息表》，税务机关系统校验通过的《信息表》，不需要加盖税务机关印章

根据《国家税务总局关于推行增值税专用发票系统升级版有关问题的公告》（国家税务总局公告 2014 年第 73 号）第 4 条的规定，主管税务机关通过网络接收纳税人上传的《信息表》，系统自动校验通过后，生成带有"红字发票信息表编号"的《信息表》，并将信息同步至纳税人端系统中。销售方凭税务机关系统校验通过的《信息表》开具红字专用发票，在增值税专用发票系统升级版中以销项负数开具。红字专用发票应与《信息表》一一对应。

因此，纳税人按照符合上述文件规定申请的《信息表》无须加盖税务机关的印章。

第四节　临时开票权限办理的税法风险防控

一、风险点

纳税人应了解临时开票权限办理的基本程序、相关依据及自身应承担的责任，避免因资料缺失延误办理，减少因不了解相关政策法规而产生的争议。需要注意的风险问题：

（1）纳税人对报送材料的真实性和合法性承担责任。

（2）若纳税义务发生时间在 2019 年 4 月 1 日前，未进行申报而开具发票的，纳税人应进行补充申报或者更正申报，涉及缴纳滞纳金的，按规定缴纳；若纳税义务发生时间在 2019 年 4 月 1 日后，不得开具原适用税率发票，已经开具的，按规定作废，不符合作废条件的，按规定开具红字发票后，按照新适用税率开具正确的蓝字发票。

二、税法风险防控

（一）了解基本情况

1. 临时开票权限办理方式

依纳税人申请办理。

2. 办理机关

办理的机关是区县级主管税务机关。

3. 办理地点

纳税人可通过办税服务厅（场所）办理，具体地点可从省（自治区、直辖市和计划单列市）税务局网站"纳税服务"栏目查询。

4. 具体事项

自 2019 年 9 月 20 日起，纳税人需要通过增值税专用发票管理系统开具 17％、16％、11％、10％税率蓝字发票的，应向主管税务机关办理临时开票权限。

5. 收费标准

主管税务机关不收费。

6. 办理时间

对资料齐全、符合法定形式的申请，税务机关受理后会即时办结。

7. 需要报送的资料

纳税人需要报送《开具原适用税率发票承诺书》。

（二）了解相关依据

相关依据是《国家税务总局关于国内旅客运输服务进项税抵扣等增值税征管问题的公告》（国家税务总局公告 2019 年第 31 号）第 13 条。

（三）熟悉临时开票权限办理流程

流程图如图 5-3 所示。

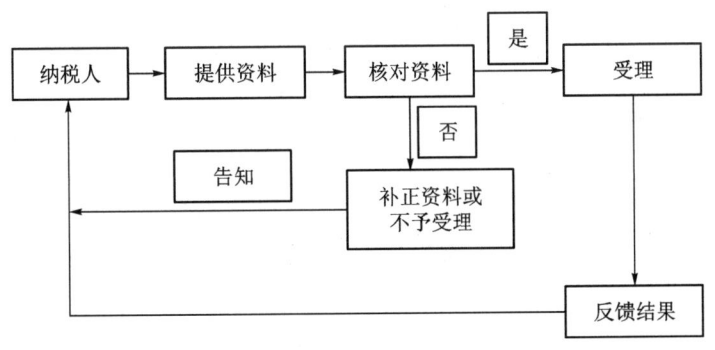

图 5-3 临时开票权限办理流程图

（1）临时开票权限有效期限为 24 小时，纳税人应在获取临时开票权限的规定期限内开具原适用税率发票。

（2）纳税人办理临时开票权限，应保留交易合同、红字发票、收讫款项证明等相关材料,以备查验。

(3) 纳税人未按规定开具原适用税率发票的,主管税务机关应按照现行有关规定进行处理。

(四) 明晰几个问题

(1) 未按规定开具原适用税率发票的要承担风险责任。

① 若纳税义务发生时间在 2019 年 4 月 1 日前,未进行申报而开具发票的,纳税人应进行补充申报或者更正申报,涉及缴纳滞纳金的,按规定缴纳。

② 若纳税义务发生时间在 2019 年 4 月 1 日后,不得开具原适用税率发票,已经开具的,按规定作废,不符合作废条件的,按规定开具红字发票后,按照新适用税率开具正确的蓝字发票。

(2) 对税率调整后的增值税专用发票开具,要按照规定进行。

2019 年 9 月 22 日,增值税一般纳税人在增值税税率调整前已按原 16%、11% 适用税率开具的增值税专用发票,发现开票有误需要重新开具。应向主管税务机关提交《开具原适用税率发票承诺书》,办理临时开票权限,须在 24 小时内先按照原适用税率开具红字发票,再重新开具正确的蓝字发票。

(3) 纳税人 2019 年 3 月 10 日开具了增值税专用发票,因销售折让、中止或者退回等情形需要开具红字发票的。临时开票权限是要求"开具 17%、16%、11%、10% 税率蓝字发票"需要办理临时开票权限,并没有要求开具红字发票需要办理临时开票权限。

第六章　增值税专用发票管理过程的其他风险防控

近几年,国家税务部门相继发布了各项文件督促纳税人进行增值税专用发票规范化管理。但现阶段骗购、虚开增值税专用发票现象依然严重,这是目前增值税专用发票规范化管理中存在的最大问题之一。针对这一问题,应全面认识增值税专用发票规范化管理。本章具体介绍增值税专用发票管理过程的税法风险防控。

第一节　未按期申报增值税扣税凭证继续抵扣的税法风险防控

一、风险点

纳税人应了解未按期申报增值税扣税凭证继续抵扣的基本程序、相关依据及自身应承担的责任,避免因资料缺失延误办理,减少因不了解相关政策法规而产生的争议。需要注意的风险问题:

(1)纳税人对报送材料的真实性和合法性承担责任。

(2)纳税人根据税务部门出具的《未按期申报抵扣增值税扣税凭证允许继续抵扣通知单》填写申报表,无法正常比对清卡的,需要到办税服务厅处理。

(3)纳税人使用符合电子签名法规定条件的电子签名,与手写签名或者盖章具有同等法律效力。

(4)纳税人提供的各项证明资料为复印件的,均需要注明"与原件一致"并签章。

(5)纳税人应在增值税扣税凭证未按期申报抵扣情况说明上详细说明未能按期申报抵扣的原因,并加盖企业印章。

(6)增值税一般纳税人取得2017年1月1日及以后开具的增值税专用发票、海关进口增值税专用缴款书、机动车销售统一发票、收费公路通行费增值税电子普通发票,取消认证确认、稽核比对、申报抵扣的期限。纳税人在进行增值税纳税申报时,应当通过本省

(自治区、直辖市和计划单列市)增值税专用发票综合服务平台对上述扣税凭证信息进行用途确认。

二、税法风险防控

(一)了解基本情况

1. 未按期申报增值税扣税凭证继续抵扣方式

依纳税人申请办理。

2. 办理机关

办理的机关是区县级主管税务机关。

3. 办理地点

纳税人可通过办税服务厅(场所)、电子税务局办理,具体地点和网址可从省(自治区、直辖市和计划单列市)税务局网站"纳税服务"栏目查询。

4. 具体事项

(1)增值税一般纳税人取得的 2017 年 1 月 1 日及以后开具的增值税专用发票、海关进口增值税专用缴款书、机动车销售统一发票、收费公路通行费增值税电子普通发票,不再需要在 360 日内进行认证确认等操作,已经超期的,也可以自 2020 年 3 月 1 日后,通过本省(自治区、直辖市和计划单列市)增值税专用发票综合服务平台进行用途确认。

(2)纳税人发生真实交易且存在客观原因,属于下列情形的,经税务机关审批后,允许纳税人继续申报抵扣其进项税额:

① 增值税一般纳税人取得的增值税扣税凭证已认证或已采集上报信息,但未按照规定期限申报抵扣的。

② 实行纳税辅导期管理的增值税一般纳税人,取得的增值税扣税凭证稽核比对结果相符但未按照规定期限申报抵扣的。

③ 实行海关进口增值税专用缴款书"先比对后抵扣"管理办法的增值税一般纳税人,取得的增值税扣税凭证稽核比对结果相符但未按规定期限申报抵扣的。

(3)客观原因,包括如下类型:

① 因自然灾害、社会突发事件等不可抗力原因造成增值税扣税凭证未按期申报抵扣。

② 有关司法、行政机关在办理业务或者检查中,扣押、封存纳税人账簿资料,导致纳税人未能按期办理申报手续。

③ 税务机关信息系统、网络故障,导致纳税人未能及时取得认证结果通知书或稽核结果通知书,未能及时办理申报抵扣。

④ 由于企业办税人员伤亡、突发危重疾病或者擅自离职,未能办理交接手续,导致未

能按期申报抵扣。

⑤ 国家税务总局规定的其他情形。

5. 收费标准

主管税务机关不收费。

6. 办理时间

主管税务机关的办结期限为 15 个工作日。

7. 需要报送的资料

纳税人要报送以下资料：

(1)《未按期申报抵扣增值税扣税凭证抵扣申请单》。

(2)《已认证增值税扣税凭证清单》。

(3) 增值税扣税凭证未按期申报抵扣情况说明及证明。

(4) 未按期申报抵扣增值税扣税凭证复印件。

8. 税务机关的便民规范

主管税务机关的办理期限是 15 个工作日。

(二)了解相关依据

相关依据有：

(1)《国家税务总局关于未按期申报抵扣增值税扣税凭证有关问题的公告》(国家税务总局公告 2011 年第 78 号)。

(2)《国家税务总局关于取消增值税扣税凭证认证确认期限等增值税征管问题的公告》(国家税务总局公告 2019 年第 45 号)。

(三)熟悉未按期申报增值税扣税凭证继续抵扣流程

流程图如图 6-1 所示。

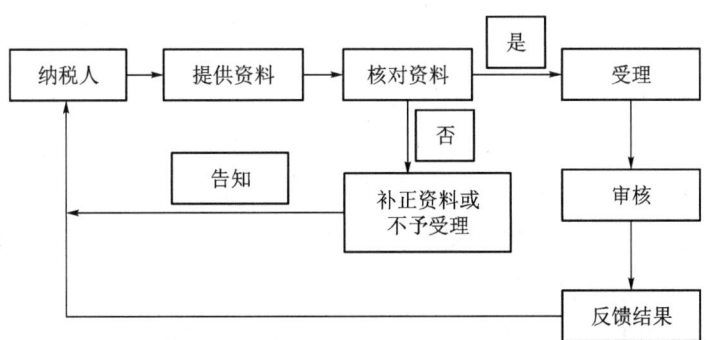

图 6-1 未按期申报增值税扣税凭证继续抵扣流程图

（1）对纳税人报送资料齐全、内容填写符合规定申请，主管税务机关录入申请信息并制作《税务事项通知书》（受理通知）。

① 对于《增值税扣税凭证未按期申报抵扣情况说明》，纳税人应详细说明未能按期申报抵扣的原因，并加盖企业公章。对客观原因不涉及第三方的，纳税人应说明的情况具体为：发生自然灾害、社会突发事件等不可抗力原因的，纳税人应详细说明自然灾害或者社会突发事件发生的时间、影响地区、对纳税人生产经营的实际影响等；企业办税人员擅自离职，未办理交接手续的，纳税人应详细说明事情经过、办税人员姓名、离职时间等，并提供解除劳动关系合同及企业内部相关处理决定。

② 对客观原因涉及第三方的，纳税人应提供第三方证明或说明。具体为：企业办税人员伤亡或者突发危重疾病的，应提供公安机关、交通管理部门或者医院证明；有关司法、行政机关在办理业务或者检查中，扣押、封存纳税人账簿资料，导致纳税人未能按期办理申报手续的，纳税人应提供相关司法、行政机关证明。

③ 对于因税务机关信息系统或者网络故障原因造成纳税人增值税扣税凭证未能按期申报抵扣的，主管税务机关会核实处理。

（2）对纳税人报送资料不齐全或填写不符合规定的，主管税务机关制作《税务事项通知书》（补正通知），一次性告知纳税人需要补正的内容。

（3）对纳税人不符合受理条件或不属于管辖范围的、第三方证明或说明明显不符合逻辑的、增值税扣税凭证复印件与原件不一致的，主管税务机关制作不予受理的《税务事项通知书》，告知纳税人不予受理的理由。

（4）主管税务机关对纳税人报送的资料进行审核。对资料齐全、交易真实、增值税扣税凭证未按期申报抵扣确实有符合条件的客观原因的，允许其继续抵扣未按期申报抵扣的增值税扣税凭证。主管税务机关制作并发放《未按期申报抵扣增值税扣税凭证允许继续抵扣通知单》给纳税人。

（四）明晰几个问题

对于申报问题，纳税人可以根据规定进行申报抵扣。《国家税务总局关于取消增值税扣税凭证认证确认期限等增值税征管问题的公告》（国家税务总局公告 2019 年第 45 号）第 1 条明确规定，2020 年 3 月 1 日起，增值税一般纳税人取得 2017 年 1 月 1 日及以后开具的增值税专用发票，取消认证确认、稽核比对、申报抵扣的期限。根据上述规定，纳税人取得的 2017 年以后开具的增值税专用发票，未按期申报抵扣的原因即使不属于《国家税务总局关于未按期申报抵扣增值税扣税凭证有关问题的公告》（国家税务总局公告 2011 年第 78 号）中规定的客观原因，也可申报抵扣。

第二节　逾期增值税扣税凭证继续抵扣的税法风险防控

一、风险点

纳税人应了解逾期增值税扣税凭证继续抵扣的基本程序、相关依据及自身应承担的责任，避免因资料缺失延误办理，减少因不了解相关政策法规而产生的争议。需要注意的风险问题：

（1）纳税人对报送材料的真实性和合法性承担责任。

（2）纳税人应在申请批准后的规定的时限内进行抵扣，填写增值税纳税申报表，无法正常比对清卡的，需要到办税服务厅处理。

（3）对于逾期扣税凭证，除了按照逾期增值税扣税凭证继续抵扣申请处理外，还可以根据不同情况，由购买方或销售方申请开具红字增值税专用发票。

（4）纳税人使用符合电子签名法规定条件的电子签名，与手写签名或者盖章具有同等法律效力。

（5）由于税务机关自身原因造成纳税人增值税扣税凭证逾期的，主管税务机关在上报文件中说明相关情况。具体为，税务机关信息系统或者网络故障，未能及时处理纳税人网上认证数据的，主管税务机关详细说明信息系统或网络故障出现、持续的时间，故障原因及表现等。

二、税法风险防控

（一）了解基本情况

1. 逾期增值税扣税凭证继续抵扣方式

依纳税人申请办理。

2. 办理机关

办理机关是区县级主管税务机关。

3. 办理地点

纳税人可通过办税服务厅（场所）、电子税务局办理，具体地点和网址可从省（自治区、直辖市和计划单列市）税务局网站"纳税服务"栏目查询。

4. 具体事项

（1）增值税一般纳税人取得的 2016 年 12 月 31 日及以前开具的增值税专用发票、海关进口增值税专用缴款书、机动车销售统一发票,超过认证确认等期限,但符合相关条件的,仍可按照《国家税务总局关于逾期增值税扣税凭证抵扣问题的公告》(国家税务总局公告 2011 年第 50 号,国家税务总局公告 2017 年第 36 号、国家税务总局公告 2018 年第 31 号修改)、《国家税务总局关于未按期申报抵扣增值税扣税凭证有关问题的公告》(国家税务总局公告 2011 年第 78 号,国家税务总局公告 2018 年第 31 号修改)的规定,继续抵扣其进项税额。

(2)增值税一般纳税人发生真实交易,2007 年 1 月 1 日以后开具的增值税扣税凭证由于客观原因造成未能按照规定期限办理认证或者稽核比对抵扣的,经层报国家税务总局认证、稽核比对后,对比对相符的增值税扣税凭证,可继续抵扣其进项税额。

(3)客观原因,包括如下类型:

① 因自然灾害、社会突发事件等不可抗力因素造成增值税扣税凭证逾期。

② 增值税扣税凭证被盗、抢,或者因邮寄丢失、误递导致逾期。

③ 有关司法、行政机关在办理业务或者检查中,扣押增值税扣税凭证,纳税人不能正常履行申报义务,或者税务机关信息系统、网络故障,未能及时处理纳税人网上认证数据等导致增值税扣税凭证逾期。

④ 买卖双方因经济纠纷,未能及时传递增值税扣税凭证,或者纳税人变更纳税地点,注销旧户和重新办理税务登记的时间过长,导致增值税扣税凭证逾期。

⑤ 由于企业办税人员伤亡、突发危重疾病或者擅自离职,未能办理交接手续,导致增值税扣税凭证逾期。

⑥ 国家税务总局规定的其他情形。

5. 收费标准

主管税务机关不收费。

6. 办理时间

主管税务机关的办理时限由省级税务机关确定。

7. 需要报送的资料

纳税人逾期增值税扣税凭证继续抵扣,需要报送以下资料:

(1)《逾期增值税扣税凭证抵扣申请单》2 份。

(2)增值税扣税凭证逾期情况说明,客观原因涉及第三方的,应同时提供第三方证明或说明。

(3)逾期增值税扣税凭证电子信息。

(4)逾期增值税扣税凭证复印件(复印件必须整洁、清晰,在凭证备注栏注明"与原件一致"并加盖纳税人公章,增值税专用发票复印件必须裁剪成与原票大小一致)。

8. 税务机关的便民规范

税务机关办税服务厅在收到反馈后 1 个工作日内应通知纳税人领取审核结果。

(二) 了解相关依据

相关依据有:

(1)《国家税务总局关于逾期增值税扣税凭证抵扣问题的公告》(国家税务总局公告 2011 年第 50 号,根据 2017 年 10 月 13 日《国家税务总局关于进一步优化增值税、消费税有关涉税事项办理程序的公告》修正)。

(2)《国家税务总局关于取消增值税扣税凭证认证确认期限等增值税征管问题的公告》(国家税务总局公告 2019 年第 45 号)。

(3)《国家税务总局关于进一步优化增值税、消费税有关涉税事项办理程序的公告》(国家税务总局公告 2017 年第 36 号)第 1 条、第 3 条。

(三) 熟悉逾期增值税扣税凭证继续抵扣流程

流程图如图 6-2 所示。

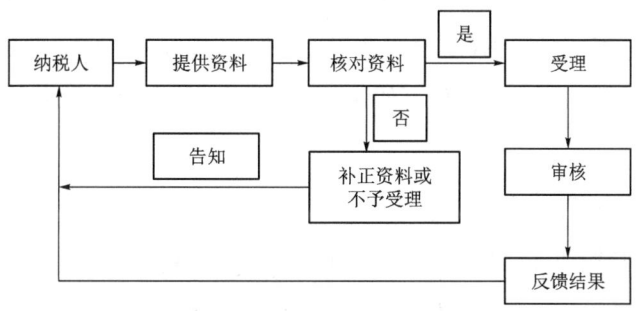

图 6-2 逾期增值税扣税凭证继续抵扣流程图

(1) 纳税人提交的逾期增值税扣税凭证复印件必须整洁、清晰,在凭证备注栏注明"与原件一致"并加盖企业公章,增值税专用发票复印件必须裁剪成与原票大小一致。

(2) 对于《增值税扣税凭证未按期申报抵扣情况说明》,纳税人应详细说明未能按期申报抵扣的原因,并加盖企业公章。对客观原因不涉及第三方的,纳税人应说明的情况具体为:发生自然灾害、社会突发事件等不可抗力原因的,纳税人应详细说明自然灾害或者社会突发事件发生的时间、影响地区、对纳税人生产经营的实际影响等;纳税人变更纳税地点,注销旧户和重新办理税务登记的时间过长,导致增值税扣税凭证逾期的,纳税人应详细说明办理搬迁时间、注销旧户和注册新户的时间、搬出及搬入地点等;企业办税人员擅自离职,未办理交接手续的,纳税人应详细说明事情经过、办税人员姓名、离职时间等,并提供解除劳动关系合同及企业内部相关处理决定。

(3) 对客观原因涉及第三方的,应提供第三方证明或说明。具体为:企业办税人员伤亡或者突发危重疾病的,应提供公安机关、交通管理部门或者医院证明;有关司法、行政机关在办理业务或者检查中,扣押增值税扣税凭证,导致纳税人不能正常履行申报义务的,应提供相关司法、行政机关证明;增值税扣税凭证被盗、抢的,应提供公安机关证明;买卖双方因经济纠纷,未能及时传递增值税扣税凭证的,应提供卖方出具的情况说明;邮寄丢失或者误递导致增值税扣税凭证逾期的,应提供邮政单位出具的说明。

(4) 对纳税人提交资料不齐全或填写不符合规定的,制作《税务事项通知书》(补正通知),一次性告知纳税人需要补正的内容。

(5) 对纳税人不符合受理条件或不属于管辖范围的、第三方证明或说明明显不符合逻辑的、增值税扣税凭证复印件与原件不一致的,制作不予受理的《税务事项通知书》,告知纳税人不予受理的理由。

(6) 经主管税务机关审核、逐级上报,由国家税务总局进行终审。对资料符合条件、稽核比对结果相符的,总局通知省税务机关允许纳税人继续抵扣逾期增值税扣税凭证上所注明或计算的税额。

(7) 主管税务机关在接收到上级发送的允许纳税人继续抵扣逾期增值税扣税凭证的通知后,制作《税务事项通知书(逾期增值税抵扣凭证抵扣通知)》,准予纳税人继续抵扣逾期增值税扣税凭证上所注明或计算的税额。允许继续抵扣的,纳税人应在规定的时限内进行抵扣。

(四) 明晰几个问题

增值税一般纳税人取得 2016 年 12 月 31 日及以前开具的增值税专用发票、海关进口增值税专用缴款书、机动车销售统一发票,超过认证确认、稽核比对、申报抵扣期限,但符合规定条件的,仍可按照《国家税务总局关于逾期增值税扣税凭证抵扣问题的公告》(国家税务总局公告 2011 年第 50 号,国家税务总局公告 2017 年第 36 号、2018 年第 31 号修改)、《国家税务总局关于未按期申报抵扣增值税扣税凭证有关问题的公告》(国家税务总局公告 2011 年第 78 号,国家税务总局公告 2018 年第 31 号修改)规定,继续抵扣进项税额。

第三节　增值税专用发票真伪鉴别的税法风险防控

一、风险点

申请人应了解增值税专用发票真伪鉴别的基本程序、相关依据及自身应承担的责任,避免因资料缺失延误办理,减少因不了解相关政策法规而产生的争议。需要注意的风险问题：

（1）申请人对报送材料的真实性和合法性承担责任。

（2）行政执法部门申请鉴别发票还应报送：

① 待鉴别发票复印件，发票数量较多时，提供电子数据代替复印件，电子数据应包括发票名称、代码、号码等。

② 单位介绍信。

（3）如果申请人是已办理税务登记的纳税人，还应报送加载统一社会信用代码的营业执照。

（4）申请人是自然人还应报送身份证明，如居民身份证、护照或者其他能证明自然人身份的证件。

（5）在伪造、变造现场查获的假发票，由当地税务机关负责鉴定。

二、税法风险防控

（一）了解基本情况

1. 增值税专用发票真伪鉴别方式

依申请人申请在税务机关办理。

2. 办理机关

办理机关是县区级主管税务机关。

3. 办理地点

申请人可通过办税服务厅（场所），具体地点可从省（自治区、直辖市和计划单列市）税务局网站"纳税服务"栏目查询。

4. 具体事项

用票单位和个人、行政执法部门需鉴别本省、自治区、直辖市税务机关监制的发票真伪以及国家税务总局监制的发票真伪的，向税务机关提出鉴定需求。

5. 收费标准

税务机关不收费。

6. 办理时间

对资料齐全、符合法定形式的申请，税务机关受理后会即时办结。

7. 需要报送的资料

申请人申请增值税专用发票真伪鉴别的，要报送以下资料：

（1）待鉴别的增值税专用发票。

（2）经办人身份证明，如居民身份证、护照或者其他能证明经办人身份的证件；行政执法部门工作人员应提供工作证原件及复印件。

8. 税务机关的便民规范

税务机关可通过网上办税服务平台提供发票真伪鉴别服务。提供自助办税终端、移动终端发票鉴别服务,申请人录入发票代码、号码和开具信息或扫描二维码,系统自动比对数据,反馈鉴定结果。税务机关也可以提供固定电话语音或人工发票信息查询服务。对已通过身份信息比对的办事人员简化报送资料,不再要求出示身份证件复印件等材料。

(二)了解相关依据

相关依据有:

(1)《中华人民共和国发票管理办法》第24条。

(2)《中华人民共和国发票管理办法实施细则》第33条。

(三)熟悉增值税专用发票真伪鉴别流程

流程图如图6-3所示。

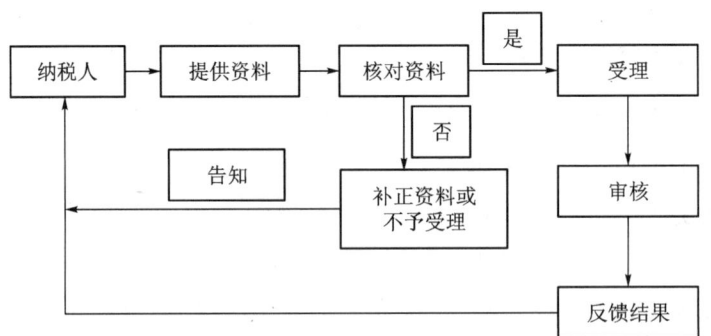

图6-3　增值税专用发票真伪鉴别流程图

(1)申请人报送资料齐全、符合法定形式的,税务机关按照以下情况分别办理:能够当场鉴别的,出具《税务事项通知书》(发票真伪鉴定结果通知);不能当场鉴定的,制作《税务事项通知书》(受理通知),转下一环节。

(2)申请人报送资料不齐全或不符合法定形式的,税务机关制作《税务事项通知书》(补正通知),一次性告知纳税人需要补正的内容。

(3)依法不属于本机关职权或本业务受理范围的,税务机关制作《税务事项通知书》(不予受理通知),告知申请人不予受理的原因。

(4)发票真伪鉴定人员对增值税专用发票真伪做出鉴定,并出具《税务事项通知书》(发票真伪鉴定结果通知)。

(四)明晰几个问题

(1)增值税专用发票查验平台目前可查验最近1年内增值税专用发票管理系统开具

的发票。

（2）当日开具的发票最快可以在次日进行查验。

（3）由于存在纳税人离线自开票的方式和发票电子数据的数据同步周期（至少 1 天）问题，在线进行发票查验可能存在滞后情况。

（4）发票查询条件页面中，当票面信息包含"校验码"时，为保证查询的准确性，应严格按照票面信息输入"校验码"的最后 6 位数字。

（5）每天每张发票可在线查询次数为 5 次，超过次数后可于次日再进行查验操作。

（6）平台仅提供所查询发票票面信息的查验结果。如对查验结果有疑义，可持发票原件至当地税务机关进行鉴定。

第四节　异常增值税扣税凭证管理的税法风险防控

一、风险形势

近年来有一些人利用办税便利化措施，注册没有实际经营业务、只为虚开发票的"假企业"，骗领增值税专用发票，并在实施违法虚开增值税专用发票行为后快速走逃（失联），逃避税收监管，既严重扰乱了税收秩序，也极大损害了守法经营纳税人的权益。为推进税收治理体系和治理能力现代化，健全税收监管体系，进一步遏制虚开增值税专用发票行为，维护税收秩序，优化营商环境，保护纳税人合法权益，国家税务总局加强了异常增值税扣税凭证管理。

二、风险防控规定

国家税务总局发布了《国家税务总局关于异常增值税扣税凭证管理等有关事项的公告》（国家税务总局公告 2019 年第 38 号），其中对异常增值税扣税凭证（简称"异常凭证"）的管理事项如下：

（1）符合下列情形之一的增值税专用发票，列入异常凭证范围：

① 纳税人丢失、被盗税控专用设备中未开具或已开具未上传的增值税专用发票。

② 非正常户纳税人未向税务机关申报或未按规定缴纳税款的增值税专用发票。

③ 增值税专用发票管理系统稽核比对发现"比对不符""缺联""作废"的增值税专用发票。

④ 经国家税务总局、省税务局大数据分析发现，纳税人开具的增值税专用发票存在涉嫌虚开、未按规定缴纳消费税等情形的。

⑤ 属于《国家税务总局关于走逃(失联)企业开具增值税专用发票认定处理有关问题的公告》(国家税务总局公告 2016 年第 76 号)第 2 条第(一)项规定情形的增值税专用发票。

(2) 增值税一般纳税人申报抵扣异常凭证,同时符合下列情形的,其对应开具的增值税专用发票列入异常凭证范围:

① 异常凭证进项税额累计占同期全部增值税专用发票进项税额 70%(含)以上的。

② 异常凭证进项税额累计超过 5 万元的。

纳税人尚未申报抵扣、尚未申报出口退税或已作进项税额转出的异常凭证,其涉及的进项税额不计入异常凭证进项税额的计算。

(3) 增值税一般纳税人取得的增值税专用发票列入异常凭证范围的,应按照以下规定处理:

① 尚未申报抵扣增值税进项税额的,暂不允许抵扣。已经申报抵扣增值税进项税额的,除另有规定外,一律作进项税额转出处理。

② 尚未申报出口退税或者已申报但尚未办理出口退税的,除另有规定外,暂不允许办理出口退税。适用增值税免抵退税办法的纳税人已经办理出口退税的,应根据列入异常凭证范围的增值税专用发票上注明的增值税额作进项税额转出处理;适用增值税免退税办法的纳税人已经办理出口退税的,税务机关应按照现行规定对列入异常凭证范围的增值税专用发票对应的已退税款追回。

纳税人因骗取出口退税停止出口退(免)税期间取得的增值税专用发票列入异常凭证范围的,按照本条第①项规定执行。

③ 消费税纳税人以外购或委托加工收回的已税消费品为原料连续生产应税消费品,尚未申报扣除原料已纳消费税税款的,暂不允许抵扣;已经申报抵扣的,冲减当期允许抵扣的消费税税款,当期不足冲减的应当补缴税款。

④ 纳税信用 A 级纳税人取得异常凭证且已经申报抵扣增值税、办理出口退税或抵扣消费税的,可以自接到税务机关通知之日起 10 个工作日内,向主管税务机关提出核实申请。经税务机关核实,符合现行增值税进项税额抵扣、出口退税或消费税抵扣相关规定的,可不作进项税额转出、追回已退税款、冲减当期允许抵扣的消费税税款等处理。纳税人逾期未提出核实申请的,应于期满后按照本条第①项、第②项、第③项规定作相关处理。

⑤ 纳税人对税务机关认定的异常凭证存有异议,可以向主管税务机关提出核实申请。经税务机关核实,符合现行增值税进项税额抵扣或出口退税相关规定的,纳税人可继续申报抵扣或者重新申报出口退税;符合消费税抵扣规定且已缴纳消费税税款的,纳税人可继续申报抵扣消费税税款。

（4）经税务总局、省税务局大数据分析发现存在涉税风险的纳税人,不得离线开具发票,其开票人员在使用开票软件时,应当按照税务机关指定的方式进行人员身份信息实名验证。

（5）新办理增值税一般纳税人登记的纳税人,自首次开票之日起3个月内不得离线开具发票,按照有关规定不使用网络办税或不具备风险条件的特定纳税人除外。

第五节　纳税人取得虚开增值税专用发票的税法风险防控

从取得发票方即受票人的主观态度来看,存在恶意取得和善意取得两种情况,按照税法规定,应分别对其进行税务处理。在实践中,有人讲,还存在第三种情况,即"不善不恶",对第三种情况本书不做出评论。

一、恶意取得虚开的增值税专用发票的税法风险防控

恶意取得增值税专用发票抵扣进项税的,根据《国家税务总局关于纳税人取得虚开的增值税专用发票处理问题的通知》(国税发〔1997〕134号)的规定,除依照《税收征收管理法》及有关规定追缴税款外,还要处以偷税数额五倍以下的罚款;进项税金大于销项税金的,应当调减其留抵的进项税额。利用虚开的专用发票进行骗取出口退税的,应当依法追缴税款,处以骗税数额五倍以下的罚款。构成犯罪的,依法追究刑事责任。

二、善意取得虚开的增值税专用发票的税法风险防控

国家税务总局在《国家税务总局关于纳税人善意取得虚开的增值税专用发票处理问题的通知》(国税发〔2000〕187号)中明确规定,必须同时满足以下条件,才可认定为善意取得虚开的增值税专用发票:

（1）购货方与销售方存在真实交易,销售方使用的是其所在省(自治区、直辖市和计划单列市)的专用发票,专用发票注明的销售方名称、印章、货物数量、金额及税额等全部内容与实际相符。

（2）没有证据表明购货方知道销售方提供的专用发票是以非法手段获得的。为保护纳税人的合法权益,对于善意取得增值税专用发票的纳税人,不以偷税或者骗取出口退税论处。但应按有关规定不予抵扣进项税款或者不予出口退税;购货方已经抵扣的进项

税款或者取得的出口退税,应依法追缴。税法也规定了相关的补救措施。

虽然上述规定在一定程度上保护了善意取得增值税专用发票纳税人的合法权益,但如不能重新取得增值税专用发票,仍存在不能抵扣进项的风险,故建议企业在经营过程中一定要加以注意,避免取得虚开的增值税专用发票。

三、接受虚开的增值税专用发票的税法风险防控

根据税法规定,纳税人如果取得虚开的增值税专用发票,即使是善意取得的,进项税金也不能抵扣,已抵扣的要补缴有关税款。如何积极采取具体措施,避免或降低取得虚开的增值税专用发票,建议纳税人做好以下几点:

(1)提高防范意识,从思想上引起重视。纳税人在购进货物时,从思想上重视增值税专用发票的问题,积极主动地审查发票的真实性。

(2)对供货单位做必要的考察,择优选择购货对象。通过对供货单位的经营范围、经营规模、生产能力、企业资质、货物的所有权等情况的了解,对其有一个总体的评价。尽量选取与规模大、经营规范、信誉高、经营时间久的企业交易。这类企业一般都有严格的内控机制,注重形象信誉。

(3)尽量通过银行账户划拨货款。在这个过程中,纳税人可以再次对购进业务进行监督、审查,以降低相关风险。

(4)仔细比对发票信息。要求开票方提供有关资料,并仔细比对相关信息,落实其中内容的一致性和合法性。

(5)加强员工专业知识的培训。通过对相关业务人员进行专业的增值税专用发票知识的培训,使其系统全面地了解增值税专用发票的相关知识,并能够大大降低取得虚开增值税专用发票的风险。

(6)及时向税务机关求助查证。纳税人如果对取得的发票存在疑问,应当暂缓抵扣有关进项税金,首先要通过自己的调查,落实发票的性质。如果需要做深层次的调查,可以及时向主管税务机关求助、查证。

第七章　虚开增值税专用发票税务处理阶段的风险防控

《发票管理办法》第 22 条严禁虚开发票，当然也包括严禁虚开增值税专用发票。2018 年 8 月以来公安部会同国家税务总局、人民银行、海关总署组织开展为期 2 年的虚开骗税违法犯罪专项行动，仅 2019 年查处虚开骗税企业 11 万余户，由此可见，虚开发票的风险值得重视和防范。本章通过具体案例进行分析。

第一节　"三流"不一致不必然构成虚开增值税专用发票的案例借鉴

一、基本观点

判定行为人是否存在虚开增值税专用发票的关键在于是否存在真实交易以及是否存在虚开增值税专用发票的故意。国家税务总局公告 2014 年第 39 号没有规定不符合"三流一致"就是虚开增值税专用发票。即使资金流转链条不符，也不能成为判定虚开增值税专用发票的依据。

根据《国家税务总局关于加强增值税征收管理若干问题的通知》（国税发〔1995〕192号）第 1 条第（3）项的规定，纳税人购进货物或应税劳务，支付运输费用，所支付款项的单位，必须与开具抵扣凭证的销货单位、提供劳务的单位一致，才能够申报抵扣进项税额，否则不予抵扣。所谓"三流一致"是指资金流、发票流和货物流相互统一，具体而言是指不仅收款方、开票人和货物销售方或劳务提供方必须是同一个经济主体，而且付款方、货物采购方或劳务接受方必须是同一个经济主体，即真实发生交易，有买卖双方。卖家须向买家转移货物，也即物流；买家向卖家支付款项，即资金流；卖家向买家开票，买家凭票入账并抵扣进项税，即发票流。

国家税务总局在税务稽查中一直非常重视"查税必查票""查账必查票""查案必查票"的工作。对检查发现的虚假发票，一律不得用以税前扣除、抵扣税款、办理出口退税

（包括免、抵、退税）和财务报销、财务核算，行为人也将承担相应的行政处罚或受到刑事处罚的法律风险。税务机关为了遏制虚开增值税专用发票行为，加强税收管理，一般会以此项规定为标准之一来判定行为是否构成虚开增值税专用发票。实践中许多交易行为都未必符合"三流一致"的规定，而且也没有其他相关立法对此项规定加以明确，没有足够的理论支撑，所以实际上对于不符合此项规定的行为也未必构成虚开增值税专用发票。但是本书认为，"三流一致"不是硬性规定，只是税务机关在税务检查实践中总结出来的"经验"而已。

《国家税务总局关于纳税人对外开具增值税专用发票有关问题的公告》（国家税务总局公告 2014 年第 39 号）规定：纳税人通过虚增增值税进项税额偷逃税款，但对外开具增值税专用发票同时符合以下情形的，不属于对外虚开增值税专用发票：第一，纳税人向受票方纳税人销售了货物，或者提供了增值税应税劳务、应税服务；第二，纳税人向受票方纳税人收取了所销售货物、所提供应税劳务或者应税服务的款项，或者取得了索取销售款项的凭证；第三，纳税人按规定向受票方纳税人开具的增值税专用发票相关内容，与所销售货物、所提供应税劳务或者应税服务相符，且该增值税专用发票是纳税人合法取得、并以自己名义开具的。受票方纳税人取得的符合上述情形的增值税专用发票，可以作为增值税扣税凭证抵扣进项税额。

"三流一致"是为了防范虚开增值税专用发票的问题，税务机关以"三流一致"是否一致来认定行为人是否构成虚开，虽然可以大大提高税务机关税收征管的效率。但实际中，三流不一致并不必然就是虚开，如果严格按照"三流一致"进行判断，难免会发生错误认定的情形，损害行为人的合法权益。行为人在开展业务的过程中也应防范虚开风险，保留足以证明业务真实性的相关证据。

二、案例解析："三流一致"已与当前交易模式相背离①

朱长胜以图示和案例的方式阐述了"三流不一致"却不属于"虚开"的情况比比皆是，主要归结于经济发展和交易模式创新。

【例 1】 北京的贸易公司接到来自广州客户的订单，收款并开票；货物委托上海厂家生产并直接发货给广州客户。

【例 2】 《国家税务总局关于银行承兑汇票背书行为有关问题的批复》（国税函〔2002〕525 号）给广西壮族自治区国家税务局答复时明确规定，鉴于银行承兑汇票结算方式的特殊性，纳税人可凭背书银行承兑汇票复印件作为已付款的凭证申请抵扣进项税额（如图 7-1 所示）。

---

① 朱长胜：《谈三流一致和专票虚开》，《财务与会计》，2016（21）。

朱长胜认为,"三流一致"应该从实质上去把握,而非拘泥于形式。在［例1］中,在不考虑运输成本的情况下,货物流应该先从上海到北京,再由北京发往广州。实务中,出于节约运输成本和提高便捷性,上海直接发货给广州,综合并简化了两笔业务的物流,本质上货物仍是由北京贸易公司销售并发出的,实质上"三流一致",因而不属于"虚开"。在［例2］中,虽然形式上是开票人付款给销售方,但这笔款项在之前开票人和购货方(受票人)之间的交易中已经归属于购货方(受票人)了,所以实质上仍然是购货方承担货款,"三流一致",不属于虚开。

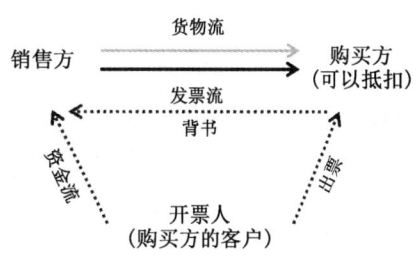

图7-1 纳税人抵扣进项税额流程图

关于货物流和资金流不一致而不认定为"虚开",国家税务总局发布了一系列的政策文件。

【例3】《国家税务总局关于诺基亚公司实行统一结算方式增值税进项税额抵扣问题的批复》(国税函〔2006〕1211号)表示分公司采购收票,总公司付款,造成购进货物的实际付款单位与发票上注明的购货单位名称不一致的,不属于"虚开"(如图7-2所示)。

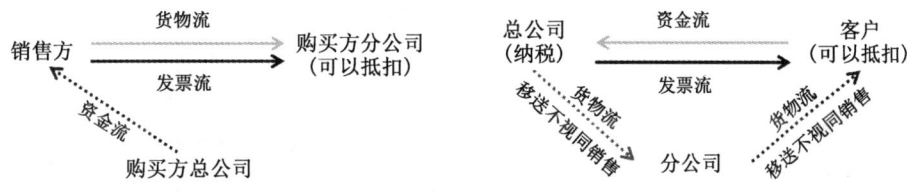

图7-2 分公司采购收票、总公司 付款抵扣流程图

图7-3 分公司送货、总公司收款 开票抵扣流程图

【例4】《国家税务总局关于企业所属机构间移送货物征收增值税问题的通知》(国税发〔1998〕第137号)表示,分公司仅送货,总公司收款并开票,不属于"虚开"(如图7-3所示)。

【例5】《国家税务总局关于纳税人以资金结算网络方式收取货款增值税纳税地点问题的通知》(国税函〔2002〕802号)规定,纳税人以总机构的名义在各地开立账户,通过资金结算网络在各地向购货方收取销货款,由总机构直接向购货方开具发票的行为,其取得的应税收入应当在总机构所在地缴纳增值税,不属于"虚开"(如图7-4

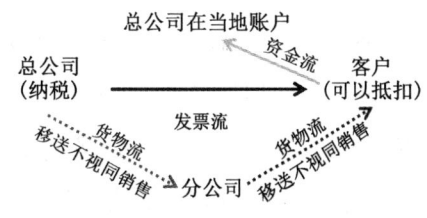

图7-4 分公司送货总公司收款 开票抵扣流程图

所示)。

【例6】 消费者无论在什么地方购买中石化充值卡,都可以在全国范围内的中石化加油站加油。各地的中石化分公司(中石化全国就一家法人公司)售卡收钱开票确认收入,但油很可能是由不同加油站(分公司)提供的,这显然也不构成"虚开"。

"三流"更为灵活和充满不确定性的要数代购了。《财政部 国家税务总局关于增值税、营业税若干政策规定的通知》(财税字〔1994〕26号)规定,代购货物行为,凡同时具备以下条件的,不征收增值税;不同时具备以下条件的,无论会计制度规定如何核算,均征收增值税:(1)受托方不垫付资金;(2)销货方将发票开具给委托方,并由受托方将该项发票转交给委托方;(3)受托方按销售方实际收取的销售额和增值税额(如系代理进口货物则为海关代征的增值税额)与委托方结算货款,并另外收取手续费。

如图7-5所示,在代购交易中,"三流"唯一能确定的是资金流,货物流和发票流从形式上可以有多种变化:(1)货物流:可以销售方发给受托方,受托方再发给委托方(购买方);也可以销售方直接发给委托方(购买方)。(2)发票流:销售方必须开给委托方(购买方),但可以直接交

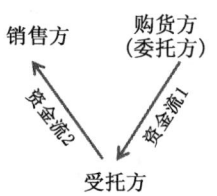

货物流:先到受托方,再到委托方;也可直接到委托方

发票流:必须开具给委托方;可以由受托方转交,也可直接给委托方

资金流:必须委托方先预付给受托方(受托方不垫付资金),受托方确认手续费收入

图7-5 代购交易抵扣流程图

给委托方;也可以经受托方转交给委托方。(3)资金流:必须委托方(购买方)先预付给受托方,受托方再支付给销售方。

在上述诸多变化中,从形式上看,"三流"不尽一致,但委托方(购买方)都可以抵扣进项税额,交易不属于"虚开"。

在当前的经济模式下,要求"三流一致"是存在偏颇的。一方面,税务机关在检查增值税专用发票时一味坚持"三流一致",否则就是虚开,如此的结果就是会影响经济交易。例如,甲方在昆明,要购买在上海的乙方的钢材,然后再卖给在乌鲁木齐的丙方。按照"三流一致",钢材需要从上海运到昆明,然后再运到乌鲁木齐,不仅运输费用增加,而且耗费时间。这显然不现实。另一方面,如果税务机关坚持"三流一致",可以说基本上的经济行为交易人都涉嫌"虚开"。因此,判断行为人是否涉嫌虚开,还是要以"真实的交易"为标准。

第二节 以接受虚开发票方式为职工发放 工资的税法风险案例借鉴

一、司法裁判案例

(一) 基本案情①

2008年至2013年ZY集团有限公司(简称有限公司)从C中泰劳务派遣有限公司(简称C中泰)等四家公司取得合计146 226 770.12元虚开发票,为取得虚开发票支付3 474 276.37元款项。虚开发票名目下支出情况:①为本公司员工发放并在企业所得税前扣除的工资性支出145 422 763.12元;②税前多列支业务招待费46 320元;③未取得合法凭证税前列支业务招待费274 014元;④发放给非本公司员工的工资性支出483 673元。国家税务总局T市税务局稽查局(原T市国家税务局稽查局,简称稽查局)认定应调增有限公司2008年至2013年应纳税所得额149 701 046.49元,造成少缴所得税37 425 261.63元,构成偷税。

2017年5月15日,稽查局做出YT国税稽处〔2017〕101号《税务处理决定书》,决定追缴企业所得税37 425 261.63元。有限公司不服,向国家税务总局H省税务局(原H省国家税务局,简称H省税务局)提起行政复议,2017年9月7日,H省税务局做出Y国税复决字〔2017〕3号《行政复议决定书》,决定维持上述处理决定。有限公司不服,向人民法院提起行政诉讼。

(二) 一审人民法院裁判观点②

企业职工取得必要的、适当的工资收入既合法又合理。有限公司认为给职工支付的145 422 763.12元工资未违反本公司的工资制度,被告否认有限公司支付145 422 763.12元工资的合理性,但未提供充分证据予以证明,应承担举证不能的法律责任,该工资应认定为合理支出。应当指出,企业职工工资的合理性与工资资金的来源方式是否合法没有必然联系,有限公司虚开发票套取本企业资金,其行为违法并不必然导致有限公司使用套取的资金给职工发放工资违法。《企业所得税法》第8条规定:"企业实际发生的与取得收入有关的、合理的支出,包括成本、费用、税金、损失和其他支出,准予在计算应纳税

---

① 2019年2月22日摘自中国裁判文书网。

② 同上。

所得额时扣除。"本案争议的 145 422 763.12 元工资性支出是有限公司生产经营中客观存在的成本,稽查局根据该资金来源的违法性否定为职工支付工资的合理性既不符合《企业所得税法》第 8 条之规定,也存在主要证据不足的问题。被告认定 145 422 763.12 元工资性支出为应调增应纳税所得额依法不能成立,以此为依据做出的税务处理决定依法应予撤销。依照《行政诉讼法》第 70 条第(一)项之规定,一审人民法院判决:(1)撤销稽查局做出的《税务处理决定书》(YT 国税稽处〔2017〕101 号)。(2)撤销 H 省税务局做出的《行政复议决定书》(Y 国税复决字〔2017〕3 号)。(3)责令稽查局在本判决生效后 60 日内重新做出处理决定。

(三)国家税务总局 T 市税务局稽查局上诉观点①

(1)一审判决认定事实、适用法律错误,依法应予撤销。

一审人民法院认为"被告否认有限公司支付 14 522 763.12 元工资的合理性,但未提供充分证据予以证明,应承担举证不能的法律责任",认定"存在主要证据不足"与事实不符。稽查局做出的 YT 国税稽罚〔2017〕101 号《税务行政决定书》认定有限公司少缴企业所得税行为属于偷税,事实清楚,证据充分。提供了充分证据予以证明。稽查局为证明有限公司存在利用虚开发票套取资金发放工资,增加成本,减少了应纳税所得额,少缴企业所得税属于偷税行为。在举证期限内向一审法庭提交了以下主要证据:H 省地方税务局稽查局出具的关于 C 中泰等四家劳务派遣公司虚开发票案件情况报告、H 省地方税务局稽查局出具的调查笔录、2008 年至 2013 年有限公司预算、2008 年至 2013 年应付职工酬金计提支付表、2008 年至 2013 年职工薪酬明细表、各种明细账等 150 份事实方面的证据,并提供了 9 份法律依据方面的证据。有限公司对稽查局在一审提交证据的真实性、合法性予以认可,一审判决对证据的真实性也做出了认定,不存在未提供充分证据予以证明的问题。有限公司对稽查局在一审提交证据的关联性提出了异议,但一审判决并未明确予以采纳。稽查局提交的证据足以证明有限公司违反工资制度发放工资不符合税法所规定的"合理性"要求、违规税前列支招待费、违规扣除为取得虚开发票支付费用,所证明的事实是清楚的,不存在《中华人民共和国行政诉讼法》第 70 条第一项规定的主要证据不足的问题。

(2)一审人民法院认为"被告否认有限公司支付 14 522 763.12 元工资的合理性,但未提供充分证据予以证明,应承担举证不能的法律责任,该工资应认定为合理工资",认定"该工资应认定为合理工资"属于事实认定错误。

劳动者付出劳动获得劳动报酬无可非议,更不能要求劳动者考虑企业发放劳动报酬资金的来源是否合法的问题。从劳动者的角度说,无论发放工资资金的来源是合法的,

---

① 2019 年 2 月 22 日摘自中国裁判文书网。

还是非法的,只要获得的是应得的劳动报酬就不存在是否违法的问题,劳动者本身没有过错。本案当中,行政处理的是有限公司违反税务行政法律法规的违法行为,并未否定其职工取得工资的合法行为。有限公司违反相关企业所得税法律法规发放的该部分工资不属于企业所得税法规定的"合理工资"。有限公司制定了《有限公司工资总额管理办法》(人力字〔2010〕22号)等较为规范的工资薪金制度,但有限公司并未按照工资薪金制度执行,而是让他人虚开发票套取资金后,将一部分资金纳入工资总额通过"应付职工薪酬"在有关成本费用类科目列支并在企业所得税税前扣除,另一部分资金以"劳务费"的名义计入有关成本费用类科目并在企业所得税税前扣除,主观上存在逃避工资薪金制度监管的故意。根据《中华人民共和国企业所得税法》(简称《企业所得税法》)第8条、《中华人民共和国企业所得税法实施条例》(简称《企业所得税法实施条例》)第34条、《国家税务总局关于企业工资薪金及职工福利费扣除问题的通知》(国税函〔2009〕3号)的相关规定,该部分违规发放的工资薪金当然的不属于企业所得税法规定的"合理工资"范畴。让他人虚开发票是严重违反税务行政管理法律法规的行为,始终是国家严厉打击的税收违法行为。有限公司利用虚开发票套取资金发放工资并列入成本核算,事实清楚,证据充分,一审人民法院也予以了认可。稽查局做出追缴企业所得税的税务处理决定,依据的主要事实是有限公司具有让他人虚开发票、用虚开发票虚列成本、违反工资制度发放工资从而造成少缴企业所得税的违法事实。一审人民法院简单认为"企业职工工资的合理性与工资资金的来源方式是否合法没有必然联系,有限公司虚开发票套取本企业资金,其行为违法并不必然导致有限公司使用套取的资金给职工发放工资违法",明显属于以偏概全和事实认定错误。

(3)一审人民法院认为"本案争议的145 422 763.12元工资性支出是有限公司生产经营中客观存在的成本,被告根据该资金来源的违法性否定为职工支付工资的合理性既不符合《企业所得税法》第8条的规定",属于法律适用错误。

《企业所得税法》第8条仅是一种原则性规定,《企业所得税法》第20条又明确规定"本章规定的收入、扣除的具体范围、标准和资产的税务处理的具体办法,由国务院财政、税务主管部门规定"。一审人民法院忽略了《企业所得税法实施条例》第34条、《国家税务总局关于企业工资薪金及职工福利费扣除问题的通知》(国税函〔2009〕3号)的具体要求,明显属于法律适用问题。

(4)有限公司违反工资制度,以让他人虚开发票套取资金方式发放工资,所造成少缴企业所得税属于偷税,应当予以追缴。

作为企业必须按照国家税法的规定,对企业工资薪金进行企业所得税扣除。违反工资制度,特别是有限公司这种采用虚开发票及其他违法方法套取资金属于严重违反税收法规的行为,势必扰乱社会主义市场经济秩序,是应当受到行政处理的行为,按照《税收征收管理法》第63条第1款的规定,税务机关应当追缴有限公司少缴税款。稽查局请求:依法撤销T市L区人民法院(2017)Y0203行初366号判决,驳回有限公司的诉讼请求。

(四)H省税务局上诉观点①

一审判决认定事实、适用法律错误,依法应予撤销。

(1) 税法并不限制企业为职工发放工资薪金数额,但会依据税法规定对企业发放的工资予以评价,从而影响企业应纳税数额。一审人民法院并未考虑涉案工资支出是否符合税法规定,即该支出在税法中的"合法性"问题。换言之,该支出的"客观存在"并不意味着即具有税法上的"合法性"。劳动者享有取得劳动报酬的权利,企业为职工发放工资属于自主的市场行为,企业可以根据自身经营状况、管理战略等自行决定发放工资的具体数额。但是在税法中,并不是企业发放的所有"工资薪金"都可以得到认可,尤其在企业所得税法中,会计处理与税务处理存在较大差异,根据《企业所得税法实施条例》第34条规定,即使是企业生产经营中客观存在的工资薪金,只有被税法评价为"合理的工资薪金"时,才允许在企业所得税税前扣除。

(2) 税法对有限公司所支付145 422 763.12元工资予以否定评价,故不属于"合理工资薪金"。关于合理工资薪金问题,《企业所得税法》第8条、《企业所得税法实施条例》第34条、国家税务总局发布的《国家税务总局关于企业工资薪金及职工福利费扣除问题的通知》(国税函〔2009〕3号)有明确规定。有限公司已经制定了较为规范的工资薪金制度,即《有限公司工资总额管理办法》(人力字〔2010〕22号)等文件,但在执行过程中,有限公司并未按照工资薪金制度执行。作为争议焦点的145 422 763.12元"工资"并未纳入有限公司的工资薪金制度管理范围,税务机关提交的证据资料以及有限公司《有限公司关于劳务派遣事项的说明》《有限公司机电等分公司情况说明》等自述材料都已证明,该部分是有限公司为规避自身工资制度而采取特殊手段发放的,当然属于违反工资制度的"不合理工资薪金"。

(3) 有限公司明知145 422 763.12元工资发放违反企业工资薪金制度,仍通过违法违规方式进行了发放,并在企业所得税税前扣除,属于偷税。一审人民法院认为,有限公司虚开发票套取资金,并不必然导致工资发放违法。需要明确的是,一审人民法院此处所称"违法"是指违反税法还是其他法律? 如指违反税法,上文已清晰指出,该支出是不符合税法相关规定的。如指其他法律,则不在本案讨论范围内,无须研究。正是有限公司采用了虚开发票套取资金进行工资发放的行为,说明了其明知该支出违反自身工资制度而故意为之,其必然不被税法所认可。但有限公司为了该支出能够在企业所得税税前扣除,虚构业务、虚开发票、虚假记账、虚假申报,根据《税收征收管理法》第63条的规定,其行

为属于偷税无疑。H 省税务局请求：依法撤销一审判决，驳回有限公司的诉讼请求。

（五）有限公司对稽查局的答辩观点①

（1）一审人民法院认定"存在主要证据不足"，与事实相符。一审人民法院对税务机关提交的证据从真实性、合法性与关联性的角度进行了综合考虑。稽查局提交的证据不足以证明企业职工工资的不合理性，即不足以证明公司合理的工资成本不能在税前扣除。

（2）稽查局上诉理由存在逻辑错误，有限公司虽然存在以"虚开发票"的形式发放职工工资的行为，但是该行为并不必然导致该部分工资不属于企业所得税法规定的"合理工资"或者导致有限公司所发放的该部分工资不能被税前扣除。

稽查局已经明确表示，其不否定有限公司职工取得的 14 522 763.12 元工资属于合法行为。既然有限公司职工有权获得该部分工资，这就表示有限公司职工付出了与该工资相对应的劳动，因此该部分工资必然属于有限公司所应负担的与生产经营活动有关的成本。

有限公司通过"虚开发票"发放工资的形式虽然不符合税务行政法规，但是该"虚开行为"不会导致有限公司真实发生的生产经营成本（即职工的工资薪金）不能得到税前扣除。一方面，不允许税前扣除不符合税法的比例原则。对"虚开"发票（而且是在发票所载的成本金额是真实发生的，只是发票的内容描述与实际不符的情形下）违法行为的制裁手段和所造成的损害后果远远超出了法益保护的必要性。另一方面，不允许有限公司税前扣除该部分支出也不符合现行税收法律法规规定。我国现行税收法律法规对于虚开发票行为和企业税前成本的扣除分别做出了相关规定，对于虚开发票行为及后果规定在《发票管理办法》第 22 条和第 37 条中，而企业税前成本的扣除则被规定在《企业所得税法》第 8 条和《企业所得税法实施条例》第 27 条中。因此，虚开发票这一行为并不必然导致虚开发票所载成本不能被扣除，只有虚开发票所载金额不属于企业真实经营成本支出的，才会导致虚开发票所载金额不能被税前扣除。对此，也可以同样参见国家税务总局于 2018 年 6 月 6 日发布的《国家税务总局关于发布〈企业所得税税前扣除凭证管理办法〉的公告》（国家税务总局公告 2018 年第 28 号，简称 28 号公告），28 号公告第 7 条、第 8 条明确了企业税前扣除凭证不仅包括发票，还包括合同协议、支出依据、付款凭证等。

本案中，虽然有限公司取得的劳务派遣发票不符合规定，但是根据 28 号公告第 13 条所体现的精神，如果有限公司能够补充提供其他相关有效凭证，证明支出真实且已经实际发生，则该支出仍可以在税前扣除。28 号公告第 10 条规定，如果一项支出不属于应税项目，且对方为个人的，以内部凭证作为税前扣除凭证。本案中，有限公司支付给职工的工资薪金不属于应税项目，且税务总局没有规定对发放工资的行为需要开具发票，有

---

① 2019 年 2 月 22 日摘自中国裁判文书网。

限公司可以以内部凭证作为税前扣除凭证。

（3）一审人民法院在审理和判决中并无法律适用错误。

首先，根据《中华人民共和国行政诉讼法》（简称《行政诉讼法》）第 63 条的规定，人民法院审理行政案件，以法律和行政法规、地方性行政法规为依据，参照规章。而《国家税务总局关于企业工资薪金及职工福利费扣除问题的通知》（国税函〔2009〕3 号）不属于法律、行政法规、地方性法规，也并不属于规章，而仅仅是其他一般规范性文件，人民法院审理案件无需依据或参照该文件的规定。其次，稽查局所依据的《国家税务总局关于企业工资薪金及职工福利费扣除问题的通知》（国税函〔2009〕3 号）违反上位法《企业所得税法实施条例》。根据《企业所得税法》第 8 条、《企业所得税法实施条例》第 27 条、第 34 条的规定，工资薪金是本企业给任职或者受雇员工的劳动报酬，只要该工资薪金符合第 27 条"合理"支出的定义，根据该条例第 34 条第 1 款的规定就应该在所得税前准予扣除。《国家税务总局关于企业工资薪金及职工福利费扣除问题的通知》（国税函〔2009〕3 号）第 1 条是关于合理工资薪金问题中的什么是"合理工资薪金"的解释，除了"实际发放给员工的工资薪金"尊重了《企业所得税法实施条例》第 34 条，其他增添的内容均缩小了上位法规定的纳税主体的权利范围，直接限制或者剥夺了企业的权利。

（4）有限公司通过两个渠道发放工资是合理的，并未违反自己制定的工资管理制度。有限公司的行为并不构成偷税。

有限公司主管单位中冶集团根据国有企业薪酬管理要求对有限公司每年发放给本单位员工的工资总额由中冶集团于次年四季度根据有限公司上年度效益情况核定。为了保证将每年发放给员工的工资总额控制在中冶集团核定的额度内，有限公司对下属各单位每月工资总额严格按照有限公司制定的《有限公司工资总额管理办法》（人力字〔2010〕22 号）中工效挂钩的要求进行考核、控制，按照规定各单位工资总额实行月预支，次月结算，年度总结算的办法，即员工每月工资的多少是由当月本单位利润完成情况决定的。而作为施工企业，有限公司每月的利润具有不确定性，若某单位某一时期出现利润水平低甚或亏损时，则该单位员工虽然付出了艰苦的劳动，但只能拿到很少的工资。这将严重影响员工的正常生活，极大挫伤员工、特别是一线作业员工工作积极性，导致工程项目建设和正常的生产经营秩序受到极为不利的影响。即便相关单位之后完成了年度利润指标，想要采取事后补发的方式补发利润完成不好月份员工应得的工资，也需要在中冶集团第二年对有限公司上年度工资总额清算结束后根据清算结果进行，期间间隔时间过长，无法解决员工面临的现实生活需求。因此，鉴于利润完成的不确定性和最终无奈之下，个别效益不好的单位为保证劳动者切身利益，保证公司正常的生产经营活动，采取了两种渠道发放工资。每年中冶集团对有限公司工资总额清算结果出来后，有限公司都会及时根据有关单位的申请和该单位利润完成情况，严格按照人力字〔2010〕22 号中

第 6 条特殊规定对该单位超过工效挂钩部分的工资总额进行考核追认。人力字〔2010〕22 号第 6 条规定,"实行工效挂钩的单位,如按上述工效挂钩核算提取的工资总额不足,或有特殊原因需要增加工资总额的,须报公司人力资源部审核,经公司批准后可适当增加工资总额"。该规定与人力字〔2010〕22 号中第 5 条原则规定共同完整构成了有限公司各个单位年度工资总额发放规则,稽查局只是片面强调第 6 条,认为有限公司没有按照自己制定的工资制度发放,忽略了第 6 条特殊情况下的对第 5 条的调整规定,存在对有限公司工资制度的错误理解。且有限公司涉案员工所获取的工资都是被中冶集团所肯定认可的,是合法来源的所得,因此不存在稽查局所指称的"套取"国家利益的行为。根据人力字〔2010〕22 号工资总额管理办法第 2 条所规定的,"工资总额是指企业直接支付给本企业全部员工的劳动报酬总额,应以直接支付给全体员工的全部劳动报酬为根据",涉案员工通过两个渠道直接由有限公司支付的两个劳动报酬数额应该加总合计,计入有限公司工资制度下第 2 条的"本企业全部员工的劳动报酬总额"。因此把通过劳动派遣支付的工资计算工资总额构成恰恰是对有限公司工资制度的遵守,并没有违反《国家税务总局关于企业工资薪金及职工福利费扣除问题的通知》(国税函〔2009〕3 号)第 1 条的规定。

通过开具劳务派遣发票的形式支付员工工资虽然具有不规范性,但是主观上并不存在"进行虚假纳税申报"的故意,客观上也没有因此获取利益和造成少缴企业所得税的后果,因此该行为不应当被认定为偷税。有限公司和稽查局在庭审中均同意该费用实质是支付给员工的劳动报酬,根据实质优于形式的原则,该劳动报酬如没有明显不合理的理由,应允许企业税前扣除。稽查局仅根据表面分析,将不规范的开具发票行为等同于偷税,而没有深入正确理解发票所载金额的实质以及有限公司不得已采取两种方式发放工资的公司制度限制因素。

(六) 有限公司对 H 省税务局的答辩观点[①]

(1) 对于有限公司以劳务派遣的形式支付的工资薪金的"合理性"与"合法性"问题,有限公司认为,本案中企业职工工资支出的合理性与合法性与工资资金的发放形式并没有必然联系。因为即使省税务局否定"虚开"的劳务派遣费用发票的合规性,不允许以该发票作为税前抵扣的依据,但是接下来税务机关应该考虑的问题是重新对该笔支出进行定性。有限公司通过劳务派遣发放工资并没有使得有限公司所雇佣的劳动者获得明显超出市场价格的报酬,也没有超过中冶集团每年对有限公司核定的年度工资总额。因此对于此劳动力的付出有限公司所支出的以劳务派遣形式发放的工资薪金根据《企业所得税实施条例》第 27 条属于合理的支出,根据《企业所得税实施条例》第 34 条规定应该给予税前扣除。

---

① 2019 年 2 月 22 日摘自中国裁判文书网。

（2）有限公司通过两种渠道发放工资薪金并未违反自己的工资薪金制度,因此也未违反《国家税务总局关于企业工资薪金及职工福利费扣除问题的通知》（国税函〔2009〕3号）的规定,同时,国税函〔2009〕3号本身对"合理工资薪金"的认定违反了上位法,人民法院在审理中不应该适用其中违反上位法的规定。

（3）有限公司的工资发放并没有违反自身的工资薪金制度,"虚开"劳务派遣发票的行为并不必然构成偷税,对此可参见有限公司对稽查局第二项和第四项上诉理由的答辩。虽然形式上有限公司采用了开具劳务派遣发票不规范的形式,但是实质上并没有对国家他人造成损失,有限公司也没有获取利益（相反需要支付额外管理费用）,属于违法阻却事由,因此应该排除省税务局"虚开发票"违法的认定,进而排除认定虚假纳税申报的故意。

综上,本案中,税务机关没有证据证明有限公司以劳务派遣费的形式支付的工资薪金与企业经营活动无关或者金额超出正常商业目的,因此应当承担举证不能的法律责任。一审人民法院认定事实清楚,适用法律正确,其撤销税务机关做出的税务处理决定以及行政复议决定的判决应予以维持。

（七）二审人民法院裁判观点[①]

本案税务机关认定 145 422 763.12 元工资性支出不准在税前扣除,为应调增应纳税所得额,不符合法律法规的规定,做出的税务处理决定理据不足,依法应予撤销。稽查局、H 省税务局上诉理据均不足,二审人民法院不予支持。一审判决认定事实清楚,适用法律正确。依照《行政诉讼法》第 89 条第 1 款第（一）项之规定,二审人民法院判决：驳回上诉,维持原判。

二、综合解析

（一）机构改革后税务机关执法职责的承继问题

根据《国务院机构改革方案》要求,国家税务总局 H 省税务局已于 2018 年 6 月 15 日正式挂牌成立,由原 H 省国家税务局、原 H 省地方税务局合并组建。按照《全国人民代表大会常务委员会关于国务院机构改革涉及法律规定的行政机关职责调整问题的规定》《国务院关于国务院机构改革涉及行政法规规定的行政机关职责调整问题的规定》的有关要求,现行法律、行政法规规定的原 H 省国税局职责和工作,由国家税务总局 H 省税务局继续承担。

国家税务总局 T 市税务局于 2018 年 7 月 5 日发布 2018 年第 1 号公告《国家税务总局 T 市税务局关于国家税务总局 T 市税务局正式挂牌成立的公告》,国家税务总局 T 市

---

① 2019 年 2 月 22 日摘自中国裁判文书网。

税务局稽查局于 2018 年 7 月 5 日挂牌,承继原 T 市国家税务局稽查局、T 市地方税务局稽查局的工作职责和权利义务。

(二) 以接受虚开发票方式为职工发放工资的行为是否属于偷税行为

根据《税收征收管理法》第 63 条第 1 款的规定:"纳税人伪造、变造、隐匿、擅自销毁账簿、记账凭证,或者在账簿上多列支出或者不列、少列收入,或者经税务机关通知申报而拒不申报或者进行虚假的纳税申报,不缴或者少缴应纳税款的,是偷税。对纳税人偷税的,由税务机关追缴其不缴或者少缴的税款、滞纳金,并处不缴或者少缴的税款百分之五十以上五倍以下的罚款;构成犯罪的,依法追究刑事责任。"

根据《企业所得税法》第 8 条规定:"企业实际发生的与取得收入有关的、合理的支出,包括成本、费用、税金、损失和其他支出,准予在计算应纳税所得额时扣除。"《企业所得税法实施条例》27 条规定:"企业所得税法第八条所称有关的支出,是指与取得收入直接相关的支出。企业所得税法第八条所称合理的支出,是指符合生产经营活动常规,应当计入当期损益或者有关资产成本的必要和正常的支出。"《企业所得税法实施条例》第 34 条规定:"企业发生的合理的工资薪金支出,准予扣除。前款所称工资薪金,是指企业每一纳税年度支付给在本企业任职或者受雇的员工的所有现金形式或者非现金形式的劳动报酬,包括基本工资、奖金、津贴。"

本案中,税务机关及有限公司对于该 145 422 763.12 元给职工支付的工资并无异议。同时税务机关认为"行政处理的是有限公司违反税务行政法律法规的违法行为,并未否定其职工取得工资的合法行为"。根据上述规定及工资性质的认定,本案人民法院最终认定工资性支出不准在税前扣除,为应调增应纳税所得额,不符合上述法律法规的规定,做出的税务处理决定属于理据不足,依法应予撤销。

税务律师认为,我国不是案例法,纳税人切不可以此案判决为例,效仿当事人的方式,主要原因如下:

(1) 公司员工按照劳动合同工作依法享受相应的工资,但是公司员工有权取得工资不等于纳税人有权税前扣除。工资是劳动者与企业间的劳动关系,税前扣除是纳税人与税务局间的征纳关系。

(2) 本案中有限公司为国有企业,根据《国家税务总局关于企业工资薪金及职工福利费扣除问题的通知》(国税函〔2009〕3 号)的规定,《企业所得税法实施条例》第 40 条、第 41 条、第 42 条所称的"工资薪金总额",是指企业按照本通知第 1 条规定实际发放的工资薪金总和,不包括企业的职工福利费、职工教育经费、工会经费以及养老保险费、医疗保险费、失业保险费、工伤保险费、生育保险费等社会保险费和住房公积金。属于国有性质的企业,其工资薪金,不得超过政府有关部门给予的限定数额;超过部分,不得计入企业工资薪金总额,也不得在计算企业应纳税所得额时扣除。据此本案中有限公司工资薪金不得超过政府有关部门给予的限定数额,但案件未对此予以确认分析。即如在有限公司的上级公司核定数额之前,就在年度申报时,将用套取资金发放的工资扣除,不符合国家税务总局国税函〔2009〕3 号的规定。

(3)纳税人如故意接受虚开发票,面临的不仅仅有企业所得税的风险,还有增值税风险,如果虚开涉及的是增值税专用发票,严重的还可能会涉及刑事责任。

第三节　未按规定抵扣的税法风险案例借鉴

一、司法裁判案例

(一)基本案情①

恒越公司与鑫隆公司常年有煤炭买卖业务往来,2011 年 1 月 13 日,恒越公司将货款40 万元汇至鑫隆公司账上,要求对方发货,因鑫隆公司的法人代表苏某立出差在外,介绍徐某处理该笔业务。同年 1 月 19 日,鑫隆公司将 40 万元货款汇给徐某,由徐某将煤炭装上船,运往 HA 市。

2011 年 2 月 16 日,恒越公司收到了由徐某邮寄来的、宜丰公司开具的发票代码为3200104140、发票号码为 07247634 - 07247637 的 4 份增值税专用发票,申报抵扣税款60 560.18 元。该 4 份增值税专用发票被 XL 市国家税务局稽查局于 2014 年 2 月 26 日证实为虚开。

HA 市国家税务局稽查局于 2014 年 5 月 28 日做出 HA 国税稽罚〔2014〕14 号《税务行政处罚决定书》,依据《税收征收管理法》第 63 条的规定,对恒越公司处所偷税款 1 倍罚款计 60 560.18 元。恒越公司不服,申请行政复议,HA 市国家税务局于 2014 年 9 月18 日做出 HA 国税复决字〔2014〕2 号《税务行政复议决定书》,维持了 HA 市国家税务局稽查局做出的 HA 国税复决字〔2014〕2 号《税务行政处罚决定书》。恒越公司不服,提起行政诉讼。

(二)裁判文书显示各方观点

1. 原审原告观点

恒越公司与鑫隆公司发生了真实的业务往来,对取得的 4 份增值税专用发票是由宜

---

① 于 2020 年 4 月 10 日摘自 http://openlaw.cn/judgement/ce175d05d95046748b0d7177c2388ef0? keyword

丰公司开具的,恒越公司并不知情,主观上也无偷税漏税的故意。

HA市国家税务局稽查局做出的HA国税稽处〔2014〕28号《税务处理决定书》,认定事实不清,适用法律错误,程序违法,请求人民法院依法撤销。

2. 原审被告观点

2011年2月,恒越公司取得了与其并无业务往来的宜丰公司开具的4份增值税专用发票,申报抵扣税款60 560.18元,该4份增值税专用发票已被XL市国家税务局稽查局证实为虚开发票。

HA市国家税务局稽查局依据《增值税暂行条例》(国务院令第538号)第1条、第2条、第4条、第9条的规定,要求恒越公司补缴2011年2月增值税60 560.18元并加收滞纳金,并无不当。其做出的HA国税稽处〔2014〕28号《税务处理决定书》,程序合法,事实清楚,证据确凿,适用法律法规正确,请求人民法院依法驳回原告的诉讼请求。

3. 一审人民法院裁判观点

根据国家税务总局《税务稽查工作规程》(国税发〔2009〕157号)第10条规定:"稽查局应当在所属税务局的征收管理范围内实施税务稽查。"HA市国税局稽查局,在HA市的税收征收管理范围内,有权对税收违法行为进行查处。

关于原告恒越公司是否应补缴2011年2月增值税60 560.18元并加收滞纳金的问题,《中华人民共和国增值税暂行条例》第9条规定,纳税人购进货物或者应税劳务,取得的增值税扣税凭证不符合法律、行政法规或者国务院税务主管部门有关规定的,其进项税额不得从销项税额中抵扣。

《国家税务总局关于纳税人取得虚开的增值税专用发票处理问题的通知》(国税发〔1997〕134号)第2条及《国家税务总局关于〈国家税务总局关于纳税人取得虚开的增值税专用发票处理问题的通知〉的补充通知》(国税发〔2000〕182号)第1条明确规定,购货方从销售方取得第三方开具的增值税专用发票,向税务机关申请抵扣进项税款的,应按偷税处理。

《税收征收管理法》第32条、第63条规定,对纳税人偷税的,由税务机关追缴其不缴或者少缴的税款、滞纳金。

本案中,原告恒越公司与鑫隆公司常年有业务往来,2011年1月13日,原告恒越公司将40万元货款汇至鑫隆公司的账上,鑫隆公司又将货款汇给徐某,由徐某处理该笔业务,但原告却于2011年2月16日,取得了销售单位为第三方宜丰公司开具的4份增值税专用发票,且原告与宜丰公司并无任何业务往来,故原告恒越公司从第三方宜丰公司处取得的增值税专用发票不符合有关法律、法规的规定,其进项税额不应抵扣,应由税务机关予以追缴。

故原告要求撤销该《税务处理决定书》的诉讼请求不予支持。

本案中,被告国税稽查局做出的《税务处理决定书》略有瑕疵,将原告行为"定性偷税",略有不当,应为"按偷税处理",对此本院予以指正。

4. 二审上诉人观点

上诉人恒越公司与鑫隆公司有业务往来,货款也是打给鑫隆公司的,鑫隆公司如何安排业务与上诉人无关。交易买卖与票据相一致,不存在偷税的事实;上诉人经营一直守法,涉案票据业经 HA 市国税局认证才将票据入账的。

故请求撤销一审判决,撤销被上诉人的税务处理决定。

5. 二审被上诉人观点

上诉人与宜丰公司无业务往来,取得的 4 份增值税发票已被证实为虚开。

被上诉人对上诉人提供的发票进行认证没有过错,通过认证仅证实发票是税务机关发售并通过税控系统开具,用于抵扣税款仍应符合有关规定。

守法经营是企业必须遵守的义务,对违法行为进行查处是被上诉人的职责。

6. 二审人民法院裁判观点

上诉人恒越公司与宜丰公司无业务往来,其取得该公司开具的 4 份增值税专用发票被证实为虚开。

根据《增值税暂行条例》第 9 条、《国家税务总局关于纳税人取得虚开的增值税专用发票处理问题的通知》(国税发〔1997〕134 号)第 2 条、《国家税务总局关于〈国家税务总局关于纳税人取得虚开的增值税专用发票处理问题的通知〉的补充通知》(国税发〔2000〕182 号)第 1 条的规定,上诉人恒越公司不得将 4 份发票作为增值税合法有效的扣税凭证抵扣进项税额,已经向税务机关申请抵扣进项税款的应按偷税处理,被上诉人依据《税收征收管理法》第 32 条的规定,做出的《税务处理决定书》并无不当。

原审判决认定事实清楚,适用法律正确,程序合法,应予维持。

7. 再审申请人观点

本案经二审之后,恒越公司仍然不服,认为其与鑫隆公司有业务往来,货款也是打给该公司的,该公司如何安排业务与其无关。而且其经营一直守法,涉案票据业经 HA 市国家税务局认证才入账,交易买卖与票据相一致,不存在偷税的事实,遂提起再审程序。

8. 再审人民法院裁判观点

恒越公司与宜丰公司并无业务往来,其取得该公司开具的 4 份增值税专用发票被证实为虚开且已经用于抵扣税款。

根据《增值税暂行条例》第 9 条、《国家税务总局关于纳税人取得虚开的增值税专用发票处理问题的通知》(国税发〔1997〕134 号)第 2 条、《国家税务总局关于〈国家税务总局关于纳税人取得虚开的增值税专用发票处理问题的通知〉的补充通知》(国税发〔2000〕182 号)第 1 条和《税收征收管理法》第 32 条的规定,恒越公司应当承担相应法律责任。

2014 年 5 月 28 日 HA 国税稽查局根据本案案情,做出 HA 国税稽处〔2014〕28 号

《税务处理决定书》，责令恒越公司补缴 2011 年 2 月增值税 60 560.18 元并加收滞纳金。

该决定符合法律规定，做出程序亦无不当。

原审判决认定事实清楚，适用法律正确，程序合法。

二、综合解析

(一) 增值税专用发票不能抵扣的情形

《增值税暂行条例》和《财政部　国家税务总局关于全面推开营业税改征增值税试点的通知》(财税〔2016〕36 号)均对增值税专用发票进项税额不得抵扣的情形作了规定，主要有：

(1) 纳税人购进货物、劳务、服务、无形资产、不动产，取得的增值税扣税凭证不符合法律、行政法规或者国务院税务主管部门有关规定的。

(2) 用于非增值税应税项目、免征增值税项目、集体福利或者个人消费的购进货物或者应税劳务。

(3) 非正常损失的购进货物及相关的应税劳务。

(4) 非正常损失的在产品、产成品所耗用的购进货物或者应税劳务。

(5) 国务院财政、税务主管部门规定的纳税人自用消费品。

(6) 以上(2)～(5)规定的货物的运输费用和销售免税货物的运输费用。

(7) 用于简易计税方法计税项目、免征增值税项目、集体福利或者个人消费的购进货物、加工修理修配劳务、服务、无形资产和不动产。其中涉及的固定资产、无形资产、不动产，仅指专用于上述项目的固定资产、无形资产(不包括其他权益性无形资产)、不动产。

(8) 非正常损失的购进货物，以及相关的加工修理修配劳务和交通运输服务。

(9) 非正常损失的在产品、产成品所耗用的购进货物(不包括固定资产)、加工修理修配劳务和交通运输服务。

(10) 非正常损失的不动产，以及该不动产所耗用的购进货物、设计服务和建筑服务。

(11) 非正常损失的不动产在建工程所耗用的购进货物、设计服务和建筑服务。

(12) 购进的旅客运输服务、贷款服务、餐饮服务、居民日常服务和娱乐服务。

(13) 财政部和国家税务总局规定的其他情形。

(二) 真实交易、从第三方取票是否构成虚开

2015 年最高人民法院研究室对公安部经济犯罪侦查局的《最高人民法院研究室〈关于如何认定以"挂靠"有关公司名义实施经营活动并让有关公司为自己虚开增值税专用发票行为的性质〉征求意见的复函》(法研〔2015〕58 号)第二项中明确答复"虚开增值税发票罪的危害实质在于通过虚开行为骗取抵扣税款，对于有实际交易存在的代开行为，如行为人主观上并无骗取抵扣税款的故意，客观上未造成国家增值税款损失的，不宜以虚

开增值税专用发票罪论处"。

可见,在认定行为的性质时,应有全面观、整体观,要综合看待行为产生的时间、原因、危害性等。该复函虽并不是司法解释,但在审判实践中仍具有重要的指导意义。

第四节　利用增值税专用发票骗取出口退税的案例借鉴

一、司法裁判案例

(一) 基本案情①

2016 年 5 月 31 日,国家税务总局 S 工业园区税务局稽查局(本案例中简称稽查局)制发《税务检查通知书》《调取账簿资料通知书》并于次日向 S 工业园区中辰进出口有限公司(简称进出口公司)送达,决定对该进出口公司 2014 年 1 月 1 日至 2016 年 4 月 30 日期间涉税情况进行检查,并调取了上述期间内的账簿、记账凭证、报表和其他有关资料。《税务检查通知书》同时告知进出口公司,如检查发现此期间以外明显的税收违法嫌疑或线索不受此限。

2016 年 10 月 14 日,稽查局制发 SY 国税稽税通〔2016〕600001 号《税务事项通知书》并于当日送达进出口公司,告知进出口公司因打击骗税案件工作需要,检查所属期间止由 2016 年 4 月 30 日延长至 2016 年 9 月 30 日。同年 10 月 18 日,稽查局制发《调取账簿资料通知书》并于次日向进出口公司送达,决定调取 2016 年 5 月 1 日至 2016 年 9 月 30 日的账簿、记账凭证、报表和其他有关资料。同年 11 月 25 日,稽查局将上述账簿资料退还进出口公司。

2016 年 12 月 7 日,稽查局根据检查情况制作《税务稽查工作底稿》,由检查人员周某军、田某荣交进出口公司签字确认。进出口公司陈述申辩,其对上述"出口业务虚假""无货虚开"不知情,随附该公司"关于出口 Y 公司面料业务的情况说明"。

2016 年 12 月 21 日,S 工业园区国家税务局重大税务案件审理委员会做出《受理通知书》,决定对稽查局提请审理的进出口公司逃避缴纳税款一案予以受理。经审理,S 工业园区国家税务局重大税务案件审理委员会于同年 12 月 26 日做出《审理意见书》,并提出了处理、处罚建议。

2017 年 1 月 13 日,稽查局做出《税务处理决定书》并于当日向进出口公司送达,送达人为周某军、田某荣。《税务处理决定书》认定进出口公司 91 笔从 Y 公司进货出口业务

---

① 2020 年 2 月 20 日摘自中国裁判文书网。

虚假,共涉及出口额 12 658 228.88 美元,增值税专用发票 696 份,金额 65 371 894.94 元,税额 11 113 221.20 元;涉及已退税额 10 746 699.37 元,未退税额 2 668 341.63 元,合计涉及退税额 13 415 041.00 元。业务虚假具体情况为:

(1) 73 笔出口业务已实际退税,已全部证实供货虚假,69 笔已落实真实货主。进出口公司上述 73 笔出口业务已实际取得退税款 10 746 699.37 元,共对应增值税专用发票 673 份,金额 63 215 878.27 元,税额 10 746 699.37 元,由 Y 公司开具,已全部证实为无货虚开。其中,69 笔出口业务已落实真实货主,证实出口货物为巴基斯坦人在国内市场自行采购,通过买单卖单中间人韩某峰冒用该公司名义"配单"出口,出口货物与进出口公司无关。

(2) 2 笔出口业务企业已申报暂未退税,已全部证实供货虚假。进出口公司上述 2 笔出口业务共向国税部门申报退税 366 522.83 元,共对应增值税专用发票 23 份,金额 2 156 016.67 元,税额 366 522.83 元,由 Y 公司开具,已全部证实为无货虚开。

(3) 16 笔出口业务企业未收齐退税申报资料未申报退税,6 笔已落实真实货主。进出口公司上述 16 笔出口业务涉及退税额 2 301 818.80 元。工作组已从货代公司获取证据,证实其中 6 笔出口货物为巴基斯坦人在国内市场自行采购,通过买单卖单中间人冒用该公司名义"配单"出口,出口货物与进出口公司无关。

《税务处理决定书》针对以上事实,决定:

(1) 进出口公司与 Y 公司的 73 笔业务,已证实购进和出口均为虚假,涉及已退税款 10 746 699.37 元。根据《税收征收管理法》第 66 条、《财政部　国家税务总局关于出口货物劳务增值税和消费税政策的通知》(财税〔2012〕39 号)第 9 条第 1 款第 3 项、《国家税务总局关于发布〈出口货物劳务增值税和消费税管理办法〉的公告》(国家税务总局公告 2012 年第 24 号)第 13 条第(六)项的规定,向进出口公司追缴骗取的退税款 10 746 699.37 元。

(2)进出口公司与 Y 公司的 2 笔业务已申报尚未退税,已全部证实购进虚假,涉及未退税款 366 522.83 元。根据《税收征收管理法》第 66 条之规定,该部分未退税款 366 522.83元不予退税。

(3) 进出口公司与 Y 公司的 16 笔业务未收齐退税申报资料,尚未向国税部门申报退税。根据《税收征收管理法》第 66 条的规定,不予退税。综上,向进出口公司追缴骗取的退税款 10 746 699.37 元,不予退税 366 522.83 元。

进出口公司不服,向 S 工业园区国家税务局申请行政复议,S 工业园区国家税务局经审查告知进出口公司,该税务处理决定系 S 工业园区国家税务局大要案审理后做出,复议机关应当为 S 省国家税务局,据此驳回进出口公司的复议申请。2018 年 5 月 20 日,稽查局制发 SY 国税稽通〔2017〕1 号《税务事项通知书》并送达进出口公司,告知进出口公司:涉案《税务处理决定书》告知进出口公司不服决定可向 S 工业园区国家税务局申请行政复议,现稽查局发现上述告知有误,因该案已经 S 工业园区国家税务局大要案审理,现更正告知为《税务处理决定书》的复议机关为 S 省国家税务局。《税务事项通知书》还对 SY 国税稽罚〔2017〕200 号《税务行政处罚决定书》的复议机关进行了更正告知。

2017 年 6 月 8 日,进出口公司不服《税务处理决定书》,向省税务局申请行政复议。省税务局于当日受理进出口公司的复议申请,次日向 S 工业园区国家税务局制发《提出答复通知书》。S 工业园区国家税务局在法定期限内向省税务局提出书面答复,并提交了证据等有关材料。同年 7 月 10 日,省税务局向双方制发《听证通知书》。7 月 18 日,省税务局组织了听证。8 月 4 日,省税务局做出《延期审理通知书》并送达,告知双方当事人因情况复杂,行政复议决定延期至 2017 年 9 月 5 日前做出。8 月 29 日,省税务局做出《复议决定书》并邮寄送达进出口公司,决定维持 S 工业园区国家税务局所属稽查局做出的涉案《税务处理决定书》。《复议决定书》同时指出:关于进出口公司与 Y 公司的 16 笔业务未收齐退税申报资料,尚未向国税部门申报退税的业务处理,我局认为对以上情形,国税部门没有职责做出是否予以退税的决定。基于该不予退税的决定,并未对申请人权利产生实际影响,建议被申请人在今后工作中加以注意。

另查明,省税务局所作复议决定对以下事实进行了认定,人民法院经审核在案证据予以确认:

进出口公司提单号为 S232023563 等 73 份备案提单上的出口货物真实发货人为 AMIR、IMRAN、SDR、MQRM、HD、SR 和 NER 等巴基斯坦人,案涉出口货物是巴基斯坦人在浙江柯桥等市场自行采购,未索取发票,委托盈远公司等货代公司办理订舱报关等出口手续,并向货代公司支付货代费用,巴基斯坦人不知晓进出口公司,与进出口公司没有贸易往来。

盈远公司按照 AMIR 等人提供的出口货物明细数据办理订舱和报关手续,按照 AMIR 等人提供的装箱地址对出口货物进行装箱,将货物从浙江柯桥等地拖车至 N 港码头,相关订舱费、报关费、内陆运杂费和海运费等费用也是 AMIR 等人与其结算。

进出口公司与 H 公司签订的代理出口协议约定:H 公司负责对外业务洽谈,并承担对外交易中的一切责任和风险;进出口公司按 H 公司对外洽谈的成交条件制作出口合同,经 H 公司确认后对外签约;进出口公司按出口货物合同总额的 1.8% 收取代理费。

进出口公司按照韩某峰提供的出口货物信息,填制报关资料等单证并提供给韩某峰,由韩某峰办理订舱报关等手续,并从韩某峰处取得海运提单。进出口公司按照韩某峰的指令,将收到的外汇折合人民币金额加上退税款减去代理费后(每出口一美元该公司收取 1.8% 的代理费)支付给 Y 公司,Y 公司按照收款金额向进出口公司开具增值税专用发票。在收齐退税申报单证后,进出口公司向国税部门申报并取得退税款,进出口公司未见过外商。

对于结汇资金,Y 公司以支付货款的名义,流向徐州卢茂商贸有限公司等上游企业账户,再通过张庆、戴汉木等人账户,回流至 KHANTAEB、HIDAYATULLAH 等外籍人员账户,所有操作均在同一天完成。

报关单号为 310120150517400766 等的 41 份出口货物报关单显示的货物品名为"涤纶布""涤纶梭织布"或"涤纶染色布",而与报关单对应的 41 份海运提单货物品名为"TEXTILEFABRIC(棉布)"。案涉出口货物是从绍兴柯桥运到 N 海关出口,《报关单》境内货源地注明 S 工业园区。

(二) 某进出口公司观点①

1.《税务处理决定书》认定进出口公司骗取退税事实不清、证据不足

处理决定称进出口公司 91 笔从 Y 公司进货出口业务虚假,其中 73 笔业务已全部证实供货虚假,处理决定认定该事实证据不足,处理决定书所列的证据,不足以证明业务虚假。其中:(1)稽查局用于证明 Y 公司虚开发票的证据——《已证实虚开发票通知单》不具有行政诉讼证据资格。(2)稽查局用于证明出口货物实际发货人不是进出口公司的证据——多份外籍人士出具的《情况说明》不具有证据效力。《情况说明》用中文书写、签名为外文,无法认定说明内容是否是外籍人士的真实意思表示,并且该说明的性质属于证人证言,证言未经当庭质证不具有法律效力。(3)稽查局用于证明出口货物实际发货人不是进出口公司的证据——NF 国际物流有限公司(简称 F 公司)出具的《货代流程》、巴基斯坦 H 公司绍兴代表处出具的《情况说明》等材料的性质不属于证人证言,亦不属于行政诉讼法规定的任何一种证据,不具有法律效力。(4)稽查局用于证明出口货物实际发货人不是进出口公司的证据——钱某、蔡某莹、钱某辉出具的《情况说明》的性质属于证人证言,证人钱某未到听证会,证言未经质证不具有法律效力,且该几份《情况说明》内容不能证明进出口公司不是相关提单的合法发货人。(5)稽查局用于证明出口货物实际发货人不是进出口公司的证据——对进出口公司员工王某峰的询问笔录,该笔录确认进出口公司是提单实际发货人,每笔外销业务均已实际出货,该笔录不能证明实际发货人不是进出口公司。(6)稽查局用于证明出口业务虚假的证据——结汇资金流向,Y 公司收款的资金流向不能证明 Y 公司向进出口公司供货环节业务虚假,不能证明进出口公司出口环节业务虚假。(7)稽查局所列的其他证据,均是正常出口业务相关凭证,不能证明出口业务虚假。本案中,证据证明 91 笔出口业务报关单对应的货物均已实际出口,进出口公司是合法的出口主体,稽查局的证据不能证明货物的出口主体是进出口公司之外的个人或公司。因此,该 91 笔出口业务属于有货出口,不属于无货出口,业务真实,不构成骗取出口退税。

---

① 2020 年 2 月 20 日摘自中国裁判文书网。

2. 处理决定适用法律、法规错误

处理决定向进出口公司追缴已退税款、未退税款不予退税，属于适用法律错误。《税收征收管理法》第 66 条、《财政部 国家税务总局关于出口货物劳务增值税和消费税政策的通知》（财税〔2012〕39 号）第 9 条、《国家税务总局关于发布〈出口货物劳务增值税和消费税管理办法〉的公告》（国家税务总局公告 2012 年第 24 号）第 13 条等规定适用的前提是构成骗税，适用的对象是骗税主体。本案中，进出口公司主观上不具有骗取出口退税的故意，客观上无骗税行为，因此，进出口公司不构成骗取出口退税，不是骗税主体。

3. 稽查局程序违法

（1）稽查局未分别实施检查、审理、执行工作，程序违法。《税务稽查工作规程》第 5 条规定，稽查局查处税收违法案件时，实行选案、检查、审理、执行分工制约原则。稽查局设立选案、检查、审理、执行部门，分别实施选案、检查、审理、执行工作。稽查局提供的证据证明，稽查局未分别实施检查、审理、执行工作，程序严重违法。

（2）本案属于重大税务案件，稽查局处理本案未经重大案件审理委员会审理，程序违法。根据《重大税务案件审理办法》第 14 条及第 33 条的规定，本案涉及行政相对人重大利益，稽查局亦将本案定性为重大税务案件，重大税务案件必须提交审理委员会审理，审理委员会审理应制作审理纪要和审理意见书，稽查局违反该规定，程序严重违法。

4. 复议决定认定进出口公司构成骗取出口退税，认定事实错误，主要证据不足

复议决定认定"巴基斯坦人是出口货物实际发货人"，该项认定错误，证据不足：

（1）巴基斯坦人出具的情况说明不具有合法性，N 盈远国际货运代理有限公司（简称盈远公司）相关人员出具的情况说明属于证人证言，证人未到庭，证言不具有合法性，且该情况说明的内容并未证明巴基斯坦是实际发货人。F 公司出具的货代流程不属于行政诉讼法规定的证据，不具有合法性。

（2）巴基斯坦人未依法向国务院对外贸易主管部门或者其委托的机构办理备案登记，不具有对外贸易经营者资格。复议决定对该重要事实未加认定，存在错误。根据《中华人民共和国对外贸易法》第 9 条的规定，本案中的巴基斯坦人不具有对外贸易经营者资格，不可能是报关单对应货物的实际发货人。

（3）巴基斯坦人承担货物出口全部费用不能证明货物实际发货人不是进出口公司。根据《国际贸易术语解释通则（2010）》规定，FOB 价格（离岸价格）条款下，由买方订舱、支付海运费、保险费等。进出口公司作为卖方，不负责订舱，不承担海运费、保险费等。进出口公司与上海 H 实业有限公司（简称 H 公司）签订协议，约定运输费用、保管费用、海关报关及查验费用由 H 公司承担。因此，H 公司安排人员支付相关费用，进出口公司未承担费用，不能据此认定进出口公司不是发货人。

（4）Y 公司收取货款后的资金流向，不能证明 Y 公司与进出口公司交易虚假，亦不

能证明进出口公司出口业务虚假。Y 公司确认已将货物交付进出口公司,且提供了货物装箱、进港证据。本案中无证据证明 Y 公司未交货。

(5)41 笔出口业务提单与报关单货物品名不符,不能据此认定出口业务虚假。报关单显示的品名"涤纶布""涤纶梭织布""涤纶蓝色布"所属的大类为"纺织面料(TEXTILEFABRIC)",因此,提单显示品名与报关单品名不同完全正常,并未违反规定,不能依据品名不同认定业务虚假。(注:TEXTILEFABRIC 应翻译为"纺织面料",处理决定书将其翻译为"棉布"错误)

5. 复议决定未认定稽查局程序违法的事实

(1)本案中,稽查局实施检查、执行的工作人员相同,且无任何证据证明其他人员实施了审理。据此,足以认定稽查局未分别实施检查、审理、执行工作,存在程序违法。复议决定仅认为执行环节存在"瑕疵",显然不符合事实,对稽查局程序违法未加认定,认定事实存在错误。

(2)稽查局无任何证据证明本案经重大税务案件审理委员会审理,复议决定认定本案经重大税务案件审理委员会审理,无事实依据。

6. 复议决定适用法律错误

(1)根据《最高人民法院关于民事诉讼证据的若干规定》第 2 条规定,稽查局提交外籍人士出具的情况说明,应对该说明是否是外籍人士的真实意思表示承担举证责任,稽查局未能证明,应当对此承担不利后果,该说明不能作为定案依据,但复议决定对其证明力予以认可适用法律存在错误。

(2)巴基斯坦 H 公司绍兴代表处出具的情况说明不是证人证言,复议决定将该说明认定为证人证言,适用法律存在明显错误。即便该说明属于证人证言,证人未出庭,该说明亦不得作为认定案件事实的根据。

(3)W 市 X 区国税局稽查局出具的已证实虚开通知单对进出口公司的实体权利义务产生直接的影响,但该局认定虚开前未告知申请人,未通知进出口公司有参与陈述、申辩、申请回避的权利,认定虚开后未将该通知单送达给进出口公司,未告知进出口公司享有行政复议和行政诉讼的权利,损害了进出口公司的知情权、参与权和救济权,程序违法。因此,该通知单不具有法律效力。

(4)《国家税务总局　商务部关于进一步规范外贸出口经营秩序切实加强出口货物退(免)税管理的通知》(国税发〔2006〕24 号)针对的情况是"名为自营,实为代理"等出口业务不规范行为,其前提是有实际货物出口,该文不能作为认定涉案行为是否属于骗取出口退税的依据。因此,即便进出口公司具有国税发〔2006〕24 号文规定的不规范行为,申报了出口退税,亦不能以进出口公司违反该文为由,认定进出口公司主观上具有骗取出口退税的故意。更何况,进出口公司涉案出口业务并未违反该文,进出口公司与 H 公司签订协议约定 H 公司负责出口环节部分事项,另从 Y 公司采购货物用于出口,不存在与 Y 公司既签订采购合同又签订代理合同的情况,并未构成国税发〔2006〕24 号文规定的不规范行为。该文规定的不规范出口业务与骗取出口退税的虚假出口业务存在本质区别,相应的法律责任、处理处罚亦不相同。复议决定错误地认定进出口公司存在国税发〔2006〕24 号文规定的不规范出口业务对应的主观故意,又进一步错误地认定该主观故意属于骗取出口退税的主观故意,显然存在适用错误。

综上,处理决定认定事实错误、证据不足,适用法律、法规错误,程序违法,依法应予撤销,复议决定认定事实错误,适用法律、法规错误,依法应予撤销,请求:(1)撤销稽查局 2017 年 1 月 13 日做出的《税务处理决定书》;(2)撤销省税务局 2017 年 8 月 29 日做出的《复议决定书》。

(三) 被告稽查局观点①

1. 稽查局做出的涉案税务处理决定认定事实清楚,证据确实充分

(1) 进出口公司并非真正的货物所有权人,不是真正的发货人。因外籍人士购买货物不需要发票,无出口经营权,不能以自己的名义报关出口,才给了进出口公司等加以利用的机会,假借外籍人士的交易,取得装箱单、报关单等退税凭证,骗取退税。已证实虚开发票通知单、外籍人士及货运公司出具的情况说明、资金流向信息资料、王某峰的调查笔录等证据材料互相印证,形成完整的证据锁链,足以证明上述事实。

(2) 进出口公司以代理业务假冒自营业务,明知不符合退税的条件而申报退税,具有明显的骗取出口退税的主观故意。根据《国家税务总局 商务部关于进一步规范外贸出口经营秩序切实加强出口货物退(免)税管理的通知》(国税发〔2006〕24 号文)的规定,出口企业虽以自营名义出口,但其业务实质上是其他经营者借用企业名义操作完成的,不得将该业务申报办理出口退税。进出口公司 1999 年即开始进出口代理业务,经过近 20 年的出口业务经营,对于上述规定不可能不知道,但其明知不应申报而仍申报,并取得了退税款,足以证明其主观可归责性。

2. 稽查局做出的涉案行政处理决定适用法律正确

根据《税收征收管理法》第 66 条第 1 款、《财政部 国家税务总局关于出口货物劳务增值税和消费税政策的通知》(财税〔2012〕39 号)第 9 条第 1 款第 3 项、《国家税务总局关于发布〈出口货物劳务增值税和消费税管理办法〉的公告》(国家税务总局公告 2012 年第 24 号)第 13 条第(六)项的规定,本案中,进出口公司共骗取国家出口退税款10 746 699.37 元,重大税务案件审理委员会依照《重大税务案件审理办法》对本案进行了审理,稽查局依据查明的事实做出行政处理,决定追缴骗取的退税款,符合上述法律规定。

---

① 2020 年 2 月 20 日摘自中国裁判文书网。

3. 稽查局做出的涉案处理决定程序合法

2016 年 5 月 31 日至 2016 年 12 月 14 日,检查人员于对进出口公司 2014 年 1 月 1 日至 2016 年 9 月 30 日的增值税情况进行了检查。2016 年 5 月 31 日,检查人员在进出口公司向其送达了《税务稽查通知书》,并出示了检查证,进出口公司法定代表人盛某平在送达回证上签字并加盖公章。2016 年 10 月 14 日,检查人员向其送达了《税务事项通知书》,告知其检查所属期由 2016 年 4 月 30 日延长至 2016 年 9 月 30 日,进出口公司财务负责人朱某在送达回证上签字并加盖公章。2016 年 6 月 1 日,检查人员在进出口公司向其送达了 SY 税稽调〔2016〕6 号《调取账簿资料通知书》,要求调取 2014 年 1 月 1 日至 2016 年 4 月 30 日账簿、记账凭证、报表和其他有关资料,进出口公司法定代表人盛某平在送达回证上签字并加盖公章,后因故当天未调取。2016 年 10 月 18 日,检查人员又送达了 SY 税稽调〔2016〕7 号《调取账簿资料通知书》,增加调取 2016 年 5 月 1 日至 2016 年 9 月 30 日账簿、记账凭证、报表和其他有关资料,进出口公司财务负责人朱某在送达回证上签字并加盖公章。2016 年 10 月 19 日,检查人员调取了相关资料并开具《调取账簿资料清单》,检查人员和进出口公司财务负责人朱某均签字确认。2016 年 11 月 15 日,检查人员归还了调取的账簿资料,由检查人员和进出口公司财务负责人朱某签字确认并加盖了进出口公司公章。检查中,检查人员充分听取了进出口公司的陈述申辩,2016 年 12 月 7 日,检查人员将《税务稽查工作底稿》交进出口公司签字确认,进出口公司又以书面形式提出了陈述申辩,检查人员收取后一并提交审理。经重大税务案件审理委员会审理,2017 年 1 月 13 日,稽查局做出了《税务处理决定书》,并于当天送达进出口公司,进出口公司法定代表人盛某平在送达回证上签字并加盖公章。

综上,稽查局做出的涉案处理决定认定事实清楚,证据确实充分适用法律正确,程序合法,请求人民法院依法驳回进出口公司的诉讼请求。

(四) 被告省税务局观点[①]

1. 省税务局在法定期限内依法履行行政复议法定职责,程序合法

进出口公司不服稽查局做出的《税务处理决定书》,向省税务局提出行政复议申请。2017 年 6 月 8 日,省税务局收到复议申请,经审查后依法受理并书面通知被申请人进行书面答复。根据进出口公司申请,省税务局于 2017 年 7 月 10 日向进出口公司邮寄《行政复议听证通知书》并于 2017 年 7 月 18 日组织复议听证会,进出口公司和 S 工业园区国家税务局均参加听证会。7 月 14 日,省税务局组织进出口公司代理律师查阅了 S 工业园区国家税务局提出的行政复议书面答复及相关证据材料。2017 年 8 月 4 日,省税务局做出《延期审理通知书》,告知进出口公司行政复议决定延期至 2017 年 9 月 5 日前做出。2017

[①] 2020 年 2 月 20 日摘自中国裁判文书网。

年 8 月 29 日，省税务局做出《复议决定书》。综上，省税务局在法定期限内依法履行了行政复议的法定职责，符合《中华人民共和国行政复议法》(简称《行政复议法》)第 17 条、第 22 条、第 23 条及第 31 条规定。

2. 省税务局在行政复议中对被申请人做出的具体行政行为依法进行审查后做出行政复议决定，并无不当

(1) 省税务局全面审查被申请人稽查局做出具体行政行为的事实证据。进出口公司在起诉状中提出"复议决定认定进出口公司构成骗取出口退税，认定事实错误，主要证据不足"，在复议中，省税务局根据《税务行政复议规则》第 54 条、第 55 条、第 56 条、第 57 条、第 58 条规定，依法对被申请人提交的做出本案税务处理决定的所有证据材料的合法性、真实性和关联性进行全面审查。综合所有事实证据和听证会双方意见，省税务局认为被申请人提交的多种证据材料互相印证，形成完整证据链，尽管进出口公司在复议中对证据的证明力提出异议，但没有提出充分证据予以反驳，因此省税务局认为被申请人做出的税务处理决定认定事实清楚，证据确凿，并据此做出维持原具体行政行为的决定。

(2) 省税务局对被申请人做出税务处理决定的程序合法性进行了全面审查。关于进出口公司提出的"检查人员与执行人员相同，违反《税务稽查工作规程》规定"，省税务局认为，《税务稽查工作规程》是税务机关规范税务稽查工作的管理性文件，且稽查局的执行程序对案件的定性处理并无实质影响，对申请人的权利也无实质性损害。关于"税务处理决定是否经重大税务案件审理程序"，省税务局 2017 年 6 月 8 日收到行政复议申请后，根据《行政复议法》第 17 条和《税务行政复议规则》第 29 条第 2 款规定，依法对是否受理案件进行审查。通过查询全国税务系统的"金税三期税收管理系统"和审查被申请人的审理资料，确认稽查局将本案提请 S 工业园区国家税务局重大税务案件审理委员会审理的事实。

(3) 省税务局依法做出复议处理决定。经审查，省税务局认为税务处理决定认定事实清楚，证据确凿，适用依据正确，程序合法，内容适当，故根据《行政复议法》第 28 条规定，做出维持决定。

综上，省税务局做出的行政复议决定认定事实清楚，证据确实充分，适用法律正确，复议程序合法。进出口公司的诉讼请求缺乏事实与法律依据，请求人民法院依法驳回其诉讼请求。

(五) 人民法院裁判观点[①]

一审人民法院认为，稽查局做出的《税务处理决定书》及省税务局做出的《复议决定书》均认定事实清楚、适用法律正确、符合法定程序。进出口公司的全部诉讼请求，无事

---

① 2020 年 2 月 20 日摘自中国裁判文书网。

实和法律依据,人民法院均不予支持。依照《行政诉讼法》第 69 条之规定,判决驳回进出口公司的诉讼请求。

二审人民法院认为,稽查局做出的《税务处理决定书》及省税务局做出的行政复议决定认定事实清楚,证据确凿,适用法律、法规正确,程序合法。进出口公司的上诉请求和理由缺乏事实和法律依据,人民法院不予支持。原审判决认定事实清楚,适用法律、法规正确,审判程序合法。依照《行政诉讼法》第 89 条第 1 款第(1)项的规定,判决驳回上诉,维持原判。

二、综合解析

(一) 人民法院关于稽查局所作处理决定相关证据的认定情况

1. 人民法院关于稽查局所作处理决定事实证据的认定

人民法院认为,稽查局作为证据提交的巴基斯坦外商关于业务情况出具的几份《情况说明》、F 公司出具的《货代流程》、盈远公司不同业务人员出具的几份《情况说明》、提单统计表及相应的海运提单、盈远公司提供的与巴基斯坦人货代费结算账户资金往来信息、结汇资金流向统计表及涉案人员账户信息、W 国税部门出具的已证实 Y 公司虚开增值税专用发票通知单、进出口公司业务经理王某峰的笔录等证据材料,可以证明案涉出口货物是巴基斯坦人在浙江柯桥等市场自行采购,随后委托盈远公司等货代公司办理订舱报关等出口手续,并向货代公司支付货代费用,案涉出口货物与进出口公司无关,Y 公司与进出口公司无真实货物交易,实际情况是韩某峰利用巴基斯坦人出口货物信息,经货代公司以进出口公司名义将货物报关出口等事实。

2. 人民法院对进出口公司提出相关证据的形式及证明力不认可意见的认定情况

根据《最高人民法院关于行政诉讼证据若干问题的规定》(法释〔2002〕21 号)第 63 条规定:"证明同一事实的数个证据,其证明效力一般可以按照下列情形分别认定:(一)国家机关以及其他职能部门依职权制作的公文文书优于其他书证……(八)出庭作证的证人证言优于未出庭作证的证人证言;(九)数个种类不同、内容一致的证据优于一个孤立的证据。"第 67 条规定:"在不受外力影响的情况下,一方当事人提供的证据,对方当事人明确表示认可的,可以认定该证据的证明效力;对方当事人予以否认,但不能提供充分的证据进行反驳的,可以综合全案情况审查认定该证据的证明效力。"同时行政诉讼的证据包括:书证,物证,视听资料,电子数据,证人证言,当事人的陈述,鉴定意见,勘验笔录、现场笔录。人民法院认定相关证据证明力情况如下:

(1) 进出口公司认为《已证实虚开通知单》不具有行政诉讼证据资格,人民法院认为 W 市 X 区国税局稽查局出具的《已证实虚开通知单》属于行政诉讼证据规定的公文文书,且与本案待证事实具有关联,应予确认其证明效力。

（2）进出口公司对外籍人士出具的《情况说明》的证明力提出异议,人民法院认为,外籍人士的《情况说明》是稽查局检查人员按照工作要求进行取证,没有证据表明检查人员违反法定程序收集或是以不正当手段获取,具有相应的证明力。

（3）进出口公司认为 F 公司出具的《货代流程》、巴基斯坦 H 公司绍兴代表处出具的《情况说明》不具有法律效力,人民法院认为,《货代流程》及《情况说明》系了解案件情况的单位做出的书证,内容均与本案待证事实相关,应予确认。

（4）进出口公司对钱某、蔡某莹、钱某辉出具的《情况说明》的证明力提出异议,人民法院认为,几份《情况说明》属于行政诉讼证据规定的证人证言,且与本案待证事实具有关联,在未被申请出庭的情况下,证人未到庭作证并不意味着证言不具证明效力,故应予确认。

（5）进出口公司对王某峰的询问笔录的证明目的提出异议,人民法院认为,王某峰系进出口公司业务经理,是案涉业务的具体经办人,其所作的陈述内容与本案待证事实相关,应予以确认。

（6）进出口公司对结汇资金流向及其他证据的证明目的提出了异议,人民法院认为,相关证据均来源合法,客观真实,与本案待证事实具有关联,结合全案证据可以认定相关证据的证明效力。

（7）本次诉讼中,进出口公司提交了装箱单、货物进港信息等材料欲证明其业务真实性,人民法院认为,以上材料虽形式上显示发货人是进出口公司,但稽查局提交的相互佐证的数个证据材料推翻了以上证据中所表明的进出口公司是实际发货人的事实,故不能达到进出口公司的证明目的。

（二）对进出口公司是否具有骗取出口退税的主观故意的分析

出口退税是指一个国家或地区对已报关离境的出口货物,由税务机关根据本国税法规定,将其在出口前国内生产和流通环节缴纳的增值税、消费税等间接税款退还给出口企业的一种税收管理制度。《税收征收管理法》第 66 条规定:"以假报出口或者其他欺骗手段,骗取国家出口退税款的,由税务机关追缴其骗取的退税款,并处骗取税款一倍以上五倍以下的罚款;构成犯罪的,依法追究刑事责任。对骗取国家出口退税款的,税务机关可以在规定期间内停止为其办理出口退税。"《财政部 国家税务总局关于出口货物劳务增值税和消费税政策的通知》（财税〔2012〕39 号）第 9 条第 1 款第 3 项规定:"出口企业或其他单位骗取国家出口退税款的,经省级以上税务机关批准可以停止其退（免）税资格。"《国家税务总局关于发布〈出口货物劳务增值税和消费税管理办法〉的公告》（国家税务总局公告 2012 年第 24 号）第 13 条第 6 款规定:"出口企业和其他单位以假报出口或者其他欺骗手段,骗取国家出口退税款,由主管税务机关追缴其骗取的退税款,并处骗取税款一倍以上五倍以下的罚款;构成犯罪的,依法追究刑事责任。"《国家税务总局商务部关于进一步规范外贸出口经营秩序切实加强出口货物退(免)税管理的通知》(国税发〔2006〕24号):"二、为维护我国正常外贸经营秩序,确保国家出口退税机制的平稳运行,避免国家财产损失,凡自营或委托出口业务具有以下情况之一者,出口企业不得将该业务向税务机关申报办理出口货物退(免)税……(二)出口企业以自营名义出口,其出口业务实质上是由本企业及其投资的企业以外的其他经营者(或企业、个体经营者及其他个人)假借该出口企业名义操作完成的;(三)出口企业以自营名义出口,其出口的同一批货物既签订购货合同,又签订代理出口合同(或协议)的……(五)出口企业以自营名义出口,但不承担出口货物的质量、结汇或退税风险的,即出口货物发生质量问题不承担外方的索赔责任(合同中有约定质量责任承担者除外);不承担未按期结汇导致不能核销的责任(合同中有约定结汇责任承担者除外);不承担因申报出口退税的资料、单证等出现问题造成不退税责任的;(六)出口企业未实质参与出口经营活动、接受并从事由中间人介绍的其他出口业务,但仍以自营名义出口的……"

依据上述规定,本案中在案证据证实,进出口公司将代理出口业务包装成自营出口业务并取得出口退税款,但案涉出口货物与进出口公司并无关联,进出口公司与 Y 公司之间并无真实货物交易。在进出口公司与 Y 公司的业务中,73 笔业务已证实购进和出口均为虚假,涉及已退税款 10 746 699.37 元;2 笔业务已申报尚未退税,已全部证实购进虚假,涉及未退税款 366 522.83 元。针对以上税款事项,稽查局做出涉案税务处理决定并无不当。

此外,进出口公司作为多年从事出口业务的外贸公司,对于办理出口退税业务的相关规定应当明确清楚。根据本案证据显示,进出口公司与 H 公司签订《代理出口协议》约定,H 公司负责对外洽谈业务、备货、出运并承担一切责任与风险,进出口公司按照 H 公司对外洽谈的成交条件制作出口合同,经 H 公司确认后对外签约,进出口公司按照 H 公司确认的合同进行出口业务的具体操作。进出口公司按照出口货物合同总额的 1.8% 收取代理费,在收汇后按当日银行买入价折算,扣除代理费和有关费用,加上退税,在收到 H 公司或其指定工厂提供的增值税发票后,3 日内向增值税发票的开票方付款。之后,进出口公司使用韩某峰提供的虚开增值税专用发票、报关单等材料,以自营出口的名义向 S 工业园区国家税务局申报办理出口退税并取得了退税款。人民法院认为根据相关证据可以认定,进出口公司作为出口企业并未实质参与出口经营活动,仅是接受并从事由中间人介绍的其他出口业务,但仍以自营名义出口并取得退税。进出口公司的上述行为违反了《国家税务总局商务部关于进一步规范外贸出口经营秩序切实加强出口货物退(免)税管理的通知》的相关规定,也反映进出口公司在主观上明知其行为不符合出口退税条件的情况下,通过填写不正确的信息、使用他人虚开的增值税专用发票等行为获取国家出口退税,据此,最终人民法院认定进出口公司具有骗取出口退税款的故意。

(三)对稽查局税务处理程序的合法性分析

1. 进出口公司提出本案属于重大税务案件,稽查局处理本案未经重大案审理委员会审理、程序违法的意见

依据《税务稽查工作规程》第 46 条第 3 款的规定:"案情复杂的,稽查局应当集体审理;案情重大的,稽查局应当依照国家税务总局有关规定报请所属税务局集体审理。"

《重大税务案件审理办法》第 14 条第 1 款规定:"稽查局应当在内部审理程序终结后 5 日内,将重大税务案件提请审理委员会审理。"同时,第五章对重大税务案件的审理程序进行了相应规定。第 34 条第一款规定:"稽查局应当按照重大税务案件审理意见书制作税务处理处罚决定等相关文书,加盖稽查局印章后送达执行。"

据上本案中,稽查局对进出口公司涉嫌税收违法案件进行了检查,于 2016 年 12 月 21 日将本案提请 S 工业园区国家税务局重大税务案件审理委员会审理,后按照重大税务案件审理意见于 2017 年 1 月 13 日做出涉案税务处理决定,决定追缴骗取的退税款,稽查局的办理程序未违反上述规定。

2. 进出口公司提出稽查局未分别实施检查、审理、执行工作,属程序违法

根据《税务稽查工作规程》第 5 条规定的选案、检查、审理、执行分工制约原则,送达税务文书的执行工作不应再由案件的检查人员负责。但本案中人民法院认为,税务文书送达时税务部门经过检查、审理已对该案做出了税务处理决定,该案的定性及处理意见已经明确,为保障税款追缴等工作执行到位,税务处理文书的送达系做出税务处理决定后的必要环节,涉案税务处理文书由谁送达对该案的定性处理并无实质影响,对进出口公司的权利亦无实质性的损害,不宜认定为程序违法。故人民法院对进出口公司的上述意见不予采纳。在实践中,税务律师建议税务机关应严格按照《税务稽查工作规程》的规定执行。

3. 进出口公司提出本案为重大税务案件、当事人享有听证的权利但稽查局未告知及未组织听证系程序违法

依据《税务稽查工作规程》第 51 条规定:"对于税务行政处罚案件应当告知当事人具有陈述、申辩及要求听证的权利,对于税务行政处理案件则未规定需要听证。"本案系税务行政处理决定案件,未组织听证即做出税务行政处理决定并不违反相关规定。

综上,进出口公司认为稽查局做出的案涉税务行政处理决定程序违法的意见没有事实和法律依据,最终人民法院不予支持。

(四) 对省税务局复议程序的合法性分析

1. 省税务局是否具有审理复议权

依据《行政复议法》第 12 条规定:"对县级以上地方各级人民政府工作部门的具体行政行为不服的,由申请人选择,可以向该部门的本级人民政府申请行政复议,也可以向上一级主管部门申请行政复议。对海关、金融、国税、外汇管理等实行垂直领导的行政机关和国家安全机关的具体行政行为不服的,向上一级主管部门申请行政复议。"又依据《税务行政复议规则》第 29 条第二款规定:申请人对经重大税务案件审理程序做出的决定不服的,审理委员会所在税务机关为被申请人。据上,稽查局提请重大税务案件审理委员会审理后所作的税务处理行为,审理委员会所在税务机关为国家税务总局 S 工业园区税务局,即国家税务总局 S 工业园区税务局为行政复议案件被申请人,本案省税务局具有依申请进行行政复议的法定职权。

2. 省税务局复议程序是否合法

《行政复议法》第 17 条、第 23 条、第 28 条及第 31 条等对行政复议申请的受理、办理程序及期限、做出行政复议决定等进行了相应规定。同时,《税务行政复议规则》第七章、第八章、第九章亦对税务行政复议的申请、证据、审查及决定进行了详细规定。本案中,省税务局于 2017 年 6 月 8 日收到进出口公司的复议申请,经审查后依法予以受理,于同年 7 月 18 日组织了听证,并于同年 8 月 4 日做出延期审理通知,最后于同年 8 月 29 日做出《复议决定书》送达,符合上述规定,程序合法。

第五节 套用他人增值税专用发票信息骗取出口退税的案例借鉴

一、司法裁判案例

(一) 基本案情①

2018 年 3 月 2 日,国家税务总局 D 市税务局稽查局(简称 D 稽查局)对 G 省 D 轻工业品进出口有限公司(简称 D 轻出公司)涉税事项进行检查。经检查,D 稽查局认为 D 轻出公司涉嫌通过套用他人出口货物信息和他人增值税专用发票信息的方式骗取国家出口退税款合计 397 409.64 元,D 轻出公司取得虚假备案单证合计 43 份,涉及已退税额

---

① 2020 年 3 月 12 日摘自中国裁判文书网。

8 207 277.35 元,于 2018 年 8 月 15 日做出 D 税稽处〔2018〕26 号《税务处理决定书》,根据《税收征收管理法》第 66 条的规定,决定向 D 轻出公司追缴已骗取的退税款 397 409.64 元,根据《财政部 国家税务总局关于出口货物劳务增值税和消费税政策的通知》(财税〔2012〕39 号)第 7 条第(一)项第 4 目的规定,决定向 D 轻出公司追缴已退税额 8 207 277.35 元。D 轻出公司不服,向国家税务总局 G 省税务局(本案例中简称省税务局)申请行政复议。省税务局于 2018 年 12 月 13 日做出 Y 税复决字〔2018〕2 号《行政复议决定书》,维持 D 稽查局上述税务处理决定。D 轻出公司仍不服,遂诉至一审人民法院。

(二) D 轻出公司观点①

D 稽查局提供的证据不足以证明 D 轻出公司套用他人出口货物信息、增值税专用发票信息骗取出口退税,仅能证明货物的真实货主。该货主称从未与 D 轻出公司接触,两公司没有业务往来。套用出口货物信息,需要将货物运送到海关现场报关,不是简单地将货物信息填写入报关单。D 轻出公司的资料是通过开具增值税发票的工厂提供给报关公司,D 轻出公司不知道真实货主。D 稽查局未举证证明真实货主的资料如何与 D 轻出公司对接。更为重要的是,D 稽查局未公开过其对开增值税发票工厂的调查结果。D 轻出公司提交的证据,与备案单证相印证,证明 D 轻出公司与第三方有资金往来,D 轻出公司为备案单证的真实出口商。D 轻出公司没有获利 39 万元。D 轻出公司请求撤销 D 稽查局做出的 D 税稽处〔2018〕26 号《税务处理决定书》及省税务局做出的 Y 税复决字〔2018〕2 号《行政复议决定书》。

(三) 被告 D 稽查局观点②

D 稽查局提交的证据、D 轻出公司相关陈述,证明货物真实货主是 X 公司,D 轻出公司无权申报退税,该公司通过套用他人出口货物信息和增值税专用发票申报退税,骗取国家出口退税款的事实清楚,证据充分。D 稽查局依据《税收征收管理法》第 66 条的规定,做出案涉税务处理决定,适用法律正确。根据《税收征收管理法》第 66 条第 1 款的规定,D 稽查局做出案涉行政处理决定,无须以 D 轻出公司获利为前提。D 轻出公司提供虚假备案单证的事实清楚、证据充分,D 稽查局依据《财政部 国家税务总局关于出口货物劳务增值税和消费税政策的通知》相关规定做出案涉税务处理决定,处理正确。D 轻出公司没有针对 D 稽查局对虚假备案单证做出的行政处理决定提出异议,证明该公司认可 D 稽查局对虚假备案单证问题做出的处理决定。综上所述,稽查局处理决定认定事实清楚、适用法律正确,D 轻出公司的请求不能成立。

---

① 2020 年 3 月 12 日摘自中国裁判文书网。
② 同上。

(四) 被告省税务局观点①

省税务局是适格的行政复议机关。省税务局做出行政复议决定程序合法。D 市税务局稽查局做出案涉税务处理决定,认定事实清楚,证据确凿,适用依据正确,程序合法,内容适当。

(五) 人民法院裁判观点②

一审人民法院认为,D 轻出公司诉请撤销本案税务处理决定及复议决定,依据不足、理由不成立。依照《中华人民共和国行政诉讼法》第 69 条的规定,判决驳回 D 轻出公司的诉讼请求。

二审人民法院认为,D 稽查局做出案涉《税务处理决定书》,认定事实清楚,适用法律正确。省税务局经复议维持 D 稽查局的税务处理决定,处理正确。D 轻出公司的上诉理由不成立,对其上诉请求,人民法院予以驳回。原审判决认定事实清楚,适用法律正确,人民法院予以维持。

二、综合解析

(一) 认定 D 轻出公司违法行为的条件

根据《国家税务总局关于外贸综合服务企业出口货物退(免)税有关问题的公告》(国家税务总局公告 2014 年第 13 号)第 1 条第 1 款规定:"外贸综合服务企业以自营方式出口国内生产企业与境外单位或个人签约的出口货物,同时具备以下情形的,可由外贸综合服务企业按自营出口的规定申报退(免)税:(一)出口货物为生产企业自产货物;(二)生产企业已将出口货物销售给外贸综合服务企业;(三)生产企业与境外单位或个人已经签订出口合同,并约定货物由外贸综合服务企业出口至境外单位或个人,货款由境外单位或个人支付给外贸综合服务企业;(四)外贸综合服务企业以自营方式出口。"

根据《财政部　国家税务总局关于出口货物劳务增值税和消费税政策的通知》(财税〔2012〕39 号)第 1 条第(1)项的规定:"出口企业是指依法办理工商登记、税务登记、对外贸易经营者备案登记,自营或委托出口货物的单位或个体工商户,以及依法办理工商登记、税务登记但未办理对外贸易经营者备案登记,委托出口货物的生产企业。"

本案中,D 轻出公司向 D 稽查局提交的海关出口货物报关单、增值税发票、产品购销合同、商品出口备货(出货)通知书、通关无纸化出口放行通知书、提单、外贸企业出口退税汇总申报表等证据,证明 D 轻出公司是以自营方式出口、按照自营出口的规定申报退

---

① 2020 年 3 月 12 日摘自中国裁判文书网。
② 同上。

税,则申请退税款的货物即应为该公司所有。D稽查局提交的提单、订舱确认、关于海运提单的查询证明、外国(地区)企业常驻代表机构登记证、情况说明、装箱单、商业发票、对账通知单、关于货柜运输的查询证明、通知、拖车业务联系单等证据,证明集装箱号为EITU××××××××和BSIU××××××××的两个集装箱的出口商为X公司,X公司与D轻出公司、D市L电脑针织有限公司、D市Z针织有限公司均无业务往来,D轻出公司也自认该事实,即上述两个集装箱货物的真实货主是X公司而非D轻出公司。由此可见,D轻出公司申报退税款时使用了其他公司出口货物信息,属于套用他人出口货物信息骗取国家出口退税款。D轻出公司以自营方式出口、按自营出口规定申报退税,却主张不知道货物的真实货主,缺乏事实证据。

《税收征收管理法》第66条第1款规定:"以假报出口或者其他欺骗手段,骗取国家出口退税款的,由税务机关追缴其骗取的退税款,并处骗取税款一倍以上五倍以下的罚款;构成犯罪的,依法追究刑事责任。"D稽查局追缴D轻出公司骗取的退税款397 409.64元,证据充分,适用法律正确。D轻出公司是否获利不是认定该违法行为的条件,该公司以此作为抗辩理由,于法无据。

(二)D稽查局是否应当追缴D轻出公司已获得的退税款

根据《国家税务总局关于发布〈出口货物劳务增值税和消费税管理办法〉的公告(一)》(国家税务总局公告2012年第24号)第8条第(四)项规定:"出口企业应在申报出口退(免)税后15日内,将所申报退(免)税货物的下列单证,按申报退(免)税的出口货物顺序,填写《出口货物备案单证目录》,注明备案单证存放地点,以备主管税务机关核查。"根据《财政部 国家税务总局关于出口货物劳务增值税和消费税政策的通知》(财税〔2012〕39号)第7条第(一)项第4目、第9条第(二)项第5目的规定,对于出口企业和其他单位提供虚假备案单证的货物,不适用增值税退(免)税和免税政策,发生增值税、消费税不应退税或免税但已实际退税或免税的,出口企业和其他单位应当补缴已退或已免税款。

本案中作为出口企业,D轻出公司对申报退税的相关资料信息负有如实申报的义务,确保备案单证真实。D稽查局举示的证据证明D轻出公司向D稽查局提交的43份备案单证属于虚假单证,D稽查局追缴D轻出公司已获得的退税款8 207 277.35元,依据充分。

下 编

增值税专用发票检查过程中的税法风险防控

　　增值税专用发票在税法层面的风险,主要是在税务机关进行增值税专用发票管理过程中,因为领购发票的单位或者个人出现不规范的涉票行为受到税务机关查处引发的风险,或者是税务机关在查处涉票行为过程中,因不规范的执法行为给被查处对象带来的风险。换言之,增值税专用发票在税法层面的风险,既有来自领票人开具增值税专用发票的风险,也有用票人接受增值税专用发票的风险,当然还有来自税务机关不当执法的风险。在本书第二部分上编,已经阐述分析了税务机关在日常发票管理过程中,行为人的税法风险问题,在本编主要阐述分析在增值税专用发票检查过程中,行为人面临的税法风险问题。读者可以在本编了解到税务机关如何对增值税专用发票进行检查的问题,以便根据自身实际从中找到应对的方法。当然,税务机关人员也可以从本编中借鉴一些检查方法、法律思维、案例实践。

第八章　增值税专用发票检查方法概述

本章主要介绍增值税专用发票的检查类型和方法。通过对检查类型和方法的介绍，透视检查的对象和逻辑路径，以便从中分析探究增值税专用发票的检查风险。

第一节　增值税专用发票的检查类型

增值税专用发票检查，是指税务机关对领购增值税专用发票的单位或者个人在发票领购、保管、开具、缴销等方面的行为是否规范进行的查验、分析、判断和处理的活动。实施主体是税务局或者是稽查局。国地税合并之后，县（区）级税务机关已经不存在稽查局，同时北京、广州、重庆、沈阳、上海和西安六个特派员办事处（稽查局）的设立，也令稽查局的机构呈现出新的特点。增值税专用发票检查一般分为日常检查、专项检查和专案检查三种类型。一般来讲，税收实践中，日常增值税专用发票检查由主管税务机关实施，其他的由稽查局实施，但是个别地方也会出现例外。如何实施增值税专用发票检查，由谁来实施增值税专用发票检查，必须坚持合法性原则，并兼顾检查工作便利性原则。

一、日常检查

增值税专用发票日常检查，是指税务机关对领票人的发票情况进行的常规检查，它是对通过计算机、人工筛选或者其他渠道发现的涉票行为进行的全面、综合性检查，涉及的是一个"面"。增值税专用发票的日常检查一般由主管税务机关实施，并且只是税务机关发票管理活动的一部分，其目的是通过检查增值税专用发票发现不规范的涉票行为，并依法进行处理，由此纠正不规范的发票行为，提高税收遵从。

当然税务机关检查增值税专用发票不仅仅是规范涉票行为，还有更深层次的目的，即通过对增值税专用发票的检查，去发现、掌握领票人的涉税情况、代扣代缴情况、代收代征情况，因为税收实践中，"查税必查账"，"查账必查票"，"查票必查税"，"票、账、税必相关"。

二、专项检查

增值税专用发票专项检查,是指税务机关对某一区域某一时段的领票人,或者是对某一类领票人,或者是对所有领票人的某一类业务,组成专门的检查团队在某一特定的时段实施的有极强针对性的重点检查。增值税专用发票专项检查往往基于特定目的和要求,并且要在规定的期限内完成。这种检查不是综合性的全面检查,它只是针对某一类主要问题,或者是针对某一类主要问题的主要方面,检查的只是一条"线"的问题。专项检查往往有既定的计划,这种计划一般在前一个年度终了前制定,并且要内部审批。

三、专案检查

专案检查,是指税务机关对根据检举、交办、转办、督办以及其他渠道发现的增值税专用发票涉票案件进行的检查。这种检查针对的是具体的特定的被检查对象,对被检查对象而言,针对的是一个"点"的问题。专案检查往往由稽查局组织实施。专案检查的案件往往来源于检举、交办、转办、督办,或者其他渠道,当然也包括来源于日常检查、专项检查发现的线索。专案检查具有突发性,只要有线索,就可能启动检查程序。无论何时启动专案检查程序,必须经过内部审批,以执法审批表的方式立案。不立案不检查。

第二节　增值税专用发票检查方法概述

增值税专用发票检查的方法,是指税务机关在增值税专用发票检查活动中综合运用的具体检查手段和技术措施。在理论界,存在多种检查方法理论,但是在实务中究竟运用哪一种或者哪几种方法,不必拘泥于某种理论方法,要根据被检查对象的具体情况决定,在实际工作中可以灵活运用,绝不能生搬硬套,以免影响检查效果。

我们在本章介绍的检查方法既适用于税务检查,也适用于发票检查。税务检查是"大"的概念,增值税专用发票检查是税务检查的一种,相对于税务检查是"小"的概念。税务检查的范围比较宽泛,增值税专用发票检查的范围比较"窄"——从既往的检查实践看,发票检查只是涉及"发票流转链条""货物流转链条""资金流转链条"以及合同等主要方面。源于这样的基点,我们在本章介绍增值税专用发票检查方法时就较多地涉及了"大"范围的税务检查的内容。现在基于律师视野,从法务会计层面的企业财务舞弊角度,我们结合理论和实务介绍一些增值税专用发票检查方法。通过增值税专用发票检查方法的介绍,我们可以透视其中的风险。

一、审查法

审查法,是指税务机关对被检查对象的涉票资料、设置的会计凭证、会计账簿、会计报表和其他有关资料进行核查,以判断其反映的与增值税专用发票相关的生产经营活动是否真实、合法的检查方法。

首先是形式审查。在进行增值税专用发票检查时,税务机关可以从形式层面审查被检查对象领购发票的手续是否完备、是否有发票保管制度、是否有发票台账、是否存在"黑名单",纳税信用等级、会计资料是否涂改,会计凭证是否是复制件。

其次是实质审查。在进行增值税专用发票检查时,税务机关可以审查被检查对象的会计报表记录的各项生产经营指标有无异常变动,各种比例是否正常,平衡关系或者逻辑关系是否正常;审查被检查对象会计账簿的记账是否正确,核算有无错误,费用开支是否正常;审查被检查对象会计凭证反映的生产经营活动是否合法、合理,会计分录和科目的对应关系是否正确;审查被检查对象诉讼仲裁文书是否实际完全履行;审查被检查对象的生产经营计划、业务合同、生产经营记录是否真实、合法,发生的时间和金额是否与会计记录一致;审查被检查对象的征信记录、贷款信用记录等。

二、比对法

比对法,是指税务机关对被检查对象设置的会计账簿、会计凭证、会计报表和其他有关资料之间的逻辑关系,相互对照和审查的一种检查方法。比对法可按会计账内的逻辑关系进行,也可按会计账外的逻辑关系进行。在税收实践中,被检查对象的涉票行为"五花八门",需要税务机关在实施增值税专用发票检查时厘清。比对的目的,是为了发现被检查对象涉票行为的真伪,以便依法进行处理。根据会计制度的要求,被检查对象设置的"表与表""账与表""账与账""账与证""证与证""账与实"之间存在一定的逻辑关系。如果被检查对象设置的会计账簿不规范,或者基于其他原因故意人为设置会计账簿,必然破坏这种逻辑关系,税务机关在进行增值税专用发票检查时就会很容易发现被检查对象存在的问题。

(一)"表与表"核对

税务机关在实施增值税专用发票检查时,将被检查对象的发票资料、"表"(纳税申报表)和"表"(不同的会计报表)中有相应关系的项目或指标数据进行比对。这种比对涉及的"表"可以是多方面的,但是应与"票"有关。

(二)"账与表"核对

税务机关在实施增值税专用发票检查时,将被检查对象设置的"账"(会计总分类账和会计明细分类账)中的有关项目及数据与"表"(会计报表和纳税申报表)中的有关项目和数据进行比对。

(三)"账与账"核对

税务机关在实施增值税专用发票检查时,将被检查对象设置的存在内在联系的"账"(总分类账或各总分类账)与"账"(各类明细分类账)之间的有关项目和数据进行比对。

(四)"账与证"核对

税务机关在实施增值税专用发票检查时,将被检查对象设置的"账"(会计总账和会计明细账)与"证"(会计记账凭证和相应的会计原始凭证或其他证明材料)进行比对。

(五)"证与证"核对

税务机关在实施增值税专用发票检查时,将被检查对象设置的"证"(会计记账凭证)所记录的数据与所附的"证"(会计原始凭证以及与内部管理有关联的凭证)进行比对。

(六)"账与实"比对

税务机关在实施增值税专用发票检查时,将被检查对象的"账"(实物类资产账户)与"实"(各类实物类资产的实际盘存或清查数量)进行比对。

三、全查法和抽查法

(一)全查法

全查法,是指税务机关在实施增值税专用发票检查时,将被检查对象所属检查期内所有增值税专用发票资料、会计凭证、会计账簿、会计报表等资料和纳税资料进行全面、系统、细致地检查的一种方法。全查法的优势是检查比较彻底,能够多方面发现问题,检查结果确实可靠;不足之处在于工作量大,耗时费力,还可能浪费检查资源。

(二)抽查法

抽查法,是指税务机关在实施增值税专用发票检查时,将被检查对象的会计凭证、会计账簿等,有针对性地抽取一部分进行检查的一种方法。抽查法在法律层面是被允许的,例如《中华人民共和国行政处罚法》第 37 条就对"抽样取证"做出规定。如果被检查对象账务比较规范,会计制度比较健全,纳税信用等级高,可以采用抽查法进行增值税专用发票检查。采用抽查法要有检查预案,查前要制定检查计划项目,根据 2016 年 12 月的《税务稽查规范》,检查预案要经过内部审批。如果税务机关采用抽查法进行增值税专用发票检查,对检查结果的处理要注意语言得当,目前因为书面表达不当败诉的案例已经出现。

从中国税务报披露的检查案例的经验介绍看,适用抽查法就必须抽取样本,而样本的抽取既取决于检查人员的经验,还取决于被检查对象的纳税遵从度的高低。举例而言,抽取样本必须考虑检查类型、案件来源、检查目的、检查结果运用、被检查对象内部财务控制规范程度、生产经营业务发生数量、会计核算质量、增值税专用发票领用量、日常申报情况、日常税务检查情况、增值税税负率等情况,可以运用概率论、数理统计等原理抽取样本,并进行审查比对,分析判断。

四、顺查法和逆查法

(一) 顺查法

顺查法,是指税务机关在实施增值税专用发票检查时,将被检查对象的涉票资料按照会计核算的程序,依次进行核对的检查方法。在检查实践中,可按照时间顺序,从月初到月末,从年初到年末,从上一个会计年度到下一个会计年度,结合被检查对象设置的会计科目的分类顺序和核算顺序,从检查原始凭证开始,逐个比对记账凭证、会计明细账、会计总账,最后审查会计报表,梳理整个核算过程,进行全面、系统的检查。

(二) 逆查法

逆查法,是指税务机关在实施增值税专用发票检查时,是将被检查对象设置的会计账簿按会计核算的相反顺序进行检查的一种方法。相对于顺查法,适用逆查法可以抓住重点,明确目标地进行,先查阅被检查对象的会计报表,从中发现问题或线索,然后有针对性地核对审查会计账簿记录等资料。

顺查法与逆查法可以交叉适用。

五、分析法

增值税专用发票检查的分析方法,是指税务机关在实施增值税专用发票检查时,对被检查对象的涉票情况、会计报表、会计账簿、会计凭证等资料进行审查分析的一种检查方法。

(一) 对比分析法

对比分析法,指税务机关在实施增值税专用发票检查时,运用会计核算中以货币为表现形式的综合指标,按照同口径与被检查对象的历史资料、计划指标或同类企业的相同指标,进行对比分析的一种分析方法。对比分析包含检查人员的主观判断因素,因此分析结果只能是为增值税专用发票检查提供线索,并不意味着这种分析可以替代实际检查,更不能以对比分析的结果作为定案的客观依据。不过,无论是绝对数对比,还是横向对比,都要注意指标的可比性,对比口径的一致性,否则,对比分析的结果很难说明问题。

(二) 推理分析法

推理分析法,指税务机关在实施增值税专用发票检查时根据已掌握的事实,运用逻辑学原理去推定事物形成的原因或者可能产生的结果或者可能有类似事实的一种分析方法。进行推理时,要以被检查对象的客观涉票事实为依据,按照客观涉票事实脉络得出结论,不能脱离实际凭空臆想。

六、调查法

(一) 观察法

观察法,是指税务机关在实施增值税专用发票检查时到被检查对象生产经营场所,实地观察其"产、供、销、人、财、物"各环节的运行情况和内部管理控制情况,从中发现涉票问题的一种方法。观察法是对会计账簿等资料检查后的延续和补充。在进行增值税专用发票检查时,可以运用观察法核对被检查对象留存的账证资料所反映的情况是否真实、准确,有无账外经营,生产经营活动是否合法等。观察被检查对象的生产经营场所,要形成工作底稿(《检查工作底稿》),对观察进行全过程记录并由现场人员签字。

(二) 询问法

询问法,是指税务机关在实施增值税专用发票检查时对被检查事实或者待证事实进行询问的一种方法。询问之前可以列询问提纲,询问时分别询问被询问人。询问要发《询问通知书》,并送达被询问人本人。我们见到的是:大部分税务机关制作的《询问通知书》抬头写的是被询问人所在单位,并且也是送达给被询问人单位。这是不正确的。询问的只能是个人不是单位,因此《询问通知书》的抬头要写被询问人个人,不是其所在单位。送达也要送达给被询问人个人,不要送达给单位,因为单位没有接受送达并再转送达的法定义务。针对同一问题,可以多次询问。询问内容应有记录,并由被询问人审阅、签名和盖手印。询问笔录制作要规范。

(三) 外调法

外调法,是指税务机关在实施增值税专用发票检查时对怀疑的外来凭证或外地往来款项,通过到发生地调取相关证明进行检查的一种调查方法。外调法又可分为函查和派员异地调查两种形式。外调法的依据是《税收征收管理法》第57条规定,适用的文书是"检通二"的文书。采用外调法往往需要对方所在地税务部门协查,才能快速有效地取得证据。函查与函询在要求上有相似的地方。函询是直接发函给被询问对象,函查则通常通过"金三"系统发函给对方所在地主管税务机关,请主管税务机关协助调查有关问题。如增值税专用发票的核查就经常使用这种方法。函查可以最快的速度取得证明,能节省税务执法资源,但对有些案情较复杂的案件,采取派员异地调查形式,效果可能会更佳。

采用外调法必须外调目的明确,函件语言简练规范,表述准确精当全面;如果涉及增值税专用发票,要按照发票核对要求,依次填写核对单位名称、发票填开日期、发票字轨、号码、商品名称和金额及有关应列明的项目;派员异地调查要求外调人员两人持证进行,同时要熟悉案情,经验丰富;外调提供的证据材料要与原件复核,并加盖复核印章。在我们接触到的增值税专用发票案例中,外调的证据还存在形式方面的不足(证据形式不合法),这种不足往往成为律师抗辩的切入点。

七、盘存法

盘存法,是指税务机关在实施增值税专用发票检查时对被检查对象货币资金、存货、固定资产和其他物资进行盘点和清查,并与账面记录、发票资料相对照的一种检查方法。盘存法由于盘点工作量大,如果不是紧急性的特殊检查,在进行时可结合被检查对象季末或年末盘点工作一并进行。盘点时,着重盘产成品、库存商品和贵重物资。对品种繁多、数量较大的原材料等物资,可只就存疑部分进行抽查。对于必须进行重点检查的大宗货物或者需要进行全面盘存时,须组织得力的盘点力量,采用适当的盘点方法,加速盘点进度,保证盘点质量。

在检查过程中,可由增值税专用发票检查人员到被检查对象生产经营场所、库房等地对实物进行盘点。但是要注意盘点时需要停止收发货,特别是被检查对象与他人合用库房的情况更要注意;如果被检查对象不止一个仓库,要尽可能同时盘点,盘存时间不宜过长;原实物经管人员和主管人员要在盘点现场;要审查物品的质量和所有权;盘点得到的数量、质量情况要制作盘点现场笔录,并由被检查对象的经管人员、主管人员签字。

在检查过程中,增值税专用发票检查人员可以到被检查对象生产经营场所、库房,指导监督被检查对象盘点,但是检查人员必须自始至终要在现场,并且要制作盘点现场笔录,最好进行现场全过程录像,并由被检查单位的经管人员、主管人员签字。

如果检查人员要对被检查对象盘存,尽量不要影响被检查对象的正常生产经营。

八、人机结合法

计算机技术、信息技术、人工智能的发展,必然影响经济实体的生产经营活动。现代企业越来越多地运用计算机技术、信息技术,实现会计电算化。税务机关要逐步摒弃传统的手工检查方法去应对增值税专用发票检查,可以逐步适用以人工和计算机技术结合的增值税专用发票检查方法和路径,提高增值税专用发票检查的效率和质量。目前省级税务系统已经建设完成电子检查室。

(一) 会计电算化指标分析比对

税务机关已经实现税收征管信息化管理,并且已经建立增值税专用发票检查资料数据库。数据库的内容囊括了被检查对象历年的领票情况、销售、成本、费用、利润,主要产品的单位价格、单位成本、单位利润以及被检查对象与关联企业之间的业务往来等详细资料。税务机关可以充分运用计算机将这些资料按行业、主要收入项目或主要产品分类计算比较,建立各行业历年各主要收入项目或各主要产品的销售利润率、销售成本率、销售费用率、投资利润率等指标体系,作为以后各行业、各收入项目或主要产品的盈利水平的参数标准。同时可以在此基础上,运用计算机将管户的上述各项指标计算分类,并结合各类指标的税务控制参数建立一些数学分析模型,通过这些模型将出现某些指标异常的管户挑选出来,供确定被检查对象时参考。

税务机关在实施检查时可以运用计算机对被检查对象的各类生产经营指标做出比较分析,同时可以注意分析被检查对象销售利润率、销售成本率或销售费用率在同行业的情况;被检查对象主要收入项目利润率、主要产品的单位利润率、单位销售成本率、单位销售费用率在同行业、同类项目的情况;被检查对象近期销售额、利润率或应缴税款升降幅度或增减变化情况;被检查对象亏损,但存在投资额、营业额逐步增加的情况;被检查对象与关联企业业务联系情况;被检查对象经营期间的其他变动情况。

(二) 会计电算化应用系统分析比对

税务机关对被检查对象会计电算化应用系统的检查,应着重对应用程序进行检查。会计电算化系统的应用程序与传统的会计处理人工业务流程差不多。税务机关通过检查应用程序,可以掌握熟悉该系统是怎样进行业务处理的,计算机系统对各项业务的处理是否符合会计制度规定,对会计与税法差异是否做出账务调整。从我们了解到的案例情况看,税务机关可以从以下几个方面着手进行会计电算化应用系统分析比对:

首先,向被检查对象了解各项应用程序的处理原则。这些原则应包括:生产经营收入的归集,销货退回和折扣折让的处理;成本费用的归集,交际应酬费、工资总额、捐赠支出等税务限制性支出调整,固定资产折旧提取,无形资产的摊销;销售成本计算,库存存货、发出存货的计价核算方法;往来账户的处理,账龄分析控制,坏账损失处理;修改会计数据的方式及控制。

其次,向被检查对象调取计算机文档资料。这些资料包括:程序说明书、程序流程图、各类会计数据的编码表以及在使用过程中对应用程序进行的控制管理制度;同时,应向被检查对象技术管理人员了解有关应用程序的处理功能及控制方法,了解会计数据以及业务流程的控制管理,以便进行比对。

再次,对被检查对象的会计电算化应用系统进行可靠性分析。税务机关可以将了解到的情况和取得的资料情况进行税收分析,分析判断其合法性和可靠性。在分析被检查对象会计电算化应用系统运用的合法性时,可以结合被检查对象的增值税专用发票等纸质资料进行风险比对,并且要从法律的角度进行,即要有法律思维视野,视野不能仅仅停留在会计层面或者税收层面。

最后,对被检查对象的会计电算化应用系统进行可靠性测试。税务机关进行可靠性测试时,可以由税务机关计算机信息技术部门的技术人员辅助,参照税务机关的征管系统、监控系统进行,找到被检查对象会计电算化应用系统与税法规定之间的差异,并由此进行比对分析。

(三)会计电算化应用系统的内部控制检查

基于会计电算化系统软件的不合理性或者被检查对象的人为因素,可能会影响到被检查对象涉票处理的规范性,进而影响到纳税遵从,因此税务机关在进行增值税专用发票检查时要对被检查对象的会计电算化内部控制系统的有效性进行检查比对分析,可以从以下方面进行:

首先是检查会计电算化应用程序的内部控制。会计电算化的应用程序相当于会计的手工处理业务过程,手工记账时重复出现同一错误或者前一环节错误未被检查出来而引起以后环节连续出错的情形是比较少见的,但如果计算机的应用程序因各种原因而出错,而没有检查到并修正内部控制的不足或者问题,即使使用会计电算化系统也可能会使错误重复出现,并由计算机的自动连续处理使以后环节连续出错。因此,税务机关可以对当期应税收入处理、固定资产折旧计提、无形资产摊销、交际应酬费用的税务调整涉及的应用程序的内部控制能力进行检查分析,因为这是敏感的涉税问题。

其次是检查会计电算化系统的内部岗位责任。会计电算化系统对会计处理的各环节及全过程一般都有适当的岗位责任分工,以有效地限制和及时发现错误或不当行为。税务机关可以关注被检查对象会计电算化过程中需要对会计数据进行调整的环节,尤其是对会计数据进行账务调整的关键点,以及这些关键点上是否存在适当的控制措施,如果存在问题,要找到问题的症结。从法务会计的角度看,被检查对象的计算机如果对销售收入作删除或更改,无论程序或操作必须有严格的控制,以便防止收入被有关人员非法侵占。如果在增值税专用发票检查中,税务机关发现会计电算化系统内部缺失岗位责任制,或者有岗位责任制但是没有认真落实而使内部控制存在舞弊等异常情况,那么就要深入检查个中原因,厘清被检查对象是否存在隐瞒收入进行偷税的目的。

(四)会计电算化会计数据资料审查

在增值税专用发票检查工作中,对电算化会计数据资料的检查是最重要的一环,同时也是最复杂和最困难的一环。在对被检查对象进行增值税专用发票检查时,税务机关需要拿出数据结果来做出检查结论验证,运用手工和计算机技术等各种有效手段来对被检查对象会计电算化的数据进行审查,可以从以下几个方面进行:

首先,检验数据完整性。在进行增值税专用发票检查时,税务机关可以重视被检查对象的应税收入项目数据归集是否完整,防止因数据的完整性受破坏而影响税金的正确计算,对被检查对象某些关键月份或某些特殊应税收入项目的数据完整性要进行计算检验,注意被检查对象是否存在数据归集的错误输入、是否存在故意不按规定对归集的数据进行调整、是否存在用不法数据归集应用程序输出汇总数据。

其次,检验会计凭证顺序号。在会计业务中,特别是在会计电算化系统中,大部分业务的记录都是按其发生的时间先后自动给予顺序编号记录的。在进行增值税专用发票检查时,税务机关可以灵活地检验被检查对象使用的计算机汇总收入业务编号顺序,如果发现有缺号,则应进一步检查缺号原因。如果是被检查对象会计人员已经分析错误业务记录而作了删除处理,税务机关则要进一步检查计算机操作的删除处理记录。从法务会计的财务舞弊角度看,缺号原因也可能是财会人员有意将某些业务收入作减少调整,在进行增值税专用发票检查时,税务机关如果查出不属删除错误处理的,可以要求被检查对象对此做出合理的解释。

最后,检验大笔数额业务。在通过增值税专用发票查税的时候,税务机关可以注重对被检查对象的费用开支数据进行比对,其原因在于不少企业为了达到转移利润、少缴企业所得税的目的,会采用与关联企业安排一些不实的业务往来,甚至直接虚列费用的办法。这些费用额往往以较大的数额出现。所以,税务机关可以事先设计计算机程序将被检查对象千元位或万元位以上数额的有关购货业务、劳务支出、利息支出、管理费支出等费用项目排列出来加以比对,从中发现被检查对象偷逃税行为的存在。

第三节　增值税专用发票检查的税务文书借鉴

为了说明税务机关需要检查的增值税专用发票的问题,以及围绕哪些问题进行检查,现实录一份进行技术处理的最新的《税务处理决定书》。从这份《税务处理决定书》可以透视税务机关检查增值税专用发票的思路、做法、定性、处理,以及不足。

一、基本案情

某省丽欣药业有限公司(简称丽欣药业)是某省 Y 县医药行业的龙头企业,基于我国税收管理秩序,丽欣药业无法从中药材种植户手中获取发票(自产自销农产品免税),这导致丽欣药业真实地支出了成本,却没有办法获得发票。为将该成本扣除,丽欣药业选择了从第三方买票。2019 年 3 月 15 日某市税务局第一稽查局对丽欣药业进行稽查,检查终结后做出《税务处理决定书》。

二、税务处理决定书实录

国家税务总局某市税务局第一稽查局
税务处理决定书

某市税稽一处〔2020〕＊＊号

某省丽欣药业有限公司:(纳税人识别号:＊＊＊＊＊＊＊＊＊＊＊＊＊＊＊3F)

我局于 2019 年 3 月 15 日至 2020 年 3 月 25 日对你公司 2014 年 1 月 1 日至 2014 年 12 月 31 日 2014 年涉嫌取得 M 县宏康中药材种植有限责任公司(简称宏康公司)虚开发票案进行了检查,违法事实及处理决定如下:

一、违法事实

你公司 2014 年 9 月 29 日至 2014 年 11 月 26 日取得 M 县宏康中药材种植有限责任公司＊＊＊＊份发票。

票流:增值税专用发票＊＊＊＊份(发票代码＊＊＊＊,发票号码为＊＊＊、＊＊＊＊),金额＊＊＊＊元,抵扣税额＊＊＊＊元,价税合计＊＊＊＊元。增值税普通发票＊＊＊＊份(其中通用机打发票＊＊＊＊份,发票代码＊＊＊＊,＊＊＊＊,金额＊＊＊＊元,抵扣税额＊＊＊＊元;增值税普通发票＊＊＊＊份,发票代码＊＊＊＊,发票号码为＊＊＊＊元,价税合计＊＊＊元,抵扣税额＊＊＊元),三类发票金额合计＊＊＊元,抵扣增值税税额合计＊＊＊元。2014 年 9 月份抵扣增值税税额＊＊＊元、10 月份抵扣增值税税额＊＊＊元、11 月份抵扣增值税税额＊＊＊元、12 月份抵扣增值税税额＊＊＊元,合计抵扣增值税税额＊＊＊元。＊＊＊份发票由 M 县宏康公司邮寄到你公司。

根据某市公安局所转 M 县宏康公司实际控制人张某宏、会计郑某男证据资料中的笔录显示 M 县宏康公司与你公司无实际货物交易的情况下,伪造的购销合同、虚开了大量的某省增值税专用发票、某省增值税普通发票和某省国家税务局通用机打发票。经检查人员询问你公司销售部经理唐某东笔录显示你公司业务员张某鑫从 M 县宏康公司采购过货,佟某(你公司副总)安排王某联系买票事宜。经询问你公司销售部经理周某笔录显示佟某让他联系双方会计进行开票事宜。

物流:经检查组调取 2014 年 9 月 30 日 11＃凭证、10 月 31 日 23＃凭证、11 月 30 日

27#凭证、12月25日28#凭证对应是你公司取得的M县宏康公司192份增值税发票入库情况。上述增值税发票你公司市场部没有留存与之相对应的中药材采购验收付款申请单,王某东的笔录中表明购买的增值税发票没有对应的货物。经询问你公司财务负责人刘某某第五次笔录表明他本人根据虚开发票的数字和品名抄一下交给利某(你公司库管员),刘某某和周某做了假的入库单,发票都是虚开的,所以对应的入库单也是伪造的。

根据某市经侦支队转来的M县宏康中药材种植有限责任公司张某宏笔录讯问表明薛某(M县宏康公司会计)、郑某男(M县宏康公司出纳)伪造了出库单、过磅单。郑某男的讯问笔录表明没有见到真实的货,出库单是假的,过磅单也是假的。

经检查你公司与M县宏康中药材种植有限责任公司未签订购销合同,而从公安转来的张某宏讯问笔录反映伪造了双方的购销合同,上下游企业对于是否签订购销合同反映的情况不一致。

资金流:取得的192份增值税发票,合计金额＊＊＊元,2014年你公司支付给M县宏康中药材种植有限责任公司公户(＊＊＊)＊＊＊元,一周内M县宏康中药材种植有限责任公司又以张某宏、金某(M县宏康中公司法定代表人、职工)等人的名义转回给你公司＊＊＊元;2015年9月17日、18日支付给M县宏康中药材种植有限责任公司＊＊＊元,当天又以何某、聂某(M县宏康公司职工)名义转账给你公司＊＊＊元。

2014年10月18日支付给M县宏康中药材种植有限责任公司法定代表人张某宏个人卡＊＊＊元,后以现金形式转回你公司;11月04日你公司支付给张某宏个人卡＊＊＊元;2014年12月10日王某个人卡支付给杨某(M县宏康公司会计)＊＊＊元,12月12日又转回给王某交通银行个人卡(该卡由安某某使用)＊＊＊元。

根据以上资金流向,你公司合计支付给M县宏康中药材种植有限责任公司＊＊＊元,转回你公司＊＊＊元,转回来的款项你公司未在账内反映,形成了资金回流,差额＊＊＊元。经询问你公司财务负责人刘某某询问笔录反映有1‰或2‰开票手续费,根据公安转来的涉案嫌疑人讯问笔录中资金回流人员姓名、事实、相符,张某宏笔录反映有1‰的手续费。其余货款用唐某东交行卡号……支付出去,该卡的实际使用者是安某某,笔录显示上述10月31日23#、11月30日27#凭证记载的借方原材料-批量中药材,贷方银行存款,原材料与银行存款无对应关系,只是为了将账做平,采用了用其他单位的原始资金流水单进行了账务抵平处理。

账务处理:根据公安转来的M县宏康中药材种植有限责任公司的明细账应收账款——某省丽欣药业有限公司,2014年末借方＊＊＊元,截至2016年末借方余额＊＊＊元。你公司2014年的应付账款——M县宏康公司借方累计＊＊＊元,贷方累计＊＊＊元,2015年应付账款借方＊＊＊元,年末贷方余额＊＊＊元,2016年至今往来单位明细账没有此单位,上下游企业的应收、应付账款相矛盾。

取得的＊＊＊份增值税发票,其中增值税专用发票＊＊＊份(发票代码＊＊＊＊,发票号码为＊＊＊＊),普通发票＊＊＊份(其中通用机打发票＊＊＊份,发票代码＊＊＊＊,发票号码＊＊＊＊),增值税普通发票＊＊＊份(发票代码＊＊＊＊,发票号码为＊＊＊＊),三类增值税发票金额合计＊＊＊＊元,抵扣增值税税额＊＊＊＊元,税费合计＊＊＊元。所涉及的业务的资金流、物流不符合真实的购销业务,支付给M县宏康中药材公司资金回流到你公司,上下游企业相关人员都承认有购买发票的行为,上述发票是没有实际采购业务取得的虚开发票。

你公司上述违法行为违反了《中华人民共和国发票管理办法》第22条"开具发票应当按照规定的时限、顺序、栏目、全部联次一次性如实开具,并加盖发票专用章。任何单位和个人不得有下列虚开发票行为……(二)让他人为自己开具与实际经营业务不符的发票"和《国家税务总局关于纳税人取得虚开的增值税专用发票处理问题的通知》(国税发〔1997〕134号)第1款"受票方利用他人虚开的专用发票,向税务机关申报抵扣税款应当依照《中华人民共和国税收征收管理法》及有关规定追缴税款处以偷税税额五倍以下的罚款"的规定,192份增值税发票是没有实际采购业务取得的虚开发票,按偷税处理。

二、处理决定

(一)依法追征税费

根据《中华人民共和国税收征收管理法》第63条第1款:"纳税人伪造、变造、隐匿、擅自销毁账簿、记账凭证,或者在账簿上多列支出或者不列、少列收入,或者经税务机关通知申报而拒不申报或者进行虚假的纳税申报,不缴或者少缴应纳税款的,是偷税。对纳税人偷税的,由税务机关追缴其不缴或者少缴的税款、滞纳金,并处不缴或者少缴的税款百分之五十以上五倍以下的罚款;构成犯罪的,依法追究刑事责任"的规定,追缴你公司增值税税款＊＊＊＊元。

根据《中华人民共和国城市维护建设税暂行条例》第3条"城市维护建设税,以纳税人实际缴纳的产品税、增值税、消费税、营业税税额为计税依据,分别与产品税、增值税、消费税、营业税同时缴纳",第4条"城市维护建设税税率如下:纳税人所在地在县城、镇的,税率为5％"的规定,追缴你公司的城市维护建设税＊＊＊＊元。根据《国务院关于征收教育费附加的暂行规定》第3条"教育费附加,以各单位和个人实际缴纳的增值税、营业税、消费税的税额为计征依据,教育费附加率为3％,分别与增值税、营业税、消费税同时缴纳"的规定,追缴你公司教育费附加＊＊＊＊元。根据《某省地方教育附加征收使用管理办法》第2条"在本省行政区域内缴纳增值税、营业税和消费税(以下简称'三税')的单位和个人,应当分别按照实际缴纳'三税'税额的2％同时缴纳地方教育附加"的规定,追缴你公司某省地方教育附加＊＊＊＊元。根据《某省价格调节基金征收使用管理暂行办法》第6条"本省行政区域内缴纳增值税、营业税和消费税(以下简称'三税')的纳税人,应当分别按照实际缴纳'三税'税额的1‰同时缴纳价格调价基金"的规定和《某省地方税务局关于停征部分政府性基金项目有关问题的通知》(某地税函〔201*〕**号)第1条"停征价格调节基金自2016年2月1日起执行。停征起始时间是指上述基金的所属期"的规定,追缴你公司某省价格调价基金****元。

以上追征税(费)合计****元。

(二)依法加收滞纳金

《中华人民共和国税收征收管理法》第32条规定:"纳税人未按照规定期限缴纳税款的,扣缴义务人未按照规定期限解缴税款的,税务机关除责令限期缴纳外,从滞纳税款之日起,按日加收滞纳税款万分之五的滞纳金。"对你公司少申报缴纳的增值税、城市维护建设税、教育费附加依法加收滞纳金。

限你公司自收到本决定书之日起15日内到国家税务总局Y县税务局将上述税款及滞纳金缴纳入库,并按照规定进行相关账务调整。逾期未缴清的,将依照《中华人民共和国税收征收管理法》第40条规定强制执行。

你公司若同我局在纳税上有争议,必须先依照本决定的期限缴纳税款及滞纳金或者提供相应的担保,然后可自上述款项缴清或者提供相应担保被税务机关确认之日起60日内依法向国家税务总局某市税务局申请行政复议。

税务机关(签章)

二〇二〇年四月十三日

三、检查方法分析

某市税务局第一稽查局对将丽欣药业向他人购买增值税专用发票的行为进行检查,即本章中第一部分介绍的专案检查,是对特定的相对人丽欣药业在特定的时间段内从M县宏康中药材种植有限责任公司取得的虚开增值税发票案进行的检查。文书中显示稽查局在查处虚开增值税专用发票案件时,还是从三流是否一致切入的,当然还涉及其他方面。

对文书涉及的事实、证据、定性处理,本书不作分析。

第九章　检查增值税专用发票链条

从前一章列出的税务处理决定书可以看出,税务机关检查增值税专用发票是从"发票流""物流""资金流"以及合同等方面进行的,这是当前税务机关的通常做法。因此,本书涉及的增值税专用发票检查的税法风险防控也沿着这种通常的检查做法进行叙述分析。

为了方便叙述,在本书我们把接受发票的主体称为"受票人";把开出发票的主体称为"开票人"。以受票人为基点,向前指向的开票人是"上游企业";向后指向的受票人是"下游企业"。增值税专用发票从税务机关售出为前端,到最终消费者受票为终端,前端到终端形成了增值税专用发票链条。增值税专用发票链条可以逆向看,即往上游看;也可以顺向看,即往下游看。在增值税专用发票实践中,讲的是发票流向即"发票流"。我们认为将发票链条称为"发票流"不够准确,因为"流向"是"纵向"的,即向后看,往下游看,从税务机关一直往后看。在增值税专用发票检查过程中,如果检查的是接受发票,就需要往前看,往上游看,看上游开票人;如果检查的是开出发票,就需要往后看,看下游企业。因此,将"发票流"称为"发票链条"更为准确。

发票链条是被检查对象生产经营活动的真实性、关联性、流转逻辑性的链条式表现。税务机关对发票链条的检查在增值税专用发票案件查处中处于首要、基础的环节,与资金链条、货物链条、生产经营情况以及上下游企业的协查相互依赖、互为支撑,可以有效地印证被检查对象的增值税涉票行为是否成立。

营改增之后,虚开增值税专用发票行为呈高发态势,税警联合"打虚打骗"是当前乃至今后一个时期税务检查的重点之一,例如 2019 年 4 月底,上海税警两部门联合,一举破获"2·12"特大虚开增值税发票团伙案,初步统计涉案金额逾 88 亿元。从《中国税务报》披露的增值税专用发票检查案例和司法裁判网公布的司法裁判案例以及部分省市公开介绍的案例解析可以看出,增值税专用发票涉票行为有两大类,一类是行为人从税务机关领取并开具与实际经营业务情况不符的发票,这是目前虚开的主要表现形式,在税法层面违反了《发票管理办法》;另一类是行为人使用私自印制、伪造、变造或者废止的发票为他人、为自己开具与实际经营业务情况不符的发票,其目的主要是为了报销费用、列支成本、套取资金,以"普通发票"居多,在税法层面也违反了《发票管理办法》。目前,利用"二次套打票""变造票"实施跨省虚开发票行为的案例较多,例如"703"系列案件中就有部分案件是这种类型。一般而言,税务机关检查增值税专用发票,可以从增值税专用发票的真伪、票面信息和流转过程的连续性等方面切入。

第一节　增值税专用发票加密防伪的基本逻辑和措施

一、增值税专用发票加密防伪的基本逻辑

《国家税务总局关于调整增值税专用发票防伪措施有关事项的公告》(国家税务总局公告 2019 年第 9 号)以及此前的有关信息披露,增值税专用发票系统已经升级,其基本的防伪逻辑是:在原系统增值税专用发票发票代码、发票号码、开票日期、购方税号、销方税号、金额、税额 7 项数字信息系统自动生成"数字＋符号"的 84 位加密内容的基础上,新增了购方名称、销方名称、货物名称、单位、数量 5 项汉字信息,对共计 12 项增值税专用发票票载信息进行加密,形成 108 位密文信息。开票人在打印增值税专用发票时,将密文再打印到发票右上角"密码区"的同时,增值税专用发票的主要信息被逐条计入金税盘或税控盘上的"黑匣子"来完成计税功能,并上传至某税务部门形成电子底账。受票人在勾选认证时,确定开票人已上传增值税专用发票开票数据的情况下,由此找到对应发票,如果与增值税专用发票票面信息不相符,可确定为假票或克隆票。

增值税专用发票系统通过证书验证实现数据的保密、完整和真实,以及数据内容的安全功能,实现在线开具增值税专用发票与限制离线开具增值税专用发票防伪功能,适时传输电子数据。税务数字证书系统为税务信息系统构建统一的网络信任体系,包括数字证书身份认证、数据加密、签名验签等,从增值税专用发票开票系统将纳税人票据信息上传至电子底账数据库,最后进行"票"与"表"比对,保证纳税人票据信息的可用性和不被篡改。

二、增值税专用发票加密防伪的措施

(一) 纸质防伪措施

(1) 增值税专用发票光角变色圆环纤维。在增值税专用发票联、抵扣联、记账联专用纸张中使用了光角变色圆环纤维防伪技术,防伪纤维的物理形态呈圆环状随机分布在纸张中,在自然光下观察与普通纸张基本相同,在紫外光下圆环纤维近光源侧和远光源侧表现出不同的荧光色。使用标准 365 mm 紫外光源以小于 45 度的角度照射圆环纤维,靠

近光源的半圆环为红色,远离光源的半圆环为黄绿色。由于其独特的物理形态和光学防伪效果,可有效防止模仿。

（2）造纸防伪线。在增值税专用发票联、抵扣联、记账联专用纸张中使用了造纸防伪线防伪技术。防伪线在自然光下具有黑水印的特点,在紫外光下为红蓝荧光点形成的防伪线。在自然光下对光观察防伪线呈现黑色线状水印,使用标准 365 mm 紫外光源垂直照射防伪线呈现红蓝荧光点形成的条状荧光带。实践中的虚假增值税专用发票可能会采用印刷荧光带模拟防伪线,但在自然光下不具有黑水印效果。

（3）颜色擦可变技术。增值税专用发票所有联次地区代码使用具有颜色擦可变特征的防伪油墨印刷。油墨印记在外力摩擦作用下可以发生颜色变化,产生红色擦痕。该技术是一种可靠性强、公众易于识别的防伪技术。使用一张普通的白纸摩擦增值税专用发票票面的地区代码区域,在白纸表面及地区代码的摩擦区域均会产生红色擦痕。

（4）异型号码。增值税专用发票所有联次号码使用异型号码印刷,印刷号码的字体是专为增值税专用发票设计的异型变化字体。该项技术可直接用肉眼识别,异型号码的字型、字体均与普通号码存在明显差异。

（5）特殊波段机读技术。在增值税专用发票联、抵扣联、记账联监制章油墨中采用了该项专用机读技术,监制章图案可在特殊波段的光谱激发下,发射出特定波段的机读信号。使用增值税专用发票检验器进行检测,根据仪器指示灯显示判断增值税专用发票是否具有该防伪特征,"正常"为有、"异常"为无。

（6）复合信息防伪特征。在增值税专用发票联、抵扣联、记账联票面中采用了复合信息防伪技术。该项技术将多种防伪技术有机结合,具有较强的防伪能力。该项技术需要使用复合信息防伪特征检验仪进行检测。

（二）增值税专用发票防伪措施变化

为加强和改进增值税专用发票管理,国家税务总局决定调整增值税专用发票防伪措施,2019 年 2 月 3 日,国家税务总局发布《国家税务总局关于调整增值税专用发票防伪措施有关事项的公告》(国家税务总局公告 2019 年第 9 号)决定自 2019 年第一季度起启用新版增值税专用发票。新版增值税专用发票防伪措施较之旧版增值税专用发票有了新的变化。

（1）主要变化。取消光角变色圆环纤维、造纸防伪线等防伪措施;继续保留防伪油墨颜色擦可变、专用异型号码、复合信息防伪等防伪措施;机关库存和纳税人尚未使用的增值税专用发票可以继续使用。

（2）调整后的防伪措施。首先,防伪油墨颜色擦可变,增值税专用发票各联次左上方的发票代码使用防伪油墨印制,油墨印记在外力摩擦作用下可以发生颜色变化,产生红色擦痕;其次,使用白纸摩擦票面的发票代码区域,在白纸表面以及发票代码的摩擦区域均会产生红色擦痕；再次，发票各联次右上方的发票号码为专用异型号码，字体为专用异型变化字体，可识别；最后，复合信息防伪，发票的记账联、抵扣联和发票联票面具有复合信息防伪特征，可使用复合信息防伪特征检验仪检测，对通过检测的发票，检验仪自动发出复合信息防伪特征验证通过的语音提示。

第二节　检查增值税专用发票内容

一、利用网络查验

（一）通过国家税务总局增值税专用发票查验平台查验

国家税务总局依托增值税专用发票管理系统开发了增值税专用发票查验平台，有查询需求的单位和个人可以登录全国统一的全国增值税专用发票查验平台（https：//inv-veri.chinatax.gov.cn）。通过国家税务总局增值税专用发票查验平台可查验最近一年内使用增值税专用发票管理新系统开具的增值税专用发票，对通过增值税专用发票管理系统开具的增值税专用发票、机动车销售统一发票、二手车销售统一发票、增值税普通发票（折叠票）、增值税电子普通发票、增值税普通发票（卷票）、收费公路通行费增值税电子普通发票信息进行查验。不在上述范围之内的增值税专用发票，须进入开票人所在地主管税务机关网站查询。

（二）增值税专用发票查验平台操作步骤

（1）查验人依据取得的纸质发票或电子发票，需要在页面中根据要求输入相关的查验项目信息。

（2）根据查验人查验的票种，其输入的校验项目也不相同，其中增值税专用发票涉及发票代码、发票号码、开票日期和开具金额（不含税）；增值税普通发票、增值税电子普通发票、增值税普通发票（卷票）、增值税电子普通发票（通行费）涉及发票代码、发票号码、开票日期和校验码后6位。确认输入的信息无误后，点击查验按钮，系统自动弹出查验结果。

（3）查验结果说明。

① 增值税专用发票状态为正常：查验人输入的发票校验信息与税务机关电子信息一致，且发票处于正常状态。

② 增值税专用发票状态为作废：查验人输入的发票校验信息与税务机关电子信息一致，但发票已被发票开具方做出作废处理，此发票不可作为财务报销凭证。

③ 不一致：查验人输入的发票信息与税务机关电子信息至少有一项不一致,如确认输入的查验项目与票面一致,就需要与开票方或开票方主管税务机关联系核实。

④ 查无此票：由于存在开票人离线自开票、发票电子数据的同步滞后(通常至少一天)、查验人录入错误等问题,导致相关增值税专用发票在税务机关的电子信息中无法检索到。如果确认输入项无误后,可于第二天再进行查验。

⑤ 验证码失败：图片验证码过期或失效,可点击验证码图片重新获取验证码后再进行查验。

⑥ 验证码答案输入错误：图片验证码的问题答案录入错误,可修正输入项目后重新查验或点击验证码图片获取新的验证码进行校验。

⑦ 验证码请求失败：可能的原因是未能正确安装根证书,若未正确安装根证书,验证码将无法正常显示;查验人与开票人省级税务机关的网络不稳定,可稍后再查;可尝试使用谷歌或火狐浏览器进行查验。

⑧ 查验失败：存在查验请求非法、请求处理超时、该增值税专用发票超过系统限定的单日查验次数(5次)、提交的查验请求过于频繁等问题或存在网络、系统故障等。

(4) 其他有关说明。

① 增值税专用发票查验平台目前可查验最近一年内增值税专用发票管理系统开具的发票。

② 当日开具的发票最快可以在次日进行查验。

③ 由于存在开票人离线自开票的方式和发票电子数据的数据同步周期(至少1天)问题,在线进行发票查验可能存在滞后情况。

④ 发票查询条件页面中,当票面信息包含"校验码"时,为保证查询的准确性,请严格按照票面信息输入"校验码"的最后6位数字。

⑤ 每天每张发票可在线查询次数为5次,超过次数后可于次日再进行查验操作。

⑥ 增值税专用发票查验平台仅提供所查询发票票面信息的查验结果。如对查验结果有疑义,可持发票原件至当地税务机关进行鉴定。

二、通过当地税务机关查询平台查验

税务机关为推进依法执法,规范和优化纳税服务,提高税收征管水平,已经依托税收征管业务系统,推出涉税查询平台,向纳税人和社会公众提供增值税专用发票真伪查询系统等多项涉税业务查询。查询时可以输入纳税人识别号进行准确查询,或者输入纳税人名称的关键字进行模糊查询。

税务机关增值税专用发票真伪查询系统所查询的数据,就是开票人从税务机关领购发票的有关信息。如果所查询的发票是开具单位最近几天刚从税务机关领购的发票,须几天后才会有数据结果。可以凭借查询结果,比对由税务机关统一印制的发票进行初步真伪判断。若查询结果中,发票领购单位与发票的财务专用章或发票专用章一致,基本能判定此发票为真票;如果不一致,或者无查询结果,则说明该发票有可能是假发票,若要进一步判断,则需要携带该发票前往当地税务机关发票管理部门,由税务机关鉴别,查询人可以根据上述系统的查询,对手中所持的由税务机关统一印制的新版普通发票进行真伪判断。若因工作需要,急于进行真伪判断,可以咨询当地税务机关发票管理部门,由税务机关鉴别。

三、协查

税务机关在增值税专用发票检查中,对有疑问的增值税专用发票可向受票人所在地或开票人所在地税务机关协查,核实票面内容和业务的真实性。也可根据案情需要,开展上下游实地调查核实。

第三节 检查增值税专用发票链条逻辑关系

增值税发票虚开在大多情况下,都是真票假业务,也就是通过查验,发票确实存在,但是在通过对整个购销链条进行分析后,才能发现非正常点。而有时候,通过直白的票面信息,也能发现蛛丝马迹。如,某建筑企业在 A 地承接一项目工程,却向距 A 地 800多公里远的 B 地采购砼产品,舍近求远采购,远距离购买砼产品明显违背产品物理性能,只能指向该单位接受了虚开。

一、检查增值税专用发票票面信息

税务机关要检查被检查对象增值税专用发票纳税人识别号或统一社会信用代码是否完整正确;要检查被检查对象是否按照商品税收分类编码,正确、规范地选择了对应的税收分类编码开具增值税专用发票;要检查被检查对象是否按规定填写了增值税专用发票备注栏明细内容;要检查被检查对象是否正确适用了增值税税率;要检查被检查对象的增值税专用发票"票与款"是否一致。

检查被检查对象的增值税专用发票联和抵扣联、记账联和抵扣联、抵扣联和销货清单、抵扣联和认证抵扣清单票面信息是否一致。在检查时,税务机关可以关注票面信息的各要素内容,如"货物或应税劳务、服务名称""金额""税额""开票方""受票人"等;要检查被检查对象已经作废的增值税专用发票全部联次是否齐全、票面信息是否一致。对取得的增值税专用发票和普通发票的纸质发票联和抵扣联(销货清单),税务机关要登录增值税专用发票电子底账系统、增值税专用发票新系统,核对增值税专用发票电子数据与纸质票面数据是否一致;对于机动车销售统一发票,要核对六联票面信息是否一致;对滞留的增值税专用发票,要核查发票联、抵扣联是否在受票人处,如滞留发票不在受票人的,要追查发票去向、对有关票据交接人员开展询问,核查有无当事人。对于红字专用发票,要检查是否存在无系统检验通过的《开具红字增值税专用发票信息表》而开具红字专用发票的情况;对负数普通发票,要检查是否存在仅仅在系统内开具发票,而用空白发票或分享相关联次对外开具增值税专用发票的情况。

二、检查增值税专用发票开具内容

《国家税务总局关于增值税专用发票管理若干事项的公告》(国家税务总局公告 2017 年第 45 号)规定,从 2018 年 1 月 1 日起发票票面上的信息应谨慎规范填写,否则将有可能会被处罚。自 2016 年 5 月 1 日起,国家税务总局在全国范围内推行了商品和服务税收分类编码。为了方便开票人准确选择商品和服务税收分类编码,国家税务总局编写了商品和服务税收分类编码简称。自 2018 年 1 月 1 日起,纳税人通过增值税专用发票管理新系统开具增值税专用发票(包括:增值税专用发票、增值税普通发票、增值税电子普通发票)时,商品和服务税收分类编码对应的简称会自动显示并打印在发票票面"货物或应税劳务、服务名称"或"项目"栏次中。

三、检查开票人开具发票的行政处罚情况

根据相关规定,开票人不选择商品和服务税收分类与编码的,属于发票栏目填写不全,由税务机关责令改正,可以处 1 万元以下罚款,并公开处罚情况。开票人开具增值税专用发票时,发票内容应按照实际销售情况选择正确的编码如实开具。对经税务机关发现开票人选择的编码不符合规定的,主管税务机关将责令开票人限期改正。逾期不改正的,视为恶意选择编码。开票人恶意选择编码的,属于开具与实际经营业务情况不符的增值税专用发票,将被没收违法所得,虚开金额在 1 万元以下的,可以并处 5 万元以下罚款;虚开金额超过 1 万元的,并处 5 万元以上 50 万元以下的罚款;严重的或将构成犯罪的,将依法追究刑事责任。税务机关在进行增值税专用发票检查时,可以检查被检查对象在发票层面受行政处罚的情况,由此判断被检查对象的发票管理法规遵从度。

四、检查与增值税专用发票有关的经营信息

通过"金三"系统、增值税专用发票管理系统、电子底账系统等,税务机关可以提取发票数据,通过票面信息敏感词、货物进销品名、适用税率匹配、经营范围、上下游企业等逻辑关联比对,综合解析检查期间取得和开具增值税专用发票涉及的货物品名、规格、数量

等关键要素。

（一）检查增值税专用发票日期、发票号码

在增值税专用发票检查过程中，税务机关要注意检查被检查对象取得的进项税抵扣凭证集中，对外开具发票也较为集中的情况；要注意开出去的增值税专用发票是连号且顶额开具情况；要注意有些被检查对象取得虚开的增值税专用发票或恶意接受虚开的抵扣凭证存在时间跨月、发票号码连号等不正常现象；还要注意检查被检查对象的增值税专用发票票面信息存在的其他异常情况。

（二）检查增值税专用发票涉及的货物品名、规格、数量

（1）检查经营范围。税务机关检查被检查对象经营范围的最终落脚点是通过检查进一步发现问题。税务机关要检查被检查对象在市场监管部门登记的经营范围、经营方式以及经营规模、行业常规，判断开票人实际面对的服务对象、受票人，其受票人是否在实际销售服务群体中。税务机关要检查被检查对象的受票人是否存在离散，超越销售服务半径，销售货物进销向不符，存货周转率畸高等情况。税务机关要检查被检查对象是否存在面对终端消费者而开具增值税专用发票的金额、数量占比过高，是否存在利用"富余票""票货分离"虚开增值税专用发票的嫌疑。

（2）检查购销合同。正常购销业务，购销双方一般都会签订合同来保证双方的民事权利和正常业务流程。因此，税务机关在增值税专用发票检查过程中如遇到增值税专用发票金额大，或者是现金支付，或者是承兑汇票支付并且会计账反映的承兑汇票是复印件等异常现象，应首先从购销合同入手，分析判断业务的真实性，并通过在银行资金往来与存货之间的相互联系，还原业务事实。同时，税务机关可以检查被检查对象的验收单、入库单与增值税专用发票开具时间、开具数量；在检查过程中，可以根据被检查对象的购销业务实现与增值税专用发票开具惯例，进行开票时间、开票内容与货物验收、货物确认的逻辑判断；如果被检查对象存在每次取得增值税专用发票时间在前，货物验收、入库在后，并且每次验收入库的数量与增值税专用发票数量相符，应在后续检查中开展货物链条的跟踪检查，分析被检查对象的购进商品在流转过程中是否存在外界因素变化影响，排除正常损耗的影响。税务机关还可以检查被检查对象的货物运输成本及承运货物数量，对比起运地、到终点地的市场惯常价格，分析运输单价与取得增值税专用发票货物价格是否合理；从运输货物数量进行可行性分析，判断被检查对象增值税专用发票的货物数量、实际运输货物数量、货物入库数量与会计账记录是否相符。

（3）检查生产经营能力。"生产型"开票人虚开，一般有场地、生产能力、产品，但生产能力与开票金额、数量不匹配，开票数量远远大于生产量。近年来，国家提倡"大众创业、万众创新"，注册公司实行注册资本认缴而非实缴，加上实行"多证合一"，因此各种公司

应运而生,层出不穷,公司的真实生产经营能力无法判断。因此在增值税专用发票检查过程中,税务机关如果发现被检查对象的注册资本巨大,但是只有一人股东或者少数股东,并且员工少但是领票量用票量巨大,同时存在繁忙的生产经营现象,这种情况往往极具欺骗性,就可以对其用水、用电、用气等能耗的投入与产出进行比对分析,根据实际用水用电用气量,测算生产能力与可供开票的产品数量和金额,同时结合"资金链条"和"货物链条"的检查,确定被检查对象的真实生产经营情况。

五、检查增值税专用发票交易金额

(一)检查增值税专用发票价税金额

一般情况下销售货物或应税劳务、应税服务价税金额恰好为整数的可能性比较低,如果被检查对象存在整数金额的发票,则涉嫌虚开。这种情况出现在会议费、培训费等开具增值税普通发票领域的比较多。当然现在这种情况越来越少,因为行为人会提前做出一些人为的安排,所以税务机关在进行增值税专用发票检查时,要充分注意对这类情况的检查。

(二)检查资金链条

(1)检查资金链条流转时间。税务机关在进行增值税专用发票检查时,首先要调取被检查对象的贸易合同,检查其销售结算方式。在当前的经济业态中,基本的销售结算模式有现款现货结算模式,逻辑结构是收款——发货——验收——开票;先款后货模式,逻辑结构是预收款——下单——发货——验收——开票;先货后款(赊销、分期付款)模式,逻辑结构是先发货——销售回款——付款——开票;期货模式,逻辑结构是收款——释放仓单交割或转移提货权——提货——开票。通过被检查对象的增值税专用发票链条与资金链条、货物流转链条时间比对分析,检查有无收付款凭证时间与增值税专用发票开具时间异常的情况,或增值税专用发票开具时间与销售结算流程逻辑不符的情况。

(2)检查交易流转金额。税务机关在检查增值税专用发票时,可以将被检查对象的增值税专用发票数据与会计账簿数据、资金链条数据交互比对,以时间为主线、金额为重点,检查增值税专用发票链条与资金链条的对应关系。在正常的贸易中现款现货的增值税专用发票金额一般等于资金链条金额;先款后货的一般开票金额小于预收款金额,因为要在发出货物后再付余额;先货后款的开票金额一般等于销货收款金额,小于或等于发出货物金额;期货一般开票金额与货物金额一致,但因涉及期货保证金,会小于收款金额。

(三)检查特定情形资金链条

对被检查对象的特定情形资金链条进行检查,主要针对其利用税收优惠、政策漏洞等抵扣链条中断的情形,为自己虚开增值税专用发票或利用海关进口增值税专用缴款书骗抵进项税额。税务机关可以实地外调核查,检查落实与被检查对象有关的上下游企业的真实经营情况。

(四) 检查增值税专用发票销货清单

《国家税务总局关于修订〈增值税专用发票使用规定〉的通知》(国税发〔2006〕156 号)第 12 条规定,一般纳税人销售货物或者提供应税劳务可汇总开具增值税专用发票。开票人汇总开具增值税专用发票的,要同时使用防伪税控系统开具销售货物或者提供应税劳务清单,并加盖发票专用章。按照这个规定,开票人汇总开具增值税专用发票的,同时使用防伪税控系统开具销售货物或者提供应税劳务清单,并加盖发票专用章。因此,如果开票人未附增值税专用发票销货清单,受票人就不能认证抵扣进项税额。受票人抵扣进项税的条件是取得合法的增值税专用发票并且通过认证。

对开具《销售货物或者提供应税劳务清单》的,税务机关可以从增值税管理系统、电子底账系统提取物品清单明细,与纸质清单开展逐项比对检查,核查是否存在机外开具销货清单情况。部分开票人为图方便,直接打印销货清单,而不录入税控设备;即便录入税控设备,也时常由于销货明细量巨大而产生误差。不规范操作可能会导致税务机关行政处罚,但不一定涉嫌犯罪。

六、分析梳理增值税专用发票流转过程逻辑联系

税务机关在增值税专用发票检查过程中,通过实地检查,在发票真实、账务处理规范、涉票资料齐备,对应货物流转链条、资金链条、运输链条相匹配的情况下,如果已经有明确指向开票人存在增值税专用发票违法嫌疑的,税务机关就要对增值税专用发票流转过程的逻辑关系进行进一步检查,除了调取相关资料外,还可以通过询问等方法检查开票人的法定代表人、实际控制人、业务经办人、网银操控人、财务负责人、代理记账人员等重要关联人员。

税务机关在增值税专用发票检查过程中,如果进行询问,可以以增值税专用发票时间信息为主线,厘清增值税专用发票的取得、入账、认证、抵扣、开具时点,查明发票交接方式与痕迹。目前虚开增值税专用发票违法活动中已出现的增值税专用发票交接方式主要有直接交接、委托交接、邮寄交接。对直接交接的,税务机关要询问何人、何时、以何种交通工具到达何地、与何人在何处交接,何人在场,收到发票后何时再交付何人;对委托交接的,税务机关要询问何人、何时、何地、受何人委托,以何方式交付何人;对邮寄交接的,税务机关要询问寄出地、寄达地、收派途径、寄件人、收件人;对中间人(第三人)交接的,税务机关要询问中间人的基本情况及联络方式;何时、何地从开票方取得开具发

票,何时、何地交付受票人何人以及中间人收取开票费等情况。税务机关进行询问,一定要拟定严密的询问提纲,设置不同方面的询问主题,依法进行询问并制作《询问笔录》。我们看到的现实是,部分税务机关的《询问笔录》还存在不足,这可能与不善于询问有关,也可能与历来只重视会计财务账簿资料等书证而轻视证人证言有关。其实,书证是"死"的,是不能"开口说话"的,税务机关要想找到被检查对象的增值税专用发票涉票行为的主观故意,就必须进行询问,就必须"让活人说话"。询问可以多次询问,不要只进行一次。针对不同问题可以多次询问,针对同一个问题也可以多次反复询问,直到把问题搞清楚。

由于增值税实行的是链条式凭票扣税制度,在增值税专用发票检查过程中就会涉及诸多环节,税务机关要查清增值税专用发票的问题,就需要在增值税专用发票链条上下功夫,进行纵向或者逆向检查。当前的增值税专用发票大案要案,呈现出来的特征已经充分说明传统的检查思维、方法正在受到挑战。例如,近年来出现的石化产品变名销售问题就说明了这种情况。我们姑且不谈行为人是否在规避《中华人民共和国消费税暂行条例》,也不谈行为人的行为是否应当受到国家税务总局公告2012年第47号的约束,但是起码的一点是行为人在人为拉长增值税专用发票链条,这无疑就增加了税务机关的检查难度。因此,税务机关对增值税专用发票的检查,必须注意对增值税专用发票的链条涉及的各环节的逻辑关系的检查梳理。

第十章 检查增值税专用发票涉及的资金链条

在增值税专用发票检查中,税务机关判断被检查对象的增值税专用发票行为是否合法的标准一直是"三流一致"。当然"三流一致"是否存在法律法规依据以及在经济活动跨区域发展的今天是否还要求"三流一致",本章不讨论。

前一章,我们介绍讨论了税务机关对增值税专用发票链条的检查问题,这一章我们继续介绍讨论增值税专用发票涉及的资金链条问题。其实,税务机关在对被检查对象的增值税涉票行为进行检查时,很难分清楚是在检查增值税专用发票的哪个环节或者哪个层面,因为凡是涉及增值税专用发票的检查就会牵扯到与之相关的各个方面,很难孤立地说是在检查的增值税涉票行为的发票链条或者资金链条或者其他。在本书,我们之所以分开介绍讨论,其实是为了叙述的方便。

作为市场主体的企业,其生产经营活动离不开资金流转,必须依靠以货币为表现形式的资金流转来完成。换句话讲,企业的生产经营离不开资金运动,有资金运动就有资金链条。税务机关要查清被检查对象的增值税涉票行为,就必须检查其与增值税专用发票有关的资金链条。税务机关进行增值税专用发票检查往往把资金链条的检查作为重中之重,其原因是税务机关认为被检查对象的增值税专用发票资金链条证据,是涉票行为定性、移送公安机关处理最直接、最有力、最关键的证据。但是,存在资金问题不一定就意味着存在增值税专用发票的虚开问题。在经济交往中,资金的运用是多方面的,如何运用是民商法层面的事,是运用人的意思自治行为。

在增值税专用发票检查实践中,税务机关通常认为增值税涉票行为有虚假现金支付、银行账户回流资金、承兑汇票虚假结算,以及虚假债权虚假债务情况。下面我们进行详细分析。

第一节 检查现金结算链条

税务机关检查现金结算链条,其实就是围绕被检查对象增值税涉票行为活动中利用现金进行交易的往来情况进行的检查。从我们接触到的案例解析,前几年涉票案件中利用现金进行结算的比较多,现在比较少,但是还存在,主要存在于偏远落后地区。

正常的经营活动,企业与企业之间的货币收付通过现金结算和支付结算的方式实现。企业除按规定的范围使用现金结算外,大部分货币收付业务应通过银行办理支付结算。

现金交易具有普遍的可接受性和高流动性的特点,事后检查不易核查交易真实性和交易金额,因而成为增值税涉票案件虚假交易资金支付中最容易作假的手段之一。尤其在"虚进不虚出"的虚开发票类型中较为常见。税务机关对现金收付业务的检查,着重在于通过现金来源、支出、库存合理性的排除,开展现金增加业务、现金减少业务、库存现金盘存、财务核算对应、凭证记载要素、当事人员询问的调查取证来综合判定现金收付业务是否真实。

一、检查判断购销合同的真实性

(一) 基本方法

虚开发票的基本载体是虚假贸易构建,而贸易双方民事权利义务的体现需要依靠合同的订立。在增值税专用发票涉票案件中除少数合同标的较小的贸易活动外,其他增值税涉票案件一般都会附有合同。通过对合同中经营业务要素的检查,结合《中华人民共和国合同法》(简称《合同法》)第12条的规定,基本可以判定合同双方约定的贸易活动是否真实。

《合同法》第12条规定,合同一般应有当事人的名称或者姓名和住所;标的、数量、质量;价款或者报酬;履行期限、地点和方式;违约责任;解决争议的方法等基本条款。买卖合同还可以就包装方式、检验标准和方法、结算方式、合同使用的文字及其效力等条款内容进行约定。增值税专用发票涉票案件中,开票人、受票人签订的购销合同往往都具有合同法规定的基本条款,并不存在"阴阳合同",以及合同要件缺失,合同格式简单、合同内容雷同等特征。这就需要认真分析判断,税务机关可以从合同双方分别调取同一购销业务涉及的合同进行印证比对,向开票人、受票人提取购销合同、授权委托书、合同印章、法定代表人(委托人、被委托人)签名、司法鉴定机构鉴定意见等,从合同的要约、承诺、构成要件、实质内容等方面加以检查甄别,判定增值税专用发票涉及的合同的真实性。

从理论上讲,合同的订立需要经历要约和承诺等环节。那么,税务机关在检查合同要约环节时,可以检查受票人在何时、何地、何人经办、以何种方式发出了何种意思表示。在检查合同承诺环节时,税务机关可以检查开票人在何时、何地、何人经办、以何种方式做出的签订合同承诺。在实践中,要约和承诺并非这么复杂,往往是一方打个电话或者约请另一方吃一顿饭就搞定了，以后再有增值税专用发票需求仍然是这样，循环往复直至双方"合作"彻底结束。

对于合同要件的检查分析，首先要进行形式要件检查。税务机关可以调取开票人、受票人公章或合同专用章印模、调取法定代表人签名、调取授权委托书、授权人（委托人）身份证明文件，比对合同印章、签名与调取的证据是否一致，必要时可委托司法鉴定机关出具鉴定意见。检查合同双方是否同为增值税专用发票上的销购买方。实践中，增值税专用发票涉票案件中都会有合同，只是合同的形式不一样而已。

然后进行实质性检查即合同内容审查。税务机关可以审查合同标的涉及的品名、规格、型号、计量单位、单价、金额与开具发票票面数额是否一致；合同约定的款项支付结算方式与账务核算凭证所付结算方式是否一致；合同约定的付款时间与财务核算时间是否吻合；合同约定的价款与财务核算的金额是否匹配。在实践中，增值税专用发票涉及的合同的内容往往不一样，有的合同内容复杂，长达数页或者更多，有的合同内容简单，仅一页而已。不论合同内容繁简，都要认真检查分析，内容复杂的不一定是真实的，反之不一定是虚假的。

（二）实践经验

从中国税务报披露的案例或者部分税务机关公告的案例看，在对增值税涉票案件的资金链条进行检查时不外乎从以下几个方面入手。

1. 检查收付业务的对应性

合同双方涉及的现金收付，如果存在开票人、受票人财务核算不对应情况，即涉嫌虚列现金收付业务。税务机关在检查时，可以分别调取开票人、受票人财务账簿及记账凭证；可以对开票人、受票人双方业务经办人员、财务人员分别进行询问。

开票人、受票人双方对同一笔现金收付业务账务核算如果存在不对应情况，应当分析是否存在有中间人或购销双方无接触性联系，因此，税务机关要收集库存现金日记账、应收账款明细账、应付账款明细账、抽取的记账凭证及所附原始凭证，并通过对财务人员的询问等，进一步进行真实性判断分析。

2. 检查现金支付业务

1）检查现金支付范围

《现金管理暂行条例》规定，工业企业只能在下列范围内使用现金：支付给职工的工资、津贴；个人劳务报酬；根据国家规定颁发给个人的各种奖金；各种劳务、福利费用以及国家规定的个人的其他支出；向个人收购农副产品及其他物资的价款；出差人员必须随身携带的差旅费；结算起点以下的零星支出（结算起点 1 000 元）；中国人民银行确定需要支付现金的其他支出。

2）检查现金支付凭证

现金支付凭证分外来原始凭证和自制原始凭证的审查两种：

首先，检查外来原始凭证中的发票和收据。税务机关可以检查行为人外来发票签发单位的名称；发票的号码；发票上的单位图章、银货两讫图章是否清晰；有时查到的是副发票，则应查清为什么用副发票付款；发票的金额计算是否正确，大写与小写数字是否相符。如果算错、写错，要查清以后有无退款或补款的情况；发票上的字迹，不论是抬头、日期、品名、数量、单价、金额都要仔细审阅，有无涂改痕迹。复写的字迹和颜色是否一致，要正面和反面都仔细地审阅一遍。发现有任何可疑之处，都应进一步查清；发票上签发单位应具备的手续，根据发票上的说明，是否都已办妥；发票上的抬头是否与本单位名称相符；发票上的日期，是否与实际付款的日期相近。如果相差很大，应查清是什么原因才延迟付款或延迟报销；发票上的物品，是否确为本单位所用，是否经过有关人员验收。发票上物品的数量是否经过计量验收，如有短少，是否追究责任？物品的质量是否与检验相符，如有不符，应进一步查明原因。购买物品是否属于控购物品，是否经过批准。如果使用收据支付货款时，税务机关要查明行为人不使用发票的原因；对收据的单位名称、地址、号码、单位图章、日期、金额、收款内容、收据手续是否完备等，应与发票一样进行审阅；如果收据注明用转账结算的应查明转用现金支付的原因；收据项目是否符合财经制度和国家有关规定。

其次，检查自制付款原始凭证中的支款单和工资单。税务机关可以检查行为人领收款项的职工所出具的自制凭证，是否确系职工本人亲自签收。如由别人代收，则应注意本人是否确实收到，如有可疑之处，应作进一步核实，防止虚报冒领；各项支付款项的标准是否符合国家财务制度和人事劳动制度的规定。有无超标发放或政策未落实到位的情况；对于支付临时工的工资凭证，应注意临时工人的使用是否符合政策，还要审阅临时工的考勤记录，注意临时工人员是否确实存在而不是冒领或虚报。在审查付款原始凭证时，还需要注意有没有"白条子"。

3）询问当事人

询问收取现金当事人。询问时，可以涉及何时、何人、何地收取现金，大额现金是何人携带，用什么运具装运，如何清点的，用何种工具清点，清点时有谁在场，谁开具的收据；现金收取后，是否存入银行，何时存入，存入何银行，是否有现金缴存银行凭证；未缴存银行的，是否坐支现金，坐支现金业务是否真实；当日库存现金余额，在何处保管，使用何种装置保管，由谁保管等。

询问交付现金当事人。询问时，可以涉及何时、何人、何地支付给何人。现金来源（是银行提现、借款、股东投入、经营活动收取）用何种清点工具，清点时谁在现场，何人开具收据，收据收到后交付何人等。

询问当事人一定要形成笔录,并且一定要符合询问笔录的证据形式,否则影响证明力。从税务机关层面看,在实践中存在的问题有:一方面,询问内容极其简单,无助于解决检查过程的深层次问题;另一方面,被询问人签字等形式不规范,不具备证据的基本特征。从被询问人层面看,存在的突出问题是:被询问人不认真看笔录就签字。

3. 检查现金增加业务

一般来讲,有收才有付,要虚列现金支付,先要虚列库存现金增加,税务机关可以通过对库存现金来源的检查取证,来证实现金来源的真实性。

(1)检查从银行存款中提取现金业务的真实性。

实践中可能利用现金支票虚增或虚列现金支取。税务机关在检查时,会收集库存现金日记账、银行存款日记账、银行提供的现金支票复印件、抽取的记账凭证及所附原始凭证、银行对账单、银行存款余额调节表等。检查"库存现金日记账"中摘要说明为"取现""提现",对应科目为"银行存款"的记账凭证及所附原始凭证、票据种类、回单;企业常用从银行存款提取现金方式,一般采用现金支票支取现金(用途为差旅费、备用金),原始凭证应附有现金支票存根。检查"银行存款日记账""银行对账单"与"银行存款余额调节表",必要时税务机关一般会到开户银行提取现金支票复印件,与现金支票存根联比对检查。

行为人往往会利用网银等现代支付手段,将企业银行账户存款以支取备用金等名义转账到个人银行账户,账务核算处理记为库存现金增加(取现)。如检查中遇这种情况,税务机关可以将个人银行账户的自然人增补入涉案人员信息数据,进一步检查个人银行账户资金交易情况,追踪资金链条。

(2)检查向他人借入现金业务的真实性。

实践中出现以借款名义虚列现金收入,便于大宗交易时虚列现金支出。应收集库存现金日记账、其他应收款明细账、其他应付款明细账、抽取的记账凭证及所附原始凭证、债权人、当事人询问笔录、借据、借款协议、司法公证书等。检查"库存现金日记账"中摘要说明为"借款""借入",对应科目为"其他应付款""其他应收款"的记账凭证及所附原始凭证;增值税专用发票涉票案件为虚列现金支出,一般常用在年初、月初或大宗交易前"借入"法定代表人、股东或他人现金的方式虚列现金增加,原始凭证一般会附有借条或现金收据。检查时可向债权人、当事人发出《询问通知书》询问借款业务是否真实,向被检查对象送达《税务事项通知书》责成提供借款协议及债权人大额现金合理来源,大额借款协议还应提供司法公证书。对债权人提供的现金来源进一步检查。检查应收账款、应向职工收取的垫付款项以及个人归还借款业务是否真实。

4. 检查现金减少业务

正常的经营活动,发生现金收入后,按规定应存入银行,不允许坐支现金。增值税专用发票涉票案件中,如果行为人虚增库存现金,一般会采取虚列现金交存、向他人虚假借款、归还从他人处获取的虚假借款、与上游虚开企业虚构交易虚列现金支付、向他人支付虚假款项等方式减少库存现金,以维持库存现金的动态平衡,人为地将月末或年末库存现金余额调解在合理的幅度内,以应对检查。税务机关会由此切入进行检查。

5. 检查投资者投入现金业务的真实性

实践中出现以认缴注册资本名义虚列现金收入,便于大宗交易时虚列现金支出的情形。税务机关会收集行为人库存现金日记账、实收资本明细账、资本公积明细账、抽取的记账凭证及所附原始凭证、股东询问笔录、工商登记部门调取的企业工商登记资料、公司章程、股东缴纳资本现金来源等。检查"库存现金日记账"中摘要说明为"所有者投入",对应科目为"实收资本""资本公积"的记账凭证及所附原始凭证;增值税专用发票涉票案件为虚列现金支出的,可能会利用修订后的《中华人民共和国公司法》将注册资本实缴登记制改为认缴登记制,以认缴注册资本的名义虚增现金。检查时,税务机关会向行为人送达《税务事项通知书》责成提供公司章程,检查章程中约定认缴出资额、出资方式、出资期限等。税务机关可以到工商登记机关调取企业工商登记注册资料与企业提供的公司章程对比。对认缴出资股东发出《询问通知书》,询问其出资业务的真实性。

6. 检查坐收现金业务的真实性

库存现金收入核算零星销售收入款,不属于现金结算范围内的收入款项,一律通过银行账户结算。

税务机关可以检查行为人的虚假销售业务、虚假退货虚增现金收入情况。在检查时,会收集库存现金日记账、主营业务收入明细账、其他业务收入明细账、应收账款、应付账款明细账、抽取的记账凭证及所附原始凭证、相关人员询问记录、货物出入库单证、运输单证等。检查"库存现金日记账"中摘要说明为"销售商品",对应科目为"主营业务收入""其他业务收入""应收账款""应付账款"的记账凭证及所附原始凭证;增值税专用发票涉票案件为虚列现金支出的,一般会以虚假销售业务、虚假退货业务虚增现金收入。税务机关可以结合现金收付业务真实性检查和货物流转链条、生产能力检查,取证后综合判定业务是否真实。

二、检查现金交存银行业务

税务机关可以检查行为人的现金日记账、银行存款日记账、现金交款单(有无加盖银行业务讫章、有无伪造现金交款单或重复填列现金交款单入账情况)。

税务机关可以检查行为人的银行现金存款凭证,检查是否有以他人或受票人名义存入开票方银行账户,是否有开票方账记库存现金减少和银行存款增加的业务。

三、盘存库存现金

部分实体型终端受票人让他人为自己虚开发票虚列现金支出以及虚出不虚进型富余票虚开企业虚开发票后虚列现金收入,考虑这部分企业账务核算较为健全,如虚开发票业务账载时间离进场检查时间较近的可采取库存现金盘查,确定库存现金盘点日实有现金数,再根据企业库存现金日记账倒查虚开发票现金账务核算日现金收付金额是否与账载金额相符,从而推定是否为虚假的现金收付业务。

税务机关检查时,会注意的问题有:要摸清出纳人员的库存现金以外,是否还有库存现金存放在有现金支付业务的其他部门和其他人员手里。对所有现金保管人员应进行一次预先不进行任何通知的检查,以防临时抵补凑数,弥补漏洞。检查库存现金时,常常会碰到白条抵库的情况,要查明原因。

库存现金盘存应由 2 人以上增值税专用发票检查人员与被检查对象负责人、财务会计、出纳等财务人员在场时共同核查,全程应使用执法记录仪拍摄并制作现场笔录,检查时要求被检查对象出纳人员将全部现金收付凭证登记入账,结出库存现金余额,被检查对象全部现金分类清点后放入其存放在出纳专用保险柜内进行清查,对尚未入账的临时性借条、暂存的未领工资,或寄存现金不计入实存数,确定被检查对象库存现金实有数。填列库存现金盘点表,由被检查对象、检查人员共同签字确认,作为稽查工作底稿。

四、检查凭证记载要素

税务机关在检查时,可以收集行为人财务人员(财务负责人、会计、出纳)、业务经办人身份的证据,如身份证复印件、与单位签署的劳动合同复印件、签字领取的工资表、社会保障部门提供社保缴费证据;询问相关当事人,抽取行为人的记账凭证及所附原始凭证、现金日记账、现金明细账、银行存款明细账、银行对账单、银行余额对照表等。检查现金收付款凭据是否加盖收款单位印章,是否由收款单位财务负责人签字盖章,注意比对财会人员、经办人在收付款凭据上的签字笔迹与账列的工资表领取工资签名是否一致,提取收款单位与财会人员的劳动合同,检查工资表中是否有在收款凭据上签名的财务人员;通过银行账户发放工资的,在银行提取财务人员工资卡入账记录,提取财会人员办理社保缴费卡或户籍、护照等本人亲笔签名证据;注意提取收付款凭证同一号码不同联次检查,是否会有联次填写不一、涂改、刮擦、挖补等情况。

同一人经手业务,全部为现金收付,收付款企业均已走逃(失联)或注销的,税务机关可以检查现金支付凭据所附费用报销单经办人、审核、负责人签名是否完备。

同一收付款企业填开收付款收据是否存在连号填开情况,如果检查中发现开票人、受票人账列收款收据连号,要注意是否有收据跳号填开的情况,即最后一张连号收据后的紧接着填开的收据,其开具时间与连号收付款凭据填开时间是否逻辑冲突。

应付账款先用银行存款支付,跨会计核算年度后连续用大额现金收付,最后一笔库存现金支付业务带角分以抹平债权债务的,应涉嫌为虚列现金收付,税务机关可以结合其他资料收集综合判定。

现金收付款凭据填开时间如与增值税专用发票开具时间高度一致应怀疑虚列现金收付,但同时要注意行为人是否存在事实上的先付款,再开票;先开票,再付款;先收款,再开票;先开票,再收款等情况。

第二节　检查银行账户交易链条

贸易活动的交易结算除了现金交易结算之外,还可以利用银行支付即银行账户交易进行结算。税务机关在检查增值税专用发票过程中,必须检查银行账户交易结算链条。在增值税涉票案件中,不论是税务机关还是公安机关都会提及虚开增值税专用发票一定会有"资金回流",所以必须查实行为人的资金链条。"资金回流"是目前增值税专用发票涉票案件中最主要的虚假资金交易方式的外在体现。税务界通常的看法是,在已经查处的虚开发票案件特别是案值大案情复杂的案件中,基本都会存在交易"资金回流"。这种看法是否正确,本章不再做评论。

一、熟悉银行账户的基本规定

(一)银行账户的基本管理制度

1. 银行账户的概念

银行结算账户,是指银行为存款人开立的办理资金收付结算的人民币活期存款账户。它是资金顺序运动的全部轨迹交汇点。

2. 银行账户的分类

《人民币银行结算账户管理办法》规定,我国实行银行结算账户分类管理制度。银行结算账户按存款人分为单位银行结算账户和个人银行结算账户。单位银行结算账户是存款人以单位(或者组织)名称开立的银行结算账户,单位银行结算账户按用途分为基本存款账户、一般存款账户、专用存款账户、临时存款账户。个体工商户凭营业执照以字号或经营者姓名开立的银行结算账户视同单位银行结算账户,纳入单位银行结算账户管理。个人银行结算账户是指存款人因投资、消费、结算等需要而凭个人身份证件以自然人名称开立的银行结算账户。

3. 银行账户的监管部门

《人民币银行结算账户管理办法实施细则》规定,我国银行结算账户的监管部门为中国人民银行,负责对银行结算账户的开立、使用、变更和撤销进行检查监督。

4. 银行结算账户的开立

单位存款人申请开立账户应向银行提交申请资料,银行按规定审核企业身份、开户意愿真实性以及基本存款账户唯一性后,即可为符合条件的企业开立基本存款账户。存款人开立代发工资、教育、社会保障(如社保、医保、军保)、公共管理(如公共事业、拆迁、捐助、助农扶农)等特殊用途个人银行账户时,可由所在单位代理办理。单位代理个人开立银行账户的,应提供单位证明材料、被代理人有效身份证件的复印件或影印件。

《中国人民银行关于改进个人银行账户服务加强账户管理的通知》规定,银行为开户申请人开立个人银行账户时,应核验其身份信息,对开户申请人提供身份证件的有效性、开户申请人与身份证件的一致性和开户申请人开户意愿进行核实,不得为身份不明的开户申请人开立银行账户并提供服务,不得开立匿名或假名银行账户。根据个人银行账户实名制的要求,存款人申请开立个人银行结算账户时,应向银行出具本人有效身份证件,银行通过有效身份证件仍无法准确判断开户申请人身份的,应要求其出具辅助身份证明材料。

存款人开立代发工资、教育、社会保障(如社保、医保、军保)、公共管理(如公共事业、拆迁、捐助、助农扶农)等特殊用途个人银行账户时,可由所在单位代理办理。单位代理个人开立银行账户的,应提供单位证明材料、被代理人有效身份证件的复印件或影印件。单位代理开立的个人银行账户,在被代理人持本人有效身份证件到开户银行办理身份确认、密码设(重)置等激活手续前,该银行账户只收不付。

5. 个人银行账户的监管

1) 基本规定

成功开立个人银行账户的,银行应登记存款人的基本信息、与存款人身份信息核验有关的身份证明文件信息、完整的身份信息核验记录,留存存款人身份证件、辅助身份证明文件的复印件或者影印件、以电子方式存储的身份信息,有条件的可留存开户过程的音频或视频等。

个人银行结算账户可以分为Ⅰ类银行账户、Ⅱ类银行账户和Ⅲ类银行账户。银行可通过Ⅰ类户为存款人提供存款、购买投资理财产品等金融产品、转账、消费和缴费支付、支取现金等服务。Ⅱ类户可以办理存款、购买投资理财产品等金融产品、限额消费和缴费、限额向非绑定账户转出资金业务。经银行柜面、自助设备加以银行工作人员现场面对面确认身份的,Ⅱ类户还可以办理限额存取现金、限额非绑定账户资金转入业务,可以配发银行卡实体卡片。Ⅱ类户消费和缴费、向非绑定账户转出资金、取出现金日累计限额合计为 1 万元,年累计限额合计为 20 万元。Ⅱ类户非绑定账户转入资金、存入现金日累计限额合计为 1 万元,年累计限额合计为 20 万元。Ⅲ类户可以办理限额消费和缴费、限额向非绑定账户转出资金业务。Ⅲ类户账户余额不得超过 1 000 元。消费和缴费支付、向非绑定账户转出资金日累计限额合计为 5 000 元,年累计限额合计为 10 万元。经银行柜面、自助设备加以银行工作人员现场面对面确认身份的,Ⅲ类户还可以办理限额非绑定账户资金转入业务。非绑定账户资金转入日累计限额为 5 000 元,年累计限额为10 万元。

银行通过电子渠道非面对面为个人开立Ⅱ类户或Ⅲ类户时,应当向绑定账户开户行验证Ⅱ类户或Ⅲ类户与绑定账户为同一人开立,绑定账户为本人Ⅰ类户或者信用卡账户,不得绑定非银行支付机构开立的支付账户进行身份验证。开户时,银行应当要求开户申请人登记验证的手机号码与绑定账户使用的手机号码保持一致。

2)监管手段

《中国人民银行关于试点取消企业银行账户开户许可证核发的通知》规定,从 2018年 12 月 1 日起对个人银行账户转账管理更加严格。

(1)监管大额交易。《人民币大额和可疑支付交易报告管理办法》规定的大额交易的情形有:法人、其他组织和个体工商户之间金额 100 万元以上的单笔转账支付;金额 20万元以上的单笔现金收付,包括现金缴存、现金支取和现金汇款、现金汇票、现金本票解付;个人银行结算账户之间以及个人银行结算账户与单位银行结算账户之间金额 20 万元以上的款项划转。大额转账支付由金融机构通过相关系统与支付交易监测系统连接报告。并在交易发生日起的第 2 个工作日报告中国人民银行总行。大额现金收付由金融机构通过其业务处理系统或书面方式报告。并于业务发生日起的第 2 个工作日报送人民银行当地分支行,并由其转报中国人民银行总行。

(2)监管可疑交易。《人民币大额和可疑支付交易报告管理办法》规定的可疑交易的情形有:短期内资金分散转入、集中转出或集中转入、分散转出;资金收付频率及金额与企业经营规模明显不符;资金收付流向与企业经营范围明显不符;相同收付款人之间短期内频繁发生资金收付;长期闲置的账户原因不明地突然启用,且短期内出现大量资金收付;存取现金的数额、频率及用途与其正常现金收付明显不符,或个人银行结算账户短期内累计 100 万元以上现金收付;频繁开户、销户,且销户前发生大量资金收付。实践中,如果账户大额资金交易频繁,大大超出了个人结算账户的正常使用范畴;账户不设置资金限额,不控制资金风险,不合常规等,也属于可疑交易。

（二）电子银行业务

《电子银行业务管理办法》规定,电子银行业务是指商业银行等银行业金融机构利用面向社会公众开放的通信通道或开放型公众网络,以及银行为特定自助服务设施或客户建立的专用网络,向客户提供的银行服务。电子银行业务包括利用计算机和互联网开展的银行业务,利用电话等声讯设备和电信网络开展的银行业务,利用移动电话和无线网络开展的银行业务,以及其他利用电子服务设备和网络,由客户通过自助服务方式完成金融交易的银行业务。电子银行业务提供的业务包括:账户查询、各类账户之间的转账、缴费、网上实时交易的股票、外汇、黄金、国债等。

(三) 现代化支付系统

中国人民银行认为现代化支付系统是中国人民银行按照我国支付清算需要,利用现代化计算机技术和通信网络开发建设的,能够高效、安全处理各银行办理的异地、同城各种支付业务及其资金清算和货币市场交易的资金清算应用系统。它是各银行机构和货币市场的公共支付清算平台,包括大额实时支付系统、小额批量支付系统、全国支票影像交换系统、境内外币支付系统、电子商业汇票系统、网上支付跨行清算系统,在我国的支付体系中处于核心地位,发挥着中流砥柱的重要作用,是连接国内银行业金融机构和外资银行的重要枢纽和桥梁,也是连接商品交易和社会经济活动的纽带和桥梁。

现代化支付系统中的大额实时支付系统主要处理同城和异地跨行之间和行内的大额贷记及紧急小额贷记支付业务,服务时间为 5×21 小时(国家法定工作日前一自然日 20:30 至当日 17:30);其小额批量支付系统(BEPS)后者主要处理同城、异地跨行之间的借记支付业务以及金额在规定金额以下的贷记支付业务,服务时间为 7×24 小时。网上支付跨行清算系统支持网上支付等新兴电子支付业务的跨行资金汇划处理,能满足用户全天候的支付需求。境内外币支付系统支持港币、英镑、欧元、日元、加拿大元、澳大利亚元、瑞士法郎和美元 8 个币种的支付业务结算,支付指令逐笔发送,实时全额结算,满足了国内对多个币种支付的需求,提高了结算效率和信息安全性。

(四) 账户交易记录保存制度

《金融机构客户身份识别和客户身份资料及交易记录保存管理办法》规定,金融机构应当规范客户身份资料和交易记录保存制度,注意规定是:客户身份资料,自业务关系结束当年或者一次性交易记账当年计起至少保存 5 年;交易记录,自交易记账当年计起至少保存 5 年。如客户身份资料和交易记录涉及正在被反洗钱调查的可疑交易活动,并且反洗钱调查工作在前款规定的最低保存期届满时仍未结束的,金融机构应将其保存至反洗钱调查工作结束;同一介质上存有不同保存期限客户身份资料或者交易记录的,应当按最长期限保存;同一客户身份资料或者交易记录采用不同介质保存的,至少应当按照上述期限要求保存一种介质的客户身份资料或者交易记录;法律、行政法规和其他规章对客户身份资料和交易记录有更长保存期限要求的,遵守其规定。

二、检查资金流向

增值税专用发票的开具、接受必须以交易为前提。有交易就有与之相关联的资金支付结算。因此,在增值税专用发票检查过程中必然要涉及银行交易资金的检查。检查银行交易资金主要是检查其流向,即资金从哪里出来,又到哪里去了。这是一个链条,或者是资金跟随合同运动的过程。如果资金跟随合同正常运动,就不一定存在问题。但是在实践中,往往存在资金从增值税专用发票受票人处出来流动到开票人处,之后又从开票人处回到受票人处。这种情况被税务机关称为"资金回流"。税务机关通常认为,如果行为人存在"资金回流",那么就涉嫌虚开增值税专用发票。所以,在增值税专用发票检查过程中,就必然要检查行为人的资金流向问题。但是,本书认为:税务机关检查行为人的资金流向是合适的,不过必须和资金流向关联的合同、发票、货物所有权结合在一起检查更合适,因为当前的增值税专用发票案件已经呈现出新的特点,其资金流向更趋复杂,单从资金流向并不一定能肯定行为人涉嫌虚开增值税专用发票。

(一) 关于涉票行为中的"资金回流"

1. 资金回流的基本情况

增值税专用发票涉票行为中的资金流向,其实就是虚构的交易资金流向。而所谓资金回流却是双向的,涉及"来"和"去"。一般而言,增值税专用发票涉票案件中的资金回流,只有"来"向是虚假的,即受票人将交易资金通过虚假的交易关系为载体,将虚构的合同项下的资金汇付给开票人,由于合同是虚假的,因此汇付的交易资金也是虚假的。但是,由于合同涉及的交易是虚假的,受票人取得增值税专用发票后就必然要把汇付给开票人的资金拿回去,因此开票人在开具增值税专用发票后会把收到的受票人的资金再汇付(返回)给受票人,就形成了"回流"。

当然这种资金回流并不是简单的"来",然后再简单的原路"回",实践中非常复杂。由于并不存在真实交易关系和债权债务关系,开票人、受票人必须虚构合同项下的交易,这是资金回流的前提。有了这个前提,随后即进行资金交易结算,具体模式是:受票人将资金通过自己的银行账户,或者以委托书的方式委托第三人将虚假合同项下的交易款项一次或者分次,汇入开票人账户,或者汇入开票人指定的账户,由此完成虚构的合同交易中受票人应当承担的付款义务,即完成资金的顺序流动。开票人将收到的资金再通过银行支付结算系统或以现金支付结算的方式,将收到的资金等额或不等额转回受票人单位银行结算账户。当然,这个转回的过程是十分复杂的,从案例会看通过复杂的中间环节。既然受票人汇出的资金最终还会回到受票人处,而且还要通过复杂的中间环节,这么麻烦,那为何还要这样"转来转去"? 其目的就是开票人、受票人为了掩盖增值税专用发票涉票事实,制造存在真实交易的假象。其实这就是在"虚构交易",而虚构交易中的重要一环就是虚构交易款项支付痕迹,从实质上讲,虚假支付的交易款最终都会通过各种形式回流到支付方。当然,从现有的案例看,根本看不到"资金回流"的完整痕迹证据链条,或者说根本看不到资金回流链条,或者说有回流链条,但是不能解释其存在的合理性,因此本书认为即便是看到受票人账户有资金流入,也不能断然认为其涉嫌虚开增值税专用发票。

2. 资金回流的新特点

在正常的经营活动中,增值税专用发票是在购销商品、提供或者接受服务以及从事其他经营活动中开具、收取的收付款凭证,是记载发票行为人交易要素涉及的交易资金从受票人账户流出、流入开票人账户的真实资金收付情况。这种正常交易资金流向与发票流向相反且是单向不可逆的,即给付的交易资金不会"流回"。但是增值税专用发票涉票案件的虚构交易资金链条是双向可逆的流动,资金链条流出的是虚构的资金收付假象,资金链条流回的是流出方的资金利益保障。流出方和流入方之间以"相互信赖"为基础,一般是朋友、亲戚或者多年的"合作关系",当然也有别的情况。

随着电子银行业务普及,依靠现代支付系统支撑,交易资金链条已经突破时间、空间约束,只要行为人拥有一台连接互联网终端的电子设备,或者通过银行的设备就可以随时随地进行网上支付转账,并保证资金实时到账。电子银行业务给社会经济生活带来极大的便利。

电子银行业务的这种便利客观上给增值税专用发票涉票案件行为人制造虚假交易资金流转链条也带来极大便利,加上互联网终端设备的便携化、移动化,同一时点维度内可集中多个银行结算账户,让增值税专用发票涉票行为可以安全、短暂、频繁地异地调度资金进行流转,构建复杂的资金流转链条网络,并从中安全、方便地取得利益。

3. 资金回流的表现形式

增值税专用发票案件的资金回流表现出不同的形式,有资金等额回流形式,也有资金不等额回流形式。资金等额回流形式表现为闭环式资金等额回流和非闭环式资金等额回流。闭环式资金等额回流,是指资金流转链条的起点也是终点,资金流转轨迹呈现出环状结构,资金在流转过程中金额不发生变化。非闭环式资金等额回流,是指资金从起点开始流转,不流回起点,资金流转轨迹呈现出非环状结构,资金在流转过程中金额不发生变化。资金不等额回流形式:资金从起点流出,不论资金是否流回起点或不流回起点,资金在流转过程中金额均会发生变化。

1) 资金等额回流的表现

一般来讲,资金等额回流的表现形式主要有这样几种:第一种是受票人来款相同,指的是开票人通过实际控制人、特定关系人或其他个人银行结算账户转入受票人银行账户的金额,与受票人取得发票金额或者汇给开票人的金额相同。第二种是受票人票账相同,指的是开票人向受票人开具的增值税专用发票金额与受票人账列贷记银行存款发生额相同。第三种是开票人票账相同,指的是增值税专用发票金额与开票人账列借记银行存款发生额相同。第四种是受票人款票相同,指的是增值税专用发票金额与受票人银行账户转出到开票人银行账户金额相同。第五种是开票人收款相同,指的是增值税专用发票金额与开票方银行账户收到受票人转入金额相同。资金等额回流在增值税专用发票涉票实践中越来越少见。

2)资金不等额回流的表现

资金不等额回流,指的是受票人收到开票人流回金额与增值税专用发票金额不同,或者小于或者大于。换句话讲,就是开票人实际控制人、特定关系人或控制的他人个人银行结算账户转入的、与开票人受票人均无交易关系和债权债务的第三人结算账户转入的金额小于或者大于受票人取得的增值税专用发票金额。

主要表现形式有这样几种:第一种是受票人款票不相同,指的是受票人银行账户转出到开票人银行账户金额大于增值税专用发票金额。第二种是回流金额与受票人转入资金不相同,指的是开票人通过其他账户中转或以提现、支付费用、向受票人关联企业等方式转回受票人账户、受票人实际控制人、特定关系人或受票人实际控制人控制的他人个人账户以及中间人账户金额小于受票人转入资金。第三种是资金不回流到受票人,指的是开票人实际控制人、特定关系人或控制的他人个人银行结算账户或走账公司转入的受票人账户的资金转回开票方单位账户后,从开票人单位账户回流到其控制个人银行账户或走账公司账户,完全不回流到受票人单位账户或受票人实际控制人、特定关系人或受票人实际控制人控制的他人个人账户。

出现资金不等额回流的症结是:部分业务虚开,开票人收取真实业务部分货款,虚开的增值税专用发票部分资金回流到受票人;交易资金链条流转情况复杂,流回的资金在链条流转过程中不断拆分或聚合,涉及流转账户众多,每一笔资金链条流转难以逐一查清;开票人或中间人注入受票人资金小于增值税专用发票金额,受票人添加开票手续费后,连同注入资金转回开票人,开票人收取开具增值税专用发票利益;受票人转入开票人账户金额大于增值税专用发票金额,开票人扣除部分费用后将剩余资金回流到受票人;开票人账户收到受票人账户转入资金后,将部分资金再转入开票人的上游,开票人账户虚构资金回流后,资金流入其他账户,资金不回流或者不完全回流到开票人;开票人以报销费用、支付工资、销售提成、折扣返利等方式另外向受票人回流资金。在增值税专用发票涉票案实践中,很难以"资金不等额回流"来证明行为人的行为涉嫌虚开。

4. 资金回流的账户特征

在增值税专用发票涉票案件中,行为人的资金链条呈现的特征是:行为人为保证资金安全及时获取开票手续费,实际控制人亲自或极少数核心人员操控账户,进行电子银行业务转账,表现为资金快进快出、账户交易频发、过渡性质明显。从现有的案例看,不外乎呈现这样几种情形:同一笔等额资金短时间内在受票人账户、开票人账户、其他个人银行账户之间快速流动;短期内相同的受票人账户与个人账户,开票人账户与个人账户,开票人账户与其生产经营无明显关系、无真实债权关系的第三人账户,个人账户与个人账户频繁发生资金收付;短期内个人银行账户资金或与其生产经营无明显关系、无真实债权关系的第三人账户资金转入受票人账户后向开票人账户转出;开票人账户短期内将受票人转入资金转入个人银行结算账户或与其生产经营无明显关系、无真实债权关系的第三人账户;开票人账户资金快进快出,不留余额或者留下少量余额后转出,过渡性质明显;个人银行账户短期内频繁提现,再存入受票人银行账户;开票人银行账户短期内频繁提现后存入个人银行账户或受票人银行账户;第三人账户频繁提现,以受票人名义存入开票人账户,或存入受票人账户的;长期闲置的个人账户原因不明地突然启用或者平常资金量小的账户突然有异常资金流入,且短期内出现大量资金收付;账户销户前发生大额资金收付。从证据的相关性看,出现的这些情形往往与被检查对象的增值税专用发票并没有关联,因此税务机关在检查时要注意找到相关性,否则检查了很长时间,最后还是因为不能形成证据链,导致证明力度不够。

(二) 检查资金回流

在案例中“资金回流”的方式多种多样。要查清资金回流并不容易。一般来讲,税务机关在检查行为人的资金回流时,会涉及合同、收据、收货或者发货单、运输单据、对账单、发票等,并检查“资金回流”与所依据的合同等材料是否一致。重点在两个方面:行为人是否已经出具和接收增值税专用发票以及是否入账纳税;行为人首次资金流出者与接收者之间是否存在真实交易。

1. 检查银行账户是重中之重

《税收征收管理法》第 54 条第(6)项规定,税务机关有权查询从事生产、经营的纳税人在银行和其他金融机构的存款账户,查询案件涉嫌人员的储蓄存款。《税务稽查工作规程》第 10 条规定,税务机关应当在所属税务局的征收管理范围内实施税务稽查。前款规定以外的税收违法行为,由违法行为发生地或者发现地的稽查局查处。税务机关检查银行账户不受被检查对象所在地税务机关地域管辖限制,即增值税专用发票案件被检查对象开立的单位银行账户、上下游业务链条上的涉案银行账户以及其他涉案银行账户,资金链条涉及的个人银行账户,无论银行账户是否开立在本地,均可由被检查对象所在地的税务机关凭全国统一格式的《检查存款许可证明》到银行或其他金融机构进行查询,使用的文书是《税务检查通知书》,文书号是“检通二”不是“检通一”,依据是《税收征收管理法》第 57 条。税务机关通过银行检查涉案账户资金交易明细,获取相关资料,由此判定行为人是否存在"资金回流"。

1)资金链条涉及的资料

资金链条涉及的资料包括行为人的账户名称、账户号码、所有者姓名、证件号码、所属银行、个人银行账户与案件主体关系等。这些资料获取的渠道有:税收征管资料中《银行账号报告表》中的银行账户;委托协查资料或受托回函资料中提供的银行账户;增值税专用发票上载明的银行账户;审计部门转交的审计线索中的银行账户;上级税务机关下发的资金交易信息中心的银行账户;中国人民银行反洗钱部门转交的银行账户;"金三"税收管理系统财税库银联网中实际缴纳税款的银行账户、个人银行卡号;工商登记资料中的银行账户;行为人财务账簿资料中"银行存款""库存现金""其他应收款""其他应付款""实收资本""短期借款"等科目发生额对应记账凭证中所附原始凭证中涉及的银行账户;公安机关提供的银行账户;通过询问笔录获取的涉案人员的银行账户。对个人银行卡只掌握银行卡号,不知道开户银行归属地的,可先通过中国人民银行查询。

税务机关通过行为人账户资金交易记录,可以追踪到行为人资金链条。

2)检查与涉案资金链条相关的记账凭证

税务机关可以从"金三"税收管理系统、增值税专用发票新系统中提取增值税专用发票开具报税、认证抵扣数据,结合电子查账系统中被检查对象账套数据,进行检查分析。重点在被检查对象财务会计记账凭证,需要检查行为人的记账凭证号、凭证摘要、开具(获得)增值税专用发票的代码、号码、开具时间、认证时间、金额、税额、销方(购方)名称、销方(购方)纳税识别号,认证结果、开具情况。

3)检查与证据链条相关的账户

凡是在被检查对象资金链条中出现的账户,税务机关都要进行检查,检查的范围包括人员姓名、身份证号、电话号码、社会关系及与被检查对象的对应关系、工作单位、联系方式等信息;还可以涉及被检查对象的法定代表人、财务负责人、股东等人的家庭关系、姻亲关系、社会关系。同时,还要根据被检查对象工资表上人员资料、调取社保缴费人员资料、通过询问笔录获得的其他有关人员资料、被检查对象记账凭证中涉及的个人银行账户户名资料、银行账户交易记录中资金链条流转涉及的个人银行账户。

4)开展银行账户查询

《金融机构协助查询、冻结、扣划工作管理规定》第 14 条规定:"金融机构协助有权机关查询的资料应限于存款资料,包括被查询单位或个人开户、存款情况以及与存款有关的会计凭证、账簿、对账单等资料。对上述资料,金融机构应当如实提供,有权机关根据需要可以抄录、复制、照相,但不得带走原件。"第 15 条规定:"有权机关在查询单位存款情况时,只提供被查询单位名称而未提供账号的,金融机构应当根据账户管理档案积极协助查询,没有所查询的账户的,应如实告知有权机关。"在增值税专用发票检查过程中,税务机关查询的内容应包括被检查对象资金链条涉及的账户的开户、销户、账户余额、资金往来情况等。具体来讲可以查询账户开户、销户、账户资金交易情况、交易明细信息,包括交易的名称、交易银行账号、交易银行名称、用途(留言)等,可以要求银行提供该账户 Excel 电子文件。由于现代支付结算体系的广泛使用,一般银行均可提供银行账户交易情况的电子文件,检查中应取得银行账户交易情况电子文件,以便于筛选、分析、比对资金链条情况。

2. 充分收集资料

税务机关在进行增值税专用发票检查时,需要根据案件的实际情况多方面多层次收集与案件相关的资金链条资料。主要有:从开户银行调取单位账户开户资料。调取法定代表人身份资料、委托代理人身份资料以及授权委托书;从开户银行调取个人账户开户资料。调取银行留存开户申请人身份证明文件,由他人代理开立个人银行账户的,代理人、被代理人的有效身份证件、委托书、开户申请书的复印件;从开户银行调取账户交易情况。调取查询时限内账户资金的全部交易情况并加盖印章,至少应包括交易日期、交易时间、被查询账户账号、交易卡号、摘要、借方发生额、贷方发生额、账户余额、对方账号、对方户名、对方行号、对方银行名称、交易渠道、交易机构名称等交易要素,同时请银行提供包含上述账户交易要素的电子文件;从开户银行调取账户销户资料;从开户银行调取账户余额情况。调取银行账户余额,以及账户最后一笔交易发生时间、金额。

3. 数据分析比对

部分税务机关已经与银行等机构联合建立数据中心,采用"系统＋人工辅助分析透视或者人工进行数据融合再分析"的方法对资金交易数据进行分析。旨在通过大数据、人工智能等技术的运用实现银行、税务部门间数据共享,搭建涉税涉票的智能化分析系统,高效识别涉税涉票线索、快速预警风险。通过融合第三方提供的信息,综合发票链条、资金链条、货物流转链条、信息流链条等数据,分析相关链条资金。

税务机关采用计算机系统分析的可利用资金链条进行资金回流的智能分析。税务机关采用系统智能分析资金交易数据的,可以导入被检查对象账户、个人账户资金交易数据和被检查对象发票链条电子底账数据,通过设置预警指标方式进行;可以会同发票数据,根据回流金额、相似度等参数进行智能匹配,找出疑点;再根据相关参数进行资金回流智能分析,进行流向展示分析后的结果,指导资金链条的追查方向;最后由系统自动生成检查底稿及相关附件,自动生成资金回流路径。税务机关采用人工对资金交易数据进行透视分析的,可以将账户资金数据、企业账套数据、发票票流数据、涉案人员数据交互融合、分析比对。追踪资金链条流动轨迹、查找资金回流账号,查明资金回流金额,勾画资金链条路径。

（1）将开受票人交易资金往来的记账凭证全部筛选出记账日期、记账凭证号、摘要、借贷方发生额等要素。查找开票人记账凭证所附银行收付款回单，将收付款账号、支付时间、支付金额录入进行比对分析。税务机关在检查原始回单中要注意，如为柜面转账的，应要求银行按规定格式打印回单并加盖银行印章；如为网银转账的，要检查回单中标注的补打次数、是否有补制回单重复入账的情况。在检查中，税务机关要注意是否有伪造回单入账的情况，可通过检查银行存款对账单或查询的账户交易情况进行判定。检查中，还要注意是否存在受票人有支付凭证但通过调取开票人银行对账单证实开票人并未收到相应款项或收款凭证的情况。如果是通过银行账户存入现金的，要检查现金交款回单注明的款项来源、交存金额、业务交易流水号、交易时间，做好记载。由于现金交款银行提供的账户交易情况中交易对方会显示为空白，税务机关可以利用上述记载要素，在银行提供的账户中筛选出账户存现的全部数据，再通过查询"其他应收款""其他应付款"科目对应的借款人个人银行账户，或其他个人银行账户同等金额的提现情况，追踪资金链条。

（2）对收集到的资金交易数据，与被检查对象账套核算账列数据、开受票人发票链条数据、被检查对象涉及人员数据融合、分析比对。

首先，倒查资金链条。通过受票人银行账户交易数据，筛选出开票人的全部交易数据，与票面数据、账套数据比对支付金额是否一致。再通过交易时间，筛选出交易时间为原点的短期内该账户全部交易数据。沿着资金链条追踪支付款项的来源渠道，抓住每笔资金流转金额追踪资金注入转出账户。

其次，检查个人银行账户交易数据。通过追踪资金的流转轨迹、查找流转账户账号、与收集的资料进行比对，找到问题的症结。

最后，顺查资金链条。通过开票人银行账户交易数据发现收取受票人交易资金后的流出情况，分析交易摘要、备注留言、交易方式、交易频次等价值数据，追踪资金链条轨迹，查找资金回流情况。

4. 固定资金回流证据

前面已经提及需要注意资金回流证据的相关性，因此税务机关对发现的行为人交易资金回流的交易时间、账户账号、交易地域、回流途径、资金金额、交易时间等信息要予以固定，并且要注意与检查案件的关联性，否则不能形成完整的证据链，根本不能发挥证据作用，达到证实被检查对象存在增值税专用发票涉票行为的目的。从现有的增值税专用发票案件看，税务机关在进行增值税专用发票案件检查时，往往在"资金回流"方面下的工夫比较多，调取的资料非常多，这些资料大多数是从受票人账户流出了多少资金，从开票人账户流出了多少资金，流出的资金到了哪些账户，但是这些资金与增值税专用发票究竟有多大的关联性根本得不到体现，即是二者之间缺乏联结证据，最后检查人员只能主观地认为被检查对象存在"资金回流"。这种情况的出现,主要症结是现实中的增值税专用发票案件涉及的资金流转链条比较复杂,很难查实。当然,这也是"技术活",需要技巧。

在增值税专用发票案件中,税务机关在检查时,被检查对象也会就资金回流的问题做出解释说明,说明的理由往往是业务往来款、借款还款、投资款项、垫资款等。其实被检查对象的这些理由,税务机关是很难否定的,唯有通过其他证据来证实被检查对象的理由的虚假性,否则只能是怀疑。

检查实践中,部分税务机关会依据《最高人民法院关于行政诉讼证据若干问题的规定》和《国家税务总局关于进一步做好税收违法案件查处有关工作的通知》,向被检查对象发出《税务事项通知书》,限期被检查对象提供对其有利的借贷、投资、代采购等书面协议和借款凭据,期限届满被检查对象拒不提供有关证据的,其辩解资金回流理由可不予采信。被检查对象提供有关书面证据的,税务机关进一步检查借还款时间、金额与虚开发票涉及资金链条转时间、金额是否冲突,同时委托司法鉴定机构对被检查对象提供的书面资料的签署时间、人员签字进行司法鉴定,确定协议、凭据实际签署时间,证明是否存在事后补证提供虚假证明材料的事实。

资金回流的账户表现特征为资金快进快出、账户交易频发、过渡性质明显,一般在 24 小时内账户资金流入后即流出。但是,在当前的经济生活中,商事主体为了生产经营在何时转账、转多少次、每次转多少、转给谁,其有自主权,不受法律限制。所以,本书认为:如果被检查对象存在资金回流,只能是说明被检查对象存在增值税专用发票涉票行为的嫌疑。资金回流在认定增值税专用发票涉票行为中虽然有作用,但是如果不能形成完整证据链条即定性被检查对象的行为是增值税专用发票涉票行为,显然缺乏严谨。

第三节　检查汇票支付结算链条

一、汇票制度

(一) 票据和汇票

1. 票据

票据,是指以支付资金为目的的有价证券,即出票人根据《中华人民共和国票据法》签发的,由其无条件支付确定金额或者委托他人无条件支付确定金额给收款人或持票人的有价证券。票据包括汇票、支票和本票,是单位使用最广泛的非现金支付结算工具。

2. 汇票

汇票是出票人签发的,委托付款人在见票时或者在指定日期无条件支付确定的金额给收款人或者持票人的票据。汇票分为银行汇票和商业汇票。银行承兑汇票一式三联,第一联为卡片,由承兑银行作为底卡进行保存;第二联由收款人开户行向承兑银行收取票款时作联行往来账的付出传票;第三联为存根联,由出票人编制有关凭证。

3. 汇票的支付工具作用

汇票是一种远期支付工具,汇票从出票、背书、贴现、承兑到付款,流转环节多。出票人既可签发票据将其交付给收款人,又可将汇票权利以背书转让的方式授予他人,以证明其完成交易结算。同时由于汇票的连续传递,会计实务中一般以承兑汇票复印件或电子汇票系统打印件作为入账的原始凭证。

4. 汇票在增值税专用发票案件中的情况

从实践看,增值税专用发票涉票案件中利用汇票进行虚假支付结算频发,行为人的做法多样,增值税专用发票涉票案件的开票人、受票人虚构贸易背景将自己作为汇票流转环节的出票人、收款人,利用填开光票背书回流;利用不存在真实交易关系的汇票进行虚假支付结算;或者以汇票持票人的名义,构造资金链条、改变汇票记载事项、重复复印等方式进行虚假支付结算。从现有增值税专用发票案件看,出现过一张汇票涉及的背书高达45次的案例,并且每一个行为人在会计凭证上留存的凭据都是连真实性都没有核实过的"复印件"。

(二)电子商业汇票

中国人民银行规定,自2018年1月1日起,原则上单张出票金额在100万元以上的商业汇票应全部通过电子汇票办理。

1. 电子商业汇票

电子商业汇票,是指出票人依托电子商业汇票系统,以数据电文形式制作的,委托付款人在指定日期无条件支付确定的金额给收款人或者持票人的票据。按照承兑人的不同,电子商业汇票可分为电子银行承兑汇票和电子商业承兑汇票。电子银行承兑汇票由银行或财务公司承兑;电子商业承兑汇票由银行、财务公司以外的法人或其他组织承兑。电子商业汇票的付款人为承兑人。

电子商业汇票是依托电子商业汇票系统实现在线签发、承兑、背书转让、提示付款等过程的一种新型票据形式。与传统商业汇票相比,电子商业汇票以数据电文形式代替实物票据,以电子签名取代实体签章,以计算机录入代替手工书写,以网络传输代替人工传递,电子商业汇票因其全程电子化特征,因此电子商业汇票不易丢失、损坏,不易伪造、变造。

2. 电子商业汇票在增值税专用发票案件中的情况

电子汇票普及以来，仍然不断出现假票。出现假票的主要原因就是在银行开户阶段，行为人利用虚假的证件、印章和银行开户审核漏洞开立银行账户，再以此户开具假电子汇票。

目前尚未发现增值税专用发票涉票案件利用伪造、变造电子汇票进行虚假支付结算案例。从披露的增值税专用发票案例看，出现了受票人填发光票后通过电子汇兑系统背书回流到关联企业，以及中间人或受票人通过地下票据交易公司收购电子商业汇票后再通过电子汇兑系统背书给开票人套取增值税专用发票的虚构资金支付的案例。

3. 电子商业汇票的适用主体

（1）钢铁行业。钢铁行业是拓展承兑汇票业务最经典的行业，钢厂、上游焦炭企业、废钢企业、下游钢铁经销商，整个行业结算大量使用票据，钢铁属于广泛使用承兑汇票的行业。

（2）家电行业。家电行业大量使用票据，上游家电电子产品、家电制造商、家电经销商，整个行业大量使用票据产品。大型家电制造企业持有的票据数量巨大，由于其处于绝对强势地位，通常会使用承兑汇票付款，家电流通企业用票量随之增大。

（3）医药行业。医药行业近年来票据使用率节节高升，制药企业对上游原料企业而言处于强势地位，结算货款时通常会使用到承兑汇票。

（4）汽车行业。大型汽车厂商都属于电子银行承兑汇票大户。汽车经销商对银行需求的主要融资工具也是票据，既有银行承兑汇票，也有商业承兑汇票。

（5）工程机械行业。工程机械车产业链是典型的"N＋1"模式，即以工程机械车厂商为核心，上游涉及零部件供应商、轮胎供应商、钢铁供应商等，下游涉及工程机械车经销商及终端用户。整个产业链非常完整，上下游用户数量众多，资金流量较大，票据使用量大。

（6）煤炭行业。煤炭行业是资金密集型行业，大型煤炭企业在采购煤矿机械、支付运输等交易活动中会大量使用商业承兑汇票。

（7）石油行业。石油产业链从原油开采、炼化、成品油批发大多都使用电子银行承兑汇票。

（8）有色金属行业。有色金属这个大行业当然属于票据大户。

（9）铁路、电力、电信垄断行业类企业。铁路、电力、电信垄断行业是使用票据比较多的行业，这类行业的用户大多使用电子银行承兑汇票支付，因其实力强大，通常开票时不会给银行保证金。

（10）部分事业单位。公路交通管理部门、综合性大学、大型医院等事业单位，实力较强，履约能力较好，其签发的汇票在市场接受程度较好，因此近年来使用票据逐年上升。

使用汇票数量大的行业,增值税专用发票的使用量也比较大。这些行业也是税务稽查的重点行业。

4. 电子商业汇票的票面要素

根据现行票据法律规定,电子商业汇票的付款期限自出票日起截至到期日,最长不得超过1年。票面金额以人民币为计价单位,单张票据金额不得超过10亿元。票面的承兑日期等于或者晚于出票日期。票据正面及背面存在转让标记表明该票据是否可再转让。

电子汇票号码分为5个部分,共30位,全部由阿拉伯数字组成,具体结构如下:(1)票据种类标识为两种:1为银行承兑汇票,2为商业承兑汇票。(2)支付系统行号为出票人开户行的支付系统行号。(3)出票信息登记日期是票据信息成功登记到ECDS的工作日。(4)当天流水号为ECDS系统当天唯一的流水号。(5)校验码为ECDS系统自动生成,用于防止录入错误。

票据正面右上角的票据状态为电子商业汇票特有要素。企业客户在票据流转过程中主要会遇到以下几种票据状态:出票已登记、提示承兑待签收、提示承兑已签收、提示收票待签收、提示收票已签收、背书待签收、背书已签收、买断式贴现待签收、买断式贴现已签收、提示付款待签收、提示付款已签收待清算、票据已结清。票据在流转过程中,不同的交易行为都会以背书的形式在票据背面记载。发生背书转让行为时,会留下转让背书;发生贴现行为时,会留下贴现背书等。背书记录内容包含交易类型、交易对方名称、转让标记及交易日期。

二、检查汇票支付结算的真实性

(一) 检查票据的真实性

税务机关可以检查开票人、受票人"应收票据""应付票据"明细账中,对应科目为"银行存款""应付账款""应收账款"的记账凭证及所附原始凭证、票据复印件,票据使用粘单的,要提取粘单复印件、交易方双方收到或支付票据的证明文件;开票人、受票人内部收支款项的审批单证、贸易合同。

以受票人为出票人的,应到其承兑银行调取承兑协议,检查承兑银行是否有真实的委托关系,检查开票人受票人现金流量表、银行存款账户余额、检查其是否按承兑银行要求存入一定比例的保证金,综合判断商业承兑汇票的付款人是否有足够的支付能力。

(二) 分析汇票数据

税务机关要计算开票人、受票人利用汇票支付结算占其全部资金结算比例,占比较高的汇票应列入涉税疑点排查。

检查中,如果税务机关发现被检查对象票据支付结算业务较多,应将从受票人处调取的汇票进行检查分析,检查分析的内容涉及凭证日期、凭证编号、应收(应付)票据发生额、对应科目发生额、开受票人名称、票据种类、票据号码、出票人名称、收款人名称、承兑行或承兑人开户行行号、承兑人名称、出票日期、承兑日期、到期日、金额、承兑协议合同编号等。重点是判断是否出现承兑汇票号码重复的情况,对号码重复汇票发起委托协查或外地协查;对汇票出票金额进行筛选,对出票金额巨大的纸质汇票应发起委托协查或外调检查;结合开票人、受票人在业务链中的环节对汇票流转过程进行排查,如出现逆流程流转汇票,应重点检查。

(三) 调查取证

税务机关查询承兑汇票,可以到出票人处调取其签发汇票的存根联复印件。到出票人处取证的,由出票人在承兑汇票复印件上添加说明:"此承兑汇票复印件与我公司承兑汇票存根联一致,存根联原件存于我公司",并加盖印章。

除了到出票人处取证,税务机关也可以到银行查询。银行主要根据承兑汇票右上角的号码在其系统内进行查询。《中国人民银行关于启用 2010 版银行票据凭证的通知》规定,汇票号码为 16 位,分上下两排,每排 8 位数字。第一排 8 位数字为票据代码,其中第 7 位为票据种类(5 为银行承兑汇票、6 为商业承兑汇票),第二排 8 位数字为流水号。如果某汇票在出票银行或电子商业汇票系统内无法查到。税务机关可以进一步提供承兑汇票中的出票人名称、收款人名称、承兑行或承兑人开户行行号、承兑人名称、出票日期、承兑日期、到期日、金额、承兑协议编号等信息给银行做进一步的核实筛查,以便确认银行系统中确实无此笔汇票记录。

对查询结果,一定要由银行出具查询意见:"经我行查询,无此银行(商业)承兑汇票",或"此纸质汇票复印件与原件一致,原件存于我行"并加盖印章。对电子商业汇票,应由银行打印该汇票正面及背书转让、贴现、承兑的全部信息并在打印件上加注"该打印件从电子商业汇票系统中提取打印,与原始载体记载的电子数据核对无误"并加盖印章。

税务机关根据查询情况,结合其他证据,判定该银行承兑汇票是否涉嫌虚假结算支付。

(四) 重点检查汇票的背书

《中华人民共和国票据法》第 27 条规定,持票人可以将汇票权利转让给他人或者将一定的汇票权利授予他人行使;第 30 条规定,汇票以背书转让或者以背书将一定的汇票权利授予他人行使时,必须记载被背书人名称。《支付结算办法》第 33 条规定,以背书转让的票据,背书应当连续。持票人以背书的连续,证明其票据权利。非经背书转让,而以其他合法方式取得票据的,依法举证,证明其票据权利。背书连续,是指票据第一次背书转让的背书人是票据上记载的收款人,前次背书转让的被背书人是后一次背书转让的背书人,依次前后衔接,最后一次背书转让的被背书人是票据的最后持票人。《支付结算办法》第22条规定,票据的签发、取得和转让,必须具有真实的交易关系和债权债务关系。但是,增值税专用发票案例实践中,经常出现该笔汇票没有背书给受票人;该笔汇票虽然背书给受票人,但受票人没有背书给开票人;该笔汇票背书给受票人,但由其他票据持有人背书给开票人,未依次前后衔接的。如果出现类似情况,税务机关可以从以下几方面进行检查:

(1)调取汇票。到出票(付款)银行调取该汇票的复印件并加注"此复印件由我银行提供、复印件与原件一致,原件存于我银行";或者是由银行打印电子商业汇票的正面及背书转让、贴现、承兑的全部信息并在打印件上加注"该打印件从电子商业汇票系统中提取打印,与原始载体记载的电子数据核对无误"。

(2)检查汇票的背书。汇票的出票、背书等流转环节应当连续不得有中断遗漏,且必须按银行预留印章签章。正常经营业务的开票人和受票人企业名称应在承兑汇票的出票人(付款人)、收款人、被背书人等流通环节中体现。

开票人从受票人取得的汇票由开票人再背书转让、或向银行贴现或由该汇票付款人付款的,经检查双方业务交易真实的前提下,还应由开受票人举证证明该汇票为受票人以其他方式取得的非经背书转让给开票人。否则,可判定该银行承兑汇票实际资金链条与开票人受票人双方账列交易资金链条不符。结合其他证据,可判定该银行承兑汇票实际结算资金链条与开票人、受票人双方账列交易资金链条不符,开票人、受票人双方通过该汇票的结算支付为虚假支付。

开票人从受票人取得的汇票由开票人再背书转让、或向银行贴现或由该汇票付款人付款的,如果经检查货物流转链条、发票链条证实双方业务交易真实,可判定该银行承兑汇票实际资金链条与开票人受票人双方账列交易资金链条相符。

(3)检查是否存在置换汇票等情形。在对汇票的背书进行检查时,税务机关还要注意被检查对象是否存在"置换汇票、票货分离、卖货漏销、卖票牟利"等情形,并进一步判定其合法性。

① 置换汇票:中间人或受票人通过地下汇票交易媒介利用现金收购纸票或电子汇票,完成用现金置换汇票后,将汇票背书转让给开票人,开票人再将汇票背书转让给原材料供应商或上游客户。

② 票货分离:中间人持受票人授权委托或受票人直接从工业生产型企业处或者商品交易会员单位(代理商)交割仓库处以自提或委托发货方式将货物提出,取得开票人开具的增值税专用发票,完成票货分离。

③ 卖货漏销：中间人或受票人将提取的货物销售给小规模纳税人或不需要增值税专用发票的他人或者个人消费者，以现金方式收取货款不计收入。收取的现金又用于地下汇票交易媒介收购汇票，循环往复。

④ 卖票牟利：中间人将从开票人处套取的发票出售给需要发票的受票人抵扣税款及虚增成本或取得虚假进项继续对外开具增值税专用发票。受票人如果"虚进虚出"，在受票人环节或下一增值税专用发票开具环节发生"变名销售"；受票人如果"虚进不虚出"，取得虚开增值税专用发票，可能涉嫌偷税，其判断根据是《国家税务总局关于纳税人取得虚开的增值税专用发票处理问题的通知》（国税发〔1997〕134号）、《国家税务总局关于〈国家税务总局关于纳税人取得虚开的增值税专用发票处理问题的通知〉的补充通知》（国税发〔2000〕182号）。当然，这两个税收规范性文件是否与《税收征收管理法》第63条第1款在逻辑上相通，则需要另外评判。

（4）检查发票业务往来。对于真汇票真背书转让的情况，特别是一天内多次背书转让的电子汇票，税务机关要在增值税专用发票系统中查询背书转让的前后手企业是否发生发票业务往来，涉及外省企业的可利用其他平台查询分析发票链条。如果汇票前后手未发生增值税专用发票业务往来的，可视为嫌疑对象，开展前后手交易真实性和债权债务关系检查，并询问开票人业务经办人员、检查货物流转链条、实际购货人等进行综合判定。

（5）检查分析汇票流向逻辑。如果汇票出票人为受票人，收款人为开票人，但开票人将该汇票背书转让给后手，后手再背书转让给受票人的关联企业或其他企业。税务机关可以检查行为人是否利用银行承兑汇票虚构资金链条，完成利用真汇票、真背书的虚假结算支付。

总体上讲，行为人利用汇票进行增值税专用发票涉及的资金支付结算并非全部存在违法行为，税务机关在进行检查时可以注意区分其合法性。

第四节　检查账列债权债务

在增值税专用发票实践中，有的行为人不以现金、转账或者汇票等方式处理交易资金结算支付，而是采取"挂往来"的方式进行资金结算支付，甚至再以诉讼、仲裁的方式进行处理。以诉讼、仲裁的方式虚列债权可能涉及虚假诉讼，虚假诉讼是当前被刑法打击的。

一、基本情况

(一) 开具富余票挂往来

开票人销售货物收取现金,购货人不要增值税专用发票,因此开票人对增值税应税收入不入账或账外收款不申报不开具增值税专用发票,生成开票富余额度,再向受票人开具发票后,长期挂应收账款。

(二) 无货开具挂往来

受票人与实际供货人达成交易购进货物,用现金支付实际供货人货款,开票人开具增值税专用发票后长期挂应收账款。

(三) 多开具部分挂往来

开票人向受票人开具超出实际交易部分的增值税专用发票,真实交易部分开票人已收取货款,开具超出交易额增值税专用发票部分挂应收账款。

(四) 虚列债权

开票人向受票人开具增值税专用发票后,从未收取过受票人"货款",自检查之日开票人账列借记"应收账款——受票人"借方余额等于发票金额;开票人向受票人开具增值税专用发票后,以其他方式收取过"货款",自检查之日开票人账列借记"应收账款——受票人"借方余额长期未发生变化;开票人对外开具的发票,全部账列应收账款。

(五) 虚列债务

受票人已入账并申报抵扣税款,部分或全部资金未支付,长期挂应付账款,开票人已经走逃(失联)或注销的;收购或购买农产品后未付款或者自己给自己开具农产品收购发票后挂应付账款的;多虚抵增值税部分挂应付账款,受票人真实交易部分已支付货款,虚开发票部分挂应收账款的。

二、检查虚列债权债务

在增值税专用发票检查中,已经发现了利用虚列债权债务进行增值税专用发票涉票行为的案例。从主观故意上看,一种情况是行为人明知没有真实货物交易,也未进行虚假现金支付、未利用银行账户回流资金、未利用承兑汇票虚假支付结算的,仍然故意账记应付账款;另一种情况是受票人法定代表人或经办人员支付实际供货人现金货款,受票人代理记账单位或专兼财会人员不愿承担风险,在没有相关原始支付凭证的情况下,账记应付账款。

鉴于此,税务机关在增值税专用发票检查过程中,要注意检查被检查对象应付账款明细账,预收账款明细账;检查受票人与开票人之间是否存在库存商品或设备等抵偿债务业务发生而会计未做处理情况;检查受票人与开票人之间是否存在合同异议、质量纠纷情况;检查是否存在因债权人缘故确实无法支付的应付款项,受票人是否计入营业外收入;加强对长期挂应付账款的情况的检查。

对于虚列债权债务开具增值税专用发票,在实践中还有新情况要予以重视。个别行为人为了把虚列债权债务情况"做得"更真实,会以诉讼仲裁的方式进行,通过法律文书来证实债权债务的真实存在,继而证实增值税专用发票涵盖有真实的交易关系。

三、检查增值税专用发票涉及的利益

绝大多数类型的增值税专用发票涉票案件会存在利益获取,往往体现为所谓的手续费、辛苦费、"茶水费"等。在增值税专用发票检查过程中,一方面要检查是否存在利益获取,另一方面还要注意利益的归属是单位还是个人,这是区分是单位行为还是个人行为的关键。

支付虚开发票手续费,是指受票人按开具的增值税专用发票金额的一定比例向开票人或中间人支付的款项。收取开具的增值税专用发票手续费,是指开票人按虚开增值税专用发票金额的一定比例向受票人或中间人收取的款项。主要方式是从资金往来中直接扣除开具增值税专用发票的手续费;或者是另外通过其他银行账户单独收付开具增值税专用发票手续费;或者是以其他方式收付手续费。

对于所谓手续的检查问题,税务机关可以调账检查并采取询问的方式进行,主要检查支付业务的真实性。

案例解析　**300 亿元特大黄金票案①的警示**

一、案例引入

上下游涉案总价税合计 318.08 亿元,涉及 21 省 36 市 372 户企业。原江苏省徐州市国税局与警方联手,将 3 个利用黄金交易虚开增值税专用发票的团队进行了查处。

一克黄金,降价几毛钱,似乎不是什么大事。可原江苏省徐州市国税局调查发现,嫌疑人正是从这几毛钱开始,直至涉嫌金额高达 300 多亿元的黄金票虚开案。

筛选分析　发现 7 家雷同公司

"2014 年 8 月,我们开展了为期两个月打击虚开专项整治行动,由此牵出了这一起大案。"时任徐州市国税局局长刘晓东告诉记者。据他回忆,当时选案人员设计了内嵌 14

---

① 案例来源:国家税务总局徐州市税务局,2016 年 11 月 15 日。

个选案指标的黄金票案选案模型,经过江苏国税数据情报综合管理平台分析筛选,发现徐州仟京贸易公司(简称徐州仟京)、江苏宝财物资贸易公司(简称江苏宝财)等 7 家公司存在"销售对象均非黄金使用单位、销项离散度大、进销项不符、发票领用量与开票金额过大、存货周转率畸高"等疑点,涉嫌虚开增值税专用发票 9 851 份,金额 29.89 亿元,税额 5.08 亿元,价税合计 34.97 亿元。7 家公司成立时间、注册地址和经营范围均雷同,该局初步判定应为团队作案。

案情重大! 该局商请徐州市公安局经侦支队提前介入。2014 年 9 月 22 日,税警联合专案组成立,"9·22"虚开增值税专用发票案的侦查大幕就此拉开。

找准切入点　破解虚假信息

"我们当即对嫌疑企业展开初查,没想到,却碰了个钉子。"参与案件调查的一位稽查人员回忆说。原来,稽查人员查询涉嫌企业法定代表人和投资人信息后,发现其均为来自河北、山西和黑龙江等地的异地人员。警方初查发现,这些人并没有到徐州的出行记录,说明嫌疑企业各类注册信息和人员登记信息均为虚假信息。这些人反侦察能力较强,如果贸然出击,嫌疑人很可能闻风而逃,如何找准切入点成为侦破该案的关键点。

发票流可通过税收数据情报平台查询,这仅是一项基础性工作。货物流检查难以形成强有力的证据。人员流和信息流均难以挖掘有价值线索。对发票案件犯罪链条中"发票流、货物流、资金流、人员流和信息流"5 个要素一一考量后,专案组果断选择了资金流作为切入点。"资金流能够反映资金收付人员的真实身份、交易明细、资金规模和人员关系架构等多层次信息,具有较强的可靠性和指向性。"一位专案组人员解释道。

这位专案组人员表示,"9·22"专案具有涉案资金账户多、时间跨度大、地区跨度广三个显著特点,传统点对点查询方式显然无法适应查办要求。为此,专案组向上级及时汇报案情,在国家税务总局稽查局、公安部经济犯罪侦查局、江苏省国税局稽查局和江苏省公安厅领导的大力支持和统筹协调下,获取了中国人民银行反洗钱中心提供的 4 轮次详尽涉案资金账户及交易记录信息。其中,资金交易账户达 2 077 个,资金交易的总量达 4 163 亿元,资金交易条数达 17.89 万条。

资金追踪　确定基本事实

如何从获得的海量数据中找出资金回流的证据? 专案组决定,首先追踪资金源头,查找第一手资金由谁投资、控制。专案组查找企业注册成立时初始注册资金的注入人身份信息及账户号码和银行账户开户后注入第一笔资金人的身份信息,同时,根据第一笔开具发票的时间,寻找对应的资金注入人身份信息及账户号码。

经过一番梳理,专案组梳理出徐州仟京等团队公司资金回流信息 1 121 条,江苏宝财等团队公司资金回流信息 2 177 条,掌握了其资金回流路线图。

结合资金追踪,专案组检查发票流和货物流,寻找黄金去向及受票方向。同时,通过梳理高危开票企业信息,筛查可疑银行账户,掌握高危虚开人员信息,追踪可疑银行账户,最终锁嫌疑人金某、周某某、徐某某、周某和何某某等人,并圈定了涉票企业及嫌疑人的 612 个账户。

集中处理涉票人员

612 个账户涉及众多省市,区域跨度广,传统的点对点冻结涉案账户方式不能适应案件需要。专案组及时调整思路,迅速梳理涉案账户所在银行的分布,报请国家税务总局稽查局、公安部经侦局寻求支持,在各银行总部(13 家在北京、2 家在上海、2 家在深圳)由上至下集中冻结所有涉案账户。

2014 年 11 月 19 日,专案组指挥部确定北京、上海、广州、深圳、徐州和台州的 6 个小组同时行动,找到了 10 名嫌疑人,包括江苏宝财等团队公司的主要嫌疑人徐某某,徐州仟京等团队公司的主要嫌疑人金某。

此后专案组把握稍纵即逝的战机,连续作战,锁定昆山兆通金属等团队公司的主要嫌疑人贺某并成功找到。至此,“9·22”黄金票专案扩展到 3 个团队。

专案组查明,3 个团队采取票货分离,先从上海黄金交易所套取增值税专用发票用以抵扣,再针对金税工程不比对汉字信息的缺陷,将最初环节货物品名为标准黄金的进项发票变造成最终环节为钢材、煤炭的发票,实施从套取发票、分销黄金、配单配票、变造虚开、层层洗票到资金空转的一系列关联涉票活动。

其中,金某团队通过掌控的徐州仟京等 4 家公司把资金打入上海黄金交易所某会员单位的代理专用账户,套取进项发票予以抵扣的同时,以每克低于盘口价 0.8 元的价格转给某会员单位陈某某操作,陈某某以每克低于盘口价 0.6 元的价格联系王某某实施黄金交割提取,王某某砸除黄金编码或熔成金锭后,以每克低于市场价 0.4~0.48 元的价格将其销往某黄金精炼厂回笼资金,并将钱打入金某控制的账户。资金越滚越少后,金某和周某某“卖”票以补充资金,并从中获利。

从进项来看,套取的黄金票均用于抵扣税款。从销项来看,发票流向均在省外并集中在北京、大连、天津和山西等地。第一层单环节受票的实体用票企业较少,空壳虚开企业较多。从接受代理客户的空壳虚开企业直至最终的实体受票企业中间,尚有多层空壳虚开企业存在,他们采取变造、变更货物品名的方式层层洗票,最终用票单位多为大中型企业。

专案组证实,3 个团队累计套取品名为标准黄金或购买虚开的进项发票 5 073 份,金额 138.59 亿元,税额 23.56 亿元,价税合计 162.15 亿元。在没有真实经营业务的情况下涉嫌虚开增值税专用发票 33 490 份,金额 133.27 亿元,税额 22.66 亿元,价税合计 155.93 亿元。上下游涉案总价税合计高达 318.08 亿元,涉案 21 省 36 市 372 户企业。

二、案例解析

(一) 整体案情

这起虚开"黄金票"案件符合虚开增值税专用发票构成要件。《中华人民共和国刑法》第 205 条规定:虚开增值税专用发票,是指有为他人虚开、为自己虚开、让他人为自己虚开、介绍他人虚开行为之一的,违反有关规范,使国家造成损失的行为。本案具体表现为变造、变更货物品名,为自己、为他人虚开增值税专用发票,主观是故意行为,通过卖"票"回笼资金。

涉案企业利益链条可以分为四个部分:

(1) 套取发票。金某等人通过掌控的徐州仟京等 4 家公司把资金打入上海黄金交易所某会员单位的代理专用账户购买黄金。上海黄金交易所会员单位购买黄金,获取名为黄金的增值税专用发票,金额 138.59 亿元,进项税额 23.56 亿元,价税合计 162.15 亿元,货款全部支付。购买黄金是虚开"黄金票"整个链条的起点,目的就是为了套取大额增值税专用发票。

(2) 分销黄金。金某等人以每克低于盘口价 0.8 元的价格转给某会员单位陈某某操作,陈某某以每克低于盘口价 0.6 元的价格联系王某某实施黄金交割提取,王某某砸除黄金编码或熔成金锭后,以每克低于市场价 0.4～0.48 元的价格将其销往某黄金精炼厂回笼资金,并将钱入金某控制的账户。资金越滚越少后,金某和周某某"卖"票以补充资金,并从中获利。

(3) 票货分离,层层洗票。涉票行为人通过虚构的黄金销售交易把巨额的增值税专用发票分散到下游空壳企业,经过虚开企业之间的"层层洗票",使得下游企业有充分的进项税额,同时延长增值税专用发票抵扣链条,提高可信度,为下一步"变票"交易做准备。

(4) 变造虚开。增值税专用发票的认证主要是比对购销双方信息的真实性,以及开具发票的金额、税额、日期等内容的真实性,不涉及企业购销货物的一致性。由于存在技术上的固有缺陷,税务机关不能识别购销货物严重背离的异常情况。因此,下游空壳企业利用发票认证和抵扣的漏洞,为其他企业变造虚开品名为钢材、建材、日用品的增值税专用发票,以收取高额的开票费。虚开企业与受票企业的交易是整个利益链条的终点,也是产生利润的关键环节。通过改变增值税专用发票的品名,轻易地躲过了税务机关的检查,获得高额的"变票"收益。

综上所述,前三部分的交易都不产生利润,只是为获取利润搭桥铺路,其目的是给 34 家企业输送高额的增值税进项税额,从而为受票企业虚开增值税专用发票,获取高额"变票"收益。第四部分的"变票"销售才是真实的利润点。

（二）资金流操作分析

受票人和开票人双方在企业完成资金操作，那么可能受票人企业账户转款、开票人企业账户收款和现金支票提现、提现后存入相关人员私人账户、私人账户提现再转存受票方私人账户的操作在时间上有一定的连续性。

特征一：资金流转速度快

由于开票人仅仅只是负责开票，这样受票企业往往最为担心的事就是为了制造虚构进货经营业务而汇入开票人资金的安全问题。因此，受票人就会要求开票人在尽可能短的时间把资金转入受票人账户。

特征二：财务资料完整

由于开票人的销售行为是虚构的，为在财务账上做的比较完整，就必须虚构销售货物的相关购进业务活动。

特征三：利润一般是固定的

开票人无任何经营风险，按开票的数量或金额固定收取一定比例的开票费用，这与正常经营业务取得利润的计算方法有很大的区别。

（三）资金流检查在查处虚开案件中所起的作用

资金流检查和对资金回流分析可使虚开发票借以隐藏的形式——虚构经营业务得以彻底暴露。

任何经营业务都伴有经济利益的实现，经济利益实现的主要形式又是通过资金流来完成的，而虚开发票所反映的经济业务因其是虚假的，与虚假经济业务相对应的资金必然会出现回流。因此，资金流检查不仅仅是查处虚开增值税专用发票案件一个很好的切入点，同时也可能是查处其他涉税案件虚假经济业务的一个很好切入点。

对于企业存在的涉税问题，特别是虚开和接受虚开的问题，不但要从单个企业角度进行分析，还要从系统的角度、关联的角度进行分析，分析其上、下游企业在利益实现、价格确认、资金运转等方面是否存在异常、最终结果如何，来判断企业存在涉税违法问题是个案行为，还是有组织、有计划、有安排的团队行为。

三、案件评价

"黄金票"案件属于虚开增值税专业发票中的高难案件，其主要手段聚合了多种虚开的模式，非常难以从整个链条角度予以识别，本案件属于虚开"黄金票"的经典案件。税务稽查人员，通过资金流角度破解了案件核心难点，开创了通过资金流追踪涉票案件而迅速突破虚开发票案件的检查方法，更是率先查清了黄金票案多年悬而未明的黄金出销渠道，厘清了黄金票案实施票货分离、套取发票、分销黄金、配单配票、变造虚开、层层洗票和资金空转的一系列虚开手段。

　　金某等人的手段具有显著的职业化特征：一是团队化。分布在上海、深圳、北京、大连、浙江和江苏等地的多个团队，跨区域、有组织、有分工，多环节闭合式进行虚开发票。二是专业化。他们熟悉国家税收征管制度、黄金税收政策及交易工作流程，具备专业税收知识和实务操作技能。主要嫌疑人之一周某曾从事税收征管工作多年。三是信息化。嫌疑人通过互联网和手机联络，拥有多个身份和银行账户。开票信息通过电子邮件发送，发票通过快递公司送达，交易采取网银结算。

　　随着国家税务总局增值税专用发票系统升级版工作的推进，从事黄金经销的不法分子通过篡改企业名称、货物名称等汉字信息虚开增值税专用发票的活动将得到有效遏制，但本案也反映出现阶段急待改进的一些问题。一是作为上游企业的上海黄金交易所应加强对会员单位尤其是代理客户等单位的监管，严格准入标准，防止其再次成为虚开行为的载体。二是将企业法定代表人、实际经营人、财务人员和办税人员等真实身份信息全部纳入信息化系统管理，与公安系统联网，推行实名制办税，让"虚假"纳税人不再有。（本案例由曹铮撰写）

第十一章　检查货物流转链条

　　货物流转链条是企业生产经营活动的重要组成部分,与资金链条一并构成交易整体。货物链条可能是有形的,也可能是无形的,它应该是开票人与受票人增值税专用发票涵盖的交易合同标的总称,包括应税货物,也包括应税劳务、应税服务。它与资金链条成反向表现形式,"开票人出货,受票人出钱"。通常而言,行为人的货物流转链条与其经营规模、行业特性、营销策略、结算方式等因素都有一定的关系。但是货物流转链条可能是货物发生的物理位移,也可能是产权所有人的变更,但是最终必须实现货物所有权的转移。货物所有权的变更是增值税专用发票是否涵盖真实交易的标志。税务机关检查增值税专用发票案件都会在检查被检查对象的资金链条、发票链条的同时,对其货物流转链条展开检查,查清有无货物流转链条或者是否提供劳务,是否存在"票货分离",使之形成认定增值税专用发票涉票行为的有力证据链条之一。这是传统的检查方法。当然,在当前的经济交易模式下,货物链条作为增值税专用发票检查的重要层面之一,并以检查结果作为增值税专用发票涉票行为的证据之一,已经受到挑战。

第一节　检查交易合同与增值税专用发票

一、检查交易合同

　　开票人、受票人之间的增值税专用发票开具必然会依托相关交易来实现,相关交易的载体就是购销合同。《合同法》第 12 条规定的合同必备条款基本上都是涉税条款,也是涉票条款。税务机关通过对被检查对象购销合同的检查,可以了解其购进和销售货物的交货单位、交货方式、运输方式、到货地点、接货单位或接货人,以及货物的名称、品种、规格、质量、数量、计量单位、计量方法等基本信息,并由此初步判定被检查对象的货物链条是否存在不真实的嫌疑。

二、检查增值税专用发票

将被检查对象增值税专用发票涉及的合同与增值税专用发票进行比对,对比分析增值税专用发票内容、合同内容是否一致,对比分析"购与销"是否关联匹配,确定是否存在无货开具、票货分离开具、变名开具增值税专用发票的情形。具体做法是:结合增值税专用发票及销货清单分析具体情况,将增值税专用发票(含销货清单)的货物信息与购销合同的货物信息进行比对,重点关注是否一致。关注的货物信息包括名称、品种、规格、数量、计量单位等。并进一步通过对购进增值税专用发票商品信息的分析,理清购进原材料(商品)的种类、数量、金额;通过对销售发票商品信息的分析,确定销售商品的种类、数量、金额,从而判定购进原材料(商品)与已销商品之间是否关联、匹配。

第二节　检查真实的交易关系

税务机关检查被检查对象增值税专用发票是否涵盖真实的交易关系,可以从检查货物购销业务的真实性、委托加工业务的真实性、货物运输凭证、货物出入库时间、存货与经营能力的匹配程度等方面进行。

一、检查货物购销业务的真实性

税务机关可以调取被检查对象账列货物的入库和出库单据,并与被检查对象实物登记部门的出入库单据进行比对,确认"账实"是否一致。同时,根据实际情况进行外调或协查,将收集到的上下游企业的货物出入库单据与被检查对象账列资料或实物登记资料进行比对,确认是否发生真实的购销业务。对于出入库单据,要查清其制作背景,是根据增值税专用发票制作的,还是根据某种要求制作的。这一点非常重要。

二、检查委托加工业务的真实性

结合被检查对象资金链条、增值税专用发票链条的检查,收集委托加工业务材料出库的相关资料,与委托加工商品入库的相关资料进行比对分析,确认原材料与加工商品之间是否匹配,从而确定加工业务的真实性。还可以检查被检查对象是否有加工场地、加工设备、加工技术人员等,通过多方面的检查来确定被检查对象的委托加工业务的真实性。

三、检查货物流转链条是否真实存在

通过对被检查对象会计账簿资料进行检查,收集快递、物流等报销凭证资料;到物流部门查阅收发货记录,追查货物的准确流向,并与购销合同上记载的货物流转链条进行对比,确认是否一致。对以签署货物所有权属转移确认文件方式证明货物转移交接的,应对购销合同约定的货物存放地、厂仓、交割仓库开展实地检查,核查货物入仓、在仓、出仓情况。调取购销双方仓储、搬运、物流费用的支付单证与货物厂仓、交割仓收取的上述费用情况进行比对核查;从货物厂仓、交割仓处调取货物交割指令的签发(授权)文书对货物实际提取人提货发运的情况进行检查;对承运单位、运输工具、运输人员进行必要的调查,查清货物最终去向。特别是为了节约物流成本,可能存在委托发货、委托运输的情况,也就是说货物的发出人可能不是开票人,这就需要进一步检查是否存在委托发货等情况。

首先,查找相应会计凭证。根据被检查对象"销售费用""材料采购"等总账、明细账摘要栏注明的内容,查找记录运输费用的会计记账凭证。

其次,查看原始凭证资料。根据被检查对象会计凭证所附运输费用原始资料,了解相关结算信息,包括结算方式(转账、现付、汇票)、结算标准、结算时间等。

再次,梳理运费资金链条。根据被检查对象会计凭证所附运输费用支付原始资料,查找运费资金的流向,特别对相应银行账号的流水记录要全面审查,深入核查是否存在资金回流。

最后,检查结算单位关联程度。对被检查对象发生的运输费用情况进行总体分析,如果同一结算单位经常频繁出现,则应追查运输企业与被检查对象之间是否存在人员、股权等方面的关联关系,进一步调查是否存在虚假物流现象。重点检查运输费用是否符合营运常规,没有单列运输费用的,则应侧重从货物流转链条、资金链条、发票链条以及相关人员等进行调查。

运输费用的问题在案例中是复杂的,有的合同价已经包括运输费用,发货人可能只是代办运输,因此税务机关对运输真实性的检查确定,要通过检查被检查对象是否取得运输发票,如果取得运输发票,要确认运输发票是由税务部门代开还是运输企业自己开具,分析承运人的登记、经营、运力、纳税、开票情况,调查承运业务的经办人、车辆、司机、运输线路、货物交接等环节具体情况,并确定与被检查对象增值税专用发票涉及的业务的关联性。

对被检查对象运输发票记载的信息要结合企业法定代表人、财务人员、营销人员等人员开展询问,进行逻辑性分析,同时结合运输合同相关内容,关注是否存在货物运输起运地、收货地、运输费用支付方式、运输方式等与被检查对象实际情况有悖常理的异常现

象,特别对经核查确认运输发票是涉嫌用来抵扣税款或者来自敏感地区的,可能要重点检查。

如果被检查对象没有取得运输发票,税务机关在检查中就要具体问题具体分析,不能一概而论"没有运输费发票就不存在物流"。检查中出现这种情况,税务机关要进一步检查出入库时间,追查没有取得发票的原因。通过对货物购进入库时间与出库时间的比对,分析判断是否存在货物出入库的问题。

本书认为,判断被检查对象货物流转链条是否正常,既要结合资金链条、发票链条的检查,对其存货进销存数量统计并与被检查对象实际经营能力进行比较,同时还要对被检查对象实际控制人、法定代表人、财务人员、营销人员等人员进行询问,从货物流转链条与经营能力匹配程度下工夫,检查判断货物流转链条的真实存在,而不能只检查了某一方面就下结论。

案例解析 | **从货物流角度对增值税专用发票进行合法性分析**

一、引言

增值税专用发票虚开类型及方式多种多样,无论是对于广大纳税人还是税务管理部门,后营改增时代增值税专用发票风险防控将成为重要内容。本文着重分析一则税务机关重点查"货物流"方面虚开发票的案例,该案例不仅为税务机关查办循环虚开案提供了可借鉴的宝贵经验,同时也为企业被认定为虚开发票时如何避开刑事责任,减轻行政责任提供了思路,该案件对于税务机关和广大纳税人都具有典型意义。

二、基本案情

2016 年 8 月,无锡市税务举报中心接到上级机关转来的税收违法案件交办函称,江苏 J 置业有限公司(简称 J 公司)实名举报无锡 W 物流有限公司(简称 W 公司)、无锡市 E 商贸有限公司(简称 E 公司)和无锡 F 国际贸易有限公司(简称 F 公司)三家企业。根据举报人提供的线索,在 2013—2015 年,W 公司、E 公司和 F 公司这三家企业相互虚开发票,涉及金额约 1.8 亿元。W 公司以钢材买卖为名,与 E 公司、F 公司三家公司虚假交易,最终将资金转移给 J 公司用于开展借贷融资业务。无锡市税务举报中心工作人员在了解相关情况之后,无锡市税务稽查部门随即进行立案调查①。

在对 W 公司实地调查中,W 公司向检查人员提供了与 E 公司签订的《国内货物采购合同》,与 F 公司签订的《国内货物销售合同》,货物收发单以及进销发票等一系列完整的资料。

W 公司提供的资料完整,看起来并无任何破绽,财务管理制度也比较规范,检查人员

---

① 案件来源于《中国税务报》,2019 年 12 月 31 日。

一时也找不出什么异样。之后对 E、F 两家公司进行检查时,检查人员发现两企业均不在注册地址办公,企业法定代表人、财务负责人均已失联,无法从 E、F 两家公司获取有效信息。

虽然检查工作一时受阻,但检查人员通过反复审阅 W 公司提供的购销合同、货物收发单等资料,注意到了在三方交易中承担货物出、入库的 G 公司。原因是 W 公司有自己的物流仓储,自己明明有仓库,却将货物储存在第三方 G 公司。

检查人员到 G 公司进行实地调查,通过多方努力找到了 G 公司股东陈某,在 W 公司提供的供销合同中,陈某是负责货物交接的联系人。G 公司股东陈某称 G 公司与 F 公司、E 公司并无往来,只与 W 公司有零星加工业务,并不清楚 W 公司等三方在 G 公司的仓储提货情况。

陈某提供的信息与 W 公司提供的信息不一致,这让检查人员心生疑惑。于是再次对 W 公司进行核查,检查人员发现了一个“有特点”的异常情况:W 公司与 G 公司的合作方式有委托加工和仓储两种模式。但是只有 W 公司与 E 公司交易时,W 公司与 G 公司之间才有仓储合作。

综合 G 公司股东陈某提供的情况以及只有 W 公司与 E 公司交易时,W 公司与 G 公司之间才有仓储合作这一异常特点,检查人员判断 W 公司很可能伪造了与 E、F 公司交易的相关单据,W 公司提供的 G 公司的出入库单据很可能有假。

为了验证这一判断,检查人员调取了 2013—2014 年与 G 公司有仓储业务的其他两家公司向 G 公司支付仓储费用的记账凭证、发票联以及出入库单据。同时,从举报人处也获得了 G 公司 2013 年 8~9 月的入库单、出库单等资料。

G 公司有完善的货物进出流程,经对比发现,市稽查局调取的同期与 G 公司有仓储业务的其他两家公司的出、入库单据等凭证与举报人提供的单据一致,但是与 W 公司提供的出、入库单据不一致。

调查结果显示,W 公司与 E 公司、F 公司之间的货物交易并非属实,W 公司提供的出、入库等物流单据并非案涉合同下的货物出、入库单据。W 公司涉嫌伪造物流单据,虚构交易事实。

后经查明,E 公司、F 公司是关联公司,实际控制人均为陈某明,且陈某明是 J 公司法定代表人。陈某明称案涉合同的 E 公司、F 公司、W 公司无实际购销业务,是以贸易融资为目的环开票。

发票流方面,W 公司与 E 公司、F 公司签订案涉合同后,E 公司向 W 公司开具发票,W 公司向 F 公司开具发票,F 公司向 E 公司开具发票,形成发票开具与接受的封闭循环圈。另根据 E、F 公司同期进项发票证实,两家公司并无热轧卷板的购入发票。

资金流方面,案涉发票的资金支付是 W 公司向 E 公司提供了首笔资金,之后 E 公司支付给 F 公司,最后 F 公司再支付给 W 公司,资金支付经过三家公司的循环支付又回到 W 公司,但是 E、F 两家公司却无购入热轧卷板的货款支付记录。

货物流方面,W 公司先与 E 公司签订《国内货物采购合同》,之后 W 公司又与 F 公司签订《国内货物销售合同》。形式上,W 公司从 E 公司采购热轧卷板卖给 F 公司,G 公司负责仓储和运输。在履行合同过程中,W 公司依照交易习惯向 E 公司发送《交货通知书》,通知该公司将合同货物交付给具有钢材储备资质的代收单位即 G 公司。G 公司在确认收到每批货物后向 W 公司出具《收货确认书》,之后 W 公司向 F 公司出具《提货通知书》。G 公司依照 F 公司的《提货通知书》及 W 公司出具的《放货通知书》向 F 公司放货,最后 F 公司向 W 公司出具《收货确认书》。最终,F 公司又开票"销售"给了 E 公司,E 公司的热轧卷板货物来源是 F 公司,存在明显的循环交易和开票。经调查发现,E 公司、F 公司同期进项发票并无热轧卷板的购入发票,也无购入热轧卷板的货款支付记录。市稽查局调取的 G 公司同期其他出、入库单据与 W 公司提供的单据不一致。此外,W 公司既不能提供案涉合同项目下货物的仓储凭证以及 W 公司或其上、下游公司交纳出库费的证据,也不能提供仓储费的收取证明。

综上,检查人员认定 W 公司在无真实货物交易的情况下虚开增值税专用发票。随后,检查人员约谈了 W 公司负责人,向其出示了 W 公司虚开发票的相关证据,同时依法向三家涉案公司分别送达了《行政处罚告知书》。由于三家企业收到告知书后均未在法定时间内提出听证申请,税务稽查部门依法做出《行政处罚决定书》。W 公司收到《行政处罚决定书》之后,认为案涉交易合同约定是合同当事人真实意思表示,在交易过程中,其作为中间方并不知情,认为市税务稽查部门做出的行政处罚决定不妥,向无锡市税务局提起了行政复议。在行政复议过程中,W 公司突然撤销了行政复议申请,转而向无锡市滨湖区人民法院提起行政诉讼。

无锡市滨湖区人民法院两次公开开庭对案件进行了审理。2019 年 9 月 27 日,江苏省无锡市滨湖区人民法院依法做出判决,驳回了原告 W 公司请求撤销税务机关《行政处罚决定书》的诉讼请求,判决国家税务总局无锡市税务局稽查局胜诉。

三、典型意义

纵观本案,从税务部门、司法部门以及虚开发票企业角度来看,至少有以下几方面典型意义。

(一)善于挖掘线索,具有敏锐的洞察力

本案中,检查人员在对 W 公司实地调查中,W 公司提供了与 E、F 公司订立的购销合同、货物出入库凭证,以及进项、销项发票等一系列完整的资料。W 公司提供的资料齐全,财务制度也较为规范,看起来并无什么异常,之后对 E、F 两家企业进行检查时,两家企业均不在注册地址办公,企业法定代表人、财务负责人均已失联,无法获取任何有效信息。在上下游企业均失联的情况下,检查工作受阻,无法继续往下推进。但是检查人员并没有放弃,通过反复翻阅 W 公司提供的资料,了解 W 公司的经营模式,捋清交易流程,不放弃任何一条线索。从首次发现"W 公司有自己的物流和仓储,却将案涉合同项下的货物交由 G 公司运输和仓储"这一关键线索,通过对 G 公司实地调查,获得了有用信息,检查人员初步判定 W 公司与 E、F 公司之间订立的合同未真实履行,涉嫌伪造出入库单据,虚构交易事实。其次,由于怀疑 W 公司涉嫌伪造出入库单据,检查人员带着疑问又重新约谈举报人,从举报人处又获得了破案的关键信息,即"E 公司、F 公司是关联公司,实际控制人均为陈某明,并且陈某明是 J 公司法定代表人"。又从举报人处获得了案涉合同下 G 公司的出、入库单据等凭证。再次,通过约谈陈某明,了解到"W 公司、E 公司与 F 公司三家无实际购销业务,是以贸易为形式融资为目的"。检查人员在此过程中凭借敏锐的洞察力,一步步抽丝剥茧,循序渐进,找到了关键信息和证据。虽然查处过程曲折,但是检查人员善于挖掘线索的能力以及在检查过程中表现出的敏锐洞察力对整个案件起到了重要作用,为税务机关成功查办此类虚开发票案件提供了可借鉴的宝贵经验。

(二)从直接和间接两个方向取证,确保证据链条完整

W 公司称三家公司订立的合同是双方真实意思的表示,交易符合"三流一致"的标准,是真实的交易,且提供了出、入库单据等凭证。

关于三家公司之间是否存在真实交易,市税务稽查部门在调查过程中从直接和间接两个方面取证,确保了证据链条的完整性。

从直接方面来看:第一,检查人员调取了 E、F 两家的银行账户交易明细时,未发现 E、F 两家公司从外部购入案涉合同项下热轧卷板的货款支付记录;另外根据调取的 E、F 两家同期进项发票数据,未发现案涉合同项下热轧卷板的购入发票,表明无合同货物来源证据。第二,市税务稽查部门对陈某明所作的调查笔录中,陈某明证实三家公司无实际购销业务,是以贸易为形式融资为目的。第三,市税务稽查部门查询在 2013 年 12 月至 2014 年 12 月,W 公司提供首笔资金,通过四笔购销合同的流转仍旧回到 W 公司。该情况与陈明所述情况相符,证明资金循环不合理。

从间接方面来看:第一,在无法直接证明出入库凭证系 W 公司伪造时,由于 G 公司有完善的货物进出流程,市税务稽查部门调取了同期与 G 公司有仓储业务的其他两家公司的出、入库单据等凭证。经对比发现,调取的同期其他两家的出、入库凭证与举报人提供的 G 公司的出、入库凭证一致,与 W 公司提供的单据不一致。此外,W 公司既不能提供相应合同下涉及的仓储凭证,也不能提供该公司或其上下游公司缴纳出库费的证据,即不能提供仓储费的收取证明。从间接证明了 W 公司案涉合同项下的货物流转及仓储存在异常。第二,镇江中院于 2017 年做出的两份民事判决书,证明在 W 公司与 E 公司、F 公司买卖合同纠纷二案中,W 公司向人民法院提供了放货通知,仓储单位 G 公司出具

的回执以及 F 公司的收货确认书,与在此次稽查过程中提供的证据一致。镇江中院认为案件所涉货物交易数量较大,所涉货物存在仓储环节,W 公司不能提供相应的证据,不能形成有效的证据链,不足以证明 W 公司与 E 公司以及 W 公司与 F 公司之间存在真实的货物行为。镇江中院所做出的两份民事判决书从间接证明了三家公司无真实货物交易。

本案中,检查人员从直接和间接两个方面证明三家货物无真实交易,及时取证,确保了证据链条的完整性。在取证困难的情况下,可有效利用经过核实的间接证据,作为对直接证据的补充。为税务机关查办此类案件提供了思路和方法,具有典型意义。

(三)执法过程严格按照法律、法规规定,坚持依法行政

本案中,市税务稽查部门从收到举报信息后依法受理立案,到调查取证,再到定性处理,直至最终结案,执法过程中都严格按照法律、法规规定,坚持依法行政,最终获得胜诉并成功结案,值得广大税务稽查部门学习和借鉴。

第一,认定事实清楚。本案中,市税务稽查部门从合同货物来源不充分,案涉合同项下的货物流转及仓储存在异常,E、F 两家公司陈某明的陈述,镇江中院做出的两份民事判决书,资金循环不合理等直接和间接两个方面证实了三方无真实交易。W 公司系在无真实货物交易情况下虚开增值税专用发票,认定事实清楚。

第二,适用法律正确。本案中市税务稽查部门经立案调查之后,认为 W 公司在无真实货物交易情况下虚开发票超过 1 万元,处 5 万元的罚款。依照《中华人民共和国发票管理办法》第 22 条第 2 款第(一)项、第 37 条第 1 款规定,市税务稽查部门对 W 公司处50 000 元罚款的行政处罚,适用法律正确,处罚幅度得当。

第三,处罚程序合法。被告市税务稽查局收到举报后依法受理,经调查取证,告知被处罚人 W 公司拟做出行政处罚的事实、理由和依据,并依法告知享有陈述申辩的权利;审查后做出《处罚决定书》,并及时送达,处罚程序合法。

(四)对循环虚开案如何定性揭示了裁判动向

市税务稽查部门对 W 公司做出的行政处罚认定其在无真实货物交易的情况下虚开发票超过 1 万元,处 5 万元的罚款。人民法院认定根据《中华人民共和国发票管理办法》第 22 条第 2 款第(一)项规定、第 37 条第 1 款规定,市税务稽查部门做出的行政处罚适用法律正确。

对于循环虚开案件,目前在司法审判领域不同法官有不同的观点,有的法官认定构成金融诈骗罪,有的法官认定构成非法买卖发票罪。尤其是对于虚开链条的中间环节企业如何定性,税务领域和司法领域一直以来都有较大争议。在本案中市税务稽查部门、人民法院都认为中间公司被认定为虚开合法。本案的最终胜诉和成功结案揭示了司法裁判动向:中间企业被税务机关认定为虚开合法。因此,本案对于循环虚开案件如何定性为广大税务机关和司法机关揭示了裁判动向。

（五）W公司被税务局认定为发票虚开时的应对措施

在W公司被税务稽查部门被认定为在无真实货物交易下虚开发票时，采取了以下两条措施：第一，W公司称交易本身对于买卖各方的进销项是平衡的，无任何税收利益，并依据税收征管的相关规定足额缴税。第二，其在案涉交易过程中，仅为中间贸易商，对于整个贸易的"封闭循环"或其他问题并不知情。即便被认定相关的交易不存在，其取得增值税专用发票的行为符合善意取得的情形，其开具增值税专用发票也不存在任何主观恶意，不应当进行处罚。

根据《中华人民共和国发票管理办法》第37条第1款规定：违反本办法第22条第2款的规定虚开发票的，由税务机关没收违法所得；虚开金额在1万元以下的，可以并处5万元以下的罚款；虚开金额超过1万元的，并处5万元以上50万元以下的罚款；构成犯罪的，依法追究刑事责任。W公司被认定为发票虚开时的一系列应对措施，最终人民法院认定W公司在无真实货物交易情况下虚开发票超过1万元，处5万元的罚款，避开了刑事责任，减轻了行政责任。因此，在企业被认定为发票虚开时，应该积极搜集证据，提供相关证据证明其善意取得，以避开刑事责任，减轻行政责任。W公司在被认定为虚开发票时采取的措施对于虚开发票的企业具有一定的典型意义。

四、结语

本案中，市税务稽查部门善于挖掘线索，从直接和间接两个方面加强对违法事实的调查取证工作以及在调查取证、定性处理、行政复议、行政诉讼等一系列执法过程中严格按照法律、法规规定，依法行政并最终获得了胜诉，为税务机关成功查办此类虚开发票案件提供了可借鉴的宝贵经验。人民法院最终认定市税务稽查部门适用法律正确，本案对于循环虚开案件如何定性为广大税务机关和司法机关揭示了裁判动向，具有典型意义。W公司被认定为发票虚开时的一系列应对措施，避开了刑事责任，减轻了行政责任，对于虚开发票的企业具有一定的典型意义。

在本案中，虽然W公司不是以利用虚开增值税专用发票来偷逃税款，主观上不具有偷逃国家税款的目的，但是企业应尽量避免利用增值税专用发票来实现其商业目的的行为。企业应当充分增强发票风险防范意识，杜绝虚开虚受发票的违法行为。（本案例由王伟真撰写）

第十二章　综合检查业务的真实性

由于增值税实行的是凭票扣税制度,因此增值税专用发票案件涉及增值税专用发票全链条。有人形象地说,增值税专用发票案件是"孪生兄弟"。从证据角度看,要证实增值税专用发票案件必须是证据与证据之间没有冲突,能够形成完整的证据链,才可以定性处理。因此,对增值税专用发票案件的检查,要"查中间带两头","查中间"是对被检查对象的检查,"带两头"是对被检查对象增值税专用发票业务链条上下游企业或与之相关的事实进行检查,由此形成法定证据。

第一节　检查生产经营情况

税务机关检查增值税专用发票,不论被检查对象是正常生产经营还是已经走逃(失联),都可能需要对其进行实地检查,并且这种检查要和增值税专用发票链条、资金链条、货物链条结合起来进行。实地检查主要在两个方面:一方面是检查注册登记地址、生产经营地址是否真实存在;另一方面是现场调取被检查对象会计账簿资料、记账凭证、电子数据和其他涉税单据、资料,并检查被检查对象的生产经营情况。

一、检查注册登记地址和实际生产经营场所

(一) 检查的必要性

在增值税专用发票案件中,必须检查被检查对象的实际生产经营场所、财务、业务等管理部门和相关主管人员的办公地址,重点掌握其财务部门的工作地址和信息化会计核算管理系统数据服务器的存放地址,以及所使用的核算管理软件品牌、版本、数据库管理系统及计算机操作系统等。如果是税警联合办案,对公安机关收集的证据、检查情况,税务机关可以通过证据转换的形式"为我所用"。

税务机关要实地核查被检查对象的注册登记地址、生产经营地址,制作现场检查笔

录,通过经营场所照片、证人证言(如物业公司、街道办事处、村委会管理人员和经营注册地址实际使用人员或其他相关人员的书面陈述或口述记录)、物业相关证据,证实在经营注册地址未能找到被检查对象,或被检查对象经营注册地址根本不存在。

不过要注意的是在"放管服"背景下,市场准入实行"多证合一""一地多证",税务登记已经名存实亡。因此在检查中,可能出现税务机关联系不到被检查对象的情况,特别是在被检查对象是商贸企业的时候。但是联系不到并不等于被检查对象不存在,也并不等于被检查对象没有实际经营业务。如果出现找不到人的情况,税务机关可以根据执法过程全记录制度的规定,现场使用执法记录仪拍摄通过已知的联系人电话联系被检查对象相关人员的录像(视频),对实地联系情况予以记录、说明。如果不能拍摄现场联系情况的,可以取得第三人的证人证言或其他证明材料予以佐证。

对于能够联系到被检查对象法定代表人、财务负责人、企业代理记账、报税人员的,税务机关可以通知相关人员到现场接受询问,并制作相关人员的现场笔录。

(二)依法调取相关证据

现场调取被检查对象账簿(含电子账)和其他涉税单据、资料。

根据规定,经所属设区的市、自治州以上税务局局长审批,可以调取被检查对象当年的会计账簿、记账凭证、报表和其他有关资料。现场发现的与增值税专用发票涉票行为相关的机器设备,税控设备、印章、身份证、企业证照、表证单书等,或者现场不提取原件原物可能导致灭失或者被转移、隐匿的其他证据材料,检查人员出具《提取证据专用证据》应提取证据原件或者原物;现场难以判定是否与增值税专用发票涉票行为相关的设备等,可以就地封存。现场检查发现的被检查对象的 ERP 系统,电子账套数据等电子信息系统,应按《税务稽查工作规程》规定的程序和要求取得、固定、使用和保管电子数据。

二、检查分析生产经营的真实性

(一)综合检查分析生产经营能力

(1)检查分析基本生产能力。主要是通过检查被检查对象的生产场所、设备状况、人员构成、资产规模、账载货币资金、存货、固定资产、能耗情况、物耗情况、辅助材料的耗用情况等,分析其是否具备增值税专用发票涵盖的生产经营能力。

(2)检查产销匹配性。如果被检查对象是生产企业,要检查其购进货物与其生产工艺、产品构成的关联性;如果生产型企业无生产能力、无委托加工、无同品名同规格货物对外销售货物的,就要判断生产能力与对外开具增值税专用发票销售货物是否匹配。

(3)检查生产设计与工艺流程。通过检查生产设计与工艺流程,判断被检查对象的达产能力,进一步分析购进原材料与产成品的匹配性,购进原材料是否可能生产相应的产成品,或者只能生产少量产成品。

(4)检查电子数据。可通过现场检查被检查对象的企业 ERP 系统以及特殊监管行业如药品经销企业 GSP 系统,药品生产企业 GMP 系统内固定的电子数据内容来证明被检查对象的真实生产经营能力,盘查账实是否相符。商贸企业是否存在有进无销、有销无进、进多销少、进少销多等进销货物品名、数量不符情况,是否有购进货物的计量单位与发出货物的计量单位明显不一致的情况。生产型企业购销货物品名、生产加工能力、数量是否匹配。

(5)检查委托加工情况。检查委托加工业务是否真实,要注意两个方面:一是检查委托方是否提供原料和主要材料,受委托方是否只收取加工费和代垫部分辅助材料;二是检查委托方提供的原料和主要材料与加工出的产品是否匹配,受托方收取的手续费是否符合常规。

(二)注意证据资料的完整性

检查分析判断被检查对象的生产经营能力,除了现场检查之外,主要还是充分、完整收集证据资料,由此进行分析判断。

1. 完整收集纸质资料

收集被检查对象的纸质资料包括财务以及经营方面的纸质资料,主要是会计账册、会计凭证、财务报表、申报资料、抵扣凭证、购销合同、供应商和客户往来资料、产品目录清单、产品进销存台账、仓库盘点表单、银行资料、产品组成或制作配方、员工名册等,还有相关人员名单、资料;各部门的工作总结、电话号码簿等。

2. 完整固定电子证据

电子数据资料包括计算及会计核算系统和业务管理系统的相关资料,主要是计算机操作系统、数据库管理系统、应用管理系统、数据库字典等说明、数据服务器地址、相关数据库文件拷贝、备份等。

3. 收集疑点证据

通过现场询问、敏锐捕捉上下游企业的关联关系,实际控制人的习惯、动向,物流运输方式和合作单位等敏感信息,并及时现场记录形成证据资料。

4. 注意取证程序

对于询问,应当分别进行、分别调账、分别采集电子数据;由于税务检查手段的局限性,对于案情重大复杂的增值税专用发票案件,要提请公安经侦部门在第一时间控制住在场人的通信工具,并做好现场和证据保护工作,以防止证据灭失。在对被检查对象进行的现场检查和取证过程中,税务机关必须做好拍照、录像、录音和现场笔录等现场取证工作。如果税务机关调取了被检查对象的电子数据,相关检查工作结束后,要让被检查对象出具证明证实其计算设备及应用信息管理系统处于正常运行状态。

第二节　综合检查增值税专用发票上下游业务链条

一、检查发票流向

(一) 检查增值税专用发票源头

增值税专用发票案件中,没有实际经营业务但是又在开具增值税专用发票的商事主体比较多,并且开具的增值税专用发票涉及多个区域,跨县区跨省的增值税专用发票案件不鲜见。为了搞清楚增值税专用发票案件的基本情况就必须要查清楚增值税专用发票的源头。如果以开票人为被检查对象,税务机关可以通过调取多个源头企业的工商登记人员信息,发票票载银行账户信息,通过中国人民银行甄别,提取开票源 IP 地址、MAC 地址、源端口、时间戳和购买税控设备付款途径及相关人员信息,开展综合解析,对初步查证为增值税专用发票涉票行为的要立案检查,重点选择开具增值税专用发票金额大、工商登记变更环节多、各环节留有痕迹的行为人作为检查突破方向,立案检查,并且对下游增值税专用发票的受票情况进行协查。如果以受票人为被检查对象的,税务机关要对全部上游增值税专用发票的开具情况进行协查。

(二) 检查增值税专用发票"过票"环节

增值税专用发票跨地域开具、多链条开具,必然涉及中转层级"过票",税务机关要对此进行检查。检查时,可以以"过票"行为人为被检查对象,对增值税专用发票的上游进行协查,对增值税专用发票的下游也要进行协查。

(三) 检查增值税专用发票用票终点

在增值税专用发票案件中,部分行为人为了经营业绩或者是为了税款,接受不规范的增值税专用发票后,不再对外开具,上游开票人开具的增值税专用发票流转到此为止。如果税务机关以此类行为人为被检查对象,可以注意从被检查对象接受增值税专用发票的目的、增值税专用发票来源、是否认证抵扣税款、接受的是增值税专用发票还是普通发票等方面进行检查。

二、综合检查

增值税专用发票综合检查的要求是税务机关在检查增值税专用发票过程中,将发票链条、货物流转链条、资金链条、生产经营情况等,进行全面综合的检查分析。不仅仅是对被检查对象进行交叉分析,还要对增值税专用发票涉及的上下游进行协查分析,由此找到资金回流、货物链条的症结,找到相关行为人与增值税专用发票涉票行为之间的关联关系,以便正确处理增值税专用发票案件。

案例解析 **"一日游"虚开骗税的交易虚假性分析①**

一、案例引入

同一批设备,从上海船运出口到中国香港,不上岸就又乘同一条船进口回来。这一异常引起海关人员的注意。之后,税务、海关和公安联合展开调查,揭开了一个用"一日游"手法骗取巨额出口退税的案件。目前,涉及税款、罚金已全部追缴入库,涉案责任人均被判刑。

近日,在南京,随着一笔高达 8 164 万元的出口退税款被缴入国库,一起引人注目的"一日游"骗税大案查处工作画上了圆满的句号。该案由陆某操控,涉及 5 家公司,分布在境内境外,覆盖进出口链条,涉案金额高达 4.8 亿元。目前涉及税款、罚金已全部追缴入库,涉案企业和个人受到法律制裁。

两组奇怪的"孪生公司"

2013 年 11 月,上海海关在一次例行抽检时发现,南京 A 公司出口的一台设备在香港没有卸货,次日又回到了上海码头。海关抽检人员未惊动这家企业,将情况报给了南京海关。南京海关缉私局认为这一异常情况可能牵涉到出口退税,立即告知了南京税务机关。

根据海关提供的线索,南京税务机关迅速成立专案组,调查 A 公司进出口业务的真实性。查询出口退税系统,稽查人员发现 A 公司所出口货物由 B 公司生产,报关单上显示涉及进口货物的为生产型企业 C 公司。巧的是,B、C 两家公司竟然在同一地址办公,财务负责人也相同。这显然令人生疑。

通过大数据比对,稽查人员又发现一个异常:B 公司的上游企业大都生产销售 CPU、计算机和手机等,电子产品开票金额巨大。其中,E 商贸公司专营电脑,4 年累计向 B 公司开票 1.8 亿元,按 4 000 元单价计算,这意味着其 4 年卖了 45 000 台电脑给 B 公司。而 B 公司是生产中型检测仪器的,一年怎能消耗上万台电脑?另有两家商贸企业 F 公司和 G 公司均销售手机,这两家公司注册地址相同,4 个月向 B 公司开具了 2 500 多万元增值税专用发票,按照 3 000 元单价计算,意味着其每月都向 B 公司卖了 2 000 余部手机。这显然离谱。

A 公司的出口业务链条上连续出现两组奇怪的"孪生公司",专案组初步判断,这几

---

① 案例来源:《中国税务报》2018 年 09 月 25 日,作者:李薇、徐云翔。

家企业存在联合出口骗税的可能。

审问击破夫妻店主心理防线

随即,南京海关缉私局和南京市国税局稽查局成立联合专案组,于当日凌晨 5 时同时出动 8 个抓捕小组,对涉案的 A(外贸企业)、B(供货企业)、C(进口企业)、D(货代企业)和 E(B 公司的最大上游企业)公司的相关人员进行突击抓捕。

当日上午 10 时,所有涉案人员均抓捕到位,专案组依法调取了涉案企业的账册凭证,并对涉案人员展开调查。其中,从 B 公司财务经理刘某的办公室发现了两本手工账,上面列了 31 家企业的收付款信息,刘某是 B 公司董事长陆某之妻;从陆某的汽车后备箱里搜出了大量未抵扣的增值税专用发票抵扣联。

为提高审问效果,海关缉私局每个询问小组都配了一名税务稽查人员。在审问前,税务稽查人员运用电子查账软件,查找疑点,特别对原材料采购、成本结转、销售开票明细等做好梳理工作,将整理出的疑点交给海关缉私局干警,由其针对疑点询问。

以 B 公司的原材料入库单虚假签字为突破口,联合专案组一举击破了犯罪嫌疑人的心理防线。短短一天时间内,6 名重要当事人中,包括刘某在内的 4 名关键嫌疑人均承认存在购买增值税专用发票和骗取出口退税款的行为。

确定违法事实后,专案组进一步扩大,公安经侦干警加入。

“一日游”骗税逐步显形

随即,税务、海关和公安组成的联合专案组对涉案企业展开全面检查。

虽然嫌疑人承认了其有接受虚开、骗取出口退税的行为,但在具体问题上含糊其辞,给案件定性、证据收集造成了困扰。该案取证的最大难点在于:B 公司所产设备在国内市场上有一定的规模,如何区分其正常产品与违法产品的生产及销售是个挑战。经过研究,专案组决定从单证比对、上游发票梳理、产能计算、进口流向和资金流向排查等方面入手,全面收集证据,让“一日游”骗税逐步显形。

不可言说的“道具”出口“一日游”

归集比对收集到的进出口单证材料,专案组发现:A 公司、B 公司、C 公司和 D 货运公司合伙利用同一台机器作“道具”反复进出口,先由 A 公司以每台约 40 万美元的价格办理出口手续,然后 C 公司套用零关税品名改换机器名称,以每台约 60 万美元的价格进口。A 公司出口获得退税款,C 公司以零关税产品报关进口,抵扣海关完税凭证上的增值税,同时虚抵成本。通过如此操作,用一台设备,循环骗取出口退税同时偷税。其中,出口到中国台湾更换集装箱后回南京的,共计 13 票。之后,嫌疑人为降低成本,出口中国香港后以原集装箱直接回南京,套用零关税申报进口,共计 68 票。这 81 单业务涉案金额 4.8 亿元人民币,涉嫌骗取出口退税款 8 164 万元。

上游检查已经佐证买票事实。

针对 B 公司购买增值税专票用于骗取出口退税的违法情况,专案组迅速依法对涉嫌向 B 公司卖票的 E、F、G 三家商贸公司突击检查。经查证实,E 公司负责人周某以收取 3‰～5‰ 手续费的方式向 B 公司虚开增值税专用发票,并介绍他人为 B 公司虚开增值税专用发票。

产能分析证明虚假供货。

产能分析是该案取证的难点。为准确判定 B 公司正常抵扣的原材料和买票抵扣的原材料,专案组翻阅 500 多本凭证、1 万多份发票,对企业每件产品的产能逐项分析,发现 B 公司的进出口商品都是 AOI 及检修站(出口货物品名)。运用"以设备主要配件数量测算产能"的方法进行核算,确定 B 公司检查期内 AOI 的产量在 208 台左右。而账面显示,B 公司检查期内共销售 AOI 设备 412 台,其中国内销售 196 台,出口 216 台。测算出的产能与国内销售的 196 台相近,基本符合生产规律。由此判定,多出其产能的 216 台不可能是实际生产的。再结合手工账上的购买专票信息,专案组验证了 B 公司接受虚开专用发票的违法事实——骗税之前先虚开。

废纸篓中藏循环进出口奥妙。

专案组在刘某办公室的废纸篓中发现一个汇丰银行的对账单信封,上有 M 公司字样。M 公司是 C 公司进口 AOI 设备的境外供货商,其对账单怎会在刘某手里?专案组迅速提审刘某,原来这家境外公司是刘某成立的。刘某还交代,A 公司的境外[本案例中境外指除中国大陆(内地)之外的国家和地区]客户中国台湾 H 公司和 J 公司都是自己和丈夫陆某成立的。这证实有关境外买货和销货的外商就是陆某本人,其目的就是循环骗税。

环环相扣涉税后再虚开。

在固定 B 公司接受虚开和虚假出口的证据后,专案组对进口环节开展检查。经过内查外调,专案组发现,进口 AOI 设备的 C 公司是一家空壳公司,其账面显示销售的 7 000 多万元 AOI 设备及检修站都是 B 公司生产的,与 C 公司进口的设备没关系。以 C 公司名义进口"道具机器",是本案涉税链条中的一个重要环节,其主要目的就是虚假进口以实现"道具"循环使用。同时,C 公司为了抵扣海关完税凭证进项税额,也为了不引起税务部门怀疑,为 B 公司虚开增值税专用发票。

资金往来揭示利益链

到深圳检查境外公司的离岸账户,专案组发现所涉及专用发票均由刘某提供给 A 公司,出口结汇款也由刘某操作,从香港 B 公司离岸账户汇入 A 公司。A 公司收到结汇款、退税款后扣除代理费,将余款汇入 B 公司账户。C 公司通过 K 公司代理"道具机器"进口,先将汇款支付给 K 公司,后者将结汇款支付给 M 公司,由刘某操作将 M 公司账户资金转入香港 B 公司离岸账户,用于 A 公司出口结汇。

货代造就"一日游"。

D 公司法定代表人沈某被抓后,不承认参与了"道具机器"一日游骗税活动。专案组到上海调查,负责出口货物运输的海运单位和负责进口的海运单位当事人承认协助沈某操作了"一日游"流程,并提供了与沈某的 QQ 聊天记录为证。

至此,本案循环骗税的真相被全部揭开。

二、案例解析

(一)货物流向

A 公司、B 公司、C 公司合伙货运公司将同一台机器反复出口,进行循环骗税。A 出口公司将货物以 40 万美元的价格进行出口,然后 C 公司通过 K 公司代理进口,将货物改换名称,套用零关税商品的品名进口,进口价格约为 60 万元。进口后 C 公司再将货物转售给 A 公司,就此货物实现了境内的运转,为下次出口做好准备工作。通过此套操作,A 公司获得出口退税,C 公司以零关税进口,并依据海关完税凭证抵扣增值税进项税额,团伙作案,骗取出口退税的同时进行偷税。货物流向图如图 12-1 所示。

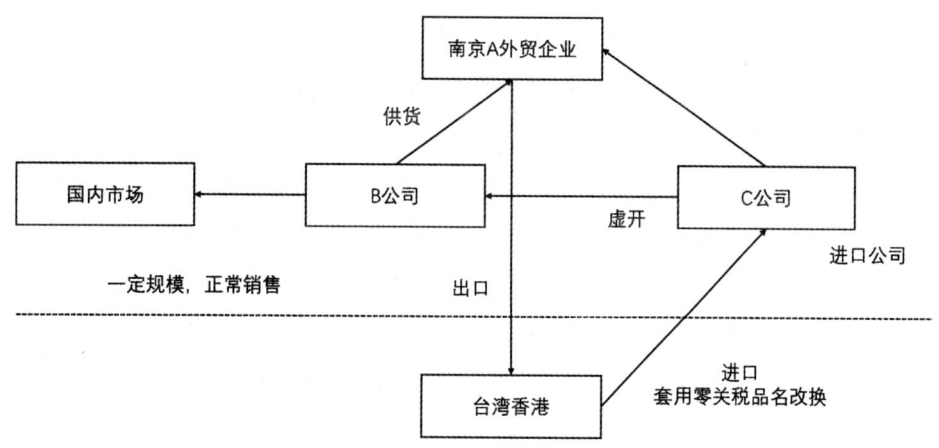

图 12-1　南京 A 出口公司货物流向图

(二)资金流向

税务机关检查人员检查案件涉及公司的离岸账户发现刘某操纵出口结汇款。从香港 B 公司离岸账户汇入 A 公司,伪造境外支付货款的现象。随后 A 公司将收到的结汇款与退税款扣除代理费用后转入 B 公司账户,至此 B 公司通过 A 出口公司成功骗取退税款。但这仅体现了结汇款的支付流程,香港 B 公司离岸账户的资金从哪里得来的。检查人员继而发现,C公司通过K公司代理进口货物,此货物正是A公司出口的那批,C公司将汇款支付给K公司,再由K公司支付给M公司,M公司是刘某成立的境外公司,M公司将账户资金转入香港公司B的离岸账户,以支付A公司的货款。两部门结合,可以看出案件的资金流向,B、C公司为孪生公司,实为一家公司,C公司向外支付进口货款,B公司收到A出口公司转入的结汇款,形成资金流的闭环。资金流向图如图12-2所示。

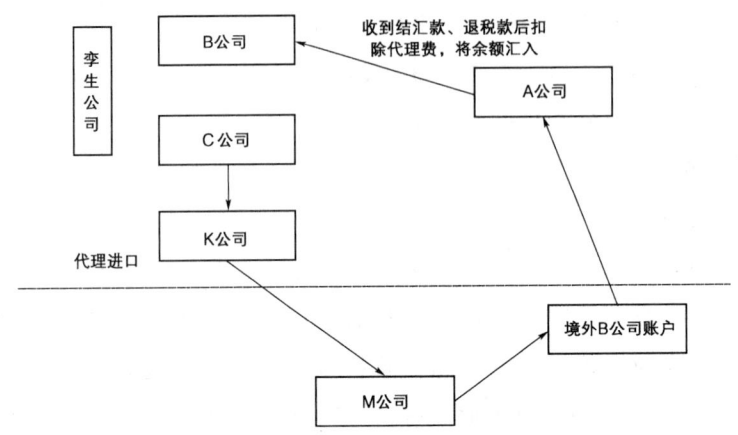

图 12-2　南京 A 出口公司资金流向图

三、案件评价

(一)从出口骗税手段出发进行分析

上文案例展示了常见的出口骗税的手段,如案例展示的循环出口,以及存在的虚开增值税专用发票行为。随着无纸化退税申报的实行,出口退税一站式办理"单一窗口"的推广,买单交易、伪造收汇等骗取出口退税的行为难以施展,虚开增值税专用发票成为主要的出口骗税手段。无纸化与一站式退税大大缩减了退税时间与退税环节,为出口企业办理出口退税提供了便利,同时缩减了有关人员骗取税款的可操作时间与空间。

国家税务总局公告2018年第16号文第5条规定,外贸企业购进货物需分批申报退(免)税的,不再需要填报申请,税务机关可通过出口税收管理系统直接核对进货凭证,缩减了出口企业申请退税的环节。退税申请环节缩减的同时,进口货物再检查的环节也随之减少,如果有关人员利用这点,在进口货物上做手脚,如果成功报关进口,税务机关难以再对进口货物进行有效的审查,难以发现有关人员的不法行为。如案例中循环出口中,企业将货物套用零关税品名,提高进口价格,一旦成功进关,出口企业不再需要填写申请表,减少了进口货物二次检查的风险。

(二)从出口骗税理论基础出发进行分析

出口退税中税务机关与出口企业处于博弈状态,二者的选择偏好不同,税务机关的偏好为维护国家的税收收入,出口企业的偏好是尽可能地获得更多的出口退税。且二者都处于信息不对称的状态下,税务机关对出口企业各项信息的了解弱于企业自身,出口企业对出口退税政策以及退税环节的熟悉程度、掌握程度低于税务机关,因而二者处于均衡状态。案例中所展示的出口企业利用了出口退税环节的漏洞,骗取出口退税,打破了均衡状态,税务机关迅速采取行动,追回税收损失。部分出口企业一直不停地寻找出口税收的可操作空间,税务机关也在依据税收风险管理理论,不断地完善出口退税政策,打击出口骗税行为。(本案例由曹铮撰写)

第三节　检查骗取出口退税的稽查报告文书借鉴

一、基本案情

某公司涉嫌骗取出口退税,被检举到某市国家税务局稽查局。稽查局进行检查后形成了稽查报告。检查报告反映了某公司骗取出口退税的基本情况。

二、税务稽查报告实录

××商贸有限公司涉嫌犯罪案件的稽查报告

我局于 2015 年 7 月 8 日起对××商贸有限公司(纳税人识别号：130182……1564)开业至 2015 年 6 月 30 日出口退(免)税情况进行了查处。现将查处过程中发现的涉嫌犯罪税收违法情况报告如下:

一、基本情况

(一)被查对象基本情况

××商贸有限公司成立于 2011 年 3 月 22 日,2011 年 4 月 21 日办理税务登记证,法人代表何某某,财务负责人何某某,主管服装、鞋帽、皮具、饰品、农副产品、五金交电、针纺织品及原料、床上用品、窗帘窗饰、日用百货、化工原木制品、建筑装潢材料、办公家具的批发零售,服装的加工、货物及技术的进出口业务。主管税务机关为 X 市 H 区国家税务局 L 路税务分局,在国税部门登记的税种有增值税和企业所得税(见证据1,证据略,下同),2012 年 2 月 1 日起被正式认定为增值税一般纳税人(见证据2)。2012 年 3 月 1 日起同意认定该企业出口退税资格(见证据3)。

(二)税款申报缴纳及申请出口退税情况

1. 增值税

该公司 2011 年全年零申报。

该公司 2012 年全年申报免税货物及劳务销售额 23 931 428.56 元,申报增值税进项税额 549 809.53 元。

该公司 2013 年免税货物销售额 102 359 422.40 元,申报增值税进项税额 4 506 731.61 元。

该公司 2014 年全年申报免税货物销售额 11 482 794.85 元。

该公司 2015 年 1～6 月申报免税货物销售额 77 902 236.53 元(见证据 5)。

2. 企业所得税

2011 年申报应纳税所得额—47 229.95 元;2012 年申报应纳税所得额 54 023.58 元,2013 年申报应纳税所得额 30 555.22 元,适用税率 25%,应纳企业所得税 7 638.81 元,实际缴纳企业所得税 7 638.81 元;2014 年申报应纳税所得额—54 718.93 元。

3. 申请出口退税及进出口财政补贴情况

(1) 取得出口退税情况。

该公司 2013 年至 2014 年向税务机关申报出口退税 16 027 711.47 元。

该公司 2013 年是收到出口退税 517 467.73 元,2014 年收到出口退税 15 510 243.74 元,2013 年至 2014 年共计实际收到出口退税 16 027 711.47 元(见证据 6),如表 12-1 和表 12-2 所示。出口海关税计算如表 12-3 所示。

表 12-1　收取出口退税明细表

公司名称	×× 商贸有限公司				
期间	收入退还书编号	凭证号	收到退税额(元)	收取时间	收取账号
2013	78××××9	2013 年 12 月 19 日	453 196.81	2013.11.10	S 银行 X 市分行 873397×××××××7364
	36××××7	2013 年 12 月 19 日	64 270.92	2013.11.12	S 银行 X 市分行 873397×××××××7364
2014	00××××7	2014 年 4 月 17 日	390 045.6	2014.3.21	S 银行 X 市分行 873397×××××××7364
	74××××7	2014 年 5 月 4 日	1 990 726.55	2014.5.24	S 银行 X 市分行 873397×××××××7364
	38××××5	2014 年 6 月 15 日	5 667 403.5	2014.6.6	S 银行 X 市分行 873397×××××××7364
	67××××4	2014 年 6 月 16 日	2 899 097.14	2014.6.6	S 银行 X 市分行 873397×××××××7364
	34××××8	2014 年 7 月 22 日	2 180 960.36	2014.7.9	S 银行 X 市分行 873397×××××××7364
	56××××8	2014 年 11 月 2 日	2 382 010.74	2014.11.24	S 银行 X 市分行 873397×××××××7364
合计			16 027 711.47		

表 12-2 ××商贸有限公司出口及增值税退税情况统计表

单位：万元

年度	出库记录条数	报关单张数	出口额（美元）	进货记录条数	专用发票张数	总进项税额	申报退税额	退税审批额	企业收到退税额
2012	91	39	368.25	230	220	381.39	358.95		
2013	212	88	1 373.74	921	834	1 395.68	1 312.95	51.75	51.75
2014								1 551.02	1 551.02
合计	303	127	1 741.99	1 151	1 054	1 777.07	1 671.9	1 602.77	1 602.77

表 12-3 出口海关统计表

企业名称	海关关别名称	所在地
××商贸有限公司	东港海关	天津市
	大连海关	辽宁省大连市
	集宁海关	内蒙古乌兰察布
	洋山海关	上海市

（2）取得进出口财政补贴情况。

该公司 2014 年取得各类进出口财政补贴共计 1 110 000 元（见证据 7），如表 12-4 所示。

表 12-4 ××商贸有限公司取得进出口财政补贴明细表

	收款凭证编号及名义	凭证号	收到金额（元）	收取时间	收取账号
2014	进出口持续稳定增长贴息 418	4 月 31 号	190 000	2014.3.13	S 银行 X 市分行 873397×××××××7364
2014	出口信用保险费补助 425	4 月 30 号	240 000	2014.3.13	S 银行 X 市分行 873397×××××××7364
2014	进出口持续稳定增长贴息 389	4 月 30 号	680 000	2014.3.13	S 银行 X 市分行 873397×××××××7364

4．增值税专用发票认证抵扣情况

××商贸有限公司 2012 年 6 月至 2014 年 4 月共计认证抵扣增值税专用发票 1 086 份（认证相符），认证金额 107 122 838.7 元，税额 18 210 883.39 元（见证据 4），如表 12-5 和表 12-6 所示。

表 12-5 增值税专用发票认证情况统计表（一）

单位：份、万元

年度	合计			认证相符			认证时失控			认证后失控		
	份数	金额	税额	份数	金额	税额	份数	金额	税额	份数	金额	税额
2012	38	323.42	54.98	38	323.42	54.98	—	—	—	—	—	—
2013	383	3 776.4	641.99	383	3 776.4	641.99	—	—	—	—	—	—
2014	665	6 612.47	1 124.12	665	6 612.47	1 124.12	—	—	—	—	—	—
合计	1 086	10 712.28	1 821.09	1 086	10 712.28	1 821.09	—	—	—	—	—	—

表 12-6 增值税专用发票认证情况统计表(二)

单位:份、万元

开票方纳税人识别号	开票方名称	份数	金额	进项税额
378499×××××287	A省宏泰服饰有限公司	15	135.32	23
386894×××××288	A省可欣服饰有限公司	8	48.18	8.19
973984×××××289	C市建安纺织品有限公司	1	1.48	0.25
215867×××××290	C市尚品纺织品有限公司	56	448.54	76.25
123897×××××291	C市和悦纺织品制造有限公司	5	362.55	61.63
678334×××××292	L针织品有限公司	14	120.76	20.53
356968×××××293	K凌然服饰有限公司	45	416.96	70.88
498638×××××294	H鑫鑫制衣有限公司	21	202.26	34.38
457479×××××295	H新雅制衣有限公司	5	295.88	50.3
349873×××××296	H琪雅制衣有限公司	7	276.62	47.02
352987×××××297	H辉腾制衣有限公司	5	40.17	6.83
237986×××××298	H科创制衣有限公司	82	649.11	110.35
345345×××××299	H田野制衣有限公司	85	698.41	118.73
869383×××××300	H乐心制衣厂	3	182.45	31.02
356434×××××301	H回头客制衣厂	46	393.42	66.88
369870×××××302	M华庭制衣厂	3	21.39	3.64
986284×××××303	M欧陆针纺有限公司	43	373.39	63.48
227684×××××304	M楪祈贸易有限公司	642	6045.39	1027.72
		1 086	10 712.28	1 821.09

5. 发票领购情况

Ctais 系统显示,该公司未申购过发票。

6. 发票开具情况

Ctais 系统显示,该公司未开具过从国税部门领购的发票。

二、涉嫌犯罪的税收违法事实

通过检查核实,该企业存在以下税收违法事实:

(1) 取得虚开的增值税专用发票用于办理出口退税。该企业 2014 年共取得 M 楪祈贸易有限公司虚开的增值税专用发票共计 355 份,金额 33 648 827.52 元,税额 5 720 300.9 元,全部用于办理出口退税(见证据20)。

(2) 将伪造或虚假的出口货物运输单据——海运提单作为出口退税备案单证,用于向税务机关申报办理出口退税。经核查,备案单证中共有 26 份海运提单属于虚假或伪造(见证据 13～19)。

三、调查结论

根据查处情况,该企业上述涉税违法事实,应当按照以下两种违法类型进行定性处理(见证据 13～22):

(1)已取得开票企业管辖税务机关出具的虚开发票证明且没有证据证明出口货物运输单据虚假,应当按照收受虚开发票用于出口退税定性处理,共涉及申报退税额和实际退税额 5 382 635.77 元。

(2)出口货物运输单据虚假且没有证据证明取得虚开发票,应当按照备案单证违法定性处理,共涉及申报退税额 2 560 449.19 元,实际退税额 1 869 150.50 元。

税务机关(公章)

2015 年 12 月 5 日

三、检查方法分析

这是某市稽查局的一份检查骗取出口退税的税务稽查报告。从实践看,税务机关检查骗取出口退税的稽查报告基本与本稽查报告相似。从报告中可以看出,稽查局查处骗取出口退税的着眼点在哪里。骗取出口退税离不了增值税专用发票。从某种意义上讲,税务机关检查骗取出口退税就是在检查被检查对象的增值税专用发票,或者说检查有进出口业务的被检查对象的增值税专用发票可以发现其骗取出口退税行为。税务机关对被检查对象的骗取出口退税情况进行检查,主要还是综合运用检查方法根据被检查对象的增值税专用发票、合同、海运提单,以及其他账务凭证进行检查,并根据检查结果进行判断。

第十三章　增值税专用发票案件的税法处理

税务机关对增值税专用发票进行初步检查后的处理方式一般来讲有三种：一种是发现增值税专用发票涉及的上下游企业非常复杂，凭现有的技术条件、检查力量根本无法"突破"，就将已经查到的问题或者线索移交同级公安机关处理；一种是深入检查，在终结检查后定性处理，如果涉嫌犯罪才考虑移送公安机关处理；还有一种是搞"税警联合"办案，去突破增值税专用发票的相关问题。

税务机关检查终结后，必须根据检查结果依据税法规定进行处理，这种处理是税法层面的处理，也就是广义的行政法层面的处理。增值税专用发票的处理除了税务层面的处理外，还有刑法层面的处理。本章会介绍税法层面的处理，后面将会介绍刑法层面的处理。

第一节　发票的内涵与打击虚开发票形势

一、发票与合同的关系

（一）发票的内涵

《发票管理办法》第 3 条规定：发票，是指在购销商品、提供或者接受服务以及从事其他经营活动中，开具、收取的收付款凭证。这就是发票的法律概念。

（二）发票与合同的关系

增值税专用发票实务离不开合同，需要熟悉合同的相关规定。《合同法》第 12 条规定，合同的内容由当事人约定，一般包括以下条款：

（1）当事人的名称或者姓名和住所。

（2）标的。

（3）数量。

（4）质量。

（5）价款或者报酬。

（6）履行期限或者地点。

（7）违约责任。

（8）解决争议的方法。

当事人可以参照各类合同的示范文本订立合同。从合同法的角度看,合同的基本条款基本上是涉票条款。税务机关检查增值税专用发票必然涉及对交易合同、运输合同的检查。

二、打击虚开增值税专用发票的形势

(一) 开具发票的要求

《发票管理办法》规定,开具发票应当按照规定的时限、顺序、栏目,全部联次一次性如实开具,并加盖发票专用章。行为人不按照规定开具,即属于发票涉票行为,会受到税务机关的处理。

(二) 虚开增值税专用发票的基本情形

《发票管理办法》规定了虚开发票的四种基本情况:

（1）为自己开具与实际经营业务情况不符的发票。

（2）为他人开具与实际经营业务情况不符的发票。

（3）让他人为自己开具与实际经营业务情况不符的发票。

（4）介绍他人开具与实际经营业务情况不符的发票。

这四种情况成为目前税务机关判断行为人的增值税专用发票行为是否规范的主要标准。

(三) 打击虚开增值税专用发票的形势

从目前的情况看,特别是全面营改增后,税务机关打击增值税专用发票的基本态势是"四打":

（1）"打虚"——打击虚开增值税专用发票行为。

（2）"打骗"——打击骗取出口退税行为。

（3）打击发票违法行为。

（4）打击偷税等违法行为。

"四打"的基本逻辑依据是"查账——查税——查票——查案""四位一体",相互关联。

第二节 虚开增值税专用发票的类型和方法

一、虚开增值税专用发票类型

从增值税专用发票实践看,参照税务机关的总结,虚开增值税专用发票的类型如下所示。

(一) 虚出不虚进

(1)"暴力"虚开,是实务界的通常说法,其基本特征是行为人不计后果卖票牟利,涉及税款流失,如图 13-1 所示。

(2)关于不申报走逃。《国家税务总局关于走逃(失联)企业涉嫌虚开增值税专用发票检查问题的通知》(税总发〔2016〕172 号)、《国家税务总局关于走逃(失联)企业开具增值税专用发票认定处理有关问题的公告》(国家税务总

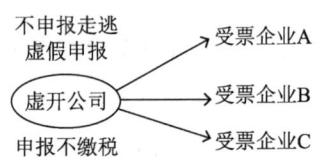

图 13-1 "暴力"虚开的表现
形式示意图

局公告 2016 年第 76 号)对走逃(失联)企业涉嫌虚开增值税专用发票案件检查有关问题做出了具体要求。

(3)"富余票"虚开,是在"黄金票案"之后的说法,其基本特征是将多余的增值税专用发票开出牟利,涉及税款流失,如图 13-2 所示。

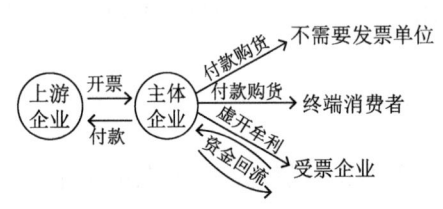

图 13-2 "富余票"虚开的表现形式示意图

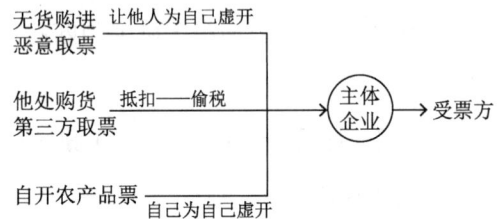

图 13-3 "虚进不虚出"的表现形式示意图

(二) 虚进不虚出

"虚进不虚出",其基本特征是行为人接受虚开的增值税专用发票之后,不再对外开具,目的是不缴或少缴税款,表现形式是让他人为自己虚开、自己为自己虚开,如图 13-3 所示。

(三) 虚进又虚出

(1)完全虚进虚出,行为人接受虚开的增值税专用发票,然后全部对外开具,其基本特征是"过票"牟利,如图 13-4 所示。

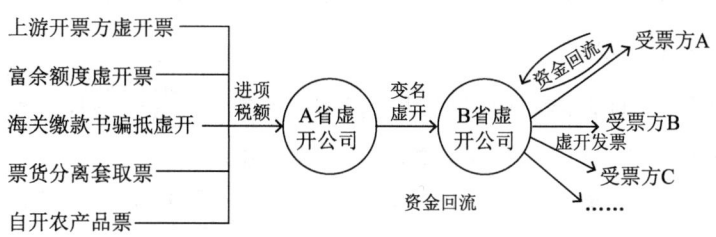

图 13-4　"完全虚进虚出"的表现形式示意图

（2）部分虚进虚出，其基本特征是行为人既是受票人也是开票人，但是增值税专用发票涵盖的业务部分真实部分虚假，真假比例难分，开具增值税专用发票的目的是不缴或少缴税款、卖票获利，如图 13-5 所示。

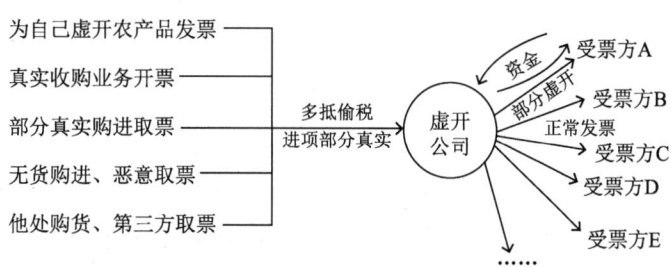

图 13-5　"部分虚进虚出"的表现形式示意图

（四）循环虚开

循环虚开的基本特征是开票人受票人形成闭环式链条，顺序开具增值税专用发票，但是不牟利，不偷逃税款，如图 13-6 所示。开具增值税专用发票的目的是虚增经营业绩——上市、融资授信、取得地方财政返还、应对绩效考核等。

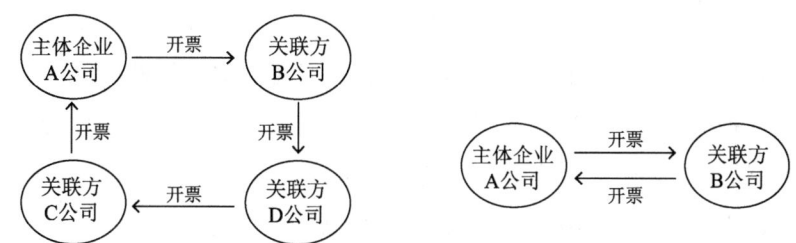

图 13-6　"循环虚开"的表现形式示意图　图 13-7　"相互对开"的表现形式示意图

（五）相互对开

相互对开的基本特征是开票人与受票人相互开具增值税专用发票，开具的增值税专用发票不涉及税款流失,开具增值税专用发票的目的与循环虚开基本相同,如图 13-7 所示。

(六) 虚开不交付发票

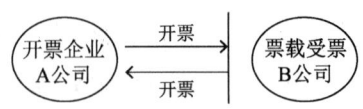

图 13-8 虚开不交付发票示意图

虚开不交付发票的基本特征是开票人开具增值税专用发票,但是不交付给受票人,不涉及税款,开具增值税专用发票的目的与循环虚开基本相同,如图 13-8 所示。

二、虚开增值税专用发票的方法

虚开增值税专用发票的方法多种多样,增值税专用发票实践中总结出的虚开增值税专用发票的方法有暴力虚开——借助"空壳企业",短期存续领票开票后,走逃或注销;"洗票""过票"虚开;"票货分离式"虚开;"富余票"虚开;利用海关进口增值税专用缴款书骗抵虚开;虚开农产品收购发票。这是实务界总结的开票人法,定义并不一定准确。

三、案例

甲企业收到开发商承兑汇票一张,乙企业为钢材生产企业,甲欲向乙购买钢材一批,但是乙不接受承兑汇票,于是甲委托 A 企业向乙企业购买钢材,甲付承兑汇票给 A 企业,A 企业付货币给乙,钢材直接从乙发货给甲。

甲乙之间是否构成虚开?大家可以自己去分析。

第三节　虚开增值税专用发票的证据标准

一、证明标准

税务机关对增值税专用发票案件的定性处理是税法层面的处理,是行政法层面的处理,因此对证据的证明标准应当是行政复议、行政诉讼的证明标准,即优势证明标准。优势证明标准的基本要求是"证据确凿",其与刑事诉讼的"案件事实清楚,证据确实、充分"证明标准;民事诉讼的"事实清楚"证明标准相区别。

二、证据类别与证据链条

虚开增值税专用发票的证据一般由基础证据、主要证据、辅助证据组成,共同形成相互印证的证据链。

（一）基础证据

基础证据包括行为人的工商登记资料、纳税申报资料、其他背景资料。

（二）主要证据

主要证据是增值税专用发票案件的主体证据，直接承担证实被检查对象的行为是否涉票的作用。

（1）生产能力是否和购销相匹配。包括生产设施、生产设备；物料、水电、人工等；特殊商品生产资质证明；委托加工业务真实性证据资料；证人证言。

（2）交易资金是否真实。包括资金是否回流；银行承兑汇票有无虚假结算；交易是否付款、支付是否真实；有无其他资金回流形式；证人证言。

（3）货物是否真实。包括上下游有无相应货物出、入库记录；销货清单、出入库记录上记载上下游企业货物名称、数量、收货人、发货人等要素是否一致；其他可以证明有无货物或者发票内容一致与否的证据；证人证言。

（4）手续费。包括有无银行转账支付手续费的记录；有无现金、承兑汇票支付手续费的证据；证人证言。

（三）辅助证据

辅助证据包括进、销商贸企业的一致性；注册信息的真实性；运输业务的真实性。

三、抽样取证

《中华人民共和国行政处罚法》第37条第二款规定，"行政机关在搜集证据时，可以采用抽样取证的方法"。税务机关对增值税专用发票案件的处理，可以进行抽样调查，但是在税务文书的表述上要恰当。

第四节 增值税专用发票行为的定性处理

一、行为定性

（一）虚开增值税专用发票定性的关键因素

1. 第一个关键因素：行为人是否存在实际经营

对实际经营的认定，税收法律法规没有规定，可以参照《合同法》第12条的规定综合认定。

2. 第二个关键因素：行为人是否以主观故意为前提

《发票管理办法》中的"为他人""为自己""让他人为自己""介绍他人"等表述均强调主观故意性。

(二) 区别情形定性

1. 开票人虚开，受票人不一定虚开

如果没有证据证明受票人明知、且货物交易真实、增值税专用发票内容一致、资金交易结算真实，不宜认定为虚开增值税专用发票。认定的条件是开票人存在销售货物、提供应税劳务或服务，除销售对象外，增值税专用发票要素与实际交易要素均一致，并且开票人对不一致的情况不存在主观故意。

2. 受票人接受了虚开的增值税专用发票，其再对外开具增值税专用发票不一定是虚开

《国家税务总局关于纳税人对外开具增值税专用发票有关问题的公告》(国家税务总局公告2014年第39号)规定，认定开票单位对外虚开发票，不能以其接受发票是虚开的作为充分条件。其认定的条件是同时满足：向受票人销售了货物或提供了增值税应税劳务、应税服务；向受票人收取了相应款项或取得了索取款项的凭据；按规定向受票人开具的增值税专用发票相关内容与所销售货物、所提供应税劳务或服务相符；值税专用发票系合法取得，并以自己名义开具。

3. 关于供货人让他人代自己向购货人开具增值税专用发票

《最高人民法院研究室〈关于如何认定以"挂靠"有关公司名义实施经营活动并让有关公司为自己虚开增值税专用发票行为的性质〉征求意见的复函》第2条规定，利用他人名义从事经营活动，并以他人名义开具增值税专用发票，即便行为人与该他人不存在挂靠关系，但行为人进行了实际经营活动，主观并无骗取抵扣税款的故意，客观上未造成国家增值税款流失，不宜认定为刑法第205条规定的虚开增值税专用发票。因此如果认定销售方开具增值税专用发票不是虚开，必须同时满足签订合同、收取货款、承担销售行为的权利义务这三个条件。

4. 关于购货人因供货人不能提供发票，让他人为自己开票

购货人让他人开具的增值税专用发票即使在品名、金额与无票购入的货物相符，但因其法律关系上是"无票购物""无货开票"，应认定受票人让他人为自己虚开增值税专用发票。

5. 是单位还是个人虚开增值税专用发票行为的认定

虚开增值税专用发票或接受虚开的增值税专用发票，可能是单位的实际控制人的行为，也可能是中间人的行为。虚开增值税专用发票行为必然存在一方为他人虚开，或者另一方让他人为自己虚开，但这两方不一定就是发票载明的开票人和受票人，要具体情

况具体分析。

(三) 定性依据

1. 行政法规

《发票管理办法》第 22 条第 2 款规定,任何单位和个人不得有下列虚开发票行为:

(1) 为他人、为自己开具与实际经营业务情况不符的发票。

(2) 让他人为自己开具与实际经营业务情况不符的发票。

(3) 介绍他人开具与实际经营业务情况不符的发票。

对虚开增值税专用发票的处理,税务机关可以依据《中华人民共和国发票管理办法》第 37 条的规定,《发票管理办法》第 37 条规定:"违反本办法第二十二条第二款的规定虚开发票的,由税务机关没收违法所得;虚开金额在 1 万元以下的,可以并处 5 万元以下的罚款;虚开金额超过 1 万元的,并处 5 万元以上 50 万元以下的罚款;构成犯罪的,依法追究刑事责任。非法代开发票的,依照前款规定处罚。"

2. 税收规范性文件

对虚开增值税专用发票进行处理的规范性文件有两方面,一方面是关于"恶意"的,有国税发〔1997〕134 号——利用虚开票偷税、国税发〔2000〕182 号——利用虚开票偷税,但是要注意规范性文件"偷税"与《税收征收管理法》第 63 条的衔接,也要与国税办函〔2007〕513 号、税总函〔2013〕196 号、税总函〔2016〕274 号衔接。另一方面是关于"善意取得"的,主要有国税发〔2000〕187 号。

在增值税专用发票实践中,还有"不善不恶"的说法,这种说法值得商榷。

二、税务处理

(一) 处理依据

1. 司法解释

《最高人民法院关于行政诉讼证据若干问题的规定》(法释〔2002〕21 号)第 68 条规定,下列事实法庭可以直接认定:

(1) 众所周知的事实。

(2) 自然规律及定理。

(3) 按照法律规定推定的事实。

(4) 已经依法查明的事实。

(5) 根据日常生活经验法则推定的事实。

2. 税收规范性文件

(1)《国家税务总局关于进一步做好税收违法案件查处有关工作的通知》(税总发

〔2017〕30号）。

(2)《最高人民法院关于行政诉讼证据若干问题的规定》。

(二) 结果处理

1. 告知权利

(1) 发出《税务事项通知书》，告知初步意见，要求被检查对象提供相关证据。拒不提供有关证据，辩解理由不予采信，如果能够提供有关书面证据，则进一步查证。

(2) 发出《询问通知书》，向被询问人询问借款、投资、采购等业务的真实性；对债权人、投资人、委托人提供资金的来源，排除资金合理怀疑。

2. 做出税务处理决定和税务行政处罚决定

税务机关如果已经查清并能够达到结案条件，就可以对被检查的增值税专用发票案件进行税务处理。如果涉及税款，适用的税务文书则是《税务处理决定书》。适用《税务处理决定书》处理被检查对象的增值税专用发票涉票行为涉及的税款，在已经公告的案例中可以找到例证。如果不涉及税款，但是税务机关要对被检查对象的增值税专用发票涉票行为进行行政处罚，则适用《税务行政处罚事项告知书》《税务行政处罚决定书》进行处理。至于税务处理、税务行政处罚的程序可以依照《税务稽查工作规程》《重大税务案件审理办法》进行。

3. 移送公安机关处理

如果被检查对象的增值税专用发票涉票行为涉嫌构成犯罪，依法需要追究刑事责任的，税务机关可以依据《行政执法机关移送涉嫌犯罪案件的规定》向公安机关移送。移送的可以是税务机关在检查增值税专用发票案件中发现的线索，也可以是在税务机关将案件检查完毕并进行税法处理后的案件。至于是移送线索还是移送案件，税务机关根据实际情况决定。不过，本书认为：税务机关在移交前还是应该预判以下主管税务机关的执法风险后果问题。

(1) 移送涉嫌虚开增值税专用发票案件。

如果被检查对象的行为涉嫌触犯《刑法》第205条规定的虚开增值税专用发票罪，税务机关就要根据实际情况决定是否移送。

(2) 移送骗取出口退税案件。

如果被检查对象的行为涉嫌利用虚开的增值税专用发票骗取出口退税，触犯《刑法》第204条规定的骗取出口退税罪，税务机关就要根据实际情况决定是否移送。

(3) 移送其他危害税收征管的案件。

除移送上列案件之外，如果被检查对象的行为涉嫌触犯《刑法》第三章第六节规定的危害税收征管罪，税务机关就要根据实际情况决定是否移送。

第五节　增值税专用发票涉票行为的风险责任

根据目前的税制规定,增值税专用发票涉票行为的法律风险后果有下面两个层面。

一、被检查对象的法律风险责任

(一)承担税款、滞纳金

如果被检查对象的增值税专用发票涉票行为以税款为目的,造成国家税款流失,那么就要补缴增值税、滞纳金。增值税专用发票涉票行为是经济行为,行为人一般以经济利益为目的,因此法律法规的规制原则就是不让行为人在经济上占到便宜,让国家利益受到损失。

(二)承担行政处罚责任——被罚款、被没收违法所得

如果被检查对象的行为是不涉及税款的增值税专用发票涉票行为,其行为人承担的行政处罚责任只有两种:一种是《税收征收管理法》《发票管理法》规定的罚款,数额在 50 万元以下;另一种是《税收征收管理法》《中华人民共和国发票管理法》规定的没收违法所得。

(三)承担刑事责任

如果被检查对象的增值税专用发票涉票行为触犯刑法规定的犯罪,则可能要承担刑事责任。

不过要说明的是以上几种责任可能叠加承担。

二、作为检查机关的税务机关的执法风险责任

(一)检查人员承担行政责任

在增值税专用发票检查案件中,税务机关要依法进行检查,"时间查够","税种查全","方法用尽"。如果案件处理不当,导致被检查对象提起行政复议或者行政诉讼,处理处罚结果被复议机关撤销或者被人民法院撤销,检查人员可能承担相应的行政责任。

(二)检查人员承担刑事责任

在增值税专用发票检查案件中,税务机关如果未依法进行检查,导致国家税款流失,或者导致被检查对象停业(破产),数额较大或者情节严重的,检查人员可能因此承担玩忽职守或者滥用职权或者其他渎职犯罪的刑事责任。

税务处理案件中发现刑事犯罪后的处理

一、司法裁判案例

(一)基本案情①

原告 S 某纺织公司于 2008 年 4 月注册成立,法定代表人李某连,实际经营人是赵某旺,赵某旺与李某连系夫妻关系。2015 年 5 月 18 日,被告 G 县国家税务局稽查局根据国家税务总局稽查局《国家税务总局稽查局关于对重庆"6·06"专案进行协查取证的通知》(税总稽便函〔2015〕27 号)的要求,对原告 S 某纺织公司自 2011 年 1 月 1 日至 2011 年 7 月 31 日期间的增值税及发票使用情况进行检查,并对原告进行了调查。通过调查,认为原告无服装生产痕迹且有较明确的资金回流,存在虚开增值税专用发票行为。被告于 2015 年 5 月 23 日做出 G 县国家税务局稽查局《税务行政处罚事项告知书》(G 国税稽罚告〔2015〕3 号),并于 2015 年 6 月 24 日将上述告知书送达原告,赵某旺在送达回证上签字并要求组织听证。2015 年 7 月 9 日被告组织原告进行了听证。被告 G 县国家税务局稽查局于 2015 年 7 月 30 日做出《税务行政处罚决定书》(G 国税稽罚〔2015〕9 号),后认为 S 某纺织公司一案,已涉嫌触犯《中华人民共和国刑法》第 205 规定。根据《税收征收管理法》第 77 条和《行政执法机关移送涉嫌犯罪案件的规定》第 3 条的有关规定,被告于 2015 年 8 月 12 日做出 G 县国家税务局《涉嫌犯罪案件移送书》(G 国税移〔2015〕1 号),并于 2015 年 8 月 13 日将该案移送 G 县公安局,并附关于 S 某纺织公司案件的调查报告和《税务行政处罚决定书》复印件。案件移送后被告又于 2015 年 8 月 27 日向原告送达了《税务行政处罚决定书》。G 县公安局经审查,于 2015 年 9 月 22 日向 G 县国家税务局送达立案告知书,告知书内容为 G 县公安局认为 S 某纺织公司有重大虚开嫌疑,决定立案侦查。原告不服被告做出的《税务行政处罚决定书》,于 2015 年 9 月 28 日向本院提起诉讼,要求撤销被告做出的税务处罚决定书。

(二)原告观点

被告认定原告存在虚开增值税专用发票行为仅是推理得出的结论,没有充分证据予以证实,被告做出的这一行政行为严重违反行政法规定的合法性原则。即使原告存在违法行为,依据《中华人民共和国行政处罚法》第 29 条规定,违法行为在两年之内未被发现的,不再给予行政处罚。法律另有规定的除外。被告做出的行政处罚超过两年的追责时效。

(三)被告观点

被告 G 县国家税务局稽查局针对原告 S 某纺织公司的违法行为做出的行政处罚决

---

① 案例来源:摘自中国裁判文书网。

定事实清楚、证据确凿。第一,原告确为重庆某船舶贸易有限公司开具了货物品名为针织女装上衣增值税专用发票。根据《国家税务总局稽查局关于对重庆"6·06"专案进行协查取证的通知》(税总稽便函〔2015〕27号)提供的数据表明:原告2011年1月1日到2011年7月31日期间共为重庆某船舶贸易有限公司开具增值税专用发票103份,发票载明的货物品名为针织女装上衣。第二,原告开具的增值税专用发票载明的运往重庆的货物数量所需运费与原告提供的实际发生的运输费用严重不符,说明涉案的增值税专用发票载明的货物品名为针织女装上衣的货物并未真实发出,涉案发票的开具并未全部对应真实交易,原告存在虚开行为。第三,明确的资金回流证实原告存在虚开增值税专用发票行为。被告通过原告提供的转账凭证和被告调取的原告在农村信用社账户的交易明细证实,原告与重庆某船舶贸易有限公司的业务均通过银行转账的方式结算,银行转账金额11 517 582.13元,比票面金额多106.48元,票款基本相符。原告收到货款11 517 582.13元,以现金方式支取10 895 990.78元,两者相差621 590.6元,占全部货款的5.4%。原告将支取的10 895 990.78元存入刘某鸿账户,后又自刘某鸿账户最终转入钟某柽、吴某耿、徐某钦、詹某、刘某彬、韦某哲的账户中。被告将资金流情况传递给重庆专案组田某,经核对,钟某柽、吴某耿、徐某钦、詹某、刘某彬、韦某哲均为重庆"6·06"案件资金回流涉及人员,已确定回流9 166 603元,且证实上述6人所开立的账户均为用于资金回流的账户。

被告对原告的违法行为做出行政处罚并未超出追责时效,被告依法对原告的行为做出行政处罚。依据《中华人民共和国行政处罚法》第29条及《税收征收管理法》第86条的规定,原告的虚开增值税专用发票的行为发生于2011年,依据上述法律规定应当对原告的违法行为予以处罚。

(四)人民法院裁判观点

依据《税收征收管理法》第5条的规定,本案被告G县国家税务局稽查局作为G县税收征收管理部门,对本辖区范围内的税收违法行为具有行政处罚的法定职责。依据《中华人民共和国行政处罚法》第29条第一款"违法行为在二年内未被发现的,不再给予行政处罚。法律另有规定的除外"及《税收征收管理法》第86条"违反税收法律、行政法规应当给予行政处罚的行为,在五年内为被发现的,不再给予行政处罚"的规定,原告的虚开增值税专用发票的行为属于违反税收法律的行为应适用五年的规定,故本案中被告对原告做出的行政处罚决定不超过处罚时效。依据《行政执法机关移送涉嫌犯罪案件的规定》第3条、第5条、第8条、第11条规定,行政执法机关在依法查处违法行为过程中,发现违法事实涉嫌构成犯罪,依法需要追究刑事责任的,必须依照规定向公安机关移送,行政执法机关对应当向公安机关进行移送的涉嫌犯罪案件,不得以行政处罚代替移送。本案中,被告G县国家税务局稽查局将案件移送到公安机关后,又向原告送达《税务行政处罚决定书》,不符合上述法律规定,违反法定程序。被告G县国家税务局稽查局于2015

年7月30日做出的G国税稽罚〔2015〕9号《税务行政处罚决定书》应予撤销。

二、综合解析

（一）涉税违法行为涉嫌犯罪时移送的性质

1. 法律规定

《中华人民共和国行政处罚法》第22条规定："违法行为构成犯罪的,行政机关必须将案件移送司法机关,依法追究刑事责任。"

《税收征收管理法》第77条第1款规定,纳税人、扣缴义务人有本法第63条、第65条、第66条、第67条、第71条规定的行为涉嫌犯罪的,税务机关应当依法移交司法机关追究刑事责任。

《行政执法机关移送涉嫌犯罪案件的规定》（中华人民共和国国务院令310号）第3条："行政执法机关在依法查处违法行为过程中,发现违法事实涉及的金额、违法事实的情节、违法事实造成的后果等,根据刑法关于破坏社会主义市场经济秩序罪、妨害社会管理秩序罪等罪的规定和最高人民法院、最高人民检察院关于破坏社会主义市场经济秩序罪、妨害社会管理秩序罪等罪的司法解释以及最高人民检察院、公安部关于经济犯罪案件的追诉标准等规定,涉嫌构成犯罪,依法需要追究刑事责任的,必须依照本规定向公安机关移送。"第11条第1款："行政执法机关对应当向公安机关移送的涉嫌犯罪案件,不得以行政处罚代替移送。"

2. 移送的性质

税务机关在行政执法过程中发现涉税犯罪行为,必须移送公安机关,不得以罚代刑。发现涉税犯罪行为,移送公安机关是税务机关的法定义务。

（二）行政执法权与司法执法权交叉时的处理

本案中,税务机关在做出《税务行政处罚决定书》后,先进行案件的移送,后送达行政相对人（本案原告）,即移送司法管辖后,仍进行行政处罚。那么行与刑对同一事实可否同时或先后进行处罚呢?

《中华人民共和国行政处罚法》第28条第2款之规定："违法行为构成犯罪,人民法院判处罚金时,行政机关已经给予当事人罚款的,应当折抵相应罚金。"第38条第1款："行政机关负责人应当对调查结果进行审查,根据不同情况,分别做出如下决定:（一）确有应收行政处罚的违法行为的,根据情节轻重及具体情况,做出行政处罚决定;（二）违法行为轻微,依法可以不予行政处罚的,不予行政处罚;（三）违法事实不能成立的,不得给予行政处罚;（四）违法行为已构成犯罪的,移送司法机关。"

《行政执法机关移送涉嫌犯罪案件的规定》（中华人民共和国国务院令310号）第11条第2款、第3款规定："行政执法机关向公安机关移送涉嫌犯罪案件前已经做出的警告,责令停产停业,暂扣或者吊销许可证、暂扣或者吊销执照的行政处罚决定,不停止执行。依照行政处罚法的规定,行政执法机关向公安机关移送涉嫌犯罪案件前,已经依法给予当事人罚款的,人民法院判处罚金时,依法折抵相应罚金。"

《中共中央办公厅　国务院办公厅转发国务院法制办等部门〈关于加强行政执法与刑事司法衔接工作的意见〉的通知》(中办发〔2011〕8号)第1条第3款:"行政执法机关向公安机关移送涉嫌犯罪案件,应当移交案件的全部材料,同时将案件移送书及有关材料目录抄送人民检察院。行政执法机关在移送案件时已经做出行政处罚决定的,应当将行政处罚决定书一并抄送公安机关、人民检察院;未做出行政处罚决定的,原则上应当在公安机关决定不予立案或者撤销案件、人民检察院做出不起诉决定、人民法院做出无罪判决或者免予刑事处罚后,再决定是否给予行政处罚。"

涉税违法行为同时又涉嫌犯罪时,行政机关与司法机关均可依法进行处理,但是"做出行政处罚决定"与"已构成犯罪移送司法机关"是调查终结后税务机关择一进行处理的结果,二者不应当并处。当对某一税收违法行为进行刑事追究已是必要时,应优先适用刑法。而且在关于罚款折抵罚金等的规定也可看出,通过司法程序做出的刑事处罚可以吸收性质相同的行政处罚。因此,在涉税违法行为已移送司法机关,受司法机关追究后,税务机关不宜再进行行政处罚。

第三部分
增值税专用发票的刑法风险防控

　　增值税专用发票在税法层面的风险主要是承担税款、滞纳金,或者行政处罚即罚款、没收违法所得。也可以说税法层面的风险是行政法层面的风险,是非刑事责任风险。增值税专用发票在刑法层面的风险是要被定罪量刑,是要承担刑事责任,刑事责任有主刑有期徒刑、无期徒刑,也有附加刑比如罚金等,简而言之,既要承担主刑等刑事责任,也可能要承担附加刑等刑事责任。本编就围绕增值税专用发票的几个主要罪名涉及的刑事责任问题,以公开的司法裁判案例为切入基点,详细分析探究增值税专用发票的刑法风险防控。

　　从增值税专用发票的风险防控分析中,可以发现增值税专用发票的刑法风险与税法风险截然不同,并且税法层面对增值税专用发票的处理路径与刑法层面的处理路径也完全不同,同时税法层面的行为构成与刑法层面的犯罪构成也完全不一样,税务机关和公安司法机关的处理问题的思维也不一样。当然在增值税专用发票实践中,税务机关处理问题与公安司法机关处理问题也有一致的地方,比如个别税务机关对增值税专用发票涉票行为人也称为犯罪嫌疑人、罪犯等,对此本书不予评价。

上 编

虚开增值税专用发票的刑法风险

　　虚开增值税专用发票不仅是为税法所禁止,更是为刑法所禁止。《刑法》第205条专门规定了虚开增值税专用发票罪,并规定了比较严厉的量刑制度。虚开增值税专用发票案件一直属于多发频发案件,特别是"营改增"以后,更是处于高发期。从国家税务总局公布的信息看,各地不断爆发大案、特大案,案值高达数元、数十亿元,甚至上百亿元。国家也采取了比较严厉的打击手段,"税警联合",重拳"打虚"。

第十四章　虚开增值税专用发票的刑法风险概述

根据《刑法》第 205 条的规定,虚开增值税专用发票或者虚开用于骗取出口退税、抵扣税款的其他发票,是指有为他人虚开、为自己虚开、让他人为自己虚开、介绍他人虚开行为之一的,违反有关规范,给国家造成损失的行为。"虚开"是指行为人违反有关发票开具管理的规定、不按照实际情况如实开具增值税专用发票及其他可用于骗取出口退税、抵扣税款的发票之行为。

由于本罪涉及一系列的财务和税务制度,会发生和逃税罪交叉以及方法手段构成牵连犯等情形,具体到个案可能发生定性分歧,因此要注意此罪与彼罪的区分。本章以大量的司法裁判实践来分析虚开增值税专用发票的犯罪问题。

第一节　虚开增值税专用发票犯罪的构成

一、犯罪客体

本罪侵犯的客体是国家对增值税专用发票和可用于出口退税、抵扣税款的其他发票的监督管理制度或者监督管理秩序。

二、犯罪客观方面

在客观方面表现为行为人:为他人虚开增值税专用发票或用于骗取出口退税、抵扣税款的其他发票;或者是为自己虚开增值税专用发票或用于骗取出口退税、抵扣税款的其他发票;或者是让他人为自己虚开增值税专用发票或用于骗取出口退税、抵扣税款的其他发票;或者是介绍他人虚开增值税专用发票或用于骗取出口退税、抵扣税款的其他发票。

三、犯罪主体

本罪主体为一般主体,自然人和单位均可构成本罪主体。

四、犯罪主观方面

本罪在主观方面必须是故意,而且一般具有某种目的。实践中,为他人虚开的单位和个人一般都以收取高额的手续费为目的;为自己虚开、让他人为自己虚开的单位和个人一般都是以骗取出口退税、抵扣税款为目的;介绍他人虚开的单位和个人一般都是以收取高额的中介费、信息费为目的。不过"以营利为目的"并不是本罪主观上的必要条件。

第二节　虚开增值税专用发票的立案和量刑标准

一、立案标准

虚开增值税专用发票涉及的税款数额在 1 万元以上或者致使国家税款被骗数额在 5 000 元以上的,应予立案追诉。

二、量刑标准

虚开增值税专用发票犯罪的量刑标准涉及以下规定,比较复杂。

(一) 刑法规定

根据《刑法》第 205 条的规定,虚开增值税专用发票犯罪有三个量刑档位,分别是:

(1) 入罪:3 年以下有期徒刑或拘役,并处 2 万元至 20 万元罚金。

(2) 虚开的税款数额较大或者有其他严重情节:3 年以上 10 年以下有期徒刑,并处 5 万元至 50 万元以下罚金。

(3) 虚开的税款数额巨大或者有其他特别严重情节:10 年以上有期徒刑或者无期徒刑,并处 5 万元至 50 万元罚金或者没收财产。

(二) 司法解释

(1)《最高人民法院关于适用〈全国人民代表大会常务委员会关于惩治虚开、伪造和非法出售增值税专用发票犯罪的决定〉的若干问题的解释》(法发〔1996〕30 号)对本罪的三档量刑标准做出了具体的规定,分别是:

① 虚开税款数额 1 万元以上的或者虚开增值税专用发票致使国家税款被骗取 5 000 元以上的,应当依法定罪处罚。

② 虚开税款数额 10 万元以上的,属于"虚开的税款数额较大";具有下列情形之一

的,属于"有其他严重情节":a.因虚开增值税专用发票致使国家税款被骗取 5 万元以上的;b.具有其他严重情节的。

③ 虚开税款数额 50 万元以上的,属于"虚开的税款数额巨大";具有下列情形之一的,属于"有其他特别严重情节":a.因虚开增值税专用发票致使国家税款被骗取 30 万元以上的;b.虚开的税款数额接近巨大并有其他严重情节的;c.具有其他特别严重情节的。

(2) 关于法发〔1996〕30 号司法解释与法研〔2014〕179 号回复的适用问题。

① 2014 年 11 月 27 日,最高人民法院研究室曾向西藏自治区高级人民法院做出过答复,即《最高人民法院研究室关于如何适用法发〔1996〕30 号司法解释数额标准问题的电话答复》(法研〔2014〕179 号)。该批复明确:"为了贯彻罪刑相当原则,对虚开增值税专用发票案件的量刑数额标准,可以不再参照适用 1996 年《最高人民法院关于适用〈全国人民代表大会常务委员会关于惩治虚开、伪造和非法出售增值税专用发票犯罪的决定〉的若干问题的解释》。在新的司法解释制定前,对于虚开增值税专用发票案件的定罪量刑标准,可以参照《最高人民法院关于审理骗取出口退税刑事案件具体应用法律若干问题的解释》的有关规定执行。"然而,由于法研〔2014〕179 号文件是最高人民法院研究室制定的电话答复,其制定程序不属于司法解释的制定程序,其形式也不符合司法解释的形式,因此在性质上不属于司法解释,不具有法律效力,各地人民法院在虚开增值税专用发票犯罪案件审判中无法直接援引法研〔2014〕179 号文件。

② 经对中国裁判文书网判例统计,2010—2016 年,全国涉及类似人民法院审理虚开增值税专用发票案中明确参考《最高人民法院关于审理骗取出口退税刑事案件具体应用法律若干问题的解释》(法释〔2002〕30 号)的判决案例共 23 件(不排除部分类似案件未上传到数据库),出现在山东省垦利县、东营市垦利区、沂南县、烟台市莱山区、滨州市,浙江省杭州市、宁波市海曙区,辽宁省沈阳市和平区,内蒙古自治区牙克石市、鄂尔多斯市东胜区,江苏省盐城市,广西壮族自治区柳州市,广东省佛山市三水区,福建省连城县,四川省苍溪县,天津市红桥区,山西省黎城县。

(3) 关于最高人民法院发布《最高人民法院关于虚开增值税专用发票定罪量刑标准有关问题的通知》的适用问题。

① 2018 年 8 月 22 日,最高人民法院发布《最高人民法院关于虚开增值税专用发票定罪量刑标准有关问题的通知》(法〔2018〕226 号,简称 226 号文),就适用《刑法》第 205 条关于虚开增值税专用发票罪的有关规定做出解释,具体内容如下:为正确适用刑法第二百零五条关于虚开增值税专用发票罪的有关规定,确保罪责刑相适应,现就有关问题通知如下:

"一、自本通知下发之日起,人民法院在审判工作中不再参照执行《最高人民法院关于适用《全国人民代表大会常务委员会关于惩治虚开、伪造和非法出售增值税专用发票犯罪的决定〉的若干问题的解释》（法发〔1996〕30 号）第一条规定的虚开增值税专用发票罪的定罪量刑标准。"

"二、在新的司法解释颁行前，对虚开增值税专用发票刑事案件定罪量刑的数额标准，可以参照《最高人民法院关于审理骗取出口退税刑事案件具体应用法律若干问题的解释》（法释〔2002〕30 号）第三条的规定执行，即虚开的税款数额在五万元以上的，以虚开增值税专用发票罪处三年以下有期徒刑或者拘役，并处二万元以上二十万元以下罚金；虚开的税款数额在五十万元以上的，认定为刑法第二百零五条规定的'数额较大'；虚开的税款数额在二百五十万元以上的，认定为刑法第二百零五条规定的'数额巨大'。"

"以上通知，请遵照执行。执行中发现的新情况、新问题，请及时报告我院。"

需要注意的是，226 号文明确了参照执行法释〔2002〕30 号骗取出口退税罪解释规定的定罪量刑数额标准，没有要求参照执行"其他严重情节""其他特别严重情节"的认定标准；同时只是明确了虚开增值税专用发票刑事案件参照执行的数额标准，未涉及虚开增值税专用发票罪的其他构成要件。

② 经对中国裁判文书网判例统计，自 2018 年 8 月 22 日至 2019 年 3 月 22 日，全国涉及类似人民法院审理虚开增值税专用发票案中明确按照 226 号文执行的判决案例已49 件（不排除部分类似案件未上传到数据库），出现在陕西省渭南市，广东省广州市、肇庆市、梅州市，福建省宁德市、福安市，广西壮族自治区柳州市、平乐县，云南省泸水市、昆明市，河南省驻马店市、漯河市、邯郸市、西峡县，湖南省株洲市、长沙市，江西省龙南县、兴国县、萍乡市、鄱阳县，山东省德州市、枣庄市，辽宁省葫芦岛市、抚顺市、鞍山市，四川省天全县、大竹县、南部县、德阳市、雅安市，贵州省贵阳市，河北省霸州市，山西省交城县，湖北省洪湖市、鄂州市，吉林省抚松县，内蒙古自治区。

例如，陕西省渭南市中级人民法院(2016)陕 05 刑初 115 号《刑事判决书》①人民法院表述："对于寇某辩护人提出应按照最新的法律规定定罪量刑的辩护意见，符合 2018 年 8月 22 日《最高人民法院关于虚开增值税专用发票定罪量刑标准有关问题的通知》（法〔2018〕226 号）精神，本院予以采纳。"

再例如，广东省肇庆市中级人民法院(2018)粤 12 刑终 201 号《刑事判决书》②人民法院表述："根据 2018 年 8 月 27 日施行的《最高人民法院关于虚开增值税专用发票定罪量刑标准有关问题的通知》的规定，虚开的税款数额在五十万元以上的，认定为刑法第二百零五条规定的'数额较大'；虚开的税款数额在二百五十万元以上的，认定为刑法第二百

---

① 2019 年 3 月 22 日摘自中国裁判文书网。

② 同上。

零五条规定的'数额巨大'。上诉人缪坛为他人虚开增值税专用发票税款数额为1 855 607.31元,应认定为刑法第二百零五条规定有'数额较大',处三年以上十年以下有期徒刑。根据从旧兼从轻的原则,应对上诉人缪某的量刑予以纠正。"

还例如,抚顺市东洲区人民法院(2018)辽0403刑初33号《刑事裁定书》[①]人民法院表述:"抚顺市东洲区人民检察院指控被告人高某某、张某某虚开增值税专用发票一案,未达最高人民法院2018年8月22日发出的《最高人民法院关于虚开增值税专用发票定罪量刑标准有关问题的通知》规定的对虚开增值税专用发票刑事案件定罪的数额,公诉机关决定撤回起诉理由成立,本院予以准许。依照最高人民法院《关于适用〈中华人民共和国刑事诉讼法〉的解释》第二百四十二条之规定,裁定如下: 准许抚顺市东洲区人民检察院撤诉。"

第三节　刑法风险抗辩要点

行为人对虚开增值税专用发票案件的抗辩,要注意资金流向、税款认证抵扣、税务机关的稽查报告、税务机关的调查报告、已证实虚开通知单、部分虚开还是全部虚开,以及与案件有关的过磅单、运输费发票、开票方受票方相关人员的证言等证据资料,由表及里、深入浅出地进行辩护。

一、无罪抗辩

无罪抗辩可以从这几个方面切入: 一是如果只是虚设开票人或不按规定时限提前或滞后开具日期等,虽属违法不实开具,但不是本罪意义上的虚开,不构成本罪。二是如果虚开增值税专用发票、用于骗取出口退税、抵扣税款的其他发票数额较小而又无伪造、非法购买增值税专用发票、用于骗取出口退税、抵扣税款的其他发票等其他情节,虚开数额较小尚未造成逃税、骗取出口退税等其他后果。三是如果考虑虚开但尚未着手且无其他严重情节。四是在他人的威胁、要挟之下被迫为他人虚开但虚开数额不大。

二、罪轻抗辩

罪轻抗辩可以从这几个方面切入。一是如果虚开只是为了不缴或少缴应纳税款,使国家得不到应该得到的税款(而没有将国家已经得到的税款通过抵扣再骗回来),则构成逃税罪,而不是本罪。二是伪造或非法购买增值税专用发票、用于骗取出口退税的发票、

[①]　2019年3月22日摘自中国裁判文书网。

抵扣税款的其他发票用于实施本罪的,构成数罪,但按照牵连犯,从一重罪论处。三是只是唆使他人虚开,而没有在行为人之间牵线搭桥,也不具体教唆犯罪方法,对教唆犯应当按其在其间犯罪中所其的作用处罚。本罪是以违反国家发票管理制度,将国家已经得到的税款通过抵扣再骗回来的一种行为。在个案的认定和抗辩中需要结合具体情况,认真分析,准确鉴定涉案金额和构成定性。

第四节　虚开增值税专用发票在审查起诉阶段无罪抗辩的案例借鉴

根据增值税专用发票案件实践,现将审查起诉阶段虚开增值税专用发票无罪抗辩实践观点进行梳理。

一、法定不起诉的抗辩观点

(一)单位犯罪的抗辩

(1)以进行违法犯罪活动而设立的公司实施犯罪的,不以单位犯罪论处。例如,洪检诉刑不诉〔2017〕2号《不起诉决定书》[①]中表述:"本院认为,江苏××卫浴有限公司系自然人为进行违法犯罪活动而设立,根据《最高人民法院关于审理单位犯罪案件具体应用法律有关问题的解释》第2条的规定,不以单位犯罪论处。江苏××卫浴有限公司没有犯罪事实,根据《中华人民共和国刑事诉讼法》第173条第1款的规定,决定对江苏××卫浴有限公司不起诉。"

(2)单位被依法吊销营业执照,已不具备法人资格,不符合单位犯罪要件。例如,张检诉刑不诉〔2017〕21号《不起诉决定书》[②]中表述:"经本院审查,本院认为,根据在案证据,被不起诉单位张家港保税区××国际贸易有限公司已于2012年3月23日因未按规定办理工商年检而被吊销营业执照,已不具备法人资格,不符合单位犯罪条件。依照《中华人民共和国刑事诉讼法》第173条第1款、第15条第(六)项的规定,决定对张家港保税区××国际贸易有限公司不起诉。"

(3)虽然构成犯罪,但单位已被准予注销登记,不符合起诉条件。例如,邮检诉刑不

---

① 2018年4月21日摘自人民检察院案件公开信息网。

② 同上。

诉〔2016〕40 号《不起诉决定书》①中表述:"本院认为,寿光××物流有限公司的行为已构成犯罪,因寿光××物流有限公司在审查起诉阶段已被准予注销登记,依照《中华人民共和国刑事诉讼法》第 15 条第(六)项的规定,决定对寿光××物流有限公司不起诉。"类似的《不起诉决定书》还有泗检诉刑不诉〔2016〕19 号。

(二)非单位犯罪的抗辩

(1)主观上没有骗取国家税款的目的,没有造成国家税款损失,没有犯罪事实。例如,兴检诉刑不诉〔2016〕26 号《不起诉决定书》②中表述:"本院认为,兴化市××运输有限公司、丁某某的上述行为,主观上没有骗取国家税款目的,且没有造成国家税款损失,没有犯罪事实。依照《中华人民共和国刑事诉讼法》第 173 条第一款的规定,决定对兴化市××运输有限公司、丁某某不起诉。"类似的《不起诉决定书》还有兴检诉刑不诉〔2016〕25 号、平检公诉刑不诉〔2015〕11 号。

(2)虚开数额尚未达到虚开增值税专用发票罪的犯罪数额标准。例如,玉检公诉刑不诉〔2016〕138 号《不起诉决定书》③中表述:"本院认为,林某某系玉环县××印包装有限公司直接负责的主管人员,其为单位利益虚开增值税专用发票用于抵扣税款,致使国家税款被骗取 7 394.27 元,但数额尚未达到虚开增值税专用发票罪之单位犯罪的构罪标准,不构成犯罪。依照《中华人民共和国刑事诉讼法》第 173 条第一款的规定,决定对林某某不起诉。"类似的《不起诉决定书》还有玉检公诉刑不诉〔2016〕136、137 号。

(3)如实开具与销售货物相符的增值税专用发票,依法缴纳全部税款,并按照票面金额收取货款,没有虚开增值税专用发票的行为,没有犯罪事实。例如,津宝检公诉刑不诉〔2015〕7 号《不起诉决定书》④中表述:"本院认为,王某某经张某某、韩某某的介绍,以天津市××煤炭销售有限公司的名义,向天津市××股份有限公司、天津××时装有限公司销售煤炭,并向买受方如实开具了与所销售货物相符的增值税专用发票,依法缴纳了全部税款,并按照票面金额收取了货款,因此,王某某没有虚开增值税专用发票的行为,其没有犯罪事实,依照《中华人民共和国刑事诉讼法》第 173 条第一款的规定,决定对王某某不起诉。"类似的《不起诉决定书》还有津宝检公诉刑不诉〔2015〕6 号。

(4)如交易双方之间没有虚开增值税专用发票的行为,居间介绍人的介绍行为亦不是介绍他人虚开增值税专用发票的行为,没有犯罪事实。例如,津宝检公诉刑不诉〔2015〕8 号《不起诉决定书》⑤中表述:"本院认为,王某某、兰某某经张某某、韩某某的介

---

① 2018 年 4 月 21 日摘自人民检察院案件公开信息网。
② 同上。
③ 同上。
④ 同上。
⑤ 同上。

绍,以天津市××煤炭销售有限公司的名义,向天津市××股份有限公司、天津××时装有限公司销售煤炭,并向买受方如实开具了与所销售货物相符的增值税专用发票,依法缴纳了全部税款,并按照票面金额收取了货款,因此,王某某、兰某某没有虚开增值税专用发票的行为,韩某某作为居间介绍人亦没有虚开增值税专用发票的行为,韩某某没有犯罪事实,依照《中华人民共和国刑事诉讼法》第173条第一款的规定,决定对韩某某不起诉。"

(5) 行为人主观上不明知没有真实的货物交易,没有犯罪事实,不起诉。例如,京三分检公诉刑不诉〔2015〕17号《不起诉决定书》①中表述:"本院认为,被不起诉人徐某某主观上不明知没有真实的货物交易,没有犯罪事实,依照《中华人民共和国刑事诉讼法》第173条第一款的规定,决定对徐某某不起诉。"

(6) 已过追诉时效期限不起诉。例如,喀检公诉刑不诉〔2014〕10号《不起诉决定书》②中表述:本院认为,李某某的上述行为,违反国家税收管理法规,虚开增值税专用发票10 000元以上,其行为触犯《刑法》第205条第1款,其法定刑为3年以下有期徒刑或者拘役,并处罚金2万元以上20万元以下,根据《刑法》第87条、89条之规定,其追诉期间为5年,追诉期限从犯罪之日起计算,被不起诉人李某某犯罪事实发生在2007年11月30日,至今已过追诉时效。依照《中华人民共和国刑事诉讼法》第15条第(二)项和第173条第1款的规定,决定对李某某不起诉。

(7) 借用公司的资质,以该公司名义与其他公司进行交易并开具与交易相符的增值税专用发票,不属于虚开增值税专用发票的行为。例如,在潍检公二刑不诉〔2015〕10号《不起诉决定书》③中表述:"本院认为,孙某某的上述行为,不构成犯罪。依照《中华人民共和国刑事诉讼法》第173条第一款的规定,决定对孙某某不起诉。虚开增值税专用发票罪侵犯的客体是国家税款及税收征管制度,客观方面要求行为人实施了虚开增值税专用发票的行为。被不起诉人孙某某让××有限公司出具增值税专用发票的行为,不属于虚开发票,且国家税款也没有损失的危险性。虚开增值税专用发票罪的主观方面应具有骗取国家税款的故意及目的,现有证据不能认定被不起诉人孙某某主观上具有骗取国家税款的意图。综上,孙某某的行为不构成犯罪。"类似不起诉案例还有:潍检公二刑不诉〔2015〕5、6、7、8、9、12、13号。

(8) 行为人作为公司的兼职会计,对于公司的实际经营状况并不了解,他人虚开增值税专用发票的行为是其个人行为,与行为人无意思联络,且现有证据不能认定行为人主观上具有骗取国家税款的意图,行为人的行为不构成犯罪。例如,在潍检公二刑不诉〔2015〕11号《不起诉决定书》④中表述:"本院认为,唐某某的上述行为,不构成犯罪。依

---

① 2018年4月21日摘自人民检察院案件公开信息网。

② 同上。

③ 2018年5月20日摘自人民检察院案件公开信息网。

④ 同上。

照《中华人民共和国刑事诉讼法》第 173 条第一款的规定,决定对唐某某不起诉。虚开增值税专用发票罪侵犯的客体是国家税款及税收征管制度,客观方面要求行为人实施了虚开增值税专用发票的行为。被不起诉人唐某某作为公司的兼职会计,对于公司的实际经营状况并不了解,王某某虚开进项增值税专用发票的行为是其个人行为,与被不起诉人唐某某无意思联络。被不起诉人唐某某为本公司业务出具增值税专用发票的行为,不属于虚开发票,且国家税款也没有损失的危险性。虚开增值税专用发票罪的主观方面应具有骗取国家税款的故意及目的,现有证据不能认定被不起诉人唐某某主观上具有骗取国家税款的意图。综上,唐某某的行为不构成犯罪。"

(9) 虽然行为人实施了让他人为自己代开增值税专用发票的行为,但存在国家税务总局公告 2014 年第 39 号,即《国家税务总局关于纳税人对外开具增值税专用发票有关问题的公告》规定的情形,不属于对外虚开增值税专用发票。例如,在郴北检公诉刑不诉〔2015〕32 号《不起诉决定书》①中表述:"经本院审查并退回补充侦查,本院认为被不起诉人黄某某涉嫌虚开增值税专用发票犯罪事实清楚、证据充分,在锦业公司有实际货物交易情况下,被不起诉人黄某某伙同他人实施了让他人代自己公司开具增值税专用发票的行为,现行法律及司法解释未明确让他人为自己代开增值税专用发票不受刑事追究,但该行为适用国家税务总局公告 2014 年 39 号规定的情形,暂不符合起诉条件;没有证据证实被不起诉人黄某某有骗取贷款犯罪事实,不构成犯罪。依照《中华人民共和国刑事诉讼法》第 171 条第四款、第 173 条第一款的规定,决定对黄某某不起诉。"类似不起诉案例还有:郴北检公诉刑不诉〔2015〕30、33 号。

(10) 情节显著轻微,危害不大,不构成犯罪。例如,在喀检公刑不诉〔2017〕48 号《不起诉决定书》②中表述:"2016 年 10 月 24 日,××有限公司以进购原材料为由,让北京市××有限公司为其虚开增值税专用发票两组(发票号码为 5095＊＊＊＊、5095＊＊＊＊),用于抵扣进项税,合计虚开增值税进项税额 29 641.02 元人民币。本院认为,辛某某的上述行为,情节显著轻微、危害不大,不构成犯罪。依照《中华人民共和国刑事诉讼法》第 15 条第(一)项和第 173 条第一款的规定,决定对辛某某不起诉。"

二、酌定不起诉的抗辩观点

(一) 以社会危害性小抗辩

(1) 犯罪数额较小。例如,在台某某检刑不诉〔2017〕72 号《不起诉决定书》③中表述:

---

① 2018 年 5 月 20 日摘自人民检察院案件公开信息网。

② 同上。

③ 同上。

本院认为,胡某甲实施了《刑法》第 205 条第 1、2、3 款规定的行为,但犯罪情节轻微:第一,犯罪数额较小;第二,有坦白的法定从轻情节;第三,有退缴税款的酌情从轻情节;第四,系初犯、偶犯;第五,具有较好的认罪、悔罪表现。根据《刑法》第 37 条的规定,可以免予刑事处罚。依据《中华人民共和国刑事诉讼法》第 173 条第 2 款的规定,决定对胡某甲不起诉。

类似不起诉案例还有:台某某检刑不诉〔2017〕71 号。

(2)认罪、悔罪、坦白、积极退赃。例如,在连云检诉刑不诉〔2017〕25 号《不起诉决定书》[①]中表述:本院认为,被不起诉人金某甲实施了《刑法》第 205 条规定的行为,但犯罪情节轻微,具有坦白等法定从轻处罚情节,且案发后认罪、悔罪,积极退赃,故依据《中华人民共和国刑事诉讼法》第 173 条第 2 款的规定,决定对金某甲不起诉。

类似不起诉案例还有:瓯检公诉刑不诉〔2016〕67 号;瓯检公诉刑不诉〔2016〕68 号。

(二)以没有造成税款损失抗辩

(1)自首、初犯、偶犯、涉案税款已补缴。例如,在义检刑不诉〔2017〕723 号《不起诉决定书》[②]中表述:本院认为,杨某某实施了《刑法》第 205 条规定的行为,但犯罪情节轻微,具有以下情节:第一,杨某某犯罪后主动投案,如实供述自己罪行,系自首,依据《刑法》第 67 条第 1 款的规定,可以从轻或减轻处罚;第二,杨某某系初犯、偶犯,社会危险性较小,且涉案税款已补缴。根据《刑法》第 37 条的规定,可以免除刑罚。依据《中华人民共和国刑事诉讼法》第 173 条第 2 款的规定,决定对杨某某不起诉。

类似不起诉案例还有:余检诉刑不诉〔2017〕151 号;余检诉刑不诉〔2017〕152 号;余检诉刑不诉〔2017〕153 号;余检诉刑不诉〔2017〕154 号;余检诉刑不诉〔2017〕155 号;余检诉刑不诉〔2017〕156 号;余检诉刑不诉〔2017〕157 号;余检诉刑不诉〔2017〕158 号;拱检刑不诉〔2017〕208 号;渝渡检刑不诉〔2017〕21 号;渝渡检刑不诉〔2017〕20 号;陂检公诉刑不诉〔2017〕18 号;嵊检公诉刑不诉〔2017〕117 号;仙检公诉刑不诉〔2017〕147 号;瓯检公诉刑不诉〔2017〕142 号;瓯检公诉刑不诉〔2017〕141 号;陂检公诉刑不诉〔2017〕22 号;临检公诉刑不诉〔2017〕184 号;临检公诉刑不诉〔2017〕183 号;宁检刑不诉〔2017〕86 号;宁检刑不诉〔2017〕87 号。

(2)以已受行政处罚、国家税收损失已弥补抗辩。例如,在江检公诉刑不诉〔2017〕120 号《不起诉决定书》[③]中表述:本院认为,被不起诉人徐某某实施了《刑法》第 205 条第 1 款规定的行为,但犯罪情节轻微,且被不起诉人已被行政处罚,国家税收损失得以弥

---

① 2018 年 5 月 20 日摘自人民检察院案件公开信息网。

② 同上。

③ 同上。

补。根据《刑法》第 37 条的规定,不需要判处刑罚。依据《中华人民共和国刑事诉讼法》第 173 条第 2 款的规定,决定对徐某某不起诉。

类似不起诉案例还有:台温检公诉刑不诉〔2017〕252 号;台温检公诉刑不诉〔2017〕253 号;渝合检刑不诉〔2017〕32 号;渝合检刑不诉〔2017〕31 号;渝合检刑不诉〔2017〕33 号。

(3) 没有涉税违法前科或立案前已经足额补缴应纳税款和滞纳金。例如,在台路检公诉刑不诉〔2016〕55 号《不起诉决定书》①中表述:本院认为,被不起诉人谷某某为偷逃国家税款,通过他人为公司虚开增值税专用发票用于抵扣税款,致使国家税款被骗人民币 16837.65 元,其行为已触犯《刑法》第 205 条,犯罪事实清楚,证据确实充分,应当以虚开增值税专用发票罪追究其刑事责任。被不起诉人谷某某具有自首、没有涉税违法前科,且在公安机关立案侦查以前已经足额补缴应纳税款和滞纳金等情节,犯罪情节轻微,依照《中华人民共和国刑事诉讼法》第 173 条第 2 款的规定,决定对谷某某不起诉。

(4) 行为人系为逃税而实施虚开增值税专用发票的行为,其两行为系目的与手段之关系,行为人事后已补缴税款并接受行政处罚。如参照逃税罪评判,即使构成逃税罪也不予追究刑事责任,犯罪情节较轻,可以免除处罚。例如,在渝北检刑不诉〔2017〕91 号《不起诉决定书》②中表述:本院认为,被不起诉人刘某某让他人为自己虚开增值税专用发票,其行为已触犯《刑法》第 205 条的规定,涉嫌虚开增值税专用发票罪。但刘某某虚开增值税专用发票的行为属于"处三年以下有期徒刑或拘役"的量刑幅度,且其虚开的税款金额居于该量刑幅度的下游水平,该行为的社会危害性相对较小;刘某某系为逃税而实施前述行为,其逃税行为与虚开增值税专用发票行为本系目的与手段之关系,且同为危害税收征管之行为,因事后其公司已补缴税款并接受行政处罚,如参照逃税罪评判,其行为即使构成逃税罪也不予追究刑事责任,故而其公司补缴税款、接受行政处罚的行为,不仅是评判被不起诉人认罪、悔罪态度等方面表现的依据,在本案中更应是减轻其罪责的重要内容;综合前述事实与情节,可认为其犯罪较轻。刘某某具有自首情节,根据《刑法》第 67 条第 1 款的规定,可以免除处罚,故根据《中华人民共和国刑事诉讼法》第 173 条第 2 款的规定,决定对刘某某不起诉。

三、存疑不起诉的抗辩观点

(一)以不具备主体条件和无主观故意抗辩

(1) 现有证据不能认定行为人为虚开增值税专用发票直接负责的主管人员,不符合

---

① 2018 年 5 月 20 日摘自人民检察院案件公开信息网。

② 同上。

主体构成要件,不起诉。例如,在蒲检公诉刑不诉〔2017〕3 号《不起诉决定书》①中表述:经本院审查并退回补充侦查,本院仍然认为四川省蒲江县公安局认定的犯罪事实不清,证据不足,不能认定赵某某是乙公司、丙公司虚开增值税专用发票直接负责的主管人员,不符合起诉条件。依照《中华人民共和国刑事诉讼法》第 171 条第 4 款的规定,决定对赵某某不起诉。

类似不起诉案例还有:株石检公诉刑不诉〔2016〕18 号;营西检公刑不诉〔2016〕3 号。

(2)现有证据无法证明行为人具有虚开增值税专用发票的主观故意。例如,在渝綦检刑不诉〔2017〕31 号《不起诉决定书》②中表述:经本院审查并二次退回补充侦查,本院仍然认为重庆市公安局万盛经济技术开发区分局认定的犯罪事实不清、证据不足。本案中,李某某在实际经营煤炭的过程中以张某某所属贵州 ＊＊ 贸易有限公司的名义开具增值税专用发票,现有证据不足以证实张某某在帮助李某某向殷某某所属的重庆市业正商贸有限责任公司开具增值税专用发票时明知李某某和殷某某没有真实的煤炭交易,故认定张某某具有虚开增值税专用发票主观故意的事实不清、证据不足,本案不符合起诉条件。依照《中华人民共和国刑事诉讼法》第 171 条第四款的规定,决定对张某某不起诉。

类似不起诉案例还有:衡祁检公诉刑不诉〔2017〕71 号;霍检公诉刑不诉〔2017〕1、2、3 号;津静检公诉刑不诉〔2016〕56 号;阳城检公诉刑不诉〔2016〕26 号;京丰检公诉刑不诉〔2015〕96 号;香检公诉刑不诉〔2017〕5 号。

(二)以主要证据不足抗辩

(1)现有证据无法证实行为人实施虚开增值税专用发票的具体行为。例如,在海检诉刑不诉〔2017〕49 号《不起诉决定书》③中表述:经本院审查并退回补充侦查,本院仍然认为,连云港市公安局海州分局认定的犯罪事实不清、证据不足,现有证据不能证实被不起诉人杨某某实施虚开增值税专用发票的具体行为,不符合起诉条件。依照《中华人民共和国刑事诉讼法》第 171 条第 4 款的规定,决定对杨某某不起诉。

类似不起诉案例还有:津宝检公诉刑不诉〔2015〕30、31、32 号;津检一分院公诉刑不诉〔2015〕2 号;京丰检公诉刑不诉〔2015〕94 号;宿区检诉刑不诉〔2017〕53、54、55、56、58 号;临检公诉刑不诉〔2015〕39 号;匀检公诉刑不诉〔2015〕4 号。

(2)证实是否有货物购销、购销货物数量、金额与开具的增值税专用发票是否相符的证据不足。例如,在越检公诉刑不诉〔2017〕4 号《不起诉决定书》④中表述:经本院审查

---

① 2018 年 5 月 20 日摘自人民检察院案件公开信息网。
② 同上。
③ 同上。
④ 同上。

并退回补充侦查,本院仍然认为本案第一节事实中＊＊公司与时装公司是否有货物购销,购销货物数量、金额与开具的增值税专用发票是否相符,事实不清、证据不足,不符合起诉条件。本院现依据《中华人民共和国刑事诉讼法》第171条第4款的规定,决定对周某某不起诉。

类似不起诉案例还有:越检公诉刑不诉〔2017〕5号。

(3) 现有证据无法证实公司之间的交易存在虚假。例如,在渝酉检刑不诉〔2016〕47号《不起诉决定书》①中表述:经本院审查并退回补充侦查,本院依然认为西阳县公安局认定的犯罪事实不清,证据不足,不符合起诉条件。理由为:第一,现仅有被不起诉人敖某某等人的供述,重庆泰和泰等出票公司与重庆先标等公司方面均无人证实与重庆鑫然、至诚两公司的交易情况为虚假;第二,本案存在部分客观书证与被不起诉朱万利等人供述相互矛盾,没有得到合理的解释;第三,被不起诉人敖某某是否直接参与虚开增值税专用发票,是否为叶灵智、杨灵福、朱万利等人提供了实质性的帮助作用不明。根据《中华人民共和国刑事诉讼法》第171条及《人民检察院刑事诉讼规则(试行)》第403条第2款的规定,决定对敖某某不起诉。

类似不起诉案例还有:渝酉检刑不诉〔2016〕48、49、50号。

(4) 虚开增值税专用发票的犯罪数额不清。例如,在余检公诉刑不诉〔2015〕1号《不起诉决定书》②中表述:经本院审查并退回补充侦查两次,本院仍然认为新余市公安局认定的林某某涉嫌开增值税专用发票罪的犯罪数额不清,不符合起诉条件。依照《中华人民共和国刑事诉讼法》171条第4款的规定,决定对林某某不起诉。

类似不起诉案例还有:渝潼检刑不诉〔2015〕24、25、26、27号。

(5) 现有证据无法证明开票单位之间无真实业务往来,且无法证实具有开票资金回流的情况。例如,在锡梁检诉刑不诉〔2017〕12号《不起诉决定书》③中表述:被不起诉单位无锡＊＊不锈钢有限公司于2014年12月至2015年11月,由被不起诉人高某某(无锡＊＊不锈钢有限公司负责人)通过被不起诉人蔡某甲介绍,以广东＊＊金属供应链有限公司、广东＊＊集团有限公司、佛山市＊＊特钢有限公司为销货方,为无锡＊＊不锈钢有限公司开具增值税专用发票5份,票面价税合计额计人民币1 842 468.49元,税额计人民币313 219.66元。通高公司均已申报抵扣。但证明开票单位与无锡市＊＊不锈钢有限公司、无锡＊＊不锈钢有限公司之间无真实业务往来、证实涉案单位间有开票资金回流的情况的证据不足。故,证明被不起诉单位无锡市＊＊不锈钢有限公司、无锡＊＊不锈钢有限公司、被不起诉人蔡某甲、高某某涉嫌虚开增值税专用发票罪的证据不足,不符合

---

① 2018年5月20日摘自人民检察院案件公开信息网。
② 同上。
③ 同上。

起诉条件。依照《中华人民共和国刑事诉讼法》第 171 条第 4 款的规定,决定对无锡市＊＊不锈钢有限公司、无锡＊＊不锈钢有限公司、蔡某甲、高某某不起诉。

类似不起诉案例还有:锡梁检诉刑不诉〔2017〕9、10、11 号。

(6) 行为人之间的供述不一致,且前后矛盾,卷内再无其他证据对二人的供述予以印证,不符合起诉条件。例如,在西检未检刑不诉〔2017〕31 号《不起诉决定书》①中表述:经本院审查并退回补充侦查二次,本院仍然认为甘肃省庆阳市公安局西峰分局认定的犯罪事实不清、证据不足,不符合起诉条件。被不起诉人刘某甲、张某某对案件主要的事实经过供述不一致,且刘某甲的供述前后矛盾,卷内再无其他证据对二人的供述予以印证。依照《中华人民共和国刑事诉讼法》第 171 条第 4 款的规定,决定对刘某甲不起诉。

类似不起诉案例还有:西检未检刑不诉〔2017〕30 号。

(7) 仅有行为人的供述及参与虚开增值税专用发票资金走账流程记录,缺乏其他证据证实不能形成完整的证据链条,不符合起诉条件。例如,沂检公刑不诉〔2015〕66 号类似不起诉案例②:"经本院审查并退回补充侦查,认定被不起诉人洪某某构成虚开增值税专用发票犯罪的证据仅有施某某的供述,及洪某某及其妻银行账户参与虚开增值税专用发票资金走账流程记录,此外缺乏其他证据证实,不能形成完整的证据链条。故沂水县公安局认定洪某某构成犯罪的事实不清、证据不足,不符合起诉条件,且经二次退回补充侦查均未调取到新证据。依照《中华人民共和国刑事诉讼法》第 171 条第四款的规定,决定对洪某某不起诉。"

类似不起诉案例还有:津静检公诉刑不诉〔2017〕31 号。

(8) 现有证据无法证实行为人对合同标的物不存在具有明确的认知,且无法证实行为人具有偷逃应缴纳税款的主观故意。例如,日开检公诉刑不诉〔2016〕9 号类似不起诉案例③:经本院审查并退回补充侦查,本院仍然认为山东省日照市公安局日照经济技术开发区分局认定的犯罪事实不清、证据不足,不符合起诉条件。理由如下:本案无充分证据证实被不起诉人高某某明知宋某某是日照金某经贸有限公司和日照某进出口有限公司的实际控制人,也无证据证实被不起诉人高某某对合同标的物不存在具有明确的认知。现有证据也无法证实被不起诉人高某某具有偷逃应缴纳税款的主观故意。依照《中华人民共和国刑事诉讼法》第 171 条第 4 款的规定,决定对高某某不起诉。

类似案例还有:日开检公诉刑不诉〔2016〕10、11 号。

(9) 现有证据无法证实行为人主观上明知其接受的增值税专用发票系虚开,不符合

---

① 2018 年 6 月 2 日摘自人民检察院案件公开信息网。

② 同上。

③ 同上。

起诉条件。例如,京丰检公诉刑不诉〔2015〕149号类似不起诉案例①:经本院审查并退回补充侦查,本院仍然认为北京市公安局丰台分局认定的犯罪事实不清、证据不足。现有证据无法证实被不起诉人高某某主观上明知其接受的涉案增值税专用发票系虚开,不符合起诉条件。依照《中华人民共和国刑事诉讼法》第171条第4款的规定,决定对高某某不起诉。

类似不起诉案例还有:京丰检公诉刑不诉〔2015〕150号。

(10)据以认定以非法目的虚开增值税专用发票的证据之间存在矛盾,不能排除合理怀疑,不符合起诉条件。例如,京房检公诉刑不诉〔2015〕23号类似不起诉案例②:经本院审查并退回补充侦查,本院仍然认为北京市公安局房山分局认定的犯罪事实不清、证据不足。据以认定被不起诉人范某某以非法目的虚开增值税专用发票的证据之间存在矛盾,不能排除合理怀疑,本案证据不足,不符合起诉条件。依照《中华人民共和国刑事诉讼法》第171条第4款的规定,决定对范某某不起诉。

(11)证据均为复印件且未说明提取来源,证据真实性无法核实,关键证人证言无法核实,不符合起诉条件。例如,渝璧检刑不诉〔2016〕1号类似不起诉案例③:经本院审查并退回补充侦查,本院认为侦查机关移送证据均为复印件且未说明提取来源,证据真实性无法核实,关键证人证言无法核实,因此本院认为璧山区公安局认定的犯罪事实不清、证据不足,不符合起诉条件。依照《中华人民共和国刑事诉讼法》第171条第4款的规定,决定对黄某某不起诉。

第五节 虚开用于骗取出口退税、抵扣税款发票在审查起诉阶段无罪抗辩的案例借鉴

一、法定不起诉的抗辩观点

(一)以不符合追诉标准抗辩

(1)虚开发票的行为已过追诉时效期限不起诉。例如,在惠东检诉刑不诉〔2017〕22号《不起诉决定书》④中表述:"被不起诉人龚某某系惠东县＊＊烟酒商行经营者。2010

---

① 2018年6月2日摘自人民检察院案件公开信息网。
② 同上。
③ 同上。
④ 2018年7月20日摘自人民检察院案件公开信息网。

年至 2012 年 1 月,惠东县公用事业管理局局长赖某某等人多次在＊＊烟酒商行以记账方式拿走烟酒,龚某某则再到公用事业局统一结账。龚某某为顺利结账,找到他人开具项目为办公用品、食品等与其商行经营不符的普通发票共 23 张,票面金额共 705 000 元人民币,用以向公用事业管理局报账获得烟酒款。经鉴定,上述发票均为伪造发票。

上述发票最后开票日期为 2012 年 1 月 16 日,公安机关立案日期为 2017 年 3 月 3 日。本院认为,龚某某的上述行为,根据《刑法》第 87 条第(1)项的规定,犯罪已过追诉时效期限。依照《中华人民共和国刑事诉讼法》第 15 条第(2)项和第 173 条第一款的规定,决定对龚某某不起诉。"

(2) 犯罪情节显著轻微、危害不大,不构成犯罪。例如,桐检公诉刑不诉〔2015〕4 号《不起诉决定书》[①]中表述:"根据《最高人民检察院　公安部关于公安机关管辖的刑事案件立案追诉标准的规定(二)的补充规定》规定,有下列情形的,应予立案追诉:1.虚开发票一百份以上或者虚开累计金额四十万元以上的;2.虽未达到上述标准,但五年内因虚开发票行为被行政处罚二次以上,又虚开发票的;3.其他情节严重的。本院认为,王某某的上述行为,情节显著轻微、危害不大,不构成犯罪。依照《中华人民共和国刑事诉讼法》第 15 条第(一)项和第 173 条第一款的规定,决定对王某某不起诉。"

(二) 以不具备犯罪构成要件抗辩

(1) 因他人已实际购买货物并支付了货款,行为人主观上不具有虚开发票的故意。例如,在广检公诉刑不诉〔2016〕4 号《不起诉决定书》[②]中表述:2014 年 4 月中旬,蔡某某联系到云南省大理州宾川县＊＊加油站法人杨某某为其开具发票。杨某某以广南县隆兴矿业有限公司名义向中国石油天然气股份有限公司云南大理销售分公司购买 718.387 吨柴油,支付油款 5 644 026.64 元后,要求该公司以广南县隆兴矿业有限公司为购油方开具发票,该公司开具出 8 份云南增值税普通发票,开票金额 5 644 026.64 元。杨某某将上述发票交给蔡某某后,获得蔡某某的 81 750 元"税款"。该批柴油未运往广南县隆兴矿业有限公司,被杨某某自行销售。开具发票过程中,因大理销售分公司规定若不是购油方本人来开具发票,需要提供购油的委托书,杨某某在无隆兴公司委托书的情况下,要求负责此单生意的客户经理杜某某开具发票,因杨某某已实际向公司购买了柴油并支付油款,杜某某遂伪造广南县隆兴矿业有限公司委托书,使发票得以顺利开具。本院认为,杜某某主观上不知蔡某某与杨某某联系虚开发票一事,不具有虚开发票的故意,其行为不构成犯罪。依照《中华人民共和国刑事诉讼法》第 173 条第 1 款的规定,决定对杜某某不起诉。

---

① 2018 年 7 月 20 日摘自人民检察院案件公开信息网。
② 同上。

(2) 行为人没有实际参与虚开发票的行为,没有犯罪事实。例如,在京丰检公诉刑不诉〔2016〕10 号《不起诉决定书》①中表述:被不起诉人杨某某的丈夫何某某(另案处理)在以北京＊＊水产经销中心名义向北京市公安局丰台分局供销货物的过程中,通过使用其他单位发票,加盖北京＊＊水产经销中心印章,向北京市公安局丰台分局虚开发票 140 余张,涉及发票金额 70 余万元。本院认为,根据本案证据,被不起诉人杨某某未参与实施上述行为,没有犯罪事实。依照《中华人民共和国刑事诉讼法》第 173 条第 1 款的规定,决定对杨某某不起诉。

二、酌定不起诉的抗辩观点

(一) 以未造成后果抗辩

(1) 虚开的发票未用于冲账,酌定不起诉。例如,在赣章检刑不诉〔2016〕1 号《不起诉决定书》②中表述:本院认为,被不起诉人谢某某在无实际经营业务的情况下,向他人购买增值税普通发票,其行为触犯了《中刑法》第 205 条,犯罪事实清楚,证据确实、充分,涉嫌虚开发票罪。鉴于犯罪嫌疑人谢某某能如实供述自己所犯罪行,所虚开的发票也未用于冲账且金额较小,具有较好的认罪、悔罪态度,对其作相对不起诉处理,符合《人民检察院办理不起诉案件质量标准》的相关精神。依据《中华人民共和国刑事诉讼法》第 173 条第 2 款的规定,决定对谢某某不起诉。

(2) 国家税收损失已得以弥补,酌定不起诉。例如,在杭余检公诉刑不诉〔2016〕49 号中表述:本院认为,犯罪嫌疑人王某某实施了《刑法》第 205 条之一规定的行为,但犯罪情节轻微,且如实供述自己的罪行,已补缴全部税款、缴纳罚款、滞纳金,国家税收损失也已弥补。根据《刑法》第 37 条的规定,可以免予刑事处罚,依照《中华人民共和国刑事诉讼法》第 173 条第 2 款之规定,决定对王某某不起诉。

类似不起诉案件还有:渝北检刑不诉〔2017〕134 号;杭余检公诉刑不诉〔2016〕57 号;杭余检公诉刑不诉〔2016〕49 号。

(3) 未实际造成税收损失,酌定不起诉。例如,在宁高检诉刑不诉〔2016〕6 号《不起诉决定书》③中表述:本院认为,被不起诉单位＊＊公司在无任何真实业务往来的情况下,让他人为自己虚开发票,实施了《刑法》第 30 条、第 31 条、第 205 条之一规定的行为,但犯罪情节轻微,本案未实际造成税收损失,根据《刑法》第 37 条的规定,不需要判处刑罚。依据《中华人民共和国刑事诉讼法》第 173 条第 2 款的规定,决定对＊＊公司不

---

① 2018 年 7 月 20 日摘自人民检察院案件公开信息网。

② 同上。

③ 同上。

起诉。

类似不起诉案件还有：宁高检诉刑不诉〔2016〕7号。

（4）积极配合司法机关的案件审查工作或案发后主动到税务机关开具正规普通发票，缴纳相应的税款，酌定不起诉。例如，在乌水检公诉刑不诉〔2016〕35号《不起诉决定书》①中表述：本院认为，被不起诉人彭某某虚开普通发票，其实施了《刑法》第205条之一规定的行为。但被不起诉彭某某归案后如实供述自己的罪行，积极配合公安机关及检察机关的案件审查工作，并在案发后主动到税务机关开具正规普通发票，缴纳相应的税款。综上，根据《中华人民共和国刑事诉讼法》第173条第2款的规定，决定对彭某某不起诉。

（二）以主观态度、危害后果抗辩

（1）初犯、偶犯、无违法犯罪前科、虚开发票的数额不大、危害性较小、具有坦白情节、认罪、悔罪等原因酌定不起诉。例如，在桐检公诉刑不〔2016〕129号《不起诉决定书》②中表述："本院认为，被不起诉人陈某某实施了《中华人民共和国刑法》第二百零五条之一规定的行为，构成虚开发票罪。但犯罪情节轻微，理由如下：一、被不起诉人系初犯、偶犯，无违法犯罪前科；二、虚开的增值税普通发票数额不大，危害性较小；三、被不起诉人归案后能如实供述自己的罪行，认罪悔罪态度较好。根据《中华人民共和国刑法》第三十七条规定，依法不需要判处刑罚。根据被不起诉人陈某某的犯罪事实、情节和社会危害性，为切实贯彻宽严相济的刑事政策，根据《中华人民共和国刑事诉讼法》第一百七十三条第二款，决定对陈某某不起诉。"

类似不起诉案件还有：长宽检刑检刑不诉〔2017〕32、31、33、30、39、28号；永检公诉刑不诉〔2015〕119号；东乌检诉刑不诉〔2015〕3号；永检公诉刑不诉〔2015〕141号。

（2）犯罪情节轻微、具有自首情节，酌定不起诉。例如，衢柯检刑不诉〔2016〕73号《不起诉决定书》③中表述："本院认为，被不起诉人胡某某实施了《中华人民共和国刑法》第二百零五条之一第一款规定的行为，鉴于其系初次犯罪，有自首情节，认罪态度较好，犯罪情节轻微，依法不需要判处刑罚。根据《中华人民共和国刑法》第三十七条、第六十七条第一款、《中华人民共和国刑事诉讼法》第一百七十三条第二款之规定，决定对胡某某不起诉。"

类似不起诉案件还有：衢柯检刑不诉〔2016〕74号；敦检公诉刑不诉〔2015〕38、30、31、32、33、34、35、36、27、40、41号；怀检刑不诉〔2016〕30、29号；沪浦检金融刑

---

① 2018年7月21日摘自人民检察院案件公开信息网。

② 同上。

③ 同上。

不诉〔2014〕4 号；沪金检诉刑不诉〔2014〕111、112 号；青市北检公刑不诉〔2014〕38、37号；青北检刑不诉〔2014〕67 号；舟检公诉刑不诉〔2015〕1、2 号；拱检刑不诉〔2015〕76 号；青市北检公刑不诉〔2014〕45 号；宁鼓检知刑不诉〔2015〕21 号；台检公诉刑不诉〔2015〕3号；苏园检诉刑不诉〔2016〕18 号；泰高新检诉刑不诉〔2016〕44、46、45、47 号；万检公诉科刑不诉〔2015〕11 号；渝足检刑不诉〔2017〕33 号；邮检诉刑不诉〔2017〕21、20 号；邮检诉刑不诉〔2016〕48 号；沪嘉检诉刑不诉〔2017〕8、7 号；长净检刑检刑不诉〔2016〕30 号；渝九检刑不诉〔2017〕140 号；瑞检刑不诉〔2016〕237 号；沪闵检金融刑不诉〔2017〕24、25、26 号。

三、存疑不起诉的抗辩观点

（一）以挂靠不犯罪抗辩

挂靠在其他公司名下，对外以该公司名义签订合同并结算费用，且支付挂靠费，其实质上相当于该公司内设机构，不构成虚开发票罪。例如，在玉检公诉刑不诉〔2016〕26号《不起诉决定书》①中表述："经本院审查并退回补充侦查，本院仍然认为玉环县公安局认定的张某某涉嫌强迫交易罪的犯罪事实不清、证据不足；有证据证明，玉环吊车队挂靠在浙江方圆市政工程有限公司名下，对外以该公司名义签订合同并结算费用，且需支付挂靠费，其实质上相当于该公司内设机构，由此将柴油购货单位开具成该公司符合交易逻辑，因此张某某不构成虚开发票罪。故本案属于定罪证据不足，对张某某尚不符合起诉条件。依照《中华人民共和国刑事诉讼法》第 171 条第四款的规定，决定对张某某不起诉。"

（二）以事实不清、证据不足抗辩

虚开发票的犯罪事实不清、证据不足，做出不起诉决定的情况。类似不起诉案件有：京丰检公诉刑不诉〔2015〕87、88 号；青北检公刑不诉〔2014〕52 号；穗海检诉刑不诉〔2017〕54 号；文安县院公诉刑不诉〔2017〕8 号；澄检诉刑不诉〔2016〕5 号；新检诉刑不诉〔2016〕45 号；宣州检刑不诉〔2017〕22、23 号；穗海检诉刑不诉〔2017〕54 号；京丰检刑不诉〔2017〕303 号。

（三）充分利用退回补充侦查程序进行抗辩

（1）现有证据无法证实行为人实施了虚开发票的行为。例如，在沪奉检诉刑不诉〔2016〕24 号《不起诉决定书》②中表述："2014 年至今，被不起诉人高某某伙同蒋某某（已

---

① 2018 年 7 月 21 日摘自人民检察院案件公开信息网。
② 同上。

判刑）在位于本市黄浦区斜土路＊＊号＊＊号楼＊＊室内以上海＊甲投资管理有限公司、上海＊乙企业管理有限公司等 11 家公司对外虚开发票，向上海＊丙信息科技有限公司、上海＊丁网络科技有限公司、上海＊戊文化传播有限公司等公司虚开发票，涉及金额人民币 18 056 000 元。经本院审查并退回补充侦查，本院仍认为上海市公安局奉贤分局认定的被不起诉人高某某的犯罪事实不清、证据不足，且没有再次退回补充侦查之必要。现有已查实的证据不足以证实高某某伙同蒋某某实施了虚开发票的行为，不符合起诉条件。依照《中华人民共和国刑事诉讼法》第 171 条第四款、《人民检察院刑事诉讼规则（试行）》第 403 条的规定，决定对高某某不起诉。"

类似不起诉案件还有：京顺检公诉刑不诉〔2016〕105 号。

（2）现有证据无法证实行为人主观上明知是假发票而虚开或现有证据无法证实行为人没有任何真实交易。例如，在靖检诉刑不诉〔2014〕9 号《不起诉决定书》①中表述："经本院审查并退回补充侦查，本院仍然认为靖西县公安局认定的犯罪事实不清，证据不足，因本案没有足够证据证实被不起诉人蒋某甲、彭某某、周某某、何某甲主观上明知是假发票而虚开或让他人虚开或者为他人虚开，且现有证据未能证实四被不起诉人在没有任何真实交易关系的情况下，'明知无交易或交易不实而虚开'，也未有证据证实在没有任何真实交易关系的情况下及在有一定交易的情况下实施了填开发票随意改变品名、虚增数量、价款等行为，不符合起诉条件。依照《中华人民共和国刑事诉讼法》第 171 条第四款之规定，决定对蒋某甲、彭某某、周某某、何某甲不起诉。"

类似不起诉案件还有：宁鼓检知刑不诉〔2015〕22、23、24 号。

（3）不能仅以行为人有帮助他人代开发票名片的行为，认定行为人具有与他人虚开发票的共同故意。例如，在定检公诉刑不诉〔2016〕20 号《不起诉决定书》②中表述："本院经审查并二次退回补充侦查，仍然认为定安县公安局认定被不起诉人林某某涉嫌非法制造、出售非法制造的发票罪、虚开发票罪，事实不清、证据不足，不符合起诉条件。被不起诉人林某某虽然有帮忙被告人张某某散发代发名片的行为，但是其主观上与张某某是否有共同的犯罪故意，是否知道张某某实施非法制造发票、虚开发票等犯罪行为，证据不足。依照《中华人民共和国刑事诉讼法》第 171 条第四款的规定，决定对林某某不起诉。"

（4）虚开发票份数和金额未达到虚开发票罪的立案，或现有证据不能认定发票是否属于虚开。例如，在明检公诉刑不诉〔2016〕18 号《不起诉决定书》③中表述："经本院审查并经二次退回公安机关补充侦查，本院仍然认为本溪市公安局认定华某某犯虚开发票罪的犯罪事实不清、证据不足。被告人华某某虚开发票份数和涉及金额经鉴定确定的部分

---

① 2018 年 7 月 21 日摘自人民检察院案件公开信息网。
② 同上。
③ 同上。

未达到虚开发票罪的立案追诉标准,其余发票是否为虚开无法确定,相关事实不清,证据不足,不符合起诉条件。依照《中华人民共和国刑事诉讼法》第171条第四款的规定,决定对华某某不起诉。"

(5) 现有证据无法认定行为人为他人提供个人非住房出租纳税发票并收取税款的行为构成犯罪。例如,在京顺检公诉刑不诉〔2016〕105号《不起诉决定书》①中表述:"2013年4月至2014年9月期间,被不起诉人张某乙在北京市顺义区＊＊街＊＊号北京＊＊有限公司内,伙同党某某、郑某某、张某甲等人利用职务之便,先后多次向北京＊＊有限公司提供虚假租房发票,从中非法获利100余万元,致公司巨额财产损失。本院认为,被不起诉人张某乙有为他人提供个人非住房出租纳税发票并收取税款的行为,但经审查并两次退回补充侦查,仍无法认定上述行为构成虚开发票罪,不符合起诉条件。依照《中华人民共和国刑事诉讼法》第171条第四款的规定,决定对张某乙不起诉。"

类似不起诉案件还有:京顺检公诉刑不诉〔2016〕106号。

(6) 行为人主观上没有虚开发票的故意或没有获取非法利益。例如,在绥检诉刑不诉〔2017〕5号《不起诉决定书》②中表述:"经本院审查并二次退回补充侦查,本院仍然认为榆林市公安局认定的犯罪事实不清、证据不足。现有证据无法证明被不起诉人秦某某在主观上明知并和高某某等人共谋虚开发票、并在客观上获取非法利益的犯罪事实,不符合起诉条件。依照《中华人民共和国刑事诉讼法》第171条第四款的规定,决定对秦某某不起诉。"

第六节　虚开增值税专用发票在审判阶段无罪抗辩的案例借鉴

一、挂靠单位为被挂靠人开票不构成虚开增值税专用发票罪

(一) 基本案情

崔某经营的运输车队,在面料公司内部设立。崔某每年与面料公司签订货物运输承揽合同,负责货物的运送。因与面料公司结算运费需运输发票,崔某遂在当地地税局开具运输发票提供给面料公司,开票税率为5.8%。后崔某得知物流公司可以低于地税局的税率开具运输发票,便陆续在物流公司开具票面金额共计为16万余元的运输发票,崔

---

① 2018年7月22日摘自人民检察院案件公开信息网。
② 同上。

某向该公司按 4.6％税率缴纳开票费。崔某将这些运输发票交与面料公司用于结算运费,面料公司用上述发票抵扣了 11 万余元的税款(按运费金额的 7％扣除率计算进项税额抵扣)。面料公司与物流公司之间没有实际业务往来。检察院以崔某涉嫌犯虚开用于抵扣税款发票罪向人民法院提起公诉。崔某及其辩护人认为无罪。

(二) 人民法院裁判结果

被告人利用他人的名义从事经营活动,并以他人名义开具增值税专用发票的,即便行为人与该他人之间不存在挂靠关系,但如行为人进行了实际的经营活动,主观上并无骗取抵扣税款的故意,客观上也未造成国家增值税款损失的,不宜认定为刑法第 205 条规定的虚开增值税专用发票。

二、"变名"销售行为不构成虚开增值税专用发票罪

(一) 基本案情

邵某某与山东省东营旺某化工有限公司、山东博兴县宏某能源有限公司等公司利用《石脑油使用管理证明单》,低价购买石脑油。先由山东省东营旺某化工有限公司、山东博兴县宏某能源有限公司利用《石脑油使用管理证明单》购进免消费税的石脑油,然后将其转运到实际购买石脑油的抚顺市国某石油化工实业有限公司等企业。山东省东营旺某化工有限公司等三家具有《石脑油使用管理证明单》资质的厂家为上述购买石脑油的企业开具了品名为乙烯、芳烃类化工产品的增值税专用发票,以备当地税务主管机关核查利用《石脑油使用管理证明单》购进石脑油的使用情况。邵某某及其辩护人认为无罪。

(二) 人民法院裁判结果

被告人邵某某行为并不符合虚开增值税专用发票罪的构成要件,主观上没有虚开增值税专用发票的故意,不构成虚开增值税专用发票罪。

三、被动接受虚开增值税专用发票不构成虚开增值税专用发票罪

(一) 基本案情

张某经营电脑配件业务,在向同在商城经营的王某的 A 公司采购配件时,明确要求对方提供专票。当张某第一次拿到王某开具的增值税专用发票时,发现发票上的销售方不是王某的 A 公司,而是 B 公司。对此,张某提出异议,王某解释称,A、B 公司均是其经营的公司,为避免 A 公司开票太多,被税务部门盯上,所以才用自己的 B 公司来开票。因为商城里普遍存在一个商户开有多家公司的情况,遂同意接受了该专票,并按王某要求向 B 公司账户汇款。张某及其辩护人认为无罪。

（二）人民法院裁判结果

因被告人张某不具有骗税主观目的,不构成虚开增值税专用发票罪。

四、虚增业绩不构成虚开增值税专用发票犯罪

（一）基本案情

2000 年 5 月间,林某在松苑公司向陈某推销节能器材过程中,得悉陈某为提高公司现有设备价格,以显示公司经济实力,欲购买一些伪造票据做公司账目。林某即表示愿意提供,陈某提出虚开票据数额为 3 700 余万元人民币。双方商定,由陈某按虚开面额 0.5％的比例支付酬金给林建基,并向林某提供了 3 张购买设备所开具的增值税专用发票作样式。林某根据陈某提供的发票样式及设备清单,从他处买来伪造的增值税专用发票 942 份,以及发票专用章 12 枚,并以松苑公司为受票人开具发票 326 份,面额总计 37 087 001.15 元,税额 5 388 709.57 元。陈某付款人民币 18.54 万元给林某。林某及其辩护人认为无罪。

（二）人民法院裁判结果

松苑公司和陈某向他人购买伪造的增值税专用发票的行为,不是以抵扣税款为目的,而是为了提高购进设备价值,显示公司实力,以达到在与他人合作谈判中处于有利地位的目的。且陈某也没有要抵扣联,国家税款不会因其行为而受损失,因此陈某不构成犯罪。

五、电子发票不可能构成虚开增值税专用发票罪

（一）基本案情

叶某在福州市台江区开设贸易公司,在没有真实业务的情况下,以福州市晋安区加冠贸易有限公司、福州琅歧经济区宝发建材经营部、福州榕明兴商贸有限公司、福州市晋安区洪惠贸易有限公司名义向福建六建集团有限公司、福建翔锋建筑工程有限公司、福州市凯旭建筑工程有限公司等开具电子增值税普通发票,并按开票金额的 0.6％或 1.5％收取手续费。经查,被告人叶某达共向上述三家公司开具 165 份伪造的发票,开票金额达 14 360.46 万元,非法获利 17.7 万余元。公安机关以虚开增值税专用发票罪以涉案金额数亿元的金额进行侦查。后案件移送至人民法院审理。叶某及其辩护人认为不构成虚开增值税专用发票罪。

（二）人民法院裁判结果

二审福州中院改判认定,现阶段电子发票均为增值税普通发票,不构成虚开增值税

专用发票罪,以出售非法制作的发票罪定罪。

第七节　虚开增值税专用发票在审判阶段罪轻抗辩的案例借鉴

医药行业是与我们生活息息相关的重要行业,小到疫苗接种预防,大到重症疾病治疗都离不开医药行业的支持。而一直以来,由于我国药品流通领域中流通链条过长、流通秩序混乱、挂靠经营、过票洗钱、买空卖空、带金销售等问题突出,药品从生产到终端层层代理、层层转销,常常历经多个流通环节,流通环节层层开票,由此也使得医药行业成为增值税专用发票涉票案件频发区。

一、增值税专用发票"过票"如何计算税款的案例

案例解析　　**增值税专用发票"过票"如何计算税款**[①]

本案是通过"过票"手段进行的增值税专用发票涉票行为的典型案例。所谓"过票"手段,它的定义是业务员借用或租用其他药品经营企业的《药品经营许可证》《营业执照》,自行组织货源销售给药品经营、使用单位后,再到经营企业开具《销售发票》和《销售清单》,以经营企业提供的条件经营药品。简单地说,就是无证经营者使用有证企业的票据进行的经营行为。定义确实很简单,也很易懂,但是在实际操作中,并不容易。它的流程是:药厂按底价给过票公司开具一定金额的增值税专用发票,然后代理商按供给下游客户(多为省市医药公司)的供货价格,要求过票公司开具增值税专用发票或普通发票。开票后,医药公司会直接将货款打到过票公司,再由过票公司转给代理商,最后厂家直接发货给医药公司,再配送到医院终端。

通过这一流程就达到了"过票"的目的,即规避增值税,扩大利润空间,满足其他支付需求。

一、案例引入

2013年10月,严某与永祥公司签订经营合作协议,在永祥公司成立由严某独立负责的销售三部,并在2013年11月至2014年12月间实施了接受增值税专用发票、通过"过票"再为他人开具增值税专用发票的行为。后由于某上游企业被主管税务机关稽查,严某案件事发。

---

① 本案系刘兵律师承办案件。

（一）公诉机关认定的事实

1. 接受增值税专用发票的事实

2013 年 10 月，严某为开具增值税专用发票，与永祥公司法定代表人姜某玲商谈"挂靠合作"事宜，双方约定：严某自备资金，对外以永祥公司名义开展药品进销业务，并以开具销项专票金额的 2‰作为"税金"上交永祥公司；永祥公司需要向严某提供业务开展所需的营业执照、税务证、生产资质证等相关证照，配合开具出入库清单、增值税专用发票，提供资金转账所需的银行账户，并帮助完成转账。同时，姜某玲安排公司业务经理陆某润（另案起诉）配合开票，出纳崔某配合银行转款，会计何某清以"业务三部"的名义对严某的经营业务在公司财务做账。

2013 年 11 月，严某利用李某、陈某天夫妇身份在 L 省 S 市设立"裕鑫药业有限公司""康鑫药业有限公司"，之后，委托当地中介机构以两家公司名义向永祥公司开具增值税专用发票。同时，严某又通过在 L 省 S 市药材市场从事中药材经营业务的老乡程某林等人以票面额 1.8‰的价格从 S 和源堂、S 裕祥等药业有限公司购买增值税专用发票寄往永祥公司用作抵扣的进项专票。案发后，经税务机关稽查认定，严某共接受 L 省 S 市药材市场相关公司开具的增值税专用发票 2 252 份，全部是虚开的增值税专用发票，价税合计 224 839 114.99 元，税款 25 866 446.86 元，全部在税务机关用于抵扣。

2014 年，严某通过 A 省 F 市的桑某联系，以票面额 11‰的价格从源华医药公司购买 7 张虚假增值税专用发票进入永祥公司财务用于抵扣，价税合计 4 429 478.60 元，税款 753 011.40 元。经税务机关稽核，源华医药公司 7 张增值税专用发票均已在税务机关申报抵扣，该 7 份增值税专用发票也是虚开的。

2. 为他人开具增值税专用发票的事实

2013 年 11 月开始，严某吩咐永祥公司业务经理陆某润在开具增值税销项专用发票时，采取中药、西药销售的销货清单、出库单随专票存根联在永祥公司入账，仅填开有西药品名的销货清单、出库单随专票销售联交由下游受票企业的方式，以永祥公司名义向惠康医药公司等下游医药公司提供虚假的增值税专用发票，然后收取进销项差额的 7.5‰的开票费。截至 2014 年 12 月，严某以永祥公司名义向下游公司开具增值税专用发票 1 195 份，价税合计总金额 1.85 亿余元，造成国家税款 3 100 万余元流失，该 1 195 份增值税专用发票是虚开的。

（1）2013 年 11 月，严某经与刘某团联系，由该刘居间联系惠康医药公司［2016 年 6 月 28 日变更为"康宁医药（北京）有限公司"］销售经理徐某斌，由永祥公司为惠康医药公司实际药品购销提供增值税专用发票 1 126 份，价税合计 1.32 亿余元，其中税款 2 245 万余元，已全部抵扣。

（2）2014 年 6 月，严某主动联系合康医药公司（简称合康）法人代表张某，得知其有购票需求后,双方商议以开票额7%作为开票费用,后严某吩咐永祥公司陆某润,在无真实货物交易的情况下,先后于2014年6月24日、11月18日、11月25日三次向该公司开具增值税专用发票23份,价税合计16 430 410元,其中税款2 387 324.52元,已全部抵扣。

(3) 2013年11月至2014年12月,严某分别联系其朋友黄某、吴某东、李某以按照开票金额7%比例收取费用为条件,由上述三人各自联系有西药品名增值税进项专票需求的个人或公司,后严某吩咐永祥公司陆某润根据其开票指令向S福康药业集团有限公司(简称S福康)、C宁皖医药有限公司、X鑫和医药有限责任公司、S鼎悦医药有限公司(简称S鼎悦)、S康祥医药有限公司5家下游受票公司虚开增值税专用发票,共计46份增值税专用发票,价税合计36 251 375元,税款6 162 733.75元,已全部抵扣。

(4) 2017年12月14日,严某到YC市公安局经侦支队投案自首。

3. 案情小结

2013年11月至2014年12月,严某为谋取利益,采取挂靠经营的手段,以永祥公司的名义,在无真实货物交易的情况下,接受S和源堂、S裕祥等药业有限公司虚开的中药和少量西药品名增值税进项专票,价税合计2.29亿元,税款2 662万元,全部作进项认证抵扣。后以居间"过票"、直接开票的方式向惠康医药公司等下游7家受票企业开具品名为西药的增值税专用发票,价税合计1.85亿余元,税款3 100万余元,全部被下游企业作进项认证抵扣。

(二) 辩护人观点

辩护人在查阅案卷、会见严某后,对本案基本情况有了较深入了解,并通过对证人证言、税务稽查回函、西药进项相关资料、中药进项资料、西药销项相关资料、惠康医药公司等证据卷进行查阅,对案卷重要信息整理发现:进项方面,虽指控中药进项与少量西药进项价税合计2.29亿余元,案卷中仅有第6卷已证实虚开通知单证明发票金额,但是对于该进项税额是否抵扣,并没有书证进行证明,亦没有H省相关税务机关的证据证明已经抵扣进项税款;通过桑某获得西药进项价税合计4 429 478.6元,税款753 011.4元是否抵扣,案卷中没有相关书证证明。销项方面,永祥公司开具给合康、S福康、S鼎悦的发票虽已认证抵扣,但税款已追回,未造成国家税款的流失;永祥开具给惠康的发票,DX区国税局未查到认证抵扣信息,仅CY区国税局出具认证抵扣清单,价税合计60 990 104.8元,税款8 861 786.89元,与起诉意见书中惠康实际认证抵扣专票1 126份,价税合计1.32亿余元,其中税款2 245万余元不符;C宁皖、X鑫和、S康祥接受的发票是否构成虚开,进项税额是否抵扣或者虽已抵扣是否追回在案卷中缺少税务机关的稽查证据证实。由此,辩护人认为该案事实不清。

因此,辩护人向人民法院申请调取证据,并于2019年10月29日发表辩护观点,具体内容如下所示。

1. 对虚开增值税专用发票犯罪宜认定为结果犯

2004 年最高人民法院在苏州开展"全国人民法院经济犯罪案件审判工作座谈会",最终明确：如果虚开行为仅仅破坏了增值税专用发票管理秩序，但未实际危及国家正常的税收活动，只能属于一般的行政违法行为，一般不宜认定为虚开增值税专用发票犯罪；2018 年 12 月 4 日，最高人民法院公布了《人民法院充分发挥审判职能作用保护产权和企业家合法权益典型案例（第二批）》张某强虚开增值税专用发票案。张某强对外销售货物却无法为客户提供增值税专用发票，遂对外购买增值税专用发票提供给客户。该案经最高院提审，最终判决无罪。从苏州会议精神及最高人民法院最新判例，可以看出最高人民法院对待虚开增值税专用发票的认定是结果犯的导向。

2. 确实存在虚进但是否存在税款流失不明确

经原 YC 市国家税务局认定，永祥公司接受上游虚开的中药和少量西药品名增值税进项专票，税款 2 662 万元，全部作进项认证抵扣。但是没有要求永祥公司作进项税额转出、补缴税款。税务机关未做出追缴税款的措施，其实是反向证明了在这一环节，没有税款流失。如合康、S 福康、S 鼎悦的主管税务机关在认定以上三户企业存在抵扣凭证不符规定问题时，均要求三户企业作进项税转出、补缴税款。

3. 开具发票是否构成虚开未全部查清

（1）部分企业税款已补缴，未造成流失却仍被计算入虚开总额。

原 ZD 国家税务局稽查局认为合康药业有限公司从永祥公司取得的增值税扣税凭证不符规定；原 TY 市国家税务局稽查局认为 S 福康药业集团有限公司接受永祥公司增值税专用发票票面信息不符；原 XA 市国家税务局第二稽查局认为 S 鼎悦医药有限公司接受永祥公司增值税专用发票，票货不符构成偷税。以上三户企业的主管税务机关均要求企业作进项税转出并追缴税款，以上三笔税款合计 2 793 998.23 元，已分别于 2016 年 3 月 23 日、2016 年 12 月 26 日、2016 年 7 月 20 日解缴入库，未造成税款流失。

（2）部分事实未能查清。

首先，部分企业是否存在虚开，事实不清。在 C 宁皖医药有限公司、S 康祥医药有限公司对应的案卷中，缺少主管税务机关稽查结论；X 鑫和医药有限责任公司接受永祥公司开具的增值税专用发票，经主管税务机关查处，认为票货款不一致，要求立案查处，但整个案卷中缺少后续查处信息。也就是这三户企业接受永祥公司开具的增值税专用发票行为并未定性，涉及的 4 068 638.08 元的税款，是否存在虚开、是否流失，均没有查清。

其次，抵扣税款数额未查清，未对真实购销活动产生税款作区分。YD 市人民检察院在起诉书中认定永祥公司为惠康医药公司实际药品购销提供虚开的增值税专用发票 1 126 份，税款 2 245 万余元已全部抵扣。但是，经辩护人对案卷进行查阅，原 DX 区国家税务局未查询到该企业认证数据,原 CY 区国家税务局出具该企业认证抵扣清单,共抵扣税款 8 861 786.89 元。而且永祥公司与惠康医药公司存在真实的购进行为,由永祥公司向上游药企购进,再向惠康医药公司销出,起诉书中对真实购销行为中抵扣的税款没有厘出。

4. 流失税款的确认

YD 市人民检察院在起诉书中将接受上游虚开的中药和少量西药品名增值税专用发票税款数额与开具给下游虚开的西药增值税专用发票税款数额相加,显然是错误的。因为虚进是虚出的手段,虚出是虚进的目的,虚进和虚出一起完成了这个链条,而不应将其割裂为两个行为,将税款叠加计算。

(三) 一审人民法院裁判观点

永祥公司的行为是居间过票行为,其实质是,过票单位在为下游受票单位(即实际购货单位)抬高货物价格的同时,将本应由下游受票单位负担的增值税转嫁于自身,自身从受票单位获取一定的对价,尔后又通过低价接受虚开等不法方式获得进项专用发票,从而将下游受票单位转嫁过来的增值税额予以冲抵,这种方式明显是采用表面上的合法的形式掩盖非法牟利的目的,不仅造成了药品价格虚高,扰乱了市场秩序,而且在实质上造成了国家税收流失,应当认定为虚开。证人徐某斌、刘某团的证言以及严某的供述都能够证实,永祥公司为惠康医药公司开具的专用发票属于居间过票,即便是受票单位所在地的税务机关没有做出接受虚开的认定,也不影响本院就现有证据直接做出的判定。并且,即使六家单位所在地的税务机关未做出接受虚开的认定,仍认定永祥公司为其他六家单位虚开增值税专用发票。因此,严某为牟取非法利益,以永祥公司名义,为他人虚开增值税专用发票共计 1 184 份,价税合计 1.794 亿余元,虚开税款 2 606.63 万余元,数额巨大;本案系共同犯罪,严某起主要作用,是主犯,应按照全部犯罪处罚;严某自动投案并如实供述犯罪事实,是自首,可从轻或者减轻处罚;其当庭自愿认罪、庭后主动退赃并缴纳罚金,可酌情从轻处罚。在案证据显示,部分受票单位已补缴税款,亦可酌情从轻处罚。

综上,根据本案的事实、情节以及被告人的认罪、悔罪态度,依照《中华人民共和国刑法》第 205 条第 1 款、第 3 款,第 25 条第 1 款,第 26 条第 1 款、第 4 款,第 27 条,第 67 条第 1 款、第 3 款,第 72 条第 1 款、第 3 款,第 73 条第 2 款、第 3 款,第 52 条,第 53 条,第 64 条规定,判决如下:

一、被告人严某犯虚开增值税专用发票罪,判处有期徒刑 9 年,并处罚金人民币 50 万元。

(刑期自本判决执行之日起计算。判决执行以前先行羁押的,羁押一日折抵刑期一日。即刑期自 2019 年 1 月 7 日起至 2028 年 1 月 1 日止,罚金已缴纳。)

二、……

三、被告人严某主动退缴的违法所得 50 万元,予以没收,上缴国库。

二、综合解析

对于虚开案件究竟是目的犯、行为犯还是结果犯,在目前的立法中并不能找到明确的根据,但是在 2018 年 12 月 4 日,最高人民法院公布的《人民法院充分发挥审判职能作用保护产权和企业家合法权益典型案例(第二批)》中,张某强虚开增值税专用发票案。张某强对外销售货物却无法为客户提供增值税专用发票,遂对外购买增值税专用发票提供给客户。该案经最高院提审,最终判决无罪。可以看出最高人民法院对待虚开增值税专用发票的认定是结果犯的导向。而如果虚开行为仅仅破坏了增值税专用发票管理秩序,但未实际危及国家正常的税收活动,只能属于一般的行政违法行为。

本案中,严某实施了让他人为自己虚开和为他人虚开两个虚开行为,既有虚进又有虚出,此种情况下,应分别计算虚进造成的税款流失和虚出造成的税款流失,而很明显该案中,严某虚进的行为是为了虚出,二者存在牵连关系,因此应选择数额大的一方进行定罪量刑。而对于税款流失额的确定,应以税务机关做出的外部税务文书为准。显然在本案中,一审人民法院虽认定"被告人燕保林为牟取非法利益,以永祥医药公司名义,为他人虚开增值税专用发票共计 1 184 份,价税合计 1.74 亿元,虚开税款 2 606.63 万余元",但对于税款具体流失数额、对国家税收造成的具体损失缺少主管税务机关相关证明。在流失税款金额存在尚未查清的情况下,笼统以全部虚开税款作为量刑数额参考,不利于严某合法权益的保护。包括对于严某在上下游交易行为中并非全部虚进虚出,部分真实交易行为没有被厘出,显然最终认定的税款流失数额要大于严某的虚开行为造成的损失。

二、下游企业"二次套打"与开票行为的关联的案例

> **案例解析**　　**下游企业"二次套打"与开票行为的关联①**

"收购票""富余票"是虚开的惯用手段,但随着经营活动的变革,"挂靠虚开""变名虚开""套打虚开"也屡见不鲜。本案例中,辩护人提出受票方存在套打行为,与被告人无关的主张,但未能有效、深入查证,未被人民法院采纳。

一、案例引入

(一) 基本案情

(1) 2013 年 W 县济宁药业有限公司(简称济宁公司,法人王某宗)在经营期间,被告人马某以该公司名义,在没有实际收购、销售中药材的情况下,给 S 济康药业有限公司

---

① 本案系刘兵律师承办案件。

（简称 S 济康公司）虚开增值税专用发票 55 份,金额合计 10 628 008.61 元,税额合计 1 806 701.39 元;给 S 华欣公司虚开增值税专用发票 46 份,金额 16 604 876.07 元,税额 2 717 033.93 元。

（2）2012 年 W 县万民药业有限公司(简称万民公司,法定代表人杨某平)在经营期间,被告人马某在没有实际销售中药材的情况下,给 S 济康药业有限公司开具增值税专用发票 83 份,金额合计 10 330 619.73 元,税额合计 1 756 205.27 元;给 S 华欣公司虚开增值税专用发票 190 份,票面金额 30 075 305.51 元,税额 4 792 567.79 元。

（3）2010 年 W 县利欣药业有限公司(简称利欣公司,法定代表人马某)在经营期间,被告人马某在没有实际销售中药材的情况下,给 S 华欣药业有限公司(简称 S 华欣公司)虚开增值税专用发票 260 份,金额 25 168 806.96 元,税额 4 278 697.44 元。

（4）2010 年 W 县欣源药业有限公司(简称欣源公司,法定代表人王某)在经营期间,被告人马某在没有实际收购销售中药材的情况下,给 S 华欣药业有限公司虚开增值税专用发票 318 份,金额 31 187 638.24 元,税额合计 5 301 898.76 元。

（5）2010 年 W 县祥悦药业有限公司(简称祥悦公司,法定代表人蒋某军)在经营期间,被告人马某在没有实际销售中药材的情况下,给 S 华欣药业有限公司虚开增值税专用发票 136 份,金额 13 981 917.85 元,税额 2 206 926.15 元。

（6）以上虚开增值税专用发票均被当地国税部门认证并抵扣。

（二）公诉机关观点

被告人马某虚开增值税专用发票 1 088 份,税额 22 860 030.4 元,数额巨大,其行为触犯了《中华人民共和国刑法》第 205 条之规定,应当以虚开增值税专用发票罪追究其刑事责任。

（三）被告人及辩护人观点

1. 被告人马某的观点

其实际经营的五家公司都有真实的货物交易,只是虚开了部分发票,其行为不构成犯罪。

2. 第一辩护人观点

（1）起诉书指控涉案五个公司虚开增值税专用发票的时间有误。

（2）起诉书认定万民公司为 S 济康公司虚开增值税专用发票的数额不准确。

（3）济宁、万民、祥悦三家公司资金回流统计表与 S 省国家税务局稽查局的调查报告数字不一致,且没有银行流水明细,无法证实其准确性。

（4）祥悦、济宁公司的资金回流大于票面总金额,缺乏合理性,欣源公司向 S 华欣公司开具增值税专用发票认定全部为虚开证据不足。

（5）济宁公司有采购、有生产、有库存、有销售,济宁公司不存在虚开行为。

（6）被告人马某从2014年5月才控制万民公司，2014年5月之前的开票行为与本案被告人无关，且万民公司在马某经营期间，具有生产能力，虚开了部分增值税专用发票。

（7）涉案五个公司向S华欣公司开具的发票全部抵扣的事实不清、证据不足，如发票查询单上无查询日期、无查询人签字、无查询机关的印章，对S济康公司开具的发票已抵扣的事实不持异议。

（8）本案系S华欣、S济康公司将对医院销售药品的发票进行套打造成，与涉案五家公司购进药品和取得发票的行为无关。且该税款已补缴，并不造成国家税款的流失。

（9）被告人马某在侦查阶段询问时随传随到，对事实前后供述一致，有自首情节，且在W县经商时，曾资助贫困学生和孤寡老人，积极缴纳罚金，建议法庭对被告人做出公正判处。

3. 第二辩护人的观点

（1）起诉书没有客观对待涉案公司的实际经营情况，对开具的增值税专用发票一概认定为虚开，有违实事求是的原则。

（2）现有的证据不能证明公诉机关指控的犯罪事实能够成立，被告人辩称其与受票公司有实际的交易，现有的证据不具有排他性和唯一性，缺少其他证据印证。

（3）本案属单位犯罪，且在经营的过程中，缴纳了部分税款。

（4）马某主观上没有偷税的故意，实际进行了生产和纳税，建议法庭综合考虑判处。

（四）一审人民法院裁判观点

被告人马某违反国家税收征管和发票管理的规定，为他人虚开数额巨大的增值税专用发票，其行为构成虚开增值税专用发票罪，公诉机关指控的罪名成立。被告人马某辩称其经营的公司存在真实的货物交易，只是虚开了部分增值税专用发票，且起诉书指控其犯罪数额过高，与实际虚开数额不符的意见，有证人证言、增值税专用发票等证据佐证，足以认定。被告人违法犯罪的时间应为其实际经营公司的期间，至于资金回流数额不一致，是因为存在现金和转账两种方式，故辩护人辩解理由不能成立；自2013年2月，万民公司由马某承包，故对其违法犯罪的时间不能局限在2014年5月之后，证人张某宇、仵某安等证言和稽查报告等证据相互佐证，其所开发票均已在税务机关抵扣税款；辩护人辩解没有对国家造成损失、流失税款予以补缴，无证据证实，另外因涉案五个公司向S华欣、S济康公司虚开增值税专用发票与S华欣公司之间的认证抵扣税款具有因果关系，其辩解S华欣公司、S济康公司只是在记账过程中对该销项和进项药品进行套打，与涉案公司取得药品和发票行为无关的理由不能成立，本院不予采纳；被告人马某虽以公司的名义虚开发票，但其作为涉案五家公司的实际经营人，以涉案五公司为犯罪工具，实施虚开增值税专用发票的犯罪行为，是其主观意志的体现，故其第二辩护人辩解应以单位犯罪论处的理由不能成立，本院不予采纳。被告人马某在侦查阶段及开庭审理中，对其部分犯罪事实拒供，不具有自首情节。但其在审理工程中，能积极缴纳罚金，有悔罪表现，可酌定从轻处罚。关于其犯罪数额的认定，应以涉案公司虚开的增值税专用发票实际统计税额 22 357 451.57 元；由于公诉机关举出的某高新技术产业开发区国家税务局企业及增值税专用发票信息查询结果，缺少对济宁、万民公司的查询人签字，且无济宁、万民公司虚开增值税专用发票具体认证时间，该证据存在瑕疵，故对济宁、万民公司向 S 华欣公司虚开的增值税专用发票税额 7 509 601.42 元予以核减，其犯罪数额应为 14 847 835.15 元。依照《中华人民共和国刑法》第 205 条第一、三款，第 52 条，第 53 第一款，最高人民法院《关于审理骗取出口退税刑事案件具体应用法律若干问题的解释》第 3 条的规定，判决如下：被告人马某犯虚开增值税专用发票罪，判处有期徒刑 13 年，并处罚金人民币 10 万元。

（五）被告人及辩护人上诉观点

（1）一审判决认定被告人马某在经营济宁公司、万民公司、利欣公司、欣源公司、祥悦公司期间，向 S 华欣公司虚开增值税专用发票，其事实认定不清，证据不足。

① 本案言词证据相互印证，马某控制的五家公司与 S 华欣公司进行交易是通过银行转账，未通过现金支付。

② 本案言词证据显示马某控制的五家公司与 S 华欣公司之间存在部分真实的业务往来。

③ 本案涉案五家公司与 S 华欣公司之间的资金回流事实没有调查清楚，并且结合现有证据，不能认定全部虚开。

由此可见涉案五家公司和 S 华欣公司之间的资金回流事实并没有查清楚，如何认定是全部虚开。万民、利欣公司只回流了部分资金；济宁、祥悦公司的资金回流与利达公司的资金回流是合在一起的，而欣源公司与利达公司控制人分别为马某和朱某，究竟如何区分哪些是欣源的资金回流？结合本案的证人证言、书证，上述五家公司与 S 华欣公司的交易属于部分虚开，存在部分真实交易，一审人民法院认定全部虚开，属于事实认定错误。对于税款已经全部抵扣没有税务机关的证明证实，不足以认定。

并且马某向杨某平支付的场子承包费为一年 20 万元。一年 20 万元的租金在 WY 当地，可以推测其承包的万民公司使具有相当大的规模，也可佐证万民公司是有生产能力的，万民公司即便构成虚开也是部分虚开。对于济宁的真实交易部分涉及的税额，没有充分证据证实马某承包的万民公司第一年涉及的税款部分应当扣减。

（2）一审人民法院认定被告人马某在经营济宁公司、万民公司时为 S 济康公司虚开发票 138 份，税额 3 546 935.81 元，事实不清，证据不足。

① 通过查阅被告人供述及证人证言，在整个作案流程中，无论是付款还是资金回流，都是通过银行账户，未通过现金；这与判决书中"资金回流不一致，是因为存在现金和转账两种方式"矛盾，一审人民法院事实认定错误。

② 济宁、万民公司与S济康公司资金回流事实没有调查清楚,并且结合现有证据,不能认定全部虚开。

主要体现在济宁公司与S济康公司的资金回流不具有合理性,公诉人认定的回流资金远远超过付款金额。而万民公司与S济康公司之间的资金回流,案卷内也没有统计数据,也没有银行流水显示究竟有多少资金最终回流到S济康公司账户。案卷仅能显示万民与S济康之间有资金交易,但没有证据证明资金回流。

(3) 本案现有证据证明造成国家税款流失的金额为957 412.46元。

虚开增值税专用发票罪为结果犯,而非行为犯。对于本案而言查清涉案发票是否抵扣,是否造成国家增值税税款流失是至关重要的,如涉案发票未进行抵扣将不造成国家增值税税款的流失。

① 为S华欣公司开具的发票只有证据证明进行了"认证",没有证据证明进行了"抵扣"。

② 为S济康公司开具的发票虽然已经抵扣,但现有证据不排除存在真实交易的可能性。

(4) 上诉人是主动到案,并且如实的陈述了案情,前后供述稳定一致,没有任何隐瞒。在一审开庭时,也如实陈述了案情,其行为符合自首特征,应当认定为自首。

(六) 二审人民法院裁判观点

原审违反法定诉讼程序,部分事实不清,证据不足。依据《中华人民共和国刑事诉讼法》第238条1款(5)项、第236条1款(3)项、第244条的规定,裁定撤销原判,发回重审。

(七) 被告人及辩护人在重审中的观点

1. 被告人观点

被告人马某在重审中辩称,其经营几家公司都有实际的货物加工,其不懂法,被人蒙蔽虚开了增值税专用发票,希望法庭给其一个重新做人的机会。

2. 第一辩护人观点

第一辩护人在重审中的辩护意见是:除原审辩护意见,补充辩护意见,被告人马某具有自首悔罪情节,其之前一贯表现良好,并且积极缴纳罚金,恳请合议庭按照疑罪从无原则对马某做出公正判处。

3. 第二辩护人观点

第二辩护人在重审中的辩护意见是:除原审辩护意见,补充辩护意见,(1)指控马某犯罪的证据尚达不到确实、充分的证明标准;(2)本案按单位犯罪认定较为妥当;(3)马某开办公司后也进行了生产经营,有一定的纳税,若其构成犯罪,也有一定的客观原因,且社会危害性较小。若马某构成犯罪,应认定自首成立。马某患病属实,建议对其变更强制措施。

（八）重审人民法院裁判观点

（1）关于虚开的增值税专用发票份数确定及部分虚开的增值税专用发票是否已抵扣的问题。公诉机关举出的西安高新技术产业开发区国家税务局企业及增值税专用发票信息查询结果，虽缺少对济宁、万民公司的查询人签字，且无济宁、万民公司虚开增值税专用发票具体认证时间，证据存在瑕疵。但在补充侦查过程中，调取的国家税务总局某高新技术产业开发区税务局抵扣说明及某省高级人民法院（2018）某刑终 284 号刑事判决书等两份证据，与某市国家税务局第一稽查局（ZA1612001 号）税务稽查报告及其他在案证据能够相互印证，相互说明，形成证据链条，证明马某在经营济宁公司、万民公司、利欣公司、欣源公司、祥悦公司期间，向 S 华欣公司虚开增值税专用发票 950 份，金额 116 018 544.63元，税额 22 860 030.40 元，可以作为定案的证据，足以认定以上虚开增值税专用发票均被当地国税部门认证并抵扣。

（2）关于济宁公司与旭理公司、S 济康公司之间的回流资金远大于付款额的问题。S 华欣公司支付上游 22 家公司 27 292.46 万元，回流资金 21 681.9 万元，即有 21% 的资金未回流，与办案机关查明虚开的增值税专用发票获取的手续费数额不一致。因回流资金数额是根据 S 华欣公司资金回流转账表统计得出的数据，而在证人证言中，均可证实回流资金的方式有现金和转账两种方式，现金回流未统计在资金回流表内，故存在不一致。本案中也没有认定具体回流多少资金的事实，不影响定案事实的认定。

（3）关于 S 华欣公司与马某经营的公司是否存在真实交易的问题。辩护人提交的出库单、购销合同、济宁与交易公司的购销合同、S 济康公司的出库单、购销合同等证据，拟证马某所经营公司与 S 华欣公司存在实际中药材交易的事实。但和某市国家税务局第一稽查局（ZA1612001 号）税务稽查报告，某省高级人民法院（2018）某刑终 284 号刑事判决书及 S 华欣公司的多名管理人员及业务人员证明没有实际交易货物的证言等证据相互矛盾，并不能证实 S 华欣公司、S 济康公司与马某经营的公司存在真实交易的事实，不能作为本案定案证据。

因此，合议庭认为，涉案开具的增值税专用发票货物不存在真实货物交易。被告人马某违反国家税收征管和发票管理的规定，在没有真实货物交易的情况下，为他人虚开销项增值税专用发票 1 088 份，税额合计 22 844 059.58 元，数额巨大，导致国家税收流失，其行为构成虚开增值税专用发票罪，公诉机关指控的罪名成立。辩护人辩解被告人马某的行为没有对当地税收造成损失应从轻处罚的辩解理由不成立。因涉案五家公司向 S 华欣公司、S 济康公司虚开增值税专用发票与 S 华欣、S 济康公司之间的认证抵扣税款具有因果关系，辩护人辩解 S 华欣公司、S 济康公司只是在记账过程中对该销项和进项药品进行套打，与涉案公司取得药品和发票行为无关的理由不能成立，本院不予采纳。被告人马某虽以公司的名义虚开发票，但其作为涉案五家公司的实际控制人，实施虚开增值税专用发票的犯罪行为是其主观意志的体现，故其辩护人辩解应以单位犯罪论处的理由不成立,本案不予采纳。被告人马某经侦查机关传唤,在未采取强制措施的情况下,主动到案,随传随到,并如实供述主要犯罪事实,构成自首,其辩护人的辩解理由成立,应予采纳。被告人马某在审理过程中能积极缴纳罚金,有悔罪表现。综上,对被告人马某依法从轻处罚。依照《中华人民共和国刑法》第205条第1款、第3款,第67条第1款,第52条,第53条第1款,最高人民法院《关于审理骗取出口退税刑事案件具体应用法律若干问题的解释》第3条的规定,判决如下:被告人马某犯虚开增值税专用发票罪,判处有期徒刑11年;并处罚金人民币10万元。

二、综合解析

(1)虚开增值税专用发票应是结果犯。《全国人民法院经济犯罪案件审判工作座谈会综述(2004)》规定:……因此,如果虚开行为仅仅破坏了增值税专用发票管理秩序,只能属于一般的行政违法行为。可见,查清涉案发票是否抵扣、是否造成国家增值税税款流失是至关重要的。

(2)有无资金回流、资金回流金额、真实交易厘清均是虚开增值税专用发票案件需要查清的重要事实。对于交易而言,本案中马某经营的五家公司与S华欣公司、S济康公司之间存在部分真实交易,属于部分虚开,而要查清这一事实,显然需要对资金回流情况进行详细查证,但是本案中,将回流资金大于付款额部分一刀切解释为现金回流,却无对应证据;通过银行流水显示的部分无法显示对方户名。

(3)下游"套打"造成的税款流失与开票行为无关。

① 何为"套打"。

"套打"虚开指的是增值税专用发票实行勾选办法后,不再对票面信息进行采集,隔离了票面与电子底册的信息链接。不法分子据此采用两次套印、高仿真重打等"套打"手法篡改票面品名虚开,虚构票面关联关系。

具体操作是:先在互联网上下载某管理软件,在联网税控系统上,用空白A4纸打印带有发票信息的任意一联发票。然后根据得到的发票信息,在购买的单机版系统上重新录入、修改需要的变造票的品名、购方单位名称、单价和数量等内容。继而从单机版系统上打印空白的抵扣联和发票联。最后将记账联放入联网税控系统按照原开票信息打印。

② 如何查证"套打"虚开。

尽管"套打"虚开具有其隐蔽性、不易被发现的特征,但是在虚开案件中,由于流通链条明确,通过增值税防伪税控系统,调取涉案公司抄报税明细数据,对上下游记账联、发票联等联次所填信息展开比对分析,即可佐证是否有"套打"虚开行为。

③ 扩展分析。

第一,我国整顿医药行业渊源。1989年,卫生部即下发相关文件,自1990年以来针对医疗卫生单位存在的问题,进行治理整顿,纠正行业不正之风。近五年来,国家卫生健康委、工业和信息化部、公安部、财政部、国家税务总局等九部委联合发文纠正医药购销、医疗服务不正之风专项治理工作通知,均将"虚开发票"作为重点治理、打击对象,就在2019年5月,九部委联合发布《2019年纠正医药购销领域医疗服务中不正之风工作要点的通知》(国卫医函〔2019〕90号),要求严厉打击医药行业虚开发票等涉税违法行为;加大对药品、耗材生产经营单位发票开具、使用情况的检查处理,严查虚开发票。

第二,打击医药行业虚开增值税专用发票犯罪现状。在对裁判文书网进行搜索后,我们统计出2011年至2019年虚开增值税专用发票、用于骗取出口退税、抵扣税款发票罪案件数量(如图14-1所示),并可以清晰地看出自2015年起,即在九部委明确提出加强药品、医疗器械生产经营单位涉税案件的查处;以核实票据资金流向与药品物流流向一致性为抓手整治"挂靠走票"行为后,医药行业涉税犯罪案件陡然增加,且在2019年财政部对77户医药企业开展会计信息质量专项检查工作做出部署,由此可以预测,在未来近几年,医药行业企业虚开案件数量整体上仍会呈现增长趋势。

第三,医药行业虚开产生的原因。我国医药行业虚开频发是由其许可经营模式、销售流通链条过长、层层转销销售费用畸高造成的。即药品从制药企业到医疗机构,整个销售过程中要经历多道医药经销商后经配送商再经过医药代表才能到达医疗机构,这其中参与经销商多,且层层需要开票,层层加价,由此层层产生"销售费用""回扣",为了将这类隐形费用可以进行抵扣,以降低税收成本,必然滋生虚开行为。而为了改变此种现象,也为了压缩药品价格,至2018年年底,除港澳台外,全国31省、市

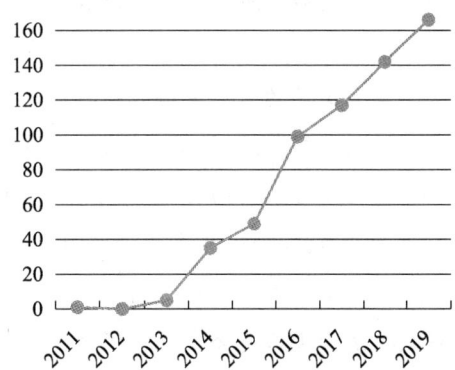

图 14-1　2011—2019 年虚开增值税专用发票、用于骗取出口退税、抵扣税款发票罪数量统计①

均已发布公立医疗机构药品采购两票制具体实施方案,即药品流通环节中只开两次票,药品流通为制药企业—配送商—医疗机构,而相应的资金流为医疗机构—配送商—制药企业,但是此种流通链条的变化,将原先层层加价产生的"销售费用""回扣"这类隐形费用传导至制药企业,因此而造成只要企业税负加重,在以往链条中的"过票企业"踢出局的情况下大量第三方咨询公司的加入,为制药企业降低税负、增加成本创造的便利。

第四,医药行业面临的现状。从2015年至2019年九部委持续发布通知,2019年针对制药企业专项检查并明确踢出应对医药销售环节开展"穿透式"监管,延伸检查关联方企业来看,这种全链条式的查处模式是企业税务风险更易爆发,且一案多查、部门信息共

---

① 该数据统计源于2020年3月4日中国裁判文书网。

享将使企业涉税风险的爆发,不再仅仅源于税务机关的检查。

第五,我国医药行业涉税刑事风险预测及防控。通过对我国医药行业虚开问题产生的原因进行分析,可知现行医疗体制、医疗产品流通方式是我国医药行业虚开频发的原因,只要既有模式不发生改变,加之目前国家严厉打虚打骗,"大数据治税"、税务系统企业信息便捷全面化,内外因作用下,医药企业涉税刑事风险将持续存在。

因此,医药企业应转变模式,由违法成本高昂的虚开过票解决销售费用问题方式向通过合规营销来有效降低消费费用和成本转变。通过优化自身管理模式,从发票和凭证着手,规范企业经营来有效地降低销售费用,从而本质上防范发生虚开发票的风险。当然,医药行业还要相应国家号召,尊重社会经济发展规律,顺应社会需求和监管期待。

还要提醒的是,医药企业应定期做体检,一旦发现虚开风险,应及时补救,及早作进项税额转出。如已经税务机关处理,则应尽快聘请专业税务律师介入,维护企业及相关人员的合法权益。

三、虚开案件办理要点提示

(一) 及早介入

虚开案件的来源主要有四种:税务机关等其他行政机关移送,交易链条企业牵连案发,报案、举报、自动投案,以及公安机关或人民检察院自行发现的犯罪事实或获得的犯罪线索。而在前列四种案件来源中,税务机关移送、上下游牵连案发数量占比较高。即在虚开刑事案件中,稽查局扮演着重要的角色,一旦开票方被认定虚开,受票方主管税务局稽查局很有可能第一时间介入案件,对受票方企业进行调查。因此无论是在税务机关行政执法阶段还是公安机关侦查阶段、检察院审查起诉阶段,税务机关对涉案纳税人行为事实的调查、行为的定性都是司法机关侦办此类案件的重要依据。因此,企业须积极应对税务稽查程序,在稽查程序中通过专业税务律师的介入,与税务机关有效沟通,最大可能使风险在行政程序化解,避免虚开刑事责任。

一直以来,为了查清虚开案件事实,税务机关、办案机关在查处虚开案件时,一般会通过查清货物流、资金流、发票流来认定事实,随着现今贸易结构、方式的改变,对于"三流不一致"的行为不能简单粗暴的就认定为是虚开行为。为了还原事实本身,就需要以发票为依据,根据查证购销双方签订的相关合同,比对货物首发凭证等进行调查,以查清是否有真实货物交易;以对公账户、关联个人账户之间的资金往来为突破口,建立资金往来结构,查清对公账户支付货款信息,个人账户资金回流信息以及货款与回流款之间差额来确定是否存在资金回流;通过对客观事实进行查证后,还需要对实际控制人、财务、业务人员进行询问/讯问,以调查虚开发票是由谁实施的。

(二) "挂靠代开"≠虚开

挂靠经营指的是药品经营企业为其他无证单位或个人提供药品经营场地、资质证明以及票据等条件,使得挂靠经营着得以从事药品经营活动。

2007年,药品监督管理局出台《关于进一步整治药品经营中挂靠经营方式及超范围经营问题的通知》(国食药监市〔2007〕601号)对违规挂靠进行整治,但"挂靠经营"仍然存在,部分医药企业不注重对购销发票、药品出入库凭证、GSP核算系统的管理,经常发生出入库凭证与发票无法对应的情况,这一旦被税务机关立案稽查,极易被认定为虚开。

《国家税务总局关于纳税人对外开具增值税专用发票有关问题的公告》(国家税务总局公告2014年第39号)对医药代表挂靠代开行为是否构成虚开,进行了规定,公告强调纳税人对外开具增值税专用发票,是否属于虚开增值税专用发票,需要以事实为依据,准确进行界定。并通过三点说明符合开票方实际发货、受票方实际收到货物、开票方取得发票合法,即不构成虚开。因此,企业确实存在挂靠经营被认定虚开的,应当积极的提供发票、销货清单、出入库凭证、收付款凭证等,进行抗辩。

(三)《已证实虚开通知单》≠受票方虚开

《税收违法案件发票协查管理办法(试行)》第7条规定,委托方根据案件查办情况,确定协查对象,需要发起委托协查的,向受托方发出《税收违法案件协查函》;《税收违法案件协查函》内容包括:委托方案件名称、基本案情、涉案发票记载的信息、已掌握的疑点或者线索、作案手法、提出有针对性的取证要求、回复期限、组卷及寄送要求、联系人和联系方式等。《税收违法案件发票协查管理办法(试行)》第9条第1款规定,已确定虚开发票案件的协查,委托方应当按照受托方一户一函的形式出具《已证实虚开通知单》及相关证据资料,并在所附发票清单上逐页加盖公章,随同《税收违法案件协查函》寄送受托方。《税收违法案件发票协查管理办法(试行)》第13条规定,受托方收到《税收违法案件协查函》后,应当根据协查请求,依照法定权限和程序调查,并按照要求及期限回函。根据上述规定,案件中的《协查函》《已证实虚开通知单》只可以证明开票方存在虚开行为,但是受票方是否虚开,是否构成善意取得仍需税务机关认定。此时,受票人应积极配合税务机关调查的工作,及时补税,并需要与税务机关沟通并取得相关税务文书。

第八节　虚开增值税专用发票罪大数据分析报告

自2014年起,《最高人民法院关于人民法院在互联网公布裁判文书的规定》颁布实施,要求全国各级人民法院将除涉及国家秘密、个人隐私、未成年犯罪、调解结案等情形之外的全部生效裁判文书在互联网公布。最高人民法院于 2016 年对上述规定进行了修改,进一步扩大了公布裁判文书的范围,并对公布的技术措施做出更加明确和具有可操作性的规范。

本报告通过对中国裁判文书网数据库的搜索,选取了 2018 年 1 月 1 日至 2018 年 7 月 9 日虚开增值税专用发票罪裁判文书,从被告人的情况、犯罪情况(行为类型、刑事强制措施适用情况)、律师辩护意见、人民法院采信情况、量刑分布等维度进行分析,揭示虚开增值税专用发票罪近半年的审判规律,希望通过分析和研究,展现全国虚开增值税专用发票罪的基本情况、判决要点、抗辩(辩护)效果等数据,为防控增值税专用发票刑法风险提供借鉴。

一、整体分析

(一) 基本情况分析

1. 总体情况

2018 年 1 月 1 日至 2018 年 7 月 9 日虚开增值税专用发票罪裁判文书共计 1 082 件裁判案件。

从各省级行政区域的情况来看,虚开增值税专用发票罪刑事案件分布情况为:江苏省 328 件、上海市 109 件、浙江省 104 件、山东省 95 件、四川省 73 件、广东省 48 件、湖北省 45 件、河北省 33 件、湖南省 28 件、安徽省 26 件、河南省 25 件、黑龙江省 22 件、江西省 21 件、天津市 18 件、陕西省 18 件、重庆市 17 件、福建省 14 件、北京市 12 件、辽宁省 10 件、甘肃省 6 件、吉林省 6 件、广西壮族自治区 6 件、青海省 4 件、山西省 4 件、内蒙古自治区 3 件、云南省 3 件、贵州省 2 件、宁夏回族自治区 1 件、新疆维吾尔自治区 1 件。

2. 审理人民法院情况

全国人民法院审理一审涉嫌虚开增值税专用发票罪的裁判案件共计 921 件,占全部案件的 85.12%;二审涉嫌虚开增值税专用发票罪的裁判案件 161 件,占全部案件的 14.88%。

3. 犯罪主体的构成

单位涉嫌虚开增值税专用发票罪的裁判案件共 560 件,占全部案件的 51.76%。

(二) 影响量刑的情节分析

1. 自首、坦白情节

人民法院认定具有自首情节的有 630 件;绝大多数案件均具有坦白情节。

2. 立功情节

人民法院认定具有立功情节的有 38 件。

3. 从犯情节

人民法院认定具有立功情节的有 176 件。

4. 共同犯罪

人民法院认定为共同犯罪的有 118 件。

5. 初犯、偶犯情节

人民法院认定具有初犯、偶犯情节的有 30 件。

6. 犯罪中止

人民法院认定具有犯罪中止情节的有 2 件。

7. 犯罪未遂

人民法院认定具有犯罪未遂情节的有 2 件。

8. 减轻处罚

人民法院认定减轻处罚的有 273 件。

（三）采取的强制措施情况

据统计,在可以有效检索采取强制措施情况的裁判文书中总人数 1 488 人,图 14-2 所示,其中被逮捕的有 320 人,占总数的 21.5%;被取保候审的 1 164 人,占总数的 78.23%;被监视居住的有 4 人,占总数的 0.27%。该罪的取保候审成功率较高。

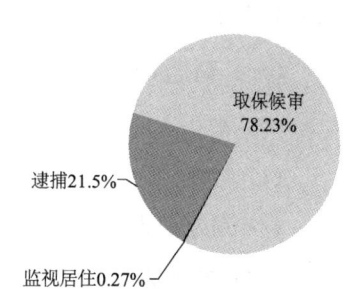

图 14-2　采取的强制措施情况示意图

（四）虚开增值税专用发票的具体行为方式

据统计,一审涉及虚开增值税专用发票的 921 件案件中,具体行为方式比例如下(如图 14-3 所示):

（1）为他人虚开增值税专用发票的裁判案件有 59 件,所占比率为 6.41%。

（2）为自己虚开增值税专用发票的裁判案件有 170 件,所占比率为 18.46%。

（3）让他人为自己虚开增值税专用发票的裁判案件有 548 件,所占比率最高,为 59.5%。

（4）介绍他人虚开增值税专用发票的裁判案件有 75 件,所占比率为 8.14%。

（5）多种方式并用虚开增值税专用发票的裁判案件有 69 件,所占比率为 7.49%。

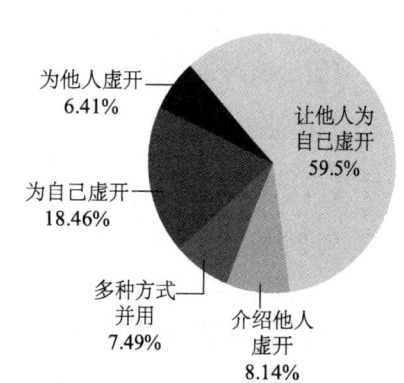

图 14-3　虚开增值税专用发票的具体行为方式图

（五）虚开增值税专用发票罪没收财产情形

《刑法》第 205 条规定,虚开的税款数额特别巨大或者有其他特别其他严重情节的,处 10 年以上有期徒刑或者无期徒刑,并处 5 万元以上 50 万元以下罚金或者没收财产。据统计,2018 年 1 月 1 日至 2018 年 7 月 9 日虚开增值税专用发票罪裁判文书中,被人民法院依法判处没收财产的案件有 8 件。

二、一审案件判决结果分析

据统计,在 2018 年 1 月 1 日至 2018 年 7 月 9 日虚开增值税专用发票一审涉及的 1 498 人的案件中,整体量刑情况如下所示,判决结果图如图 14-4 所示。

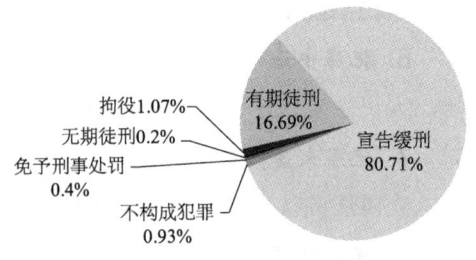

图 14-4 一审案件判决结果图

（一）有期徒刑

判处被告人有期徒刑的有 250 件,占总数的 16.69%。

（1）判处被告人 10 年以下有期徒刑的有 193 件,占判处有期徒刑总数的 77.2%。

（2）判处被告人 10 年以上有期徒刑的有 57 件,占判处有期徒刑总数的 22.8%。

（二）无期徒刑

判处被告人无期徒刑的有 3 件,占总数的 0.2%。

（三）宣告缓刑

判处宣告缓刑的有 1 209 件,占总数的 80.71%。

（四）不构成虚开增值税专用发票罪

判处不构成虚开增值税专用发票罪的有 14 件,占总数的 0.93%。

（五）被判处拘役

判处被告人拘役的案件数量为有 16 件,占总数的 1.07%。

（六）免予刑事处罚

判处被告人免予刑事处罚的案件有 6 件,占总数的 0.4%。

三、二审案件判决结果分析

据统计,在 2018 年 1 月 1 日至 2018 年 7 月 9 日虚开增值税专用发票的 161 件二审案件中,整体裁判情况如下所示,判决结果图如图 14-5 所示。

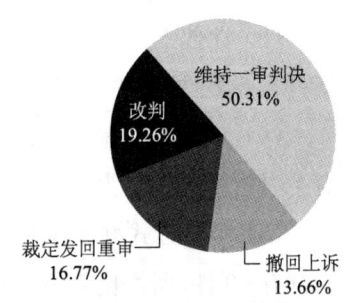

图 14-5 二审案件判决结果图

（一）维持一审判决

二审人民法院维持（包括部分维持）一审判决的有 81 件，占二审案件的 50.31%。

（二）改判

二审人民法院改判（包括对定罪部分予以维持，但均降低了对上诉人的量刑部分）一审判决的有 31 件，占二审案件的 19.26%。其中有一件改判无罪。

（三）裁定发回重审

二审人民法院裁定发回重审的有 27 件，占二审案件的 16.77%。

（四）撤回上诉

二审人民法院裁定撤回上诉的有 22 件，占二审案件的 13.66%。

据上，可见本罪上诉率较低。

四、辩护情况分析

（1）涉嫌虚开增值税专用发票罪聘请律师辩护的一审案件有 437 件，有 492 件没有聘请律师辩护，一审律师辩护率为 47.04%。

（2）二审案件聘请律师辩护的案件有 112 件，有 49 件没有聘请律师辩护，二审律师辩护率为 69.57%；二审案件被依法改判的 31 件案件中，有律师辩护的有 22 件，辩护率为 70.97%。

据上，虚开增值税专用发票罪的裁判案件二审改判率均较高，由此看来，涉嫌虚开增值税专用发票罪律师辩护率较高，总体辩护效果也较好。

五、人民法院裁判观点概览

（一）参照适用 2002 年最高人民法院发布《关于审理骗取出口退税刑事案件具体应用法律若干问题的解释》的情形

福建省 L 市 X 区人民法院(2017)闽 0802 刑初 917 号《刑事判决书》①：本院认为，被告人傅某生违反国家税收征管法律法规，在无真实货物交易的情况下，虚开增值税专用发票两张，虚开的税款数额共计 338 923.34 元，其行为已构成虚开增值税专用发票罪。公诉机关指控的罪名成立，予以采纳。但公诉机关指控的金额 1 993 666.66 元，系被告人傅某生虚开的增值税专用发票的"金额"，并非刑法第 205 条中规定的"税款数额"，本案

---

① 2018 年 7 月 7 日摘自中国裁判文书网。

被告人傅某生虚开两张增值税专用发票的税款数额共计为 338 923.34 元,故公诉机关指控的犯罪金额 1 993 666.66 元,本院不予认定。关于适用法律问题。1995 年《全国人民代表大会常务委员会关于惩治虚开、伪造和非法出售增值税专用发票犯罪的决定》(主席令第 57 号)第 1 条规定:"虚开增值税专用发票的,处三年以下有期徒刑或者拘役,并处二万元以上二十万元以下罚金;虚开的税款数额较大或者有其他严重情节的,处三年以上十年以下有期徒刑,并处五万元以上五十万元以下罚金;虚开的税款数额巨大或者有其他特别严重情节的,处十年以上有期徒刑或者无期徒刑,并处没收财产"。1996 年 10 月 17 日最高人民法院发布《最高人民法院关于适用〈全国人民代表大会常务委员会关于惩治虚开、伪造和非法出售增值税专用发票犯罪的决定〉的若干问题的解释》(1996 年 10 月 17 日,法发〔1996〕30 号)第 1 条规定:虚开税款数额 1 万元以上的或者虚开增值税专用发票致使国家税款被骗取 5 000 元以上的,应当依法定罪处罚。虚开税款数额 10 万元以上的,属于"虚开的税款数额较大"。虚开税款数额 50 万元以上的,属于"虚开的税款数额巨大"。2002 年最高人民法院发布《最高人民法院关于审理骗取出口退税刑事案件具体应用法律若干问题的解释》(法释〔2002〕30 号)第 3 条规定:骗取国家出口退税款 5 万元以上的,为刑法第 204 条规定的"数额较大",处 5 年以下有期徒刑或者拘役;骗取国家出口退税款 50 万元以上的,为刑法第 204 条规定的"数额巨大",处 5 年以上十年以下有期徒刑;骗取国家出口退税款 250 万元以上的,为刑法第 204 条规定的"数额特别巨大",处 10 年以上有期徒刑或者无期徒刑。2014 年 11 月 27 日最高人民法院研究室做出《最高人民法院研究室关于如何适用法发〔1996〕30 号司法解释数额标准问题的电话答复》(法研〔2014〕179 号)。该电话答复意见明确对虚开增值税专用发票案件的量刑标准,可以不再参照适用 1996 年最高人民法院发布《最高人民法院关于适用〈全国人民代表大会常务委员会关于惩治虚开、伪造和非法出售增值税专用发票犯罪的决定〉的若干问题的解释》(法发〔1996〕30 号),在新的司法解释制定前,对于对虚开增值税专用发票案件的量刑标准,可以参照《最高人民法院关于审理骗取出口退税刑事案件具体应用法律若干问题的解释》(法释〔2002〕30 号)的有关规定执行。鉴此,本案的量刑标准不再适用最高人民法院法发〔1996〕30 号"解释",应当参照适用 2002 年最高人民法院发布《最高人民法院关于审理骗取出口退税刑事案件具体应用法律若干问题的解释》(法释〔2002〕30 号)的规定。本案虚开的税款数额为 338 923.34 元,不足 50 万元,应当属于《刑法》第 205 条第一量刑档,即处 3 年以下有期徒刑或者拘役,并处 2 万元以上 20 万元以下罚金。

类似观点判决还有广东省 Z 市 G 区人民法院(2016)粤 1204 刑初 26 号《刑事判决书》等。

（二）对于身份不明的被告人的审判

广东省 D 市第三人民法院(2017)粤 1973 刑初 2062 号《刑事判决书》[①]：关于本案被告人刘某华的身份问题。根据被告人归案后所供述的身份情况，经向其户籍所在地的公安机关发函核实，至今未得到回复。根据《中华人民共和国刑事诉讼法》第 158 条第二款"对于犯罪事实清楚，证据确实、充分的，确实无法查明其身份的，也可以按其自报的姓名审判"，以及《最高人民法院关于适用的解释》第 181 条第(7)项"被告人真实身份不明，但符合刑事诉讼法第 158 条第 2 款规定的，应当依法受理"的有关规定，本院依法对本案被告人刘某华以其自报身份予以判决。

（三）虚开增值税专用发票罪单位犯罪的认定

广西 B 自治县人民法院(2017)桂 1227 刑初 160 号《刑事判决书》[②]："经查，被告人韦某在指控的六起虚开增值税专用发票行为中，都是直接把公司账户收到的上百万元货款全部取出存入其父亲韦某 1 或者其个人账户，然后扣除返点费等钱款后再转回对方指定的账户上，剩下的返点费留在个人账户上。韦某直接把公司大额款项存入个人账户以及所获利益留在个人账户上的行为，证实其个人财产与公司财产混同；另外，巴马浩长商贸有限公司的营业执照也证实该公司是一人公司，根据公司法第 65 条的规定，韦某亦有义务证实公司财产独立于个人财产，然而韦某未证实。辩护人提出在市场惯例中法定代表人的个人账户经常是为了公司利益而设定从而把韦某取出公款转入个人账户的行为认定为公司行为的意见没有事实和法律依据，不应采信。由于本案中违法所得归个人所有而不是单位所有，且一人公司的公司财产与个人财产混同从而丧失独立人格，故不应认定为单位犯罪。"

（四）虚开增值税专用发票罪的定罪量刑标准

广西 B 自治县人民法院(2017)桂 1227 刑初 160 号《刑事判决书》[③]：根据《最高人民法院研究室关于如何适用法发〔1996〕30 号司法解释数额标准问题的电话答复》的精神，为了贯彻罪刑相当原则，对虚开增值税专用发票案件的定罪量刑标准可以参照《最高人民法院关于审理骗取出口退税刑事案件具体应用法律若干问题的解释》的有关规定执行。本案中，虚开增值税专用发票罪"虚开的税款数额较大或者有其他严重情节""虚开的税款数额巨大或者有其他特别严重情节"可以分别参照骗取出口退税罪"数额巨大或者有其他严重情节""数额特别巨大或者有其他特别严重情节"的数额标准执行。即虚开的税款数额较大标准为 50 万元至 250 万元，造成国家税款损失 30 万元到 150 万元可认

---

① 2018 年 7 月 7 日摘自中国裁判文书网。
② 同上。
③ 同上。

定为有"其他严重情节";虚开的税款数额巨大标准为 250 万元以上,造成国家税款损失 150 万元以上可认定为有"其他特别严重情节"。被告人韦某虚开的税款数额是186.680 9 万元,在宣判前已主动退赔全部损失,应认定为虚开税款数额较大而不是数额巨大,法定刑为 3 年以上 10 年以下有期徒刑,并处 5 万元以上 50 万元以下罚金。辩护人提出只能认定数额较大的意见予以采纳。

(五) 虚开增值税专用发票罪被判处无罪

(1) 事实不清,证据不足无罪。

山东省 J 市 L 区人民法院(2015)历刑二初字第 144 号《刑事判决书》[①]:"虚开案件的定罪应查明虚开介绍人、开票方联络人、开票行为的实施人、出票方的联络人,发票开票方和出票方的联络人,使虚开行为的各个环节能够相互印证,形成完整证据链。"

陕西省 X 市 G 区人民法院(2016)陕 0117 刑初 8 号《刑事判决书》[②]:"虚开案件构成单位犯罪,法定代表人并不必然构成虚开罪。认定个人构成虚开罪,应有证据证明个人系实施虚开行为的直接责任人,或个人系虚开行为的实施者,能够证明个人在虚开犯罪中起到了决定、批准、授意、纵容、指挥、实施等作用,否则不应认定个人构成犯罪。"类似观点还有:河北省 S 庄市 Y 县人民法院(2016)冀 0132 刑初 155 号《刑事判决书》。

(2) 有实际经营业务,不以抵扣为目的找他人代开或代他人开具发票,未造成国家税款损失的,不认定虚开增值税专用发票罪。

河北省 S 市中级人民法院(2017)冀 01 刑终 334 号《刑事判决书》[③]:"进行了实际经营业务,销售方因无开票资格,挂靠有开票资格的公司让其为自己代开增值税专用发票的行为,符合《国家税务总局办公厅发布的〈国家税务总局关于纳税人对外开具增值税专用发票有关问题的公告〉的解读》所列的挂靠情形,不应认定为虚开增值税专用发票。"

江苏省 T 市中级人民法院(2015)泰中刑二终字第 00150 号《刑事判决书》[④]:"进行了实际经营业务,销售方无开票资格,购买方为抵扣税款找第三方为其开具发票,出票方不构成虚开罪,以抵扣税款为目的的购买方构成虚开用于抵扣税款发票罪。"

江西省 R 市人民法院于 2017 年 12 月 18 日做出的(2017)赣 0481 刑初 5 号《刑事判决书》[⑤]:"有实际经营业务,找他人代开增值税专用发票,若要认定不构成虚开罪,应该无

---

① 2018 年 7 月 7 日摘自中国裁判文书网。
② 同上。
③ 同上。
④ 同上。
⑤ 同上。

骗取抵扣税款或帮助他人骗取抵扣税款的故意；不以抵扣为目的找他人代开或为他人代开增值税专用发票，且未造成国家税收损失是不构成虚开罪的前提。"类似观点还有山东省 Q 市中级人民法院于 2017 年 11 月 7 日做出的（2017）鲁 02 刑再 2 号《刑事判决书》。

六、虚开金额在千万以上被判处缓刑的情形分析

据统计，在 2018 年 1 月 1 日至 2018 年 7 月 9 日虚开增值税专用发票案件中，除极个别案件外，大多数虚开金额在 100 万元以下的虚开增值税专用发票案件均被判处缓刑，且基本具备自首、坦白、如实供述、立功、初犯、偶犯、社会危害性小、积极退赃等量刑情节。

在虚开金额在 1 000 万元以上的虚开增值税专用发票案件，亦存在被判处缓刑的案件，具体判决如下。

（一）被告人均被判处缓刑的案件

（2017）黑 0103 刑初 421 号、（2017）黑 0103 刑初 1123 号、（2018）鄂 1127 刑初 19 号、（2018）湘 1126 刑初 11 号、（2017）吉 0322 刑初 301 号、（2017）苏 0312 刑初 216 号、（2017）苏 0722 刑初 423 号、（2017）苏 0722 刑初 146 号、（2018）苏 0925 刑初 78 号、（2017）苏 0831 刑初 155 号、（2018）苏 0581 刑初 410 号、（2018）苏 0281 刑初 430 号、（2018）苏 0831 刑初 6 号、（2018）赣 0602 刑初 7 号、（2017）鲁 0781 刑初 928 号、（2018）鲁 1321 刑初 33 号、（2018）鲁 0522 刑初 15 号、（2018）鲁 0523 刑初 43 号、（2018）鲁 0124 刑初 46 号、（2018）陕 0881 刑初 33 号、（2018）沪 0106 刑初 510 号、（2018）沪 0116 刑初 241 号、（2017）沪 0109 刑初 1109 号、（2018）津 0116 刑初 60095 号。

（二）主犯被判处有期徒刑，从犯被判处缓刑的案件

（2017）冀 0731 刑初 114 号、（2017）黑 0521 刑初 157 号、（2017）湘 1126 刑初 764 号、（2017）苏 1203 刑初 218 号、（2018）苏 0602 刑初 42 号、（2018）苏 0312 刑初 115 号、（2017）苏 0804 刑初 213 号、（2017）苏 0812 刑初 360 号、（2018）辽 08 刑初 21 号、（2018）津 0110 刑初 126 号、（2017）鲁 0832 刑初 62 号、（2018）浙 0482 刑初 86 号、（2017）浙 0624 刑初 392 号、（2016）浙 01 刑初 160 号、（2018）浙 0281 刑初 1 号、（2018）渝 0119 刑初 21 号。

（三）被判处免予刑事处罚

（2017）沪 0104 刑初 672 号：价税合计 31 689 708.45 元，因被告单位及被告人系自首，且虚开的增值税专用发票没有被他人认证抵扣税款，被人民法院依法判处免予刑事处罚。

第九节　虚开用于骗取出口退税、抵扣税款发票罪大数据分析报告

自 2014 年 1 月 1 日起,《最高人民法院关于人民法院在互联网公布裁判文书的规定》颁布实施,要求全国各级人民法院将除涉及国家秘密、个人隐私、未成年犯罪、调解结案等情形之外的全部生效裁判文书在互联网公布。最高人民法院于 2016 年对上述规定进行了修改,进一步扩大了公布裁判文书的范围,并对公布的技术措施做出更加明确和具有可操作性的规范。

本报告通过对中国裁判文书网数据库的搜索,选取了 2017 年虚开增值税专用发票、用于骗取出口退税、抵扣税款发票罪裁判文书,从被告人的情况、犯罪情况(被告人职位、虚开增值税专用发票、用于骗取出口退税、抵扣税款发票金额等)、律师辩护意见及人民法院采信情况、量刑分布等维度进行分析,揭示虚开增值税专用发票、用于骗取出口退税、抵扣税款发票罪近两年的审判规律,希望通过分析和研究,为读者展现全国虚开增值税专用发票、用于骗取出口退税、抵扣税款发票罪的基本情况、判决要点、抗辩(辩护)效果等数据,为防控虚开用于骗取出口退税、抵扣税款发票刑法层面的风险提供借鉴。

一、整体分析

(一)基本情况分析

(1)总体情况。

2017 年虚开增值税专用发票、用于骗取出口退税、抵扣税款发票罪裁判文书共计 84 件裁判案件。

从各省级行政区域的情况来看,虚开增值税专用发票、用于骗取出口退税、抵扣税款发票罪刑事案件的分布情况为:湖南省 21 件、江苏省 18 件、河北省 6 件、江西省 6 件、安徽省 4 件、广东省 3 件、云南省 3 件、吉林省 3 件、浙江省 3 件、河南省 3 件、贵州省 2 件、四川省 2 件、辽宁省 2 件、陕西省 1 件、上海市 1 件、山东省 1 件、内蒙古自治区 1 件、福建省 1 件、湖北省 1 件、黑龙江省 1 件、宁夏回族自治区 1 件。

(2)审理人民法院情况如图 14-6 所示。

由基层人民法院一审审理的 74 件,中级人民法院一审审理的 1 件;中级人民法院二审审理的 9 件。

（3）在 2017 年虚开增值税专用发票、用于骗取出口退税、抵扣税款发票罪的裁判案件中，出现 2 件二审抗诉案件。

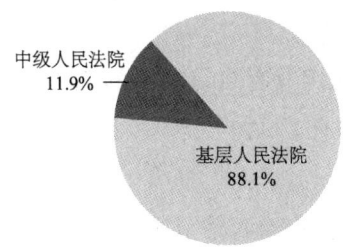

图 14-6　审理人民法院级别示意图

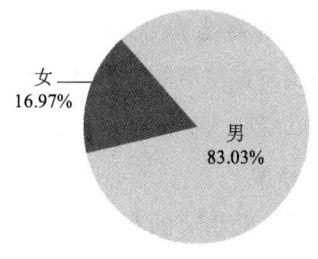

图 14-7　犯罪主体性别示意图

（4）犯罪主体的构成。

据统计在 84 件裁判案件中，涉及企业构成虚开增值税专用发票、用于骗取出口退税、抵扣税款发票罪的有 31 件，占总数的 36.9%。

（5）被告人的性别构成如图 14-7 所示。

在裁判文书中，涉诉被告人共有 166 人。有 1 人无法检索出犯罪主体的性别。

在可以有效检索犯罪主体性别的裁判文书中，男性被告人共 137 人，占总数的 83.03%；女性被告人共 28 人，占总数的 16.97%。

（6）被告人文化程度。

据统计，在 166 名涉诉被告人中，有 131 名被告人被记载了文化程度，其中：

① 初中文化的有 68 名被告人，占比为 51.91%。

② 高中/中专文化的有 28 名被告人，占比为 21.37%。

③ 小学文化的有 14 名被告人，占比为 10.69%。

④ 大专文化的有 11 名被告人，占比为 8.4%。

⑤ 大学文化的有 10 名被告人，占比为 7.63%。

（7）被告人职位情况。

据统计，在 166 名涉诉被告人中，有 57 名被告人被记载了职位（重复计算），其中最主要的情况如下：

① 有 21 名被告人的职位为法定代表人，占比为 36.84%。

② 有 14 名被告人为无业、务农、个体户，占比为 24.56%。

③ 有 10 名被告人的职位为受雇于公司的工作人员（如部门经理、业务员等），占比为 17.54%。

④ 有 6 名被告人的职位为财务人员（含财务经理、会计、出纳），占比为 10.53%。

⑤ 有 3 名被告人的职位为实际经营者或负责人，占比为 5.26%。

⑥ 有 3 名被告人的职位为(副)总经理,占比为 5.26％。

(二) 影响量刑的情节分析

1. 自首、坦白情节

认为涉及自首情节的案件 43 件,人民法院认定具有自首情节的有 40 件;认为涉及坦白情节的 28 件,人民法院认定具有坦白情节的有 28 件。

2. 立功情节

认为涉及立功情节的有 14 件,人民法院认定具有自首情节的有 10 件。

3. 共同犯罪案件

涉及共同犯罪的有 4 件。

4. 累犯案件

涉及累犯的有 2 件。

(三) 采取的强制措施情况

据统计,在 166 名涉诉被告人中,有 142 人被采取了强制措施。

如图 14-8 所示,在可以有效检索出的采取强制措施情况的裁判文书中,存在被逮捕情况的有 68 件,占总数的 47.89％;被取保候审的有 74 件,占总数的 52.11％;没有被监视居住的案件。该罪的取保成功率较高。

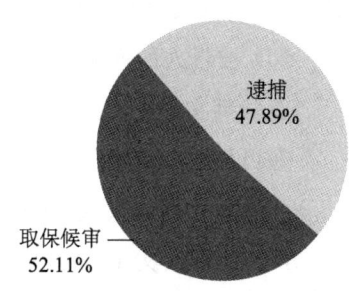

图 14-8　采取强制措施示意图

(四) 虚开增值税专用发票、用于骗取出口退税、抵扣税款发票的金额

在 2017 年可以有效检索虚开增值税专用发票、用于骗取出口退税、抵扣税款发票的票面金额的裁判文书中,被告人或被告单位虚开增值税专用发票、用于骗取出口退税、抵扣税款发票的票面金额如下:

有 23 件案件的被告人或被告单位虚开增值税专用发票、用于骗取出口退税、抵扣税款发票的金额不满 100 万元。

有 40 件案件的被告人或被告单位虚开增值税专用发票、用于骗取出口退税、抵扣税款发票的金额在 100 万元以上不满 1 000 万元。

有 10 件案件的被告人或被告单位虚开增值税专用发票、用于骗取出口退税、抵扣税款发票的金额在 1 000 万元以上。

二、一审案件判决结果分析

据统计,在 2017 年虚开增值税专用发票、用于骗取出口退税、抵扣税款发票一审案件中涉及对 159 人的量刑,整体量刑情况如下所示,判决结果图如图 14-9 所示。

（一）有期徒刑

判处有期徒刑的有 32 件，占总数的 20.12％。判处有期徒刑刑期均在 5 年以下。

（二）宣告缓刑

判处宣告缓刑的有 124 件，占总数的 77.99％。绝大多数案件均存在退赃的情形。

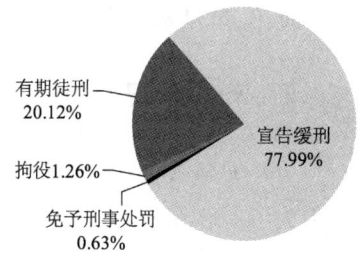

图 14-9 一审案件判决结果图

（三）不构成虚开增值税专用发票、用于骗取出口退税、抵扣税款发票罪

没有判处不构成虚开增值税专用发票、用于骗取出口退税、抵扣税款发票罪的案件。

（四）被判处拘役

有 2 件案件的被告人被判处拘役，占总数的 1.26％。

（五）免予刑事处罚

有 1 件判处免予刑事处罚的案件，占总数的 0.63％。

（六）变更罪名

没有出现变更罪名的案件。

（七）人民检察院撤诉

没有出现人民检察院撤诉的案件。

三、二审案件判决结果分析

据统计，在 2017 年虚开增值税专用发票、用于骗取出口退税、抵扣税款发票 13 件二审案件中，整体裁判情况如下所示，判决结果图如图 14-10 所示。

（一）维持一审判决

二审人民法院维持（包括部分维持）一审判决的有 3 件，占二审案件的 23.08％。

（二）改判

二审人民法院改判一审判决的有 6 件，占二审案件的 46.16％。

（三）裁定发回重审

二审人民法院裁定发回重审的有 2 件，占二审案件的 15.38％。

（四）撤回抗诉

二审人民法院裁定撤回抗诉的有 2 件，占二审案件的 15.38％。

（五）撤回上诉

没有出现申请撤回上诉的案件。

据上,可见本罪上诉率较低。

四、辩护情况分析

(1) 在 84 份裁判文书中,有辩护人的有 58 件,辩护率为 69.05%,可见当事人较重视聘请律师进行辩护。

(2) 辩护人辩护意见采纳情况统计如表 14-1 所示。

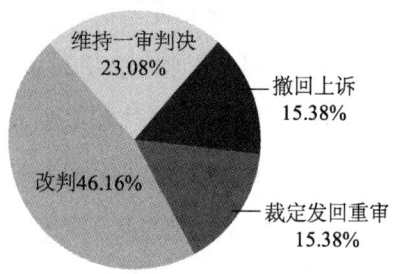

图 14-10 二审案件判决结果图

表 14-1　辩护人辩护意见采纳情况统计表

辩护意见	出现情况(件)	采纳情况(件)
事实不清、证据不足	3	0
积极退缴非法所得	4	4
未给国家造成税款流失	1	0
补缴税款	4	4
不构成虚开增值税专用发票、用于骗取出口退税、抵扣税款发票罪	2	0
不具有虚开增值税专用发票、用于骗取出口退税、抵扣税款发票罪的犯罪故意	2	0
主观恶性小、情节轻微、危害不大	5	5
身体疾病	1	0
被告人年事已高	1	0
判处的量刑过重	4	3
属单位犯罪,被告人非直接责任人、决策人	2	0
从犯	9	8
自首	16	9
从轻	46	45
初犯、偶犯	16	16
免予刑事处罚	2	0
数额有误	5	1
立功	8	6
建议缓刑	12	11
坦白、如实供述	15	15

五、人民法院裁判观点概览

(一) 对虚开增值税专用发票、用于骗取出口退税、抵扣税款发票罪犯罪的认定

江苏省 S 县人民法院(2016)苏 0324 刑初 606 号《刑事判决书》[①]中表述:"被告人耿某的辩护人关于被告人耿某不是佳辉公司的法定代表人,因此其对于佳辉公司向大洋公司虚开的增值税专用发票的数额不应承担责任的辩护意见,经查,被告人耿某的供述证实,佳辉公司是董某风安排其注册成立,投资人是董某风和张某,但其在实际的生产经营中是佳辉公司的工作负责人,其受董某风和张某的安排,以佳辉公司的名义向大洋公司开具的增值税专用发票都是不真实的,每个月张某都通过邮箱把货物的名称、数量、单价等信息发给其,其再转发给会计,由会计按照上面的数字给大洋公司开具增值税专用发票;已决犯董某风的供述证实,佳辉公司是其提议并出资成立的,成立后交给了耿某管理,其曾经告知耿某,如果大洋公司需要增值税专用发票,就让耿某按照张某提供的货物名称、数量等信息以佳辉公司的名义给大洋公司虚开增值税专用发票,佳辉公司与大洋公司没有真实的业务往来;已决犯张某的供述证实,佳辉公司是董某风提议并出资成立的,成立后交给了耿某实际管理,董某风让耿某以佳辉公司的名义向大洋公司虚开增值税专用发票,然后其把大洋公司每个月需要的开票数量和信息交给耿某;证人荣某某等人的证言证实,佳辉公司的实际经营人是耿某,每个月的月底都是耿某把发票的记账联及进项发票交给其,然后由其将会计凭证装订好,然后到税务机关报税;从 S 市 M 县工商行政管理局调取的'指定代表或者共同委托代理人证明'证实,佳辉公司系耿某实际申请设立;上述证据能够相互印证,足以证实被告人耿某作为佳辉公司的实际经营人,在明知佳辉公司并没有实际通过大洋公司出口铁质家具等物品,与大洋公司没有真实业务往来的情况下,仍然以佳辉公司的名义向大洋公司虚开增值税专用发票的犯罪事实,因此,被告人耿某作为虚开增值税专用发票的具体实施者,应当对佳辉公司向大洋公司虚开的增值税专用发票的数额承担责任,辩护人的该项辩护意见,与事实不符,本院不予采纳。"

(二) 对虚开增值税专用发票、用于骗取出口退税、抵扣税款发票罪情节的认定

山西省 Y 市中级人民法院 2017)晋 03 刑终 205 号《刑事判决书》[②]中表述:"1.本案犯意的提起是尚冰、决定虚开增值税金额的多少是被告单位昆明圆格子商贸有限公司、虚假的资金往来账是开票公司与昆明圆格子商贸有限公司操作的,非法获利较少,应认定被告人张文博在共同犯罪中起次要辅助作用,系从犯;2.被告人张文波家庭经济困难,上

---

① 2018 年 6 月 1 日摘自中国裁判文书网。

② 同上。

有年迈多病的父母,下有两个年幼的儿子。经查属实,本院予以采信,但家庭状况不影响本案的定罪,在量刑时可以酌情予以考虑。"

六、分析结论

在本次统计中,从总体上看,虚开增值税专用发票、用于骗取出口退税、抵扣税款发票罪案发系多种因素综合作用的结果,而不仅仅与经济发展程度相关。虚开用于骗取出口退税、抵扣税款发票罪案一审被宣告缓刑比例较高,二审判决改判、裁定发回重审、撤回抗诉总占比较高,本罪总体抗辩、辩护效果较好。

▶▶▶ **链 接** ┊ **相关规定**

(一) 最高人民法院于 2004 年 11 月在苏州召开全国部分人民法院经济犯罪案件审判工作座谈会,会上形成了《经济犯罪案件中的法律适用问题:全国部分人民法院经济犯罪案件审判工作座谈会研讨综述》

"刑法将虚开增值税专用发票规定为犯罪,主要是为了惩治那些为自己或为他人偷逃、骗取税款虚开增值税专用发票行为。对于确有证据证实行为人主观上不具有偷骗税目的,客观上也不会造成国家税款流失的虚开增值税专用发票行为,不应以虚开增值税专用发票犯罪论处。"

"对于实践中下列几种虚开行为,一般不宜认定为虚开增值税专用发票犯罪:

(1) 为虚增营业额、扩大销售收入或者制造虚假繁荣,相互对开或环开增值税专用发票的行为;

(2) 在货物销售过程中,一般纳税人为夸大销售业绩,虚增货物的销售环节,虚开进项增值税专用发票和销项增值税专用发票,但依法缴纳增值税并未造成国家税款损失的行为;

(3) 为夸大企业经济实力,通过虚开进项增值税专用发票虚增企业的固定资产、但并未利用增值税专用发票抵扣税款,国家税款亦未受到损失的行为。"

(二) 最高人民法院研究室《关于如何认定以"挂靠"有关公司名义实施经营活动并让有关公司为自己虚开增值税专用发票行为的性质》征求意见的复函

"虚开增值税专用发票罪的危害实质在于通过虚开行为骗取抵扣税款,对于有实际交易存在的代开行为,如行为人主观上并无骗取的扣税款的故意,客观上未造成国家增值税款损失的,不宜以虚开增值税专用发票罪论处。虚开增值税专用发票罪的法定最高刑为无期徒刑,系严重犯罪,如将该罪理解为行为犯,只要虚开增值税专用发票,侵犯增值税专用发票管理秩序的,即构成犯罪并要判处重刑,也不符合罪刑责相适应原则。"

（三）浙江省高级人民法院刑二庭关于印发《全省人民法院经济犯罪疑难问题研讨会纪要》的通知

"虚开增值税专用发票的真正危害在于抵扣税款,从而给国家税款造成损失。对于确有证据证实行为人主观上不具有偷骗税目的,客观上也不会造成国家税款流失的虚开增值税专用发票行为,不应以虚开增值税专用发票犯罪论处。"

第十五章　为自己虚开增值税专用发票的刑法风险防控

为自己虚开增值税专用发票,是指合法拥有增值税专用发票的单位和个人,在本身没有货物购销或者没有提供或者接受应税劳务的情况下为自己开具增值税专用发票,或者即使有货物购销或者提供或接受了应税劳务但却为自己开具数量或者金额不实的增值税专用发票的行为。本章通过具体案例进行分析。

第一节　为自己虚开增值税专用发票的抗辩

一、司法裁判案例

(一) 基本案情①

(1) 2010 年 1 月至 2012 年 2 月,G 鑫盛源农副产品有限公司(简称鑫盛源公司)在没有实际销售业务的情况下,以 C 瑞兴粮油有限公司为购货单位,虚开 N 增值税专用发票 15 份,货物名称为玉米,数量 218.65 万公斤,金额 393.893 805 万元,税额51.206 195 万元,用于本公司平账。

(2) 2011 年 5 月 16 日至 2013 年 4 月 16 日,鑫盛源公司在没有实际发生淀粉业务的情况下,其法定代表人李某平应 F 省蔡某彪(另案处理)的要求,给 N 市丽建食品贸易有限公司虚开货物名称为马铃薯淀粉的 N 增值税专用发票 12 份,金额 410.111 367 万元,税额 69.718 933 万元,李某平按票面价税合计金额的 2% 收取"税钱"。后 N 市丽建食品贸易有限公司申报抵扣进项税款 69.718 933 万元。

(3) 2012 年 12 月至 2013 年 5 月,鑫盛源公司在没有实际发生淀粉业务的情况下,其法定代表人李某平应 G 省 S 市一名自称"高某发"(在逃)的男子的要求,按照"高某发"提供的购货单位信息,向外省 9 家购货单位虚开 N 增值税专用发票 28 份,金额 1 569.587 252 万元,税额 266.829 833 万元。李某平按照所开发票价税合计金额的 2% 向"高某发"收取

---

① 2019 年 10 月 24 日摘自中国裁判文书网。

"税钱"。后这 28 份 N 增值税专用发票的纳税人识别号、发票代码、发票号、金额等内容未变,但购货单位名称、货物名称、销货单位名称被更改,并被更改后的 9 家购货单位实际抵扣进项税额 266.829 833 万元,现已补缴税款 81.958 878 万元。

(4) 2010 年 3 月至 2013 年 5 月,王某甲作为 G 亚雪淀粉集团销售负责人,负责销售 G 亚雪淀粉集团下属公司 G 红峰淀粉有限公司、P 县云峰淀粉有限公司(2012 年 7 月份前名称为 P 县石岔淀粉厂)生产的"亚雪"牌马铃薯淀粉时,因这两家公司不具有一般纳税人资格,无法开具增值税专用发票,王某甲与鑫盛源公司法定代表人李某平商议,以鑫盛源公司名义销售淀粉,由鑫盛源公司向购货单位开具增值税专用发票,货款由购货单位支付鑫盛源公司账户,李某平按发票金额(税价合计)扣除 2%的"税钱"后,将剩余货款汇到王某甲个人账户。王某甲以这种方式,共向 12 个省市 21 家企业销售马铃薯淀粉,由鑫盛源公司开具增值税专用发票 265 份(其中红字发票 8 份冲销蓝字发票 8 份,1 份增值税专用发票未寄出),金额 5 329.491 87 万元,税额 906.013 626 万元,购货单位实际申报抵扣进项税额 904.892 149 万元,现已补缴进项抵扣税额 553.066 497 万元。

(5) 2011 年至 2012 年度,H 区恒丰客货运输有限公司经理兼负责人王某东、经营管理部部长张某、副经理兼计划财务部部长魏某峰(均另案处理)为完成公司经营任务,经公司经理办公会议研究,借 H 区恒丰客货运输有限公司在铁路运输上的便利条件,在没有实际货物交易的情况下,要求鑫盛源公司法定代表人李某平为 H 区恒丰客货运输有限公司开具销售荞麦、豌豆的增值税专用发票 29 份,数量 593.2 万公斤,金额 2 376.730 089 万元,税额 308.974 911 万元,H 区恒丰客货运输有限公司申报抵扣税款 308.974 911 万元,现已补缴了全部税款。

(6) 2011 年 2 月至 2013 年 3 月,鑫盛源公司在没有实际发生淀粉业务的情况下,其法定代表人李某平应 G 利华淀粉有限公司法定代表人张某礼要求,向 2 家企业虚开货物名称为马铃薯淀粉的 N 增值税专用发票 6 份,金额 269.230 77 万元,税额 45.769 23 万元,购货单位实际抵扣进项税额 45.769 23 万元,李某平向张某礼收取发票价税合计金额 2%至 4%不等的"税钱"。

(7) 2013 年 5 月,N 市华晶淀粉有限责任公司给 C 金田农业集团有限公司销售马铃薯淀粉 3.8 万公斤,因购货单位需要增值税专用发票,而 N 市华晶淀粉有限公司不是一般纳税人,无法开具增值税专用发票。N 市华晶淀粉有限公司法定代表人王某乙让王某权想办法开具一份增值税专用发票,后王某权通过鑫盛源公司法定代表人李某平,给 C 金田农业集团有限公司开具货物名称为马铃薯淀粉的 N 增值税专用发票 1 份,金额 22.247 863 万元,税额 3.782 137 万元,李某平按照发票价税合计金额 2%收取"税钱"。C 金田农业集团有限公司实际抵扣进项税额 3.782 137 万元,现已补缴了全部税款。

(8) 2013 年 4 月底,G 雪冠淀粉有限责任公司法定代表人王某有(被 G 市人民检察院决定不起诉)通过 S 省做淀粉生意的王某才,给 SZ 三联食品有限公司销售淀粉 1.2 万公斤,因为 G 雪冠淀粉有限责任公司不是一般纳税人,无法开具增值税专用发票,王某有就找到王某甲,让王某甲给其开增值税专用发票一张,并将开票信息给了王某甲,后来王某甲联系李某平给王某有开具 1 份 N 增值税专用发票,购货单位名称为 Z 三联食品有限公司,金额 7.282 051 万元,税额 1.237 949 万元。后因 Z 三联食品有限公司退货,该份发票未使用。

(9) 2010 年 1 月至 2013 年 5 月,被告人李某平为使会计账务持平、逃避因虚开增值税专用发票所产生的销项税,在没有收购马铃薯的情况下,编造销售人员姓名及身份证号码,又为本公司虚开用于抵扣税款的收购发票 1 798 份,虚开收购金额 9 119.248 667 万元,应抵扣进项税额 1 185.502 327 万元,实际抵扣进项税额 1 145.007 173 万元,2013 年 5 月份虚开的收购发票未向税务机关申报进项税额。

(二)一审人民法院裁判观点[①]

被告单位鑫盛源公司为牟取非法利益,在没有实际发生货物交易的情况下,违反国家对增值税专用发票和其他专用发票的管理制度,为自己、为他人虚开增值税专用发票的税款 1 653.532 814 万元,同时为本公司虚开用于抵扣税款发票的应抵扣进项税款 1 185.502 327 万元,虚开的税款合计 2 839.035 141 万元,数额巨大,其行为构成虚开增值税专用发票、用于抵扣税款发票罪;被告人李某平是被告单位鑫盛源公司犯罪的直接负责人和犯罪的直接实施者,犯罪数额巨大,其行为亦构成虚开增值税专用发票、用于抵扣税款发票罪。

G 亚雪淀粉集团让他人为自己代开增值税专用发票 265 份,介绍他人虚开增值税专用发票 1 份,税款共计 907.251 575 万元,数额巨大,被告人王某甲是 G 亚雪淀粉集团单位犯罪的直接实施者,应当对单位犯罪承担相应的刑事责任;G 利华淀粉有限公司让他人为自己代开增值税专用发票 3 份,介绍他人虚开增值税专用发票 3 份,税款 45.769 23 万元,数额较大,被告人张某礼是 G 利华淀粉有限公司的法定代表人,系单位犯罪直接负责的主管人员,应当对单位犯罪承担相应的刑事责任;被告单位 N 市华晶淀粉有限责任公司通过被告人王某权介绍,让他人为自己代开增值税专用发票 1 份,税款 3.782 137 万元。被告人王某乙是 N 市华晶淀粉有限责任公司直接负责的主管人员,应当对单位犯罪承担相应的刑事责任。被告人王某甲、张某礼、王某乙、王某权、被告单位 N 市华晶淀粉有限责任公司的行为构成虚开增值税专用发票罪。

本案系共同犯罪。根据各被告人在共同犯罪中的作用,被告单位鑫盛源公司、被告

[①] 2019 年 10 月 24 日摘自中国裁判文书网。

人李某平在犯罪中起主要作用,系主犯,被告人王某甲、张某礼、王某乙、王某权、被告单位 N 市华晶淀粉有限公司起次要或者帮助作用,系从犯,应当按照其参与的犯罪事实处罚。公诉机关指控被告单位及各被告人的基本犯罪事实清楚,依法应予惩处,但虚开增值税专用发票、用于骗取出口退税、抵扣税款发票罪是选择性罪名,被告单位鑫盛源公司、被告人李某平存在数个行为,应当采取选择性罪名的方法确定罪名,只认定一罪,不进行数罪并罚。公诉机关指控被告单位鑫盛源公司、被告人李某平虚开 1 798 份用于抵扣税款的收购马铃薯发票,虚开收购金额和应抵扣进项税额计算错误,一审人民法院予以纠正。

被告人王某甲、张某礼犯罪后如实供述了自己的犯罪行为,属坦白,可以从轻处罚;被告人王某甲、张某礼系共同犯罪中的从犯,可以减轻处罚;被告人张某礼积极督促补缴了全部税款,可以酌情从轻处罚;被告人王某乙、王某权犯罪情节较轻,系共同犯罪中的从犯,犯罪后如实供述了自己的犯罪行为,具有坦白情节,积极补缴税款,有悔罪表现,社会危害不大,可以免予刑事处罚。本案被告单位鑫盛源公司、被告人李某平的犯罪工具、犯罪所得应当依法予以没收,上缴国库。被告单位鑫盛源公司尚未补缴的税款,继续追缴,上缴国库。

为了维护国家对增值税专用发票和其他专用发票的管理制度,根据被告单位及被告人的犯罪事实、犯罪性质、情节和对社会的危害程度,依据《刑法》第 205 条、第 25 条、第 26 条、第 27 条、第 30 条、第 31 条、第 37 条、第 52 条、第 53 条、第 64 条、第 67 条第 3 款、第 72 条第 1 款、第 73 条,《最高人民法院关于适用〈全国人民代表大会常务委员会关于惩治虚开、伪造和非法出售增值税专用发票犯罪的决定〉的若干问题的解释》第 1 条,《最高人民法院关于适用〈中华人民共和国刑事诉讼法〉的解释》第 283 条的规定,一审人民法院判决:

(1) 被告单位鑫盛源公司犯虚开增值税专用发票、用于抵扣税款发票罪,判处罚金人民币 20 万元。

(2) 被告人李某平犯虚开增值税专用发票、用于抵扣税款发票罪,判处有期徒刑 15 年。

(3) 被告人王某甲犯虚开增值税专用发票罪,判处有期徒刑 6 年。

(4) 被告人张某礼犯虚开增值税专用发票罪,判处有期徒刑 3 年,宣告缓刑 5 年。

(5) 被告单位 N 市华晶淀粉有限责任公司犯虚开增值税专用发票罪,判处罚金人民币 2 万元。

(6) 被告人王某乙犯虚开增值税专用发票罪,免予刑事处罚。

(7) 被告人王某权犯虚开增值税专用发票罪,免予刑事处罚。

(8) 被告单位鑫盛源公司、被告人李某平的犯罪工具清华同方电脑主机 1 台、

brother 传真机 1 部、摩托罗拉手机 1 部、税控 IC 卡 1 张、税控读卡器 1 个、中国农业银行银行卡 1 张依法予以没收。

(9) 被告单位鑫盛源公司在中国农业银行账户存款 441 794.93 元,其中 29 295.23 元违法所得予以没收,上缴国库,货款 260 300 元返还 N 市华晶淀粉有限责任公司(被告单位鑫盛源公司在判决生效后拒绝缴纳所判处的罚金,将从公司剩余银行账户冻结存款中予以划拨);被告人李某平在中国农业银行的账户 28 550.34 元违法所得依法予以没收,上缴国库。

(10) 被告单位鑫盛源公司尚未补缴的税款 11 450 071.73 元,继续追缴,上缴国库。

(三) 人民检察院观点[①]

(1) 一审判决认定鑫盛源公司、李某平犯虚开增值税专用发票、用于抵扣税款发票罪,认定王某甲、一审被告人 N 市华晶淀粉有限责任公司、王某乙、王某权犯虚开增值税专用发票罪定性准确,量刑适当。上述各上诉人的上诉理由均不能成立。

(2) 一审判决认定张某礼的行为系单位犯罪,属于认定事实错误,适用法律错误,建议二审人民法院将本案发回重审。

(四) 被告人抗辩及辩护人辩护观点[②]

1. 被告单位鑫盛源公司的上诉观点

一审判决对犯罪数额认定错误,计算虚开数额只能根据虚开的进项税额或者虚开的销项税额算一头;本案应是一个罪名,并非虚开增值税专用发票、用于抵扣税款发票罪;本案系一般共同犯罪,不应区分主、从犯;实际发生抵扣的大部分税款已追回。一审判决量刑过重,请求二审人民法院依法改判。

2. 被告人李某平的上诉观点

(1) 被告人开具增值税专用发票的目的只是为了平账,未进行认证抵扣,未造成国家的税款流失;追加起诉的犯罪事实,被告人是为了帮助 H 区恒丰客货运输有限公司提高经营业绩,自己未获利,未造成国家的税款损失。

(2) 一审判决认定的第二起和第四起犯罪事实因所开增值税专用发票不是虚开,有实际销售的情况,该两起事实不应以犯罪认定。一审判决量刑畸重,请求二审人民法院依法改判。

3. 李某平辩护人的辩护观点

(1) 本案审理过程中,一审人民法院因发现存在遗漏犯罪事实尚处于侦查阶段,裁定中止审理违反法律规定,审判程序违法。

---

① 2019 年 10 月 24 日摘自中国裁判文书网。

② 同上。

（2）一审判决认定的第一起犯罪事实,李某平开具增值税专用发票的目的只是为了平账,未进行认证抵扣,未给国家的税款造成损失,此起事实不应当认定为犯罪。

（3）一审判决认定的第四起犯罪事实不清,证据不足。

（4）一审判决认定的第八起犯罪事实,因Z三联食品有限公司退货,涉案的增值税专用发票未实际使用,不应当认定为犯罪。

（5）一审判决认定的第九起犯罪事实,李某平是为了弥补进项发票的不足,因没有实际从事收购马铃薯的行为,并不需要缴纳增值税,没有给国家的税款造成损失,不应当认定为犯罪。

（6）一审判决认定李某平的行为构成虚开增值税专用发票、用于抵扣税款发票罪,适用法律错误。

（7）在计算本案犯罪数额时,应当根据虚开的进项税额或者虚开的销项税额中数额较大的销项税认定数额,不应将虚开的销项和进项累计计算。

4. 被告人王某甲的上诉观点

（1）本案不构成共同犯罪。王某甲没有虚开增值税专用发票的故意,只是为了销售公司的淀粉,没有和鑫盛源公司及李某平共享犯罪利益。

（2）王某甲是G亚雪淀粉集团经销公司的经理,G亚雪淀粉集团让他人代开增值税专用发票是集团主要负责人做出的决定,其不是决策者,只是在履行集团的决定,一审认定G亚雪淀粉集团构成单位犯罪,但只是判决王某甲承担刑事责任,客观上加重了对王某甲的处罚。一审判决量刑过重,请求二审人民法院依法改判。

5. 被告人王某甲辩护人的辩护观点

（1）一审判决对王某甲的辩护人提交的证据未予确认不当。

（2）一审判决认定王某甲的部分犯罪事实与证人马某某证言及其他证据不一致,事实认定错误。

（3）本案不构成共同犯罪,王某甲和鑫盛源公司及李某平犯罪的主、客观方面不尽相同,王某甲是为了公司销售淀粉的利益,鑫盛源公司和李某平是为了虚开发票盈利。

（4）一审判决适用法律错误,《刑法》第205条对于虚开增值税专用发票罪的行为方式列举为四种,并不包括1996年最高人民法院关于适用《全国人民代表大会常务委员会关于惩治虚开、伪造和非法出售增值税专用发票犯罪的决定》的若干问题的解释第一条所规定的"进行了实际经营活动,但让他人为自己代开增值税专用发票"的情形,属于对法律的扩大解释。

（5）一审审判程序违法,一审认定G亚雪淀粉集团构成单位犯罪,且认定王某甲在本案中的行为系职务行为,但只是判决王某甲承担刑事责任,对G亚雪淀粉集团未予处罚,客观上加重了对王某甲的处罚。

6. 张某礼的上诉观点

一审对张某礼犯罪数额认定错误,不能用税票上 17% 含税额简单相加的方法来认定张某礼的犯罪数额;张某礼具有自首情节。请求二审人民法院对张某礼免于刑事处罚。

7. 张某礼辩护人的辩护观点

一审判决对本案税额认定错误,不能用税票上 17% 含税额简单相加的方法来认定张某礼的犯罪数额;张某礼主动向公安机关交代犯罪事实,应当认定作为单位犯罪主体的 G 利华淀粉有限公司及作为单位犯罪实施者的张某礼具有自首情节,请求二审人民法院对张某礼免于刑事处罚。

(五)二审人民法院裁判观点①

鑫盛源公司为牟取非法利益,在没有实际发生货物交易的情况下,违反国家对增值税专用发票和其他专用发票的管理制度,虚开增值税专用发票 357 份,虚开税额 1 602.326 619 万元,为本公司虚开用于抵扣税款的收购马铃薯发票 1 798 份,应抵扣进项税额 1 185.502 327 万元,虚开的税额合计 2 787.828 946 万元,数额巨大,其行为构成虚开增值税专用发票、用于抵扣税款发票罪;李某平是被告单位鑫盛源公司犯罪的直接负责人和犯罪的直接实施者,犯罪数额巨大,其行为亦构成虚开增值税专用发票、用于抵扣税款发票罪。但原判对鑫盛源公司虚开增值税专用发票的虚开税额认定错误,鑫盛源公司在没有实际发生货物交易的情况下为他人虚开销项发票,税额 1 602.326 619 万元,用于本公司平账又为自己虚开进项发票,税额 51.206 195 万元,应当按照其中虚开数额较大的销项税额计算犯罪数额,即 1 602.326 619 万元,二审人民法院对此予以纠正。

G 亚雪淀粉集团让他人为自己代开增值税专用发票 265 份,介绍他人虚开增值税专用发票 1 份,税额共计 907.251 575 万元,数额巨大,王某甲是 G 亚雪淀粉集团单位犯罪的直接实施者,应当对单位犯罪承担相应的刑事责任;G 利华淀粉有限公司让他人为自己代开增值税专用发票 3 份,介绍他人虚开增值税专用发票 3 份,税额 45.769 23 万元,数额较大,张某礼是 G 利华淀粉有限公司的法定代表人,系单位犯罪直接负责的主管人员,应当对单位犯罪承担相应的刑事责任。

二审其他审判意见与一审相同,认为一审认定鑫盛源公司、李某平、王某甲、张某礼,一审被告单位 N 市华晶淀粉有限责任公司、王某乙、王某权犯罪事实清楚,证据确实、充分,定罪准确,量刑适当。审判程序合法。鑫盛源公司、李某平的辩护人关于在计算本案犯罪数额时,应当根据虚开的进项税额或者虚开的销项税额中数额较大的销项税认定数额,不应将虚开的销项和进项累计计算的上诉理由及辩护意见,予以采纳。鑫盛源公司、李某平、王某甲、张某礼及其辩护人的其他上诉理由及辩护意见均不能成立,不予采纳。

---

① 2019 年 10 月 24 日摘自中国裁判文书网。

依照《中华人民共和国刑事诉讼法》第 225 条第 1 款第（1）项的规定，二审人民法院裁定：驳回上诉，维持原判。

二、综合解析

（一）鑫盛源公司及李某平是否构成虚开增值税专用发票、用于抵扣税款发票罪

鑫盛源公司及李某平的辩护人提出一审判决认定的第九起犯罪事实中，李某平是为了弥补进项发票的不足，因没有实际从事收购马铃薯的行为，并不需要缴纳增值税，没有给国家的税款造成损失，不应当认定为犯罪；认为本案应是一个罪名，并非虚开增值税专用发票、用于抵扣税款发票罪。

本案中，李某平为了弥补进项发票的不足，虚开用于抵扣税款功能的收购马铃薯发票的行为与虚开增值税专用发票的行为属于两种行为，均是我国《刑法》规定的犯罪行为，行为人具有其中一个行为即构成本罪，但如果是存在数个行为，则采取选择性罪名的方法确定罪名，只认定一罪，不实行数罪并罚。李某平违反国家对农产品免征增值税的政策，严重侵犯了国家对专用发票的管理制度，其行为构成虚开用于抵扣税款发票罪，应该将该罪与虚开增值税专用发票罪区分，不能将犯罪数额认定为二者中数额较大的一项。鑫盛源公司与李某平构成虚开增值税专用发票、用于抵扣税款发票罪。

（二）鑫盛源公司及李某平的犯罪数额应如何确定

关于鑫盛源公司及李某平的辩护人提出在计算本案犯罪数额时，应当根据虚开的进项税额或者虚开的销项税额中数额较大的销项税认定数额，不应将虚开的销项和进项累计计算。

税务律师认为，对于在不具有真实交易的情况下虚开增值税专用发票的行为，由于虚开行为人不存在向国家交税的义务，虚开的数额只以进项或者销项中较大的数额计算即可，不应将虚开的销项和进项数额累计计算。对此二审人民法院亦予以确认。

类似审判观点还有：

内蒙古自治区高级人民法院（2016）内刑终 88 号《刑事裁定书》[①]人民法院表述："二被告人在没有真实货物交易的情况下，为他人虚开、让他人为自己虚开增值税专用发票，应该按照其中虚开数额较大的一项计算虚开税款数额，本案被告人虚开进项税额大于销项税额，虚开税额按照进项税额认定。"

（三）本案中止审理是否违反法律规定

李某平辩护人提出一审人民法院因发现存在遗漏犯罪事实尚处于侦查阶段，裁定中

---

① 2019 年 10 月 24 日摘自中国裁判文书网。

止审理违反法律规定,审判程序违法。本案中,一审人民法院在审理过程中,发现鑫盛源公司、李某平存在遗漏犯罪事实尚处于侦查阶段,裁定本案中止审理。根据最新《中华人民共和国刑事诉讼法》第238条规定:"第二审人民法院发现第一审人民法院的审理有下列违反法律规定的诉讼程序的情形之一的,应当裁定撤销原判,发回原审人民法院重新审判:(一)违反本法有关公开审判的规定的;(二)违反回避制度的;(三)剥夺或者限制了当事人的法定诉讼权利,可能影响公正审判的;(四)审判组织的组成不合法的;(五)其他违反法律规定的诉讼程序,可能影响公正审判的。"据上一审人民法院裁定中止审理,不属于《中华人民共和国刑事诉讼法》第238条规定的情形。对辩护人此项辩护意见二审人民法院亦不予采纳。

(四)人民法院是否应当判决G亚雪淀粉集团构成单位犯罪

王某甲及其辩护人提出一审认定G亚雪淀粉集团构成单位犯罪,且认定王某甲在本案中的行为系职务行为,但只是判决王某甲承担刑事责任,对G亚雪淀粉集团未予处罚,客观上加重了对王某甲的处罚,一审审判程序违法。

本案中,一审人民法院在本案审理过程中发现G亚雪淀粉集团及G利华淀粉有限公司可能涉嫌单位犯罪,遂向G市人民检察院建议对单位犯罪补充起诉,但检察机关仍以自然人犯罪起诉。

根据《最高人民法院关于适用〈中华人民共和国刑事诉讼法〉的解释》第283条之规定:"对应当认定为单位犯罪的案件,人民检察院只作为自然人犯罪起诉的,人民法院应当建议人民检察院对犯罪单位补充起诉。人民检察院仍以自然人犯罪起诉的,人民法院应当依法审理,按照单位犯罪中的直接负责的主管人员或者其他直接责任人员追究刑事责任,并援引刑法分则关于追究单位犯罪中直接负责的主管人员和其他直接责任人员刑事责任的条款。"依此规定,即对检察机关不予补充起诉的,人民法院只能依法追究被起诉的自然人的责任,而不能直接追究单位的责任。本案中,在人民检察院不起诉被告人所在单位而只起诉被告人王某甲个人的情况下,人民法院仍应根据指控的犯罪事实、证据及庭审查明的事实,依法追究被告人王某甲的刑事责任,并应引用刑法分则关于虚开增值税专用发票单位犯罪追究直接负责的主管人员和其他直接责任人负刑事责任的有关条款做出判决。一审人民法院依法审理本案,对王某甲以G亚雪淀粉集团单位犯罪的直接实施者追究刑事责任,并援引刑法分则关于追究单位犯罪中直接负责的主管人员和其他直接责任人员刑事责任的条款,对其依法判处刑罚,适用法律正确,审判程序合法,量刑适当。

(五)对张某礼的犯罪数额应如何确定

张某礼及其辩护人提出一审判决对本案犯罪数额认定错误,不能用税票上17%含税额简单相加的方法来认定张某礼的犯罪数额。

虚开增值税专用发票罪，犯罪数额认定应当是虚开税款的数额或者虚开增值税专用发票致使国家税款被骗取的数额，行为人只要实施了为自己、为他人、让他人为自己、介绍他人虚开的行为或进行了实际经营活动但让他人为自己代开增值税专用发票行为，且虚开税款数额达到 1 万元以上的就构成犯罪，而不以张某礼的企业应当缴纳的税款来作为认定犯罪的数额。

（六）对张某礼的犯罪行为是否应发回重审

人民检察院认为一审判决认定张某礼的部分犯罪行为系单位犯罪，属于认定事实错误，适用法律错误，建议二审人民法院将本案发回重审。

本案中，张某礼系 G 利华淀粉有限公司的法定代表人，让他人为其公司代开增值税专用发票的部分犯罪行为以单位名义实施，通过犯罪为单位谋取了非法利益，犯罪行为系单位犯罪。张某礼是单位犯罪中直接负责的主管人员，亦应当承担刑事责任。但张某礼的犯罪行为中其介绍为他人虚开增值税专用发票，未以单位名义实施犯罪，该起犯罪应认定为个人犯罪，应与其作为单位犯罪中直接负责的主管人员实施数罪并罚，并判处罚金。

依照《最高人民法院关于适用〈中华人民共和国刑事诉讼法〉的解释》第 325 条"二审审理上诉的案件，不得加重被告人的刑罚"及 327 条"第二审人民法院发回重新审判后，除有新的犯罪事实，人民检察院补充起诉的以外，一审人民法院不得加重被告人的刑罚"的规定，二审人民法院在审判时不得加重对张某礼的刑罚，故二审人民法院最终认为本案不宜发回一审人民法院重新审判。

第二节　虚开的证据要求

一、为自己虚开的特殊规定

《最高人民法院研究室〈关于如何认定以"挂靠"有关公司名义实施经营活动并让有关公司为自己虚开增值税专用发票行为的性质〉征求意见的复函》（法研〔2015〕58 号）载明："虚开增值税专用发票罪的危害实质在于通过虚开行为骗取抵扣税款，对于有实际交易存在的代开行为，如行为人主观上并无骗取的扣税款的故意，客观上未造成国家增值税款损失的，不宜以虚开增值税专用发票罪论处。虚开增值税专用发票罪的法定最高刑为无期徒刑，系严重犯罪，如将该罪理解为行为犯，只要虚开增值税专用发票，侵犯增值税专用发票管理秩序的,即构成犯罪并要判处重刑,也不符合罪刑责相适应原则。"

二、虚开增值税专用发票的证据要求

(一) 单个证据的要求

对单个证据应要求证据的关联性、合法性、真实性,即对与案件没有关联的证据材料予以排除,对合法性和真实性的审核可以参照《最高人民法院关于行政诉讼证据若干问题的规定》(法释〔2002〕21 号)第 55 条、56 条的规定。

(1)《最高人民法院关于行政诉讼证据若干问题的规定》(法释〔2002〕21 号)第 55 条规定,法庭应当根据案件的具体情况,从以下方面审查证据的合法性:

① 证据是否符合法定形式。

② 证据的取得是否符合法律、法规、司法解释和规章的要求。

③ 是否有影响证据效力的其他违法情形。

(2)《最高人民法院关于行政诉讼证据若干问题的规定》(法释〔2002〕21 号)第 56 条规定,法庭应当根据案件的具体情况,从以下方面审查证据的真实性:

① 证据形成的原因。

② 发现证据时的客观环境。

③ 证据是否为原件、原物,复制件、复制品与原件、原物是否相符。

④ 提供证据的人或者证人与当事人是否具有利害关系。

⑤ 影响证据真实性的其他因素。

(二) 综合审查

综合审查判断就是要对全案的证据进行综合审查,确认通过多个证据的有效组合能否证明虚开发票违法事实的成立。对于虚开发票案件一般有基础证据、主要证据及辅助证据,其中基础证据主要是虚开发票案件查处时普遍收集的,如工商登记、纳税申报资料,税务登记信息、发票领用和取得信息,企业关联信息企业主要人员信息及财务报表等;主要证据对案件的定性、确实涉税金额、税额等起着关键性作用,能够证明虚开发票案件违法事实成立证据,如企业生产能力的交易资金、货物真实性、收付虚开发票手续费等的相关证据;辅助证据对案件定性可以起到辅助支撑印证的作用,如进、销不一致商贸企业的相关资料,虚假注册、虚假运输的相关资料,委托方出具虚开发票的相关证据等。同时,证据审核应本着依法、公正、合理的原则,确认虚开发票违法事实是否成立,准确认定案件事实。

根据《国家税务总局关于走逃(失联)企业涉嫌虚开增值税专用发票检查问题的通知》(税总发〔2016〕172 号)的规定,对走逃(失联)企业涉嫌虚开增值税专用发票案件检查有关问题进行了规定,可以参照审查。具体要求如下。

1. 基本证据

(1)主管税务机关核实确认并出具企业未按规定按期办理各类纳税申报及地址变更等涉税事项的已经失联证明。

(2)检查人员实地核查企业的注册登记地址和生产经营地址,制作现场检查笔录,通过经营场所照片、证人证言(如物业公司、街道办事处、村委会管理人员和经营注册地址实际使用人员或其他相关人员的书面陈述或口述记录)、物业相关证据,证实在经营注册地址未能找到企业,或企业经营注册地址根本不存在。

(3)检查人员通过已知的联系人及联系方式(包括从互联网渠道所查询的联系信息)联系企业相关人员的录像(视频)、电话录音、电话笔录或第三方人员的证人证言。能够联系到企业代理记账、报税人员等的,取得相关人员的笔录或其他证明材料。

(4)其他相关情形和判定材料。

2. 征管信息相关情况及证据

(1)检查人员通过主管税务机关查询原始登记(包括变更登记)资料以及企业报送的有关征管资料,进行复印取证,由主管税务机关确认。

(2)检查人员从金税三期税收管理系统查询并打印企业报送的登记信息、纳税申报资料、财务报表、银行账户报告表以及发票领购记录等,由主管税务机关确认。

3. 增值税专用发票相关情况及证据

(1)检查人员从增值税专用发票管理新系统(升级前为防伪税控系统)、稽核系统查询并打印企业取得、开具的增值税专用发票有关信息,由主管税务机关确认。

(2)检查人员通过协查、外调等方式,取得企业增值税专用发票有关信息与上下游开票、受票企业相应发票信息是否一致的相关证据。

4. 资金流相关情况及证据

检查人员调取资金流信息,从企业报送的《企业存款账户报告表》以及增值税专用发票信息获得企业的有关银行账户信息,经审批后凭《检查存款账户许可证明》向相关银行、其他金融机构查询走逃(失联)企业所有已知银行账户及相关联人员个人账户(包括在检查中发现的其他银行账户)的银行流水账单,核对资金流,取得以下资金支付证据材料:

(1)交易资金信息不真实,如利用银行账户回流资金等。

(2)大宗交易未付款或虚假现金支付。

(3)利用银行承兑汇票虚假结算。

5. 生产经营真实性核定情况

检查人员核实企业是否有实际生产加工场所;注册经营地生产场所是否真正为企业

生产场地(可能是他人生产场所,企业借用、租用虚假挂牌等);生产设备是否能够生产其所开具增值税专用发票上载明的货物,有无委托加工;生产能耗与销售是否相符;购进货物是否能直接生产其销售的货物,有无委托加工等。

6. 交易真实性的判定

在取得上述资料之后,稽查部门对走逃(失联)企业开具增值税专用发票行为进行认真分析,充分利用已取得的资料,对交易的真实性做出结论。在分析过程中,要重点关注以下情形:

(1)商贸企业购进、销售货物名称严重背离的;生产企业无实际生产加工能力且无委托加工,或生产能耗与销售情况严重不符,或购进货物并不能直接生产其销售的货物且无委托加工的。

(2)直接走逃失踪不纳税申报,或虽然申报但通过填列增值税纳税申报表相关栏次,规避税务机关审核比对,进行虚假申报的。

(3)同一代码、号码的增值税专用发票,存根联与抵扣联的货物品名或受票单位名称不一致的。

(4)同一代码、号码的增值税专用发票,纸质发票与增值税专用发票管理新系统信息不一致的。

(5)已查实全部或部分交易资金信息不真实的(如利用银行账户回流资金)、大宗交易未付款或虚假现金支付的等。

(6)涉案人员承认无货交易,且有旁证或相应书证、物证等证据辅助证明的。

(7)下游受票企业已认定接受虚开的。

三、善意取得虚开增值税专用发票的证据要求

此类案件应严格按照《国家税务总局关于纳税人善意取得虚开的增值税专用发票处理问题的通知》(国税发〔2000〕187号)的规定并提取以下相关证据:

(1)开票方主管税务机关已提供查实受票方取得的增值税专用发票为虚开的发票证明。

(2)在查实购货方存在真实货物交易的前提下,还应提供该笔业务的购销合同、记账凭证、货物运输方式及凭证、货物入库单、货物明细账、银行付款凭证证据(必要时需到银行查实并由银行出具该笔业务的付款的证据资料)。

(3)销售方使用的是其所在省、自治区、直辖市和计划单列市的专用发票,且发票联、抵扣联填写的全部内容与实际相符。

(4)取得能证明购货方不知道销售方提供的专用发票是以非法手段获得的证据材料;但应提供能互相印证的有关人员的询问笔录及购货方的询问笔录或自述材料(应说

明该笔业务的联系人、经办人、受票经过、付款方式、货物运输方式等整个购销过程的有关情况)。

(5) 该笔税款已抵扣的相关证明,有应缴税金明细账、抵扣当月的增值税申报表、主管税务机关出具已抵扣税款的证明等。

第十六章　为他人虚开增值税专用发票的刑法风险防控

为他人虚开增值税专用发票,是指合法拥有增值税专用发票的单位或者个人,明知他人没有货物购销或者没有提供或接受应税劳务而为其开具增值税专用发票,或者即使有货物购销或者提供了应税劳务但为其开具数量或者金额不实的增值税专用发票或用于骗取出口退税、抵扣税款的其他发票的行为。本章通过司法裁判案例来分析相关问题。

第一节　为他人虚开增值税专用发票的抗辩

一、司法裁判案例

(一) 基本案情①

2010 年 9 月 25 日,G 县中王秸秆碳业有限公司(简称中王公司)在无实际货款交易的情况下,向 A 市方某工贸有限公司(简称方某公司)虚开 20 张面额均为 99 938.46 元和两张 98 023.93 元的增值税专用发票,涉案总金额 2 194 817.06 元,涉税 373 118.94 元。该 22 份增值税专用发票,经 A 市国家税务局稽查局证实,已在方某公司进行认证抵扣。经核实,发票号为 004×××28-004×××42 号、004×××0658-00420664 号共 22 张增值税专用发票系虚开,开票单位为中王公司,接受单位为方某公司。中王公司于 2010 年 7 月 20 日申请设立,2010 年 7 月 23 日 G 县工商管理局颁发企业法人营业执照,注册名称为 G 县中王桔秆碳业有限公司,法定代表人姓名为刘某命,该公司为一人有限公司。2010 年 8 月 2 日 G 县中王桔秆碳业有限公司营业执照名称变更为 G 县中王秸秆碳业有限公司。2010 年 12 月 31 日该公司决定注销,2011 年 2 月 23 日该公司申请注销登记。公诉机关后以虚开增值税专用发票罪追究刘某命刑事责任。

另查,本案审理过程中刘某命向人民法院递交悔过书。其在悔过书中称:"我给赵某

---

① 2018 年 11 月 19 日摘自中国裁判文书网。

乙、赵某甲他们提供了身份证,至于他们怎么办公司,怎么注册,谁在工商局承诺书上签字,谁都是公司的董事、监事、理事、股东,在公司会计那么多表上签字,怎么开票,公司怎么结算,谁都参加了结算,谁在注销公司,谁把公司的账目提走,公司会计又怎么给他们,我都不知。但我领过一次票,还在有关文件上签过字。我作为公司法定代表人,没有参与公司的经营,公司的经营者是赵某乙、赵某甲,公司的工人都是赵某甲从他们家乡带过来的,公司的管理者是赵某甲的岳父。但给国家造成了损失,我认罪,服从人民法院判决。被告人刘某命恳求 G 区人民法院明察秋毫,在查明案件真相事实,依法给被告人他们提供了身份证,不懂法无知善良的替罪羊一个公平公正的判决。"庭审中刘某命表示未受人胁迫和威胁,自愿认罪。但刘某命称中王公司向方某公司虚开的 22 张增值税专用发票是其在公安机关讯问时才知晓的,事前并不知情。其坚持认为中王公司的章程、注销等重要文件的签字不是本人所签,其并未参与公司经营管理,公司注销后账本也不是本人提走的。涉案 22 张增值税专用发票不是本人所开,也没有委托别人开具。

(二) 人民检察院观点①

公诉机关在本案原审提交的起诉书和公诉意见中,均认为刘某命系个人犯罪,且数额巨大,建议对其判处 10 年以上有期徒刑。在本案发回重审后,公诉机关并未改变其起诉书的意见,第一次庭审仍认为刘某命系个人犯罪,第二次庭审中公诉机关改变原有公诉意见,认为中王公司系单位犯罪,因中王公司现已注销,刘某命系公司法人,在公司成立,公司申请领取、开具增值税专用发票过程中均有参与,起到了积极、重要的作用。在案证据表明,刘某命可能受人指使,可能存在同伙,但刘某命本人在本案中的作用不容忽视,没有刘某命的参与,中王公司便不可能成立,没有刘某命的参与,中王公司一般纳税人资格、增值税专用发票开具资格便无法获取。税务机关工作人员和中王公司会计证言均能证实刘某命参与中王公司虚开增值税专用发票的犯罪事实。刘某命作为中王公司法定代表人,是公司的直接负责人,是涉案增值税专用发票开具的参与人,应当对中王公司虚开增值税专用发票的犯罪事实承担刑事责任。公诉机关认为,原判决认定刘某命犯罪事实清楚,但适用法律错误,导致对刘某命量刑畸重,在重审时应予纠正。

本案中,中王公司向方某公司虚开增值税专用发票 22 张,涉案总金额 2 194 817.06 元,涉税 373 118.94 元,应当以虚开增值税专用发票罪追究中王公司刑事责任,本案应认定为中王公司虚开增值税专用发票之单位犯罪,因中王公司已经注销,可只追究责任人的刑事责任。而刘某命系中王公司的法定代表人,是本案虚开增值税专用发票的直接责任人员,虚开增值税专用发票的参与人,应当追究刘某命系中王公司直接责任人员的刑事责任。而对于中王公司虚开增值税专用发票的犯罪数额应以税款数额 373 118.97 元

---

① 2018 年 11 月 19 日摘自中国裁判文书网。

认定,而不应以虚开增值税专用发票的总金额 2 194 817.06 元认定,即作为公司虚开的税款数额超过 1 万元,应当追究刑事责任,而其虚开税款数额超过 10 万元,依法应当判处 3 年以上 10 年以下有期徒刑。根据《刑法》第 205 条之规定,依法应当对单位判处罚金,并对其直接负责的主管人员和其他直接责任人员,处 3 年以上 10 年以下有期徒刑,故建议对中王公司法定代表人、直接责任人员刘某命依法判处 3 年以上 10 年以下有期徒刑。

(三)被告人及辩护人观点①

1. 被告人抗辩观点

被告人刘某命辩称,自己只是将身份证借给别人开办公司,并未实际参与公司经营,只是在公司经营过程中被赵某甲、赵某乙拉去签过几次字。赵某甲、赵某乙用被告人的身份证开办了 G 县中王秸秆碳业有限公司,被告人是法定代表人,担任法定代表人的原因是赵某甲、赵某乙想在 G 县开个厂子,因他们是外地人,G 县国税局的师某提出需要一个本地人当法人,这样手续好办,于是被告人就当了公司法人。开办公司的场地,是被告人带着赵某甲、赵某乙去找的朱某,具体租赁事宜是他们谈的。公司开办和经营的一些手续都是赵某甲、赵某乙他们办的,公司的工人都是赵某甲从他们家乡带过来的,公司的管理者是赵某甲的岳父。被告人只是将身份证交给他们,具体办了什么手续,被告人并不知道,中王公司向方某公司开的增值税专用发票被告人并不知情。中王公司怎么设立,又由谁注销,被告均未参与,中王公司的会计账簿等由谁提走被告人也不知情,被告人将身份证借给别人,给国家造成损失,有一定责任。

2. 辩护人辩护观点

辩护律师认为起诉书中对被告人刘某命的起诉罪名不成立,具体理由如下:

(1)被告人从未实施起诉书中指控的虚开增值税专用发票的行为。

首先,被告人只是挂名的法定代表人,并非当然的犯罪嫌疑人。工商登记显示被告人系中王公司法人,但其未实际参与经营。无论本案是不是单位犯罪,被告人在未实施犯罪行为的情况下,都不当然成为被追究刑事责任的对象。

其次,被告人主观上并无虚开发票的故意。被告人是被中王公司的实际控制人赵某乙和赵某甲欺骗,其主观上唯一的错误仅仅是听信赵某乙与赵某甲的欺骗,在前两次的供述中未讲述实情,但随后其能如实供述,未影响司法工作,被告人自始至终都不清楚事件的性质。

(2)本案现有证据远远不能证明被告人有虚开的行为。

首先,全案证据存在很大漏洞,没有任何证据可以直接证明被告人实施了犯罪行为。证明被告人有罪的证据仅有田某的笔录属于直接证据,但该份笔录仅仅为言辞证据,加

---

① 2018 年 11 月 19 日摘自中国裁判文书网。

上矛盾点很多,均无其他证据予以佐证,不应当被采纳。不能仅仅凭借一系列的间接证据以及一份无法印证的言辞证据即认定被告人构成犯罪。

其次,全案证据距离形成证据链还有很大距离,存在众多疑点与矛盾之处。

(3) 根据现已查实的证据足以证明被告人的无罪辩解是真实的,应当作为定案依据。被告人在侦查机关的四次询问笔录内容截然相反,必然不可能同为真实的,而根据现已查实的证据可以充分证明被告人前两次的有罪供述是虚假的,则其之后的无罪辩解是真实的。

首先,被告人在 2014 年 2 月 8 日及 2014 年 3 月 4 日因受赵某甲和赵某乙欺骗而未如实供述,其供述与客观事实不符,根据现有客观证据足以印证。

其次,正如公诉人庭上所说,本案的证据存在瑕疵,应当结合全案证据认定,根据现已查明的证据足以证实被告人前两次的有罪供述系虚假的,在综合本案现有证据的情况下,被告人之后的无罪辩解自然是真实的。

(4) 公诉人在庭审中多次提到"可能""基本"等不确定的词,这足以体现本案存在大量合理怀疑无法排除的情况。

(5) 被告人实际是被欺骗后出借了自己的身份证,实为受害者。

综上,本案事实尚未查明,现有证据可谓问题多多,疑点重重,被告人的冤情已经昭然若揭。请合议庭重视这次重审机会,尊重疑罪从无的基本原则,依法判决被告人刘某命无罪。

(四) 人民法院裁判观点①

公诉机关指控被告人有罪的证据,应当能够相互印证,形成完整的证据链。本案系中王公司虚开增值税专用发票的单位犯罪,但公诉机关提供的证据并不能证明被告人刘某命在虚开增值税专用发票犯罪中,起到了决定、批准、授意、纵容、指挥等作用或者是具体实施了虚开增值税专用发票犯罪,证据未达到确实、充分,部分证据没有排除合理怀疑,尚未形成证据链,不能认定被告人刘某命有罪,公诉机关指控被告人刘某命犯虚开增值税专用发票罪不能成立,人民法院不予支持。被告人刘某命的辩解及辩护人提出刘某命不构成虚开增值税专用发票罪的意见,人民法院予以采纳。

关于刘某命认罪一节,因本案中没有直接证据证明其有罪,其认为自己将身份证借给他人开公司,致使国家受到损失,自己作为公司法人一定责任而自愿认罪的意见,因其认罪仅有先认后翻的口供,而且其提交的"悔过书"陈述的内容仍然是其无罪的辩解,不能仅以其有罪供述而做出有罪判决,故依法不能认定其自愿认罪。现依照《中华人民共和国刑事诉讼法》第 53 条、第 195 条第 1 款第(3)项,《最高人民法院关于适用〈中华人

---

① 2018 年 11 月 19 日摘自中国裁判文书网。

民共和国刑事诉讼法〉的解释》第241条第1款第(4)项之规定,人民法院判决:被告人刘某命无罪。

二、综合解析

本案中,被告人刘某命的辩护律师均做出了较好的辩护,也取得了较好的辩护效果。虚开增值税专用发票在实践中情况比较复杂,需要结合专业知识、经验进行判定,并由此进行抗辩。

(一)本案焦点问题

本案的焦点问题在于公诉机关是否有确实、充分的证据证明:

(1)涉案的22张增值税专用发票是虚开的。

(2)被告人刘某命在虚开增值税专用发票犯罪中,起到了决定、批准、授意、纵容、指挥等作用或者是具体实施了虚开增值税专用发票的犯罪行为。

(二)涉案的22张增值税专用发票是虚开的证据是否确实充足

本案中,人民法院审理确认公诉机关提供的方鼎公司的法定代表人郭某安的证言、河南省A市中级人民法院刑事判决书、中王公司增值税专用发票开具情况、A市国税局稽查局证明等,均可证实涉案的22张增值税专用发票(发票后为004×××28-004×××42号、004×××0658-004×××0664号共22张),是中王公司于2010年9月25日,在无实际货款交易的情况下,向方某公司虚开的,并已进行了进项抵扣。故涉案的22张增值税专用发票系虚开,证据确实、充分。

(三)被告人是否符合虚开增值税专用发票罪的犯罪主体

公诉机关提供了中王公司的工商登记档案和报税记录等税务登记档案,欲证明中王公司系单位犯罪,因中王公司现已注销,而刘某命作为中王公司的法定代表人,是本案虚开增值税专用发票的直接责任人员,虚开增值税专用发票的参与人,应当追究刘某命系中王公司直接责任人员的刑事责任。

(四)被告人实施犯罪行为的证据是否确实充足

公诉机关提出刘某命可能受人指使、可能存在同伙,若没有刘某命的参与,中王公司便不能成立,中王公司一般纳税人资格、增值税专用发票开具资格便无法获取,刘某命是本案虚开增值税专用发票的直接责任人员,虚开增值税专用发票的参与人。税务律师认为要追究刘某命系中王公司直接责任人员的刑事责任,就应提供证据证明刘某命在中王公司虚开增值税专用发票犯罪中,具体实施犯罪并起较大作用。

本案经人民法院核实公诉机关提供的中王公司工商登记档案中公司房屋租赁合同、

设立申请、股东会决议、法定代表人任职文件、公司名称变更申请及变更后营业执照的领取、公司注销股东会决议及登记申请等文件中的"刘某命"签名,确认没有证据证明系被告人刘某命本人签署;税务登记档案中领取增值税专用发票领购簿申请书、最高开票限额申请书、纳税人票种核定表等签名所署的"刘某命",亦没有证据证明均系被告人刘某命本人签署。

那么在无法证明刘某命签署中王公司工商管理和税务活动过程中的重要文件的情况下,就无法认定刘某命是中王公司的直接责任人员。即本案没有直接证据证明刘某命是涉案 22 张增值税专用发票的开票人,也没有证据证明是刘某命指使他人或受人指使开具了这 22 张增值税专用发票,虽有证据证明刘某命参与了申请和领取增值税专用发票,但领取发票并不等于虚开发票,最终人民法院认为仅确认刘某命领取增值税专用发票并不构成犯罪。

(五)证据不足、指控的犯罪不能成立的无罪判决

我国修正后的《中华人民共和国刑事诉讼法》吸收了"疑罪从无"的法律精神,在通常的有罪判决和无罪判决之外,增设了一种"证据不足,指控的犯罪不能成立"的无罪判决。即《中华人民共和国刑事诉讼法》第 200 条规定:在被告人最后陈述后,审判长宣布休庭,合议庭进行评议,根据已经查明的事实、证据和有关的法律规定,分别做出以下判决……(三)证据不足,不能认定被告人有罪的,应当做出证据不足、指控的犯罪不能成立的无罪判决。

所谓"证据不足",指的是案件的现有证据不足以使法官确立被告人实施了指控犯罪的心证。根据我国刑事证据理论与实践,关于证据是否确实、充分的认定标准概括如下:(1)据以定案的证据均已查证属实。即均具有客观性、相关性和合法性;(2)案件事实、情节都有必要的证据予以证明;(3)证据之间、证据与案件事实之间的矛盾得到合理排除;(4)全案证据得出的结论是唯一的,排除了其他可能性。

"证据不足"的无罪判决的做出,需要两个基本条件:一是经过充分的审判;二是证据仍不足以使法官确立指控犯罪成立与否的心证。具体说来,"证据不足"的无罪判决的做出,需要下列条件。

1. 穷尽一切事实调查

在法庭审理过程中,法官依赖于控辩双方提出的证据认定案件事实。对于当事人或其代理人申请调查的证据,如果对待证事实的证明有重大影响,都应该依法进行调查。对于那些应该调查的证据却没有调查,而轻率地认定为"证据不足",就构成审理未尽,如果由此造成认定事实错误,判决便有可能在二审中被撤销。如果穷尽了一切支持与反对控诉事实的证据,仍然不能对控诉事实的存在形成达到证明标准的心证时,就具备了做

出"证据不足"的无罪判决的第一个条件。

2. 用尽了调查程序和手段

所谓"用尽调查程序和手段",是指法官用尽了所有程序上许可的和可能的调查手段。我国修正后的刑事诉讼法吸收了当事人主义因素,将法庭依职权调查证据的范围限制于控辩双方有疑问的证据,并将这种调查建立在当事人举证的基础上,但法庭仍保留有一定的证据调查权。因此,为了查明案件事实,在当事人的举证未能澄清的问题上,法官还需要进行一定的调查。在调查的手段和对象上,限于勘验、检查、扣押、鉴定和查询、冻结的方式对现有证据进行调查核实,而不能抛开控辩双方的举证,另辟蹊径,自行调取新证据。如果法官穷尽了所有程序上可能的调查手段,仍不能对指控事实的存在形成心证,而且进一步的法庭调查也不会使争议事实更趋于明朗,此时,已具备做出"证据不足"的无罪判决的第二个条件。

3. 法庭辩论结束上述心证不足的状况仍没有改变

这是做出"证据不足"无罪判决的时间条件。即在诉讼程序结束时讨论"证据不足"才有实际意义。而在此前,诉讼程序尚未终结,对事实的调查仍有多种途径和手段,自然不能武断得出"证据不足"的结论。在此后,法庭调查和法庭辩论已经结束,那么从理论上讲,法官心证得以形成的手段和程序就已经完结,即使此时形成心证,由于其所根据的并非经法庭调查所得的证据或信息,也具有违反证据裁判原则的嫌疑(现代刑事诉讼强调证据裁判主义的规范意义,即法官心证的形成必须依据具有证据能力并经过法庭调查程序的证据)。因此形成"证据不足"的心证状态的确切时间只能是法庭辩论结束之时。

综上所述,当且仅当在法庭辩论结束时,已经穷尽了一切法律上许可的认识资料和认识手段,而仍然无法确信被告人实施了指控犯罪时,才能做出"证据不足"的无罪判决。需要注意,疑罪之所以"从无",是因为证据不足这一关键前提。故这种无罪只是"准无罪",行为人不一定确实无罪。因此,行为人因证据不足而得到无罪宣告后,如果取得了确实、充分的证据证明其有罪,仍然应当受到刑法的处罚。

第二节　关于"不以虚开增值税专用发票罪"论处的问题

最高人民法院法官"不以虚开增值税专用发票罪"论处的观点主要有三个方面。

一、虚开不以税款目的

最高人民法院专家法官高憬宏、杨万明主编的《基层人民法院法官培训教材(实务卷·刑事审判篇)》(人民法院出版社 2005 年版,第 214-215 页)认为:"实践中,虚开增值税专用发票案件的情况较为复杂,取证比较困难,需要仔细甄别、准确认定。一般说来,对于为虚增营业额、扩大销售收入或者制造企业虚假繁荣,相互对开或循环虚开增值税专用发票等行为,由于行为人主观上不以偷逃、骗取税款为目的,客观上也不会造成国家税款流失,不应以虚开增值税专用发票犯罪论处。"

二、目的性限缩解释

2006 年,最高人民法院刑二庭审判长牛克乾法官在《刑事审判参考》第 2 期发表了一篇文章《虚开增值税专用发票、用于骗取出口退税、抵扣税款发票犯罪法律适用的若干问题》认为:"对于不具有严重社会危害性的虚开增值税专用发票的行为,可适用目的性限缩的解释方法,不以虚开增值税专用发票罪论处。所谓目的性限缩的解释方法,是基于规范意志的考虑,依法律规范调整的目的或其意义脉络,将依法律条文已被涵盖的案型排除在原系争适用的规范外。刑法将虚开增值税专用发票规定为犯罪,主要是为了惩治那些为自己或为他人偷逃、骗取国家税款虚开增值税专用发票的行为。因此,对于确有证据证实行为人主观上不具有偷、骗税目的,客观上也不会造成国家税款流失的虚开增值税专用发票行为,不以虚开增值税专用发票罪论处。"

三、强调税款目的性

姚龙兵法官在《如何解读虚开增值税专用发票罪的"虚开"》认为,虚开增值税专用发票罪,包括刑法第 205 条第一款规定的虚开用于骗取出口退税、抵扣税款发票罪在内,均要求有骗取税款的主观目的,如不具备该目的,则不能认定为刑法第 205 条之"虚开"行为,不能以该罪论处。

第三节　免于刑事处罚与无罪的区别

一、法律依据不同

免予刑事处罚所依据的是《刑法》37 条的规定,而无罪判决所依据的是《中华人民共和国刑事诉讼法》第 162 条的规定。一个是实体法,一个为程序法。

二、适用条件不同

从《刑法》第 37 条可知,免予刑事处罚要符合两个条件：(1)犯罪情节轻微;(2)不需要判处刑罚。只有当两个条件同时符合时，才能适用免予刑事处罚。需注意，在刑法总则和分则中，有"免除处罚"这个概念，免除处罚与免予刑事处罚二者的法律实质后果都是定罪而不处罚，但它们是性质不同的两种刑罚适用制度。《刑法》37条规定，"……但是可以根据案件的不同情况，予以训诫或者责令具结悔过、赔礼道歉、赔偿损失，或者由主管部门予以行政处罚或者行政处分"。可见免予刑事处罚并不排除民事责任和行政处罚。

无罪判决的适用条件，《中华人民共和刑事诉讼法》第162条规定："……（二）依据法律认定被告人无罪的，应当做出无罪判决；（三）证据不足，不能认定被告人有罪的，应当做出证据不足、指控的犯罪不能成立的无罪判决。"即当法律规定为无罪的和证据不足的应当作无罪判决。这与免予刑事处罚的"犯罪情节轻微不需要判处刑罚"的条件有明显的区别。

三、两者的法律后果不同

"免予刑事处罚"是人民法院认定某种行为构成犯罪，但因犯罪情节轻微，而判决免予刑罚的一种处罚。是人民法院以被告人构成犯罪为前提，以"犯罪情节轻微不需要判处刑罚"为概括性条件的选择。法律规定应当免除刑罚的，必须判决免除刑罚，法律规定可以免除刑罚的则可视案情具体情况选择决定是否免予刑事处罚。

免予刑事处罚，也是承担刑事责任的一种方式，定罪则是对行为的否定性法律评价，只是免除了对被告人的刑罚。这点从免予刑事处罚的前提必须确认被告人构成犯罪这一条件中就足可得到证明。

第十七章　介绍他人虚开增值税专用发票的刑法风险防控

介绍他人虚开增值税专用发票,指在合法拥有增值税专用发票的单位或者个人与要求虚开增值税专用发票的单位或者个人之间沟通联系、牵线搭桥的行为。本章以具体的司法裁判案例来分析。

第一节　介绍他人虚开增值税专用发票的抗辩

一、司法裁判案例

(一)基本案情①

2016 年 4 月期间,被告人范某某、孙某某经预谋后,在范某某担任被告单位 W 市中威纺织品有限公司(简称中威公司)采购经理、财务负责人员期间,为偷逃税款,在无真实货物交易的情况下,采用支付手续费的方式,让孙某某介绍其从沈某(另案处理)处为中威公司虚开销货单位名称为 H 壮壮纺织织造厂的江苏增值税专用发票 16 份,价税合计 1 850 049.8 元,其中税款 268 810.73 元已全部抵扣。

案发后,被告单位中威公司主动向公安机关投案,并如实供述了自己的犯罪事实。

被告人范某某、孙某某均于 2017 年 4 月 6 日经电话通知后主动向公安机关投案,并如实供述了自己的犯罪事实。

案发后,被告单位中威公司已向税务机关补缴全部税款。

一审人民法院审理认为被告单位中威公司违反国家专用发票管理法规,让他人为自己虚开增值税专用发票,其中被告人范某某系其他直接责任人员,被告人孙某某介绍他人虚开增值税专用发票,其行为均构成虚开增值税专用发票罪。在共同犯罪中,被告人范某某、孙某某均起主要作用,均系主犯。被告单位中威公司及被告人范某某、孙某某犯罪以后均自动投案,如实供述自己的罪行,均系自首,依法均可以从轻处罚。鉴于被告单

---

① 2019 年 12 月 24 日摘自中国裁判文书网。

位中威公司已向税务机关补缴全部税款,酌情对被告单位中威公司从轻处罚。据此,对被告单位中威公司依照《刑法》第 205 条、第 30 条、第 31 条、第 67 条第 1 款、第 64 条;对被告人范某某、孙某某依照《刑法》第 205 条,第 30 条,第 31 条,第 25 条第 1 款,第 26 条第 1 款、第 4 款,第 67 条第 1 款,第 72 条第 1 款,第 73 条第 2 款、第 3 款的规定,分别以虚开增值税专用发票罪判处被告单位中威公司罚金人民币 8 万元;判处被告人范某某有期徒刑 8 个月,缓刑 1 年;判处被告人孙某某有期徒刑 8 个月,缓刑 1 年。

S 市 W 区人民检察院提起抗诉。

(二) 人民检察院观点①

1. S 市 W 区人民检察院抗诉观点

被告人孙某某并非被告单位中威公司工作人员,其实施的是介绍他人虚开增值税专用发票的行为,根据《中华人民共和国刑法》第 205 条的规定,介绍他人虚开是此罪的一种独立的行为类型,被告人孙某某所实施的行为属于个人犯罪,应当按照个人犯罪的规定,在对其判处主刑的同时,依法并处 2 万元以上 20 万元以下罚金,一审人民法院判决没有对其并处罚金,属适用法律错误,并导致量刑不当,提请二审人民法院予以纠正。

2. S 市人民检察院观点

S 市人民检察院的支持抗诉意见除与 S 市 W 区人民检察院的抗诉意见一致的部分外,另提出如下意见:被告人范某某是以被告单位中的其他直接责任人员身份对单位犯罪承担责任,实施共同犯罪的应该是被告单位中威公司与被告人孙某某,S 市 W 区人民检察院指控及一审判决认定被告人范某某与孙某某两个个人构成共同犯罪属认定事实错误和适用法律错误,建议二审人民法院一并予以纠正。

(三) 被告单位及被告人抗辩观点②

被告单位的诉讼代表人熊某元及被告人范某某对抗诉机关及支持抗诉机关的意见未提出异议。

被告人孙某某对抗诉机关及支持抗诉机关的意见未提出异议,请求二审人民法院考虑其未从犯罪行为中获利,且认罪、悔罪态度好等情节,对其判处较轻的罚金刑。

(四) 人民法院裁判观点③

二审人民法院审理认为,被告单位中威公司违反国家发票管理法规,让他人为自己虚开增值税专用发票,被告人范某某系被告单位直接责任人员,被告人孙某某介绍他人虚开增值税专用发票,其行为均已构成虚开增值税专用发票罪。被告单位中威公司及被

---

① 2019 年 12 月 24 日摘自中国裁判文书网。
② 同上。
③ 同上。

告人范某某、孙某某犯罪以后自动投案,如实供述自己的罪行,均系自首,依法可从轻处罚。被告单位中威公司已向税务机关补缴全部税款,可酌情从轻处罚。但一审判决对被告人孙某某应当并处罚金而未予并处,系适用法律错误,应予纠正。据此,对被告单位中威公司、被告人范某某依照《中华人民共和国刑事诉讼法》第 205 条第 1 款第(1)项,对被告人孙某某依照《中华人民共和国刑事诉讼法》第 225 条第 1 款第(2)项及《刑法》第 205 条第 1 款、第 3 款,第 67 条第 1 款,第 72 条第 1 款、第 3 款,第 73 条第 2 款、第 3 款,第 64 条之规定,判决:

(1) 维持 S 市 W 区人民法院(2018)S0509 刑初 90 号刑事判决第 1 项、第 2 项,即被告单位中威公司犯虚开增值税专用发票罪,判处罚金人民币 8 万元;被告人范某某犯虚开增值税专用发票罪,判处有期徒刑 8 个月,缓刑 1 年。

(2) 撤销 S 市 W 区人民法院(2018)S0509 刑初 90 号刑事判决第 3 项,即被告人孙某某犯虚开增值税专用发票罪,判处有期徒刑 8 个月,缓刑 1 年。

(3) 被告人孙某某犯虚开增值税专用发票罪,判处有期徒刑 8 个月,缓刑 1 年,并处罚金人民币 2 万元。

二、综合解析

(一) 对被告人孙某某是否应当并处罚金

税务律师认为,根据《刑法》第 205 条第 1 款规定:个人虚开增值税专用发票的,处三年以下有期徒刑或者拘役,并处 2 万元以上 20 万元以下罚金。一审判决在已认定被告人孙某某并非被告单位中威公司人员的情况下,对被告人孙某某适用单位犯罪的规定未对其并处罚金系适用法律错误,应予纠正。

(二) 被告人孙某某与被告人范某某或被告单位中威公司是否构成共同犯罪

税务律师认为,根据《刑法》第 205 条第 3 款规定:虚开增值税专用发票或者虚开用于骗取出口退税、抵扣税款的其他发票,是指有为他人虚开、为自己虚开、让他人为自己虚开、介绍他人虚开行为之一的。因此介绍虚开是虚开增值税专用发票犯罪的一种独立行为类型。

介绍他人虚开增值税专用发票罪的介绍应当指的是介绍人在虚开增值税专用发票罪的行为人(简称开票人)与需要虚开的增值税专用发票的行为人(简称受票人)之间进行引见、沟通、撮合、最终促使双方虚开增值税专用发票的行为得以实现的违法且应受刑罚处罚的行为。

据上本案中应当认定介绍虚开是虚开增值税专用发票犯罪的一种独立行为类型,被告人孙某某介绍他人虚开的行为应单独认定为虚开增值税专用发票犯罪,一审判决认定被告人范某某与孙某成共同犯罪系适用法律错误,应予纠正。

另外,司法实践中,介绍他人虚开增值税专用发票的介绍行为的量刑往往受开票人与受票人虚开增值税专用发票的数额影响,数额越大,介绍人的量刑越重。

第二节 介绍他人虚开增值税专用发票的抗辩思路

一、介绍他人虚开增值税专用发票罪的情形

介绍他人虚开增值税专用发票罪的介绍应当指的是介绍人在虚开增值税专用发票罪的开票人与需要虚开的增值税专用发票的受票人之间进行引见、沟通,最终促使双方虚开增值税专用发票的行为得以实现的违法且应受处罚的行为。

一般情况下,介绍他人虚开增值税专用发票的行为表现为两种情形:

(1) 介绍人接受开票人委托的形式。此种行为的模式一般是:介绍人接受开票人的委托,寻找受票人并向其提供虚开的增值税专用发票的具体信息,向开票人引荐受票人,并向受票人转交虚开的增值税专用发票,向开票人索要中介费。

(2) 介绍人接受受票人委托的形式。此种行为的模式一般是:介绍人接受受票人的委托,寻找开票人并向受票人提供开票人的信息,向受票人引荐开票人,向受票人转交虚开的增值税专用发票,向受票人索要中介费。

二、抗辩思路

对于介绍他人虚开增值税专用发票的介绍人,主观上必须明知其行为相对独立于开票人、受票人,其行为服务于双方的认识、沟通、最终撮合由开票人给受票人开具没有货物购销或没有提供或接受应税劳务的增值税专用发票,否则,介绍人的行为不构成虚开增值税专用发票罪。

介绍人介绍他人虚开增值税专用发票从而构成虚开增值税专用发票犯罪,介绍人必须全程参与开票人与受票人共同实施的虚开增值税专用发票行为,否则不构成犯罪。原因是:介绍人必须全程参与开票人、受票人的虚开增值税专用发票行为,否则其根本无法知晓其所介绍的受票人与开票人是否实施了虚开增值税专用发票。即符合介绍人主客观一致,否则介绍人的介绍行为不构成虚开增值税专用发票罪。需注意"明知"不需要介绍人明知开票人与受票人之间开具增值税专用发票的明确数额,只要求介绍人主观明知并客观告知开票人与受票人非常明确的虚开增值税专用发票的内容即可,如果介绍人并未向开票人或受票人如实告知开具增值税专用发票的相关内容,介绍人的介绍行为就不构成虚开增值税专用发票罪。

　　需要注意的是,实践中现行法律对介绍他人虚开增值税专用发票行为构成虚开增值税专用发票罪的规定相对简单,导致司法实践对以介绍他人虚开增值税专用发票构成犯罪的定罪量刑往往不统一。在对此类虚开增值税专用发票罪进行抗辩时,必须对被告人的随意介绍行为与构成虚开增值税专用发票罪的犯罪构成要件的介绍行为进行区别分析。

　　法律没有明确规定介绍人构成虚开增值税专用发票罪是否以获取报酬为必要条件,但一般情况下,介绍人都会获取相应报酬,且从部分介绍他人虚开增值税专用发票罪的案件可见,介绍人是在利益引诱之下才实施的介绍虚开行为。因此,在对以介绍他人虚开增值税专用发票罪进行抗辩时,应明确介绍人是否在介绍他人虚开增值税专用发票过程中获利。

第十八章　让他人为自己虚开增值税专用发票的刑法风险防控

　　让他人为自己虚开增值税专用发票,是指没有货物购销或者没有提供或接受应税劳务的单位或者个人要求合法拥有增值税专用发票的单位或者个人为其开具增值税专用发票,或者即使有货物购销或者提供或接受了应税劳务但要求他人开具数量或者金额不实的增值税专用发票或者进行了实际经营活动,但让他人为自己代开增值税专用发票的行为。本章以司法裁判案例进行分析。

第一节　让他人为自己虚开增值税专用发票的抗辩

一、司法裁判案例

(一) 基本案情①

　　2014 年 6 月至 12 月间,被告人缪某娥在作为被告单位 Z 保税区海利瑞凯国际贸易有限公司(简称海利瑞凯公司)实际负责人期间,以支付开票费的方式,通过洪某(已判决)让 Z 保税区德利达再生资源有限公司为被告单位海利瑞凯公司虚开增值税专用发票 34 份,价税合计人民币 3 664 584 元,税款合计人民币 532 450.93 元。其中 21 份增值税专用发票已由被告单位申报抵扣,价税合计人民币 2 166 600 元,税款合计人民币 314 805.15 元。

　　被告人缪某娥归案后如实供述上述犯罪事实。

　　海利瑞凯公司成立于 2014 年 2 月,系有限公司(自然人控股)。案发后,被告单位海利瑞凯公司已补缴税款人民币 314 805.15 元。

(二) 人民检察院观点②

　　被告单位海利瑞凯公司虚开增值税专用发票 34 份,价税合计人民币 3 664 584 元,税款合计人民币 532 450.93 元。应当以虚开增值税专用发票罪追究海利瑞凯公司刑事

---

① 2019 年 11 月 9 日摘自中国裁判文书网。
② 同上。

责任,本案应认定为海利瑞凯公司虚开增值税专用发票之单位犯罪。被告人缪某娥作为被告单位直接负责的主管人员,应当追究其刑事责任。

(三)被告人抗辩观点[①]

被告单位海利瑞凯公司的诉讼代表人孙某、被告人缪某娥在开庭审理过程中均无异议。

(四)人民法院裁判观点[②]

被告单位海利瑞凯公司、被告人缪某娥作为被告单位海利瑞凯公司直接负责的主管人员,虚开增值税专用发票,数额较大,其行为均已构成虚开增值税专用发票罪。鉴于被告单位海利瑞凯公司、被告人缪某娥均系坦白、已补缴全部税款等情节,对被告单位海利瑞凯公司、被告人缪某娥均可从轻处罚。被告人缪某娥符合缓刑的适用条件,可宣告缓刑。Z市人民检察院指控成立。人民法院为严肃法制,维护国家税收征管秩序,对被告单位海利瑞凯公司依照《刑法》第205条第1款、第2款、第3款,第67条第3款,第52条,第53条,第64条之规定,对被告人缪某娥依照《刑法》第205条第1款、第2款、第3款,第67条第3款,第72条第1款,第73条第2款、第3款之规定,人民法院判决:

(1)被告单位海利瑞凯公司犯虚开增值税专用发票罪,判处罚金人民币20万元。

(2)被告人缪某娥犯虚开增值税专用发票罪,判处有期徒刑3年,缓刑3年6个月。

二、综合解析

(一)本案海利瑞凯公司及实际负责人构成虚开增值税专用发票罪

企业经营中面临的刑事法律风险越来越多,企业家越过这个雷池变得越来越容易。其中,涉税犯罪占有很大比重。营改增后,企业经营更无法回避增值税专用发票的问题。而虚开增值税专用发票犯罪,门槛较低,企业家往往认识不足,一旦涉及一般数额巨大,量刑比较重,往往很多要判10年以上有期徒刑,甚至无期徒刑。

增值税是对在境内销售货物、转让无形资产或者提供劳务服务以及进口货物的经营活动征收的税,属于流转税范畴。实质是对商品劳务交易的增值额征税。增值税应纳税额为当期销项税额抵扣当期进项税额后的余额。

本案被告单位海利瑞凯公司让他人为自己虚开增值税专用发票,被告人缪某娥作为被告单位海利瑞凯公司直接负责的主管人员,让他人为自己虚开增值税专用发票,数额较大,行为均已构成虚开增值税专用发票罪。被告单位海利瑞凯公司的诉讼代表人孙

① 2019年11月9日摘自中国裁判文书网。
② 同上。

某、被告人缪某娥在开庭审理过程中均无异议,本案有证人洪某、方某、孙某的证言、工商登记资料、记账凭证、虚开的增值税专用发票、银行交易明细、税款已抵扣证明、说明、发破案经过、抓获经过、被告人缪某娥的供述笔录、人口信息、刑事判决书等证据证实,足以认定,最终人民法院予以确认。

(二) 让他人为自己虚开增值税专用发票的取证要求

让他人为自己虚开增值税专用发票案件应严格按照《国家税务总局转发〈最高人民法院关于适用《全国人民代表大会常务委员会关于惩治虚开、伪造和非法出售增值税专用发票犯罪的决定》的若干问题的解释〉的通知》(国税发〔1996〕210号)、《国家税务总局关于纳税人取得虚开的增值税专用发票处理问题的通知》(国税发〔1997〕134号)和《国家税务总局关于〈国家税务总局关于纳税人取得虚开的增值税专用发票处理问题的通知〉的补充通知》(国税发〔2000〕182号)相关规定执行。取证要求主要如下:

(1) 让他人为自己虚开的增值税专用发票抵扣联、发票联原件或复印件。

(2) 无货物交易或有货物交易开具金额或数量不等的相关证据,包括有关账簿凭证、资金往来情况的票据、虚假的货物运输凭证、虚假的发货单及入库单等原件或复印件,支付的开票费的账簿记录及有关凭据原件或复印件等。

(3) 让他人为自己虚开的增值税专用发票的进项税额已申报抵扣的相关证据,如应缴税金明细账、抵扣当月增值税纳税申报表的原件或复印件、主管税务机关出具已抵扣税款的证明等。

(4) 开票方主管税务机关或上级税务机关确认虚开的证明。

(5) 提供当事人及相关人员(法定代表人、具体经办人、介绍人)虚开过程并能说明开票方与受票方无真实货物交易或者虽有货物交易但开具的数量或者金额不实的陈述或相关人员的笔录。

第二节　利用单位犯罪进行抗辩

在虚开增值税专用发票罪案件中,可以充分利用《刑法》关于单位犯罪的规定进行抗辩。

一、具体规定

在虚开增值税专用发票罪中,单位犯罪的刑法规定如下:

《刑法》第 205 条第 2 款规定:"单位犯本条规定之罪的,对单位判处罚金,并对其直接负责的主管人员和其他直接责任人员,处三年以下有期徒刑或者拘役;虚开的税款数额较大或者有其他严重情节的,处三年以上十年以下有期徒刑;虚开的税款数额巨大或者有其他特别严重情节的,处十年以上有期徒刑或者无期徒刑。"

《刑法》第 31 条规定:"单位犯罪的,对单位判处罚金,并对其直接负责的主管人员和其他直接责任人员判处刑罚。本法分则和其他法律另有规定的,依照规定。"

《刑法》第 31 条关于单位犯罪的规定属于刑法总则对于单位犯罪的一般性规定,对于单位犯罪具有普遍的适用效力;《刑法》第 205 条第 2 款属于刑法分则对于单位犯罪的特殊性规定,仅适用虚开增值税专用发票、用于骗取出口退税、抵扣税款发票罪。行为人触犯《刑法》第 205 条之规定,如属单位犯罪,则按该条款的规定进行处理。

二、单位犯罪的构成要件

(一) 单位犯罪的主体要件

成立单位犯罪的主体要件,要求单位具备刑事责任能力。应当是社会组织,具有自己的名称和场所,具有组织机构。单位的刑事责任能力应与组成单位的内部人员的刑事责任能力相区分。在某些特定犯罪案件中,单位成为犯罪主体的资格由法律规定。

《刑法》第 30 条规定:"公司、企业、事业单位、机关、团体实施的危害社会的行为,法律规定为单位犯罪的,应当负刑事责任。"但最高人民法院司法解释认为,认为没有法人资格的私营公司、企业、事业单位和个人为进行违法犯罪活动而设立的公司、企业、事业单位,以及公司、企业、事业单位设立后,以实施犯罪为主要活动的,都没有刑事责任能力。实践中通常采纳最高院的司法解释,限制单位犯罪的主体资格。

单位刑事责任能力是单位成立犯罪的资格,也是单位承受刑事惩罚的能力。只有同时具备独立财产、行为能力并能破产的单位,才具备刑事责任能力。

(二) 主观方面

单位犯罪的主体意志的形成程序具有多样性,单位犯罪的意志应当是单位意志的形成机构做出决策的、并由其意志执行机构实施的意志,而不是单位内部成员随意做出的个人意志。目的是为本单位牟取非法利益或者维护本单位的局部利益而实施的犯罪。如果不是为了单位的利益,而是为了谋取个人的利益,以单位的名义实施犯罪行为,也不能构成单位犯罪。

单位犯罪在主观上绝大多数出于故意,且具有为本单位牟取非法经济利益的目的。

（三）客观方面

单位犯罪在后果上应具有严重的社会危害性，在性质上是刑事违法行为，并由刑法分则所明确规定。即单位实施的行为必须是对社会有危害性和法定刑二者相互统一，同时，还必须是领导决策行为与具体实施行为的统一。

三、单位犯罪的特点

单位犯罪是由单位和其内部人员双重主体实施犯罪，且法律关系复杂，其特点如下：

（1）具有单位的整体意志。

（2）参与单位犯罪的被追诉者较多，且不易于确定。

（3）犯罪人员的特定性原。

四、单位犯罪的被追诉者

在单位犯罪的案件中，由于犯罪意志的形成源于单位领导层的集体决策，实施犯罪的人员，既有直接负责的主管人员，又有其他直接责任人员等，要依法确定单位犯罪的被追诉者。

确定单位犯罪的被追诉者，必须根据《刑法》有关规定和情节与犯罪的人员所处的地位和所起的作用为基础确定的准则。符合下列情形之一者就是单位犯罪的被追诉者。

（一）直接负责的主管人员

直接负责的主管人员，是在单位实施的犯罪中起决定、批准、授意、纵容、指挥等作用的人员，一般是单位的主管负责人，包括法定代表人。根据《刑法》第31条的规定，单位犯罪直接负责的主管人员应同时符合以下两个条件：

（1）直接责任，即作为单位犯罪直接负责的主管人员，应当是对单位犯罪负直接责任的人员，其行为与单位犯罪之间具有直接的因果关系。直接责任在主观上要求直接责任人员的主管人员要与单位犯罪内容相同。单位故意犯罪来说，直接负责的主管人员不仅对单位犯罪知情，而且要有希望或者放任单位犯罪的意志；对于单位过失犯罪来说，主管人员也应具有过失的罪过。在客观上，单位犯罪直接负责的主管人员在罪过的支配之下，要有一定行为的实施，这种行为与整个单位犯罪的结果具有直接的、必然的因果关系。

（2）主管人员，即作为单位犯罪直接负责的主管人员，应当是单位的主管人员，这是确定单位犯罪直接负责的主管人员的身份条件。单位的主人员，应当是在单位中对单位事务具有一定的决策、管理、领导、指挥、监督职权的领导人员。

同时符合上述这两个条件，才能成为单位犯罪直接负责的主管人员。税务律师提示,直接负责的主管人员不必然是法定代表人。在单位犯罪中,绝大多数的直接负责的主管人员是单位的法定代表人,且法定代表人可能兼任执行董事、总经理等职务,不仅有批准、决策权,还有组织、实施的行为。但是,法定代表人只有符合上述两项确认条件,才构成直接负责的主管人员。《刑法》第 31 条明确规定,对单位犯罪负责的人员只有两类,分别是直接负责的主管人员和其他直接责任人员,并没有直接认定法定代表人一定对单位犯罪负责。

(二)其他直接责任人员

"其他直接责任人员"是指,除直接负责的主管人员以外的积极实施单位犯罪的单位成员。一般是指实施单位犯罪的行为,具体完成单位犯罪计划的人。任何单位犯罪都是通过具体的单位成员来实施的,没有"其他直接责任人员"的参与实施,都是不可能完成的。所以,"其他直接责任人员"和"直接负责的主管人员"一样,对单位犯罪都得负刑事责任。作为单位犯罪中的其他直接责任人员主要具有以下特点:

(1)大都是单位内部某些职能部门的具体工作人员,一般不属于单位的领导。如企业的财会人员、供销部门的业务人员或单位临时雇佣从事某项活动的人等;单位内部具体职能部门的负责人,只要没有进入单位领导机关,在我国目前的情况下,一般也是作为主管人员以外的人看待的。

(2)在单位机关人员的领导或支持下,从事某项具体活动。从其表现来看,一般都是秉承领导集体或某些领导人员的旨意,或者在上级领导的批准下,以完成本职工作的形式具体完成犯罪计划的。

(3)明知自己工作的性质。即明知自己所实施的行为是违法或犯罪的,如果行为人不知道自己执行的是单位的犯罪意志,或不认为自己的行为是犯罪,则不应当追究其刑事责任。

(4)在单位犯罪中起重要作用。即具体实施单位犯罪与在单位犯罪的整个环节上作为职业而从事某项具体工作是有重大区别的。前者将整个单位犯罪作为自己的行为目的,并积极地促使其实现而后者仅仅是从事某项具体的工作,而这些具体的工作不可能对整个单位犯罪的实现起决定作用。

《最高人民法院关于印发〈全国人民法院审理金融犯罪案件工作座谈会纪要〉的通知》(法发〔2001〕8 号)第 2 条第(2)项规定:"单位犯罪直接负责的主管人员和其他直接责任人员的认定:直接负责的主管人员,是在单位实施的犯罪中起决定、批准、授意、纵容、指挥等作用的人员,一般是单位的主管负责人,包括法定代表人。其他直接责任人员,是在单位犯罪中具体实施犯罪并起较大作用的人员,既可以是单位的经营管理人员,也可以是单位的职工,包括聘任、雇佣的人员。应当注意的是,在单位犯罪中,对于受单位领导指派或奉命而参与实施了一定犯罪行为的人员,一般不宜作为直接责任人员追究刑事责任。"可见,在虚开案件中,直接负责的主管人员主要是指单位的主管人员,其他直接责任人员主要包括业务人员、财会人员等。

第十九章 虚开增值税专用发票
犯罪典型案例解析

虚开增值税专用发票罪,是指为了牟取非法经济利益,故意违反国家发票管理规定,虚开增值税专用发票的行为。没有货物购销而为他人、为自己、让他人为自己、介绍他人开具增值税专用发票属于虚开增值税专用发票。虚开税款数额1万元以上或者虚开增值税专用发票致使国家税款被骗取5 000元以上的,应当依法定罪处罚。本章通过具体案例进行分析。

第一节 为他人、让他人为自己虚开增值税专用发票案

一、司法裁判案例

(一) 基本案情①

2011年1月,被告人马某桂注册成立L兴发纺织品销售有限公司(简称兴发公司),并于2011年3月获得增值税一般纳税人资格。2011年5月,被告人马某桂又通过公司变更登记的方式成立L贵发纺织品销售有限公司(简称贵发公司)。后被告人马某桂、陈某秋为获取开票利益,遂商定由被告人陈某秋负责从中联系开票业务,并向受票单位收取票面金额5%~6.5%不等的开票手续费。2011年3月至2012年10月,被告人马某桂在兴发公司、贵发公司和江阴、Z等地多家公司企业没有实际业务往来的情况下,通过被告人陈某秋介绍,先后多次以上述两个公司的名义对外虚开棉纱销售增值税专用发票共计576份,税额累计8 946 589.94元。其中陈某秋介绍虚开棉纱销售增值税专用发票510份,税额累计7 938 350.48元。

另查明,案发后,公安机关冻结了被告人马某桂银行存款人民币281 217.22元,冻结了兴发公司银行账户人民币23××××56.73元,冻结了贵发公司银行账户人民币16××××04.16元,扣押被告人钱某祥人民币710 000元。在本案审理阶段,被告人钱某

---

① 2019年8月20日摘自中国裁判文书网。

祥主动向人民法院缴纳人民币 938 686.1 元。

案发后,被告人钱某祥经公安机关电话传唤,主动到公安机关投案,并如实供述了自己的罪行。被告人钱某祥在取保候审期间检举他人犯罪,并经公安机关查证属实。

(二) 人民检察院观点①

被告人马某桂、陈某秋虚开增值税专用发票,数额巨大,其行为触犯了《刑法》第 205 条第 1 款、第 3 款的规定,应当以虚开增值税专用发票罪追究其刑事责任。被告人钱某祥非法购买增值税专用发票,其行为触犯了《刑法》第 208 条第 1 款的规定,应当以非法购买增值税专用发票罪追究其刑事责任。被告人马某桂、陈某秋共同故意犯罪,根据《刑法》第 25 条第 1 款的规定,是共同犯罪。

(三) 被告人及辩护人观点②

1. 被告人抗辩观点

被告人马某桂、陈某秋、钱某祥对起诉书指控的犯罪事实无异议。

2. 辩护人辩护观点

(1) 被告人马某桂的辩护人提出的辩护意见。

① 本案中国家税款没有损失,不属于情节特别严重。

② 被告人马某桂系初犯,认罪态度好,量刑时可以从轻处罚。

③ 被告人马某桂具有自首情节,且在共同犯罪中作用较小,可以酌情从轻处罚。

④ 本案应当认定为单位犯罪,且被告人马某桂的公司有部分实际经营行为,量刑时应予酌情考虑。

(2) 被告人陈某秋的辩护人提出的辩护意见。

① 被告人陈某秋具有自首情节且在共同犯罪中系从犯,依法可以从轻或者减轻处罚。

② 本案中国家税款损失大部分已经挽回,量刑时可以酌情从轻处罚。

③ 被告人陈某秋系初犯,认罪态度较好,量刑时可以酌情从轻处罚。

(3) 被告人钱某祥的辩护人提出的辩护意见。

① 被告人钱某祥具有自首、立功情节。

② 被告人钱某祥系初犯,认罪态度较好,并愿意积极补缴税款,建议对其从轻处罚判处缓刑。

③ 被告人钱某祥的行为不构成虚开增值税专用发票罪。

---

① 2019 年 8 月 20 日摘自中国裁判文书网。

② 同上。

（四）人民法院裁判观点①

人民法院认为,被告人马某桂、陈某秋违反法律规定,在与被告人钱某祥等人无实际货物买卖的情况下,为钱某祥等人虚开增值税专用发票,虚开的税款数额巨大;被告人钱某祥通过被告人陈某秋、马某桂为自己虚开增值税专用发票,虚开税款数额巨大,且全部被用于抵扣税款,三被告人的行为均已构成虚开增值税专用发票罪,依法应追究其刑事责任。L市X区人民检察院指控被告人马某桂、陈某秋犯虚开增值税专用发票罪的事实清楚,证据确实、充分,指控的罪名正确,人民法院依法予以支持。公诉机关指控被告人钱某祥构成购买增值税专用发票罪,指控罪名错误,人民法院依法予以纠正。

被告人马某桂、陈某秋当庭自愿认罪,并退还了部分违法所得,量刑时可以酌情从轻处罚。被告人钱某祥犯罪后自动投案,并如实供述自己的罪行,系自首,依法可以对其从轻或者减轻处罚;被告人钱某祥在取保候审期间,检举他人犯罪,并经查证属实,构成立功,依法可以对其从轻或者减轻处罚;被告人钱某祥当庭自愿认罪,并积极退还了全部应缴税款,量刑时可以从轻处罚。

综上,根据三被告人的犯罪情节及悔罪表现,依法对被告人马某桂、陈某秋从轻处罚,对被告人钱某祥减轻处罚,并适用缓刑。据此,依据《中华人民共和国刑法》第205条第1款、第3款,第67条第1款,第68条,第64条,第72条第1款、第3款,第73条第1款、第3款的规定,人民法院判决:

（1）被告人马某桂犯虚开增值税专用发票罪,判处有期徒刑11年,并处罚金人民币45万元。

（2）被告人陈某秋犯虚开增值税专用发票罪,判处有期徒刑10年6个月,并处罚金人民币40万元。

（3）被告人钱某祥犯虚开增值税专用发票罪,判处有期徒刑3年,缓刑5年,并处罚金人民币15万元(罚金已缴纳)。

（4）对被告人马某桂、陈某秋违法所得予以追缴,对被告人钱某祥虚开增值税专用发票偷逃的税款予以追缴,上缴国库。

二、综合解析

（一）关于被告人辩护意见的采纳情况

1. 关于被告人马某桂辩护意见的采纳情况

（1）辩护人提出"本案中国家税款没有损失,不属于情节特别严重"。

---

① 2019年8月20日摘自中国裁判文书网。

依据最高人民法院相关文件及司法解释的规定,是否给国家税款造成损失,并不是虚开增值税专用发票罪的必然构成要件,且依据《最高人民法院关于适用〈全国人民代表大会常务委员会关于惩治虚开、伪造和非法出售增值税专用发票犯罪的决定〉的若干问题的解释》(法发〔1996〕30号)虚开税款数额50万元以上的,属于"虚开的税款数额巨大",同时依据《中华人民共和国刑法》第205条,虚开的税款数额巨大,应处十年以上有期徒刑或者无期徒刑。据上,对辩护人的该项辩护意见,人民法院不予采纳。

实践中法发〔1996〕30号对虚开增值税专用发票犯罪设置的量刑标准已不符合现状、过于严苛,已违背了罪责刑相适应原则。根据《最高人民法院关于审理骗取出口退税刑事案件具体应用法律若干问题的解释》(法释〔2002〕30号)的规定,以假报出口或者其他欺骗手段,骗取国家出口退税款250万元以上的,处10年以上有期徒刑或者无期徒刑;而根据法发〔1996〕30号的规定,虚开增值税专用发票的虚开税款数额在50万元以上的,也处10年以上有期徒刑或者无期徒刑。而从犯罪性质、危害后果看,两罪并无多大区别,而两罪的定罪量刑标准却相差数倍。特别是对于骗取国家出口退税罪,虽然骗取税款数额相同,但一个采取虚开增值税专用发票手段,另一个采取其他手段,两者就可能量刑差异巨大,显然不够公平合理。

2014年11月27日,最高人民法院研究室曾针对这一问题专门向西藏自治区高级人民法院做出过答复,即《最高人民法院研究室关于如何适用法发〔1996〕30号司法解释数额标准问题的电话答复》(法研〔2014〕179号)。该批复规定:"为了贯彻罪刑相当原则,对虚开增值税专用发票案件的量刑数额标准,可以不再参照适用1996年《最高人民法院关于适用〈全国人民代表大会常务委员会关于惩治虚开、伪造和非法出售增值税专用发票犯罪的决定〉的若干问题的解释》。在新的司法解释制定前,对于虚开增值税专用发票案件的定罪量刑标准,可以参照《最高人民法院关于审理骗取出口退税刑事案件具体应用法律若干问题的解释》的有关规定执行。"然而,由于法研〔2014〕179号是最高人民法院研究室制定的电话答复,其制定程序不属于司法解释的制定程序,其形式也不符合司法解释的形式,因此在性质上不属于司法解释,不具有法律效力,因此各地人民法院在虚开增值税专用发票犯罪案件审判中无法直接援引法研〔2014〕179号。

2018年8月22日,最高人民法院发布《最高人民法院关于虚开增值税专用发票定罪量刑标准有关问题的通知》(法〔2018〕226号),就适用刑法第205条关于虚开增值税专用发票罪的有关规定做出解释,具体内容如下:

为正确适用刑法第205条关于虚开增值税专用发票罪的有关规定,确保罪责刑相适应,现就有关问题通知如下:

① 自本通知下发之日起,人民法院在审判工作中不再参照执行《最高人民法院关于适用〈全国人民代表大会常务委员会关于惩治虚开、伪造和非法出售增值税专用发票犯罪的决定〉的若干问题的解释》(法发〔1996〕30 号)第 1 条规定的虚开增值税专用发票罪的定罪量刑标准。

② 在新的司法解释颁行前,对虚开增值税专用发票刑事案件定罪量刑的数额标准,可以参照《最高人民法院关于审理骗取出口退税刑事案件具体应用法律若干问题的解释》(法释〔2002〕30 号)第 3 条的规定执行,即虚开的税款数额在 5 万元以上的,以虚开增值税专用发票罪处 3 年以下有期徒刑或者拘役,并处 2 万元以上 20 万元以下罚金;虚开的税款数额在 50 万元以上的,认定为刑法第 205 条规定的"数额较大";虚开的税款数额在 250 万元以上的,认定为刑法第 205 条规定的"数额巨大"。

需要注意的是,226 号文明确了参照执行法释〔2002〕30 号骗取出口退税罪解释规定的定罪量刑数额标准,没有要求参照执行"其他严重情节""其他特别严重情节"的认定标准;同时只是明确了虚开增值税专用发票刑事案件参照执行的数额标准,未涉及虚开增值税专用发票罪的其他构成要件。

(2) 辩护人提出"本案应当认定为单位犯罪,且被告人马某桂的公司有部分实际经营行为,量刑时应予酌情考虑"。

本案现有证据显示被告人马某桂控制的兴发公司、贵发公司在成立后,均主要从事了为他人虚开增值税专用发票的犯罪行为,期间只有很小一部分的棉花收购经营活动,依据《最高人民法院关于审理单位犯罪案件具体应用法律有关问题的解释》"个人为进行犯罪违法活动而设立的公司、企业、事业单位实施犯罪的,或者公司、企业、事业单位设立后,以实施犯罪为主要活动的,不以单位犯罪论处"的规定,本案情形不符合单位犯罪的构成要件。据上,对辩护人的该项辩护意见,不应予以采纳。

《中华人民共和国刑法》对包括虚开增值税专用发票罪在内的单位犯罪一般规定了轻于自然人犯罪的刑罚。这是基于对单位犯罪社会危害的特殊性和责任的分散性考量的结果,应当说是科学合理的。但是,当自然人利用这一规定为自己减轻罪责的时候,这一规定就失去了本来的积极意义而演变为法律的漏洞。最高人民法院上述司法解释很好地贯彻了立法原意,具有积极意义。

2. 关于被告人陈某秋辩护意见的采纳情况

辩护人提出"被告人陈某秋具有自首情节且在共同犯罪中系从犯,依法可以从轻或者减轻处罚"。

依据公安机关提供的现有证据材料,无法证实被告人陈某秋具有自首情节,且被告人陈某秋在与被告人马某桂实施的共同犯罪中,为了获取开票利益,积极介绍、联系购票单位,并为购票单位最终能够从马某桂处购得虚开的增值税专用发票提供了重要帮助,因此,最终人民法院认为不宜认定其为从犯。

3. 关于被告人钱某祥辩护意见的采纳情况

辩护人提出"被告人钱某祥的行为不构成虚开增值税专用发票罪"。

本案中被告人钱某祥经被告人陈某秋介绍,在与被告人马某桂的兴发、贵发公司无实际货物交易的情况下,以支付开票费的方式,通过被告人马某桂以兴发和贵发公司的名义为 Z 市振大制衣有限公司虚开棉纱增值税专用发票,并全部用于抵扣税款,其行为符合虚开增值税专用发票罪的构成要件,因此对辩护人的该项辩护意见,人民法院不予采纳。

(二) 人民法院考虑了当庭自愿认罪、自首、立功、退赃等量刑情节

《中华人民共和国刑法》第 67 条第 1 款规定:"犯罪以后自动投案,如实供述自己的罪行的,是自首。对于自首的犯罪分子,可以从轻或者减轻处罚。其中,犯罪较轻的,可以免除处罚。"第 3 款规定:"犯罪嫌疑人虽不具有前两款规定的自首情节,但是如实供述自己罪行的,可以从轻处罚;因其如实供述自己罪行,避免特别严重后果发生的,可以减轻处罚。"第 68 条规定:"犯罪分子有揭发他人犯罪行为,查证属实的,或者提供重要线索,从而得以侦破其他案件等立功表现的,可以从轻或者减轻处罚;有重大立功表现的,可以减轻或者免除处罚。"

本案中被告人马某桂、陈某秋当庭自愿认罪,并退还了部分违法所得,人民法院判定在量刑时可以酌情从轻处罚。被告人钱某祥犯罪后自动投案,并如实供述自己的罪行,系自首,依法可以对其从轻或者减轻处罚;同时,被告人钱某祥在取保候审期间,检举他人犯罪,并经查证属实,构成立功,依法可以对其从轻或者减轻处罚;被告人钱某祥当庭自愿认罪,并积极退还了全部应缴税款,人民法院最终在量刑上从轻处罚。

三、案例扩展分析

(一) 充分注意虚开案件的抗辩点

在虚开增值税专用发票案件中,有几个案件事实问题需要注意。

1. 关于资金回流的问题

在案件中仅有资金回流并不能说明就是虚开,资金回流仅仅是一个疑点或者是一条线索。以前,税务机关或者公安机关、公诉机关,乃至于审判机关都把资金回流作为虚开的一个重要事实对待。当然现在也是这样。对于资金回流的问题一定要仔细分析银行流水和具体明细,从中找到问题所在。现在对虚开案件的法庭辩护,很少有律师能对此进行仔细分析,并从中找到症结。

2. 关于税款抵扣的问题

在虚开案件中,对于税款的认证抵扣问题,不同税务机关可能出现不同证明材料。有的税务机关证明行为人已经认证,有的税务机关证明行为人已经认证抵扣。这是不同的两种结果。前者说明进项税发票已经在税务机关认证比对,但是还没有申报抵扣;后者说明进项税发票不仅已经认证,而且已经申报抵扣。在税收实践中,很少有辩护人注意到这个问题。公诉人、审判人员也很少注意这其中的区别。

3. 关于开票人的证人证言问题

在虚开案件中,有很大一部分证据是受票方的证人证言。如果从开票方看,证据证实有真实的交易,但是受票方的证人证言均否认,对此要认真对待,并且要找到有利于当事人的辩点。

虚开增值税专用发票案件,证据比较复杂,律师一定要进行专业辩护,找到有力的辩点,才能达到良好的辩护效果。

(二)常见量刑情节的适用

《最高人民法院关于常见犯罪的量刑指导意见》(法发〔2017〕7号),对常见量刑情节的适用做出规定。

量刑时要充分考虑各种法定和酌定量刑情节,根据案件的全部犯罪事实以及量刑情节的不同情形,依法确定量刑情节的适用及其调节比例。对严重暴力犯罪、毒品犯罪等严重危害社会治安犯罪,在确定从宽的幅度时,应当从严掌握;对犯罪情节较轻的犯罪,应当充分体现从宽。具体确定各个量刑情节的调节比例时,应当综合平衡调节幅度与实际增减刑罚量的关系,确保罪责刑相适应。

(1)对于未成年人犯罪,应当综合考虑未成年人对犯罪的认识能力、实施犯罪行为的动机和目的、犯罪时的年龄、是否初犯、偶犯、悔罪表现、个人成长经历和一贯表现等情况,予以从宽处罚。已满14周岁不满16周岁的未成年人犯罪,减少基准刑的30%～60%;已满16周岁不满18周岁的未成年人犯罪,减少基准刑的10%～50%。

(2)对于未遂犯,综合考虑犯罪行为的实行程度、造成损害的大小、犯罪未得逞的原因等情况,可以比照既遂犯减少基准刑的50%以下。

(3)对于从犯,应当综合考虑其在共同犯罪中的地位、作用等情况,予以从宽处罚,减少基准刑的20%～50%;犯罪较轻的,减少基准刑的50%以上或者依法免除处罚。

(4)对于自首情节,综合考虑自首的动机、时间、方式、罪行轻重、如实供述罪行的程度以及悔罪表现等情况,可以减少基准刑的40%以下;犯罪较轻的,可以减少基准刑的40%以上或者依法免除处罚。恶意利用自首规避法律制裁等不足以从宽处罚的除外。

(5)对于坦白情节,综合考虑如实供述罪行的阶段、程度、罪行轻重以及悔罪程度等情况,确定从宽的幅度。如实供述自己罪行的,可以减少基准刑的20%以下;如实供述司法机关尚未掌握的同种较重罪行的,可以减少基准刑的10%～30%;因如实供述自己罪行,避免特别严重后果发生的,可以减少基准刑的30%～50%。

(6)对于当庭自愿认罪的,根据犯罪的性质、罪行的轻重、认罪程度以及悔罪表现等情况,可以减少基准刑的10%以下。依法认定自首、坦白的除外。

(7)对于立功情节,综合考虑立功的大小、次数、内容、来源、效果以及罪行轻重等情况,确定从宽的幅度。一般立功的,可以减少基准刑的20%以下;重大立功的,可以减少基准刑的20%～50%;犯罪较轻的,减少基准刑的50%以上或者依法免除处罚。

(8)对于退赃、退赔的,综合考虑犯罪性质,退赃、退赔行为对损害结果所能弥补的程度,退赃、退赔的数额及主动程度等情况,可以减少基准刑的30%以下;其中抢劫等严重危害社会治安犯罪的应从严掌握。

(9)对于积极赔偿被害人经济损失并取得谅解的,综合考虑犯罪性质、赔偿数额、赔偿能力以及认罪、悔罪程度等情况,可以减少基准刑的40%以下;积极赔偿但没有取得谅解的,可以减少基准刑的30%以下;尽管没有赔偿,但取得谅解的,可以减少基准刑的20%以下;其中抢劫、强奸等严重危害社会治安犯罪的应从严掌握。

(10)对于当事人根据刑事诉讼法第277条达成刑事和解协议的,综合考虑犯罪性质、赔偿数额、赔礼道歉以及真诚悔罪等情况,可以减少基准刑的50%以下;犯罪较轻的,可以减少基准刑的50%以上或者依法免除处罚。

(11)对于累犯,应当综合考虑前后罪的性质、刑罚执行完毕或赦免以后至再犯罪时间的长短以及前后罪罪行轻重等情况,增加基准刑的10%～40%,一般不少于3个月。

(12)对于有前科的,综合考虑前科的性质、时间间隔长短、次数、处罚轻重等情况,可以增加基准刑的10%以下。前科犯罪为过失犯罪和未成年人犯罪的除外。

(13)对于犯罪对象为未成年人、老年人、残疾人、孕妇等弱势人员的,综合考虑犯罪的性质、犯罪的严重程度等情况,可以增加基准刑的20%以下。

(14)对于在重大自然灾害、预防、控制突发传染病疫情等灾害期间犯罪的,根据案件的具体情况,可以增加基准刑的20%以下。

第二节 "两票制"后医药企业虚开增值税专用发票案

伴随着全面"营改增"的到来,营业税彻底退出历史舞台。对于许多企业而言,之前可以冲账但不能抵扣进项税的会议费、咨询费等由于可以抵扣增值税款,将有利于企业降低税负;另一方面,税务部门的监管将更加严格,违法成本增加,"买票冲账""挂靠走票"等非法行为将难以为继。2017年1月9日,国家卫计委等8部委正式对外公布《在公立医疗机构药品采购中推行"两票制"的实施意见(试行)》,确定在公立医疗机构药品采购中推行"两票制"。"两票制"政策是对药品流通过程的强制规定,即"第一票"是指医药企业将药品销售给医药商业配送公司,"第二票"商业配送公司将药品销售配送给医院。"两票制"的实施大大缩减了交易环节,药品采购流程大幅精简。

在上述背景下,近年来医药企业参与虚开增值税专用发票的案件呈现高发状态,国家税务总局及各地方每年公布的虚开大案中几乎都有医药企业的身影,这些企业往往以咨询费、会议费、广告费等大量大额发票频繁入账,销售费用暴增,药企底价转高开、部分高开、佣金制等,销售收入、费用暴增、比率严重失衡。两票制下,结合金税三期系统,医药企业成了税务部门稽查的重点。

一、案例详情①

(一)案例引入

2013年,被告单位四川龙舵医药集团有限公司(简称龙舵公司)法定代表人董事长被告人陈中国、业务部副总监被告人郭丽、原财务部经理被告人代锐等人,通过他人联系甘肃陇西多家公司,虚构中药材收购业务,制作相应资金流水,让对方公司为自己虚开增值税专用发票,郭丽安排人员编造虚假的入库记录,代锐对取得的增值税专用发票做账并申报抵扣。现查明,2013年12月至2014年4月,龙舵公司通过被告人吕根伟中间介绍让陇西县蜀仁药业有限公司(简称蜀仁公司)、陇西县蜀鑫药业有限公司(简称蜀鑫公司)为自己虚开增值税专用发票98份,价税合计人民币11 052 837元,向税务机关申报抵扣进项税款人民币1 258 595.29元;通过他人从陇西农锋药业有限公司(简称农锋公司)、陇西县利博药业有限公司(简称利博公司)、陇西永锋药业有限公司(简称永锋公司)接受虚开增值税专用发票101份,价税合计人民币11 398 719元,向税务机关申报抵扣进项税款人民币1 311 356.91元。

2014年初,被告人陈中国、郭丽等人在成都市温江区设立四川听点中药材种植有限公司(简称听点公司),由郭丽挂名担任法定代表人。2015年12月期间,时任龙舵公司财务经理被告人魏强,经陈中国、郭丽等人授意,教唆该听点公司刚招聘的会计唐某为被告单位龙舵公司虚开增值税专用发票35份,价税合计人民币3 054 084元,税款合计人民币397 030元未进行抵扣。

---

① 案例来源:中国裁判文书网2017-10-30。

（二）一审人民法院裁判观点①

被告单位龙舵公司在并无真实交易的情况下，以虚构合同、伪造出入库纪录、伪造资金流水等方式，虚开增值税专用发票，其行为已经构成虚开增值税专用发票罪。被告人陈中国作为该公司直接负责的主管人员，被告人郭丽、代锐、魏强作为该公司其他直接责任人员，应当对该单位犯罪承担相应的责任。被告人吕根伟明知被告单位龙舵公司虚开增值税专用发票而提供帮助，其行为已构成虚开增值税专用发票罪。根据在案证据显示，龙舵公司接受虚开的增值税专用发票应为蜀鑫、蜀仁、农锋、利博、永锋、听点六家公司的总和，虚开税款应当认定为人民币 2 966 982.2 元；被告人陈中国、郭丽应当对龙舵公司总的犯罪金额承担责任，即为人民币 2 966 982.2 元；被告人代锐因只涉及了蜀鑫、蜀仁、农锋、利博、永锋五家公司，故只对其中 2 569 952.2 元承担责任；被告人吕根伟因只涉及蜀鑫、蜀仁公司，故只对其中 1 258 595.29 元承担责任；被告人魏强因只涉及听点公司，故只对其中 397 030 元承担责任。被告人陈中国于 2015 年 12 月 29 日接到成都市国家税务局稽查局的通知，到该局配合调查虚开增值税专用发票的相关情况，在稽查局通知公安后也并未离开，在公安机关如实交代了自己的犯罪行为，应当认定为自首，依法可以从轻或者减轻处罚。被告人郭丽、代锐、魏强作为单位犯罪中其他直接责任人员，在犯罪中所起作用较轻，应当认定为从犯，依法应当从轻或者减轻处罚。被告人吕根伟为被告单位龙舵公司虚开增值税专用发票中间介绍和提供帮助，在共同犯罪中起辅助、次要作用，系从犯，依法应当从轻或减轻处罚。被告人代锐到案后如实供述罪行，依法可以从轻处罚。被告单位龙舵公司已补缴部分税款，可以酌情予以从轻处罚。

依照《中华人民共和国刑法》第 205 条、第 30 条、第 31 条、第 25 条、第 27 条、第 52 条、第 53 条、第 64 条、第 67 条第 3 款之规定，判决：

（1）被告单位四川龙舵医药集团有限公司犯虚开增值税专用发票罪，判处罚金人民币 30 万元。

（2）被告人陈中国犯虚开增值税专用发票罪，判处有期徒刑 7 年。

（3）被告人郭丽犯虚开增值税专用发票罪，判处有期徒刑 6 年 3 个月。

（4）被告人代锐犯虚开增值税专用发票罪，判处有期徒刑 5 年。

（5）被告人吕根伟犯虚开增值税专用发票罪，判处有期徒刑 3 年 6 个月。

（6）被告人魏强犯虚开增值税专用发票罪，判处有期徒刑 1 年 8 个月。

（7）扣押在案的物品由公安机关依法处理。

（三）人民检察院观点

被告单位龙舵公司及其直接负责的被告人陈中国、郭丽、代锐、魏强通过被告人吕根

---

① 案例来源：中国裁判文书网 2017-10-30。

伟中间介绍其他公司或设立公司为自己虚开增值税专用发票,数额巨大,其中被告人魏强数额较大,被告单位及上述五被告人的行为触犯了《中华人民共和国刑法》第 205 条、第 31 条、第 30 条、第 25 条之规定,应当以虚开增值税专用发票罪追究其刑事责任。

(四) 被告人及辩护人辩护观点

1. 被告人陈中国及其辩护人的辩护观点

被告人陈中国对公诉机关起诉指控的犯罪事实和罪名无异议。其辩护人对起诉书指控的罪名无异议,并提出如下辩护意见:

(1) 陈中国主动前往税务机关交代涉案事实,并在税务机关通知公安机关到场的情况下,主动等待,应当认定为自首。

(2) 本案定罪数额应当以税务机关认定的数额 131 136.91 元为准。

(3) 被告人陈中国主观恶性不大,且归案后能够如实供述自己的罪行,认罪悔罪态度较好,请求人民法院从轻处罚。

2. 被告人郭丽及其辩护人的辩护观点

被告人郭丽对公诉机关起诉指控的犯罪事实和罪名均有异议。辩称到:

(1) 自己对龙舵公司虚开增值税专用发票一事毫不知情,没有参加过什么会议,与吕根伟在 2014 年之前并不认识。

(2) 自己并没有安排人员制作虚假的入库记录,在龙舵公司虚开增值税专用发票一事中没有起到任何作用。

(3) 听点公司成立的事情自己并不知情,也不知道自己是听点公司的法定代表人,更没有同意听点公司虚开增值税专用发票,也未授意魏强去参与虚开一事。

郭丽辩护人对公诉机关起诉指控的犯罪事实和罪名均有异议,并提出如下辩护意见:

(1) 郭丽作为龙舵公司业务部副经理伙同本案其他人员共同实施虚开增值税专用发票的行为事实不清,证据不足。本案龙舵公司与五家公司是否有真实的业务往来以及具体数量公诉机关未提供证据,被告人郭丽在指控的犯罪行为中作用和地位并不明确,国家税款是否受到损失证据不足。

(2) 关于听点公司虚开的指控,缺乏司法鉴定也没有资金回流的相关证明,无法证实虚开的事实。

(3) 被告人郭丽在本案中与虚开增值税专用发票没有关系,郭丽没有犯罪的故意,且供述一直非常稳定,请求人民法院依法判决其无罪。

3. 被告人代锐及其辩护人的辩护观点

被告人代锐对公诉机关起诉指控的犯罪事实和罪名均无异议,提出自己在整个犯罪活动中是被动参与的,自己系初犯、偶犯,请求人民法院从轻处罚。

其辩护人对公诉机关起诉指控的犯罪事实和罪名均无异议,并提出如下辩护意见:

(1)本案涉案公司产品为中药材,具有特殊性,作为买发票的龙舵公司而言,其属于下游犯罪。

(2)被告人代锐不应认定为主管人员。

(3)公诉机关指控代锐的涉案金额256万元过高,且无证据证明代锐参与了制作资金流水等活动。

(4)被告人代锐的犯罪动机不是为了获取利益,且犯罪故意为间接故意,且系初犯、偶犯,能如实供述,请求人民法院依法判处缓刑。

4. 被告人吕伟根及其辩护人的辩护观点

被告人吕根伟对公诉机关起诉指控的罪名无异议,辩称其没有参与虚开增值税专用发票。其辩护人对公诉机关起诉指控的罪名无异议,并提出如下辩护意见:

(1)公诉机关指控蜀仁、蜀鑫公司的涉案金额1 100万余元的证据不充分。

(2)被告人吕根伟没有参与具体的开票过程,并不知晓开具了多少金额的增值税专用发票,不应对全部涉案金额承担刑事责任,且系从犯。

(3)蜀仁、蜀鑫公司的涉案金额已经补缴,为给国家造成损失,且被告人吕根伟系初犯、认罪态度好,请求人民法院依法从轻、减轻处罚并适用缓刑。

5. 被告人魏强及其辩护人的辩护观点

被告人魏强对公诉机关起诉指控的犯罪事实有异议,辩称到自己虽按照龙舵公司的工作安排去教过听点公司的财务人员开票,但是当天自己仅开过两张,且自己当天开票时是看到听点公司有药材货物的,当庭表示当天开具的发票应该是真实的。同时,自己也没有威胁过财务人员开票,而公诉机关其余指控的都是其他人所开,自己并不知情。

其辩护人对公诉机关起诉指控的罪名无异议,并提出如下辩护意见:

(1)公诉机关指控被告人魏强教唆财务人员虚开增值税专用发票35份的证据不足,他人虚开的金额不应当认定为被告人魏强的犯罪金额。

(2)被告人魏强在本案中所起作用较小,明显处于次要辅助地位,应当认定为从犯。

(3)被告人魏强与被告人陈中国一起主动前往税务机关交代问题,并等待公安机关的抓捕,应当认定为自首,请求人民法院依法从轻或者减轻处罚。

（五）二审人民法院裁判观点①

被告单位龙舵公司在并无真实货物交易的情况下，以虚构合同、伪造出入库纪录、伪造资金流水等方式，让蜀鑫、蜀仁、农锋、利博、永锋、听点六家公司为自己虚开增值税专用发票，其行为已经构成虚开增值税专用发票罪。原审被告人陈中国作为龙舵公司直接负责的主管人员，上诉人郭丽、代锐，原审被告人魏强作为龙舵公司其他直接责任人员，均应对该单位犯罪承担相应责任，原审被告人吕根伟明知被告单位龙舵公司虚开增值税专用发票而提供帮助，其行为亦构成虚开增值税专用发票罪，且各上诉人、原审被告人系共同犯罪。根据在案证据显示，龙舵公司接受蜀鑫、蜀仁、农锋、利博、永锋、听点六家公司为其虚开的增值税专用发票，虚开税款应当认定为人民币 2 966 982.2 元，属数额巨大；上诉人郭丽、原审被告人陈中国均参与了龙舵公司的前述犯罪行为，应对龙舵公司全部犯罪金额承担责任，即人民币 2 966 982.2 元，属数额巨大；上诉人代锐的行为仅涉及蜀鑫、蜀仁、农锋、利博、永锋五家公司，故只对其中 2 569 952.2 元承担责任，属数额巨大；原审被告人吕根伟的行为仅涉及蜀鑫、蜀仁公司，故只对其中 1 258 595.29 元承担责任，属数额较大；原审被告人魏强的行为仅涉及听点公司，故只对其中 397 030 元承担责任。在共同犯罪中，原审被告人陈中国起主要作用，系主犯；上诉人郭丽、代锐，原审被告人魏强起次要作用，系从犯，依法应当从轻或者减轻处罚。原审被告人吕根伟为原审被告单位龙舵公司虚开增值税专用发票中间介绍和提供帮助，在共同犯罪中起次要和辅助作用，系从犯，依法应当从轻或减轻处罚。原审被告人陈中国在成都市国家税务局稽查局配合调查虚开增值税专用发票相关情况时，在稽查局通知公安机关后并未离开，在公安机关亦如实交代了自己的犯罪行为，系自首，依法可以从轻或者减轻处罚。原审被告人代锐到案后如实供述罪行，依法可以从轻处罚。原审被告单位龙舵公司已补缴部分税款，可以酌情予以从轻处罚。

原判审判程序合法，认定事实清楚，适用法律正确，量刑适当。据此，依照《中华人民共和国刑事诉讼法》第 225 条第 1 款第（一）项的规定，裁定如下：驳回上诉，维持原判。

二、综合解析

（一）关于国家税务总局公告 2014 年第 39 号

《国家税务总局关于纳税人对外开具增值税专用发票有关问题的公告》（国家税务总局公告 2014 年第 39 号）的规定，纳税人通过虚增增值税进项税额偷逃税款，但对外开具增值税专用发票同时符合以下情形的，不属于对外虚开增值税专用发票：

---

① 案例来源：中国裁判文书网 2018-12-17。

（1）纳税人向受票方纳税人销售了货物，或者提供了增值税应税劳务、应税服务。

（2）纳税人向受票方纳税人收取了所销售货物、所提供应税劳务或者应税服务的款项，或者取得了索取销售款项的凭据。

（3）纳税人按规定向受票方纳税人开具的增值税专用发票相关内容，与所销售货物、所提供应税劳务或者应税服务相符，且该增值税专用发票是纳税人合法取得，并以自己名义开具的。

因此，税务部门在判断企业其是否属于虚开时，首先，应确认对方企业为受票企业的相关货物、服务项目是否是真实的；其次，应通过查询企业银行流水资料，确认企业是否收到了与发出货款金额一致的服务费等费用支出；最后，查看收到的增值税专用发票内容是否符合财税〔2016〕36号文件对其的定义，即是否属于提供信息、建议等服务的活动。通过检查企业的经营与开票行为，看其符合完全上述三种情形，有助于更好地判断企业的真实业务情况。

（二）对纳税人经营业务真实性的分析

案例中郭丽辩护人认为郭丽作为龙舵公司业务部副经理伙同本案其他人员共同实施虚开增值税专用发票的行为事实不清，证据不足，且龙舵公司与五家公司是否有真实的业务往来以及具体数量公诉机关未提供证据。目前，我国税收法规对制造业和商业企业应税行为（货物、销售）的认定很明确，俗称"三流一致"。而对服务业的应税服务却没有明确的规定，与此同时，由于这类应税行为中没有"物流"痕迹，其交易实质很难被认定。这就从制度上带来了极大的虚开风险。

除了本案例中出现的情形外，我国医药市场目前出现了较多的"医药咨询企业"，这些企业多是之前的医药代理商转型而来的。由于我国施行"两票制"前，医药企业将药品按出厂价销售给众多的中小医药商业公司，代理商再按药品的中标价销售给医院，出厂价与中标价之间的差额是代理商的收益，代理商的主要业务是药品的推广与销售。"两票制"后，代理商这个中间环节被取消了。医药企业的药品按中标价销售给大中型医药商业配送公司，配送商再向有需求的医院进行销售配送（收取一定的配送费）。对某种药品，医院如果没有需求，配送商是无法销售的。简而言之，配送商不负责药品销售的促进业务。因此，如果没有专人继续向医生做推广工作，处方药就无法实现销售。而这些代理商掌握着医院和医生这个独有的药品销售渠道资源，大多数医药企业则不具有这种资源，很多医药企业不得不委托其他企业开展相关医药推广业务。因此，税务律师认为，充分了解医药企业委托相关企业为其服务的真实原因对判断二者之间的服务业务是否是真实有着及其重要的作用。

（三）能否通过"三流"不一致直接得出企业虚开的结论

国家税务总局办公厅在关于《国家税务总局关于纳税人对外开具增值税专用发票有

关问题的公告》的解读中提到:"本公告是对纳税人的某一种行为不属于虚开增值税专用发票所做的明确,目的在于既保护好国家税款安全,又维护好纳税人的合法权益。换一个角度说,本公告仅仅界定了纳税人的某一行为不属于虚开增值税专用发票,并不意味着非此即彼,从本公告并不能反推出不符合三种情形的行为就是虚开。比如,某一正常经营的研发企业,与客户签订了研发合同,收取了研发费用,开具了专用发票,但研发服务还没有发生或者还没有完成。这种情况下不能因为本公告列举了'向受票方纳税人销售了货物,或者提供了增值税应税劳务、应税服务',就判定研发企业虚开增值税专用发票。"总局做出这个解读,是因为交易中确实存在支付了约定资金,开具了发票,而没有提供服务的情况。假如未提供服务就算虚开,则很多交易是没有办法进行的。

结合目前我国医药市场现状,大多数医药企业只专注药品生产,不具有医院和医生这个药品销售渠道源。所以,医药企业确实有时只有通过委托其他企业在医院开展药品的推广业务才能将药品销售出去。依靠他们与医院和医生之间建立的信任关系,使医药企业在合同约定的推广区域内有销售量,医药企业按约定支付一定的报酬。因此,税务律师认为,在判断企业是否属于虚开时,"三流"不一致不能作为确定其存在虚开行为的唯一判断依据。

(四) 应充分判断纳税人是否具有偷逃税目的,以及是否对国家税收造成损失

2018 年 12 月 4 日,最高人民法院发布的典型案例里有一例张某强虚开增值税专用发票案。对于本案例的解读具有典型意义,最高人民法院说到:"我国改革开放后的一段时期,社会主义市场经济制度不够完善,一些企业特别是民营企业发展有一些不规范行为。习近平总书记在 2018 年 11 月 1 日民营企业座谈会上强调,对一些民营企业历史上曾经有过的一些不规范行为,要以发展的眼光看问题,按照罪刑法定、疑罪从无的原则处理,让企业家卸下思想包袱,轻装前进。"

根据上述最高人民法院公布的典型案例说明可以得知,虚开增值税专用发票罪的构成要件之一是纳税人有偷逃税收的目的,对国家税收造成损失。因此,税务律师认为,如果企业与企业之间按照交易如实开票进行纳税申报,既没有偷逃税收的目的,也没有对国家税收造成损失,无法直接判断其存在虚开行为。(本案例由刘润哲撰写)

▶▶▶ **链 接**：**相关法律法规、规范性文件梳理**

(一) 法律

1.《中华人民共和国刑法修正案(十)》

2.《惩治虚开、伪造和非法出售增值税专用发票犯罪的决定》(主席令第 57 号)

3.《中华人民共和国企业所得税法》

4.《中华人民共和国税收征收管理法》

（二）行政法规

1.《中华人民共和国增值税暂行条例》

2.《中华人民共和国企业所得税法实施条例》

3.《中华人民共和国发票管理办法》

4.《中华人民共和国税收征收管理法实施细则》

（三）司法解释

1.《最高人民法院关于适用人大关于惩治虚开、伪造和非法出售专票犯罪的决定问题解释》（法发〔1996〕30号）

2.《最高人民法院关于审理骗税刑事案件具体应用解释》（法释〔2002〕30号）

3.《最高人民检察院　公安部关于公安机关管辖的刑事案件立案追诉标准的规定（二）》（公通字〔2010〕23号）

（四）税收规范性文件

1.《国家税务总局关于加强增值税征收管理若干问题的通知》（国税发〔1995〕192号）

【注1】　根据《国家税务总局关于公布全文失效废止和部分条款废止的税收规范性文件目录的公告》（国家税务总局公告2016年第34号），本文废止第1条第（1）项自2016年5月29日起失效。

【注2】　根据《国家税务总局关于发布已失效或废止的税收规范性文件目录的通知》（国税发〔2006〕62号）文件规定，本文第1条的（2）、（4）、（5）于2006年4月30日失效。

【注3】　根据《国家税务总局关于发布已失效或废止有关增值税规范性文件清单的通知》（国税发〔2009〕7号），本文第1条的第1项（固定资产除外）自2009年2月2日起失效。

2.《国家税务总局转发〈最高人民法院关于适用《全国人民代表大会常务委员会关于惩治虚开、伪造和非法出售增值税专用发票犯罪的决定》的若干问题的解释〉的通知》（国税发〔1996〕210号）

3.《国家税务总局关于纳税人取得虚开的增值税专用发票处理问题的通知》（国税发〔1997〕134号）

4.《国家税务总局关于〈国家税务总局关于纳税人取得虚开的增值税专用发票处理问题的通知〉的补充通知》（国税发〔2000〕182号）

5.《国家税务总局关于纳税人善意取得虚开的增值税专用发票处理问题的通知》（国税发〔2000〕187号）

6.《国家税务总局关于金税工程增值税征管信息系统发现的涉嫌违规增值税专用发票处理问题的通知》（国税函〔2006〕969号）

【注】　依据《国家税务总局关于异常增值税扣税凭证管理等有关事项的公告》（国家税务总局公告2019年第38号），本法规自2020年2月1日起第1条第（2）项和第2条条款废止。

7.《国家税务总局关于诺基亚公司实行统一结算方式增值税进项税额抵扣问题的批复》(国税函〔2006〕1211号)

8.《国家税务总局关于纳税人善意取得虚开增值税专用发票已抵扣税款加收滞纳金问题的批复》(国税函〔2007〕1240号)

9.《国家税务总局关于纳税人虚开增值税专用发票征补税款问题的公告》(国家税务总局公告2012年第33号)

10.《国家税务总局关于纳税人对外开具增值税专用发票有关问题的公告》(国家税务总局公告2014年第39号)

11.《国务院关于建立完善守信联合激励和失信联合惩戒制度加快推进社会诚信建设的指导意见》(国发〔2016〕33号)

12.《国家税务总局关于走逃(失联)企业开具增值税专用发票认定处理有关问题的公告》(国家税务总局公告2016年第76号)

【注】　依据《国家税务总局关于异常增值税扣税凭证管理等有关事项的公告》(国家税务总局公告2019年第38号),本法规自2020年2月1日起第2条第(2)项条款废止。

13.《国家发展改革委关于印发〈政府出资产业投资基金管理暂行办法〉的通知》(发改财金〔2016〕2798号)——联合惩戒2016版

14.《国家税务总局关于进一步明确营改增有关征管问题的公告》(国家税务总局公告2017年第11号)

【注1】　依据《国家税务总局关于取消增值税扣税凭证认证确认期限等增值税征管问题的公告》(国家税务总局公告2019年第45号),自2020年3月1日起本法规第10条废止。

【注2】　依据《国家税务总局关于扩大小规模纳税人自行开具增值税专用发票试点范围等事项的公告》(国家税务总局公告2019年第8号),本法规自2019年3月1日起第9条条款废止。

15.《国家税务总局关于跨境应税行为免税备案等增值税问题的公告》(国家税务总局公告2017年第30号)

16.《国家税务总局关于发布〈企业所得税税前扣除凭证管理办法〉的公告》(国家税务总局公告2018年第28号)

17.《国家税务总局关于发布〈重大税收违法失信案件信息公布办法〉的公告》(国家税务总局公告2018年第54号)

(五) 最高人民法院文件

1.《最高人民法院研究室关于如何适用法发〔1996〕30号司法解释数额标准问题的电话答复》(法研〔2014〕179号)

2.《最高人民法院研究室〈关于如何认定以"挂靠"有关公司名义实施经营活动并让有关公司为自己虚开增值税专用发票行为的性质〉征求意见的复函》(法研〔2015〕58号)

3.《最高人民法院关于虚开增值税专用发票定罪量刑标准有关问题的通知》(法〔2018〕226 号)

4. 最高人民法院发布第二批保护产权和企业家合法权益典型案例——张某强虚开增值税专用发票案

(六) 其他

1. 国家税务总局、公安部、海关总署、中国人民银行等四部委共同部署开展打击虚开骗税违法犯罪两年专项行动,重点打击没有实际经营业务只为虚开发票的"假企业"、没有实际出口只为骗取退税的"假出口"

2. 国家税务总局公布"黑名单"联合惩戒典型案例

3. 各省税务行政处罚裁量基准(虚开、代开发票)

下　编

骗取出口退税的刑法风险防控

本部分内容主要涉及"打虚""打骗"。关于"打虚",在本部分上编已经通过司法裁判案例进行了详细介绍。现在仍然通过相关司法裁判案例介绍"打骗",即骗取出口退税的刑法风险防控问题。骗取出口退税必须涉及增值税专用发票,因此尽管本书的主题是虚开增值税专用发票的风险防控,但是仍然要涉及骗取出口退税的问题。

第二十章　骗取出口退税的刑法风险概述

《中华人民共和国刑法》第 204 条规定了骗取出口退税罪，这是《中华人民共和国刑法》层面关于犯罪的规定。在《税收征收管理法》层面，也做出税法规定，该法第 66 条规定了骗取出口退税的税法处理原则。

骗取出口退税罪必须以虚假手段、主观故意为基本前提。骗取出口退税的法定刑期和实践中的实际量刑均比较重，其目的是为了维护国家的出口退税管理秩序，保障国家的财政税收安全。骗取出口退税罪的主体是一般主体。因此，在出口退税层面，行为人要注意风险防控。

第一节　骗取出口退税的犯罪构成要件

骗取出口退税罪，是指行为人故意违反税收法律法规，采取以假报出口等欺骗手段，骗取国家出口退税款数额较大的行为。骗取出口退税罪是国家打击的重点犯罪行为之一，目的在于维护国家正常的出口退税管理秩序和国家的财政安全。

一、犯罪客体

骗取出口退税罪侵犯的客体为复杂客体，既侵害了国家的出口退税管理制度，又侵害了国家的财产所有权。

出口退税是出口货物退税的简称，是指在国际贸易中，对出口货物退还其在国内生产和流通环节已实际缴纳的增值税、消费税。目前国内有 18 个税种，如有增值税、消费税、企业所得税、个人所得税、资源税、房产税、车船使用税等，但可申请出口退税的税种只有增值税和消费税这两个税种。《增值税暂行条例》第 2 条规定："（三）纳税人出口货物，税率为零；但是，国务院另有规定的除外。"第 25 条第 1 款规定："纳税人出口货物适用退（免）税规定的，应当向海关办理出口手续，凭出口报关单等有关凭证，在规定的出口退（免）税申报期内按月向主管税务机关申报办理该项出口货物的退（免）税。具体办法由国务院财政、税务主管部门制定。"《中华人民共和国消费税暂行条例》第 11 条规定："对纳税人出口应税消费品,免征消费税;国务院另有规定的除外。出口应税消费品的免税办法,由国务院财政、税务主管部门规定。"

本罪的犯罪对象是国家的出口退税款,具体地说是所退还出口商品的增值税和消费税的税款。

二、犯罪客观方面

骗取出口退税罪的客观方面表现为行为人以假报出口或者其他欺骗手段,骗取国家出口退税款,数额较大的行为。据此,骗取出口退税罪的行为包括假报出口和其他欺骗手段。

(一)以假报出口的手段

假报出口,就是报关金额与实际货值严重不符,在虚报出口商品价值上做文章,或抬高单价、抬高总金额,或抬高单价、降低数量,总金额不变,报关单和账务处理上表现为有真有假、真假结合、以真掩假,甚至是无货虚开等,然后再指使某些不法生产企业虚开增值税专用发票,非法购汇核销,通过外贸企业或有进出口经营资格的生产企业 高报出口后向税务机关申报出口退税。

根据最高人民法院司法解释的相关规定,"假报出口"是指以虚构已税货物出口事实为目的,具有下列情形之一的行为:

(1)伪造或者签订虚假的买卖合同。

(2)以伪造、变造或者其他非法手段取得出口货物报关单、出口收汇核销单、出口货物专用缴款书等有关出口退税单据、凭证。

(3)虚开、伪造、非法购买增值税专用发票或者其他可以用于出口退税的发票。

(4)其他虚构已税货物出口事实的行为。

(二)以其他欺骗手段

其他欺骗手段,是指假报出口以外其他手段骗取出口退税的行为。根据《骗取出口退税案件解释》第 2 条的规定,具有下列情形之一的,应当认定为《中华人民共和国刑法》第 204 条规定的"其他欺骗手段":

(1)骗取出口货物退税资格的。

(2)将未纳税或者免税货物作为已税货物出口的。

(3)虽有货物出口,但虚构该出口货物的品名、数量、单价等要素,骗取未实际纳税部分出口退税款的。

(4)以其他手段骗取出口退税款的。

（三）骗取出口退税数额较大

根据《中华人民共和国刑法》的规定,以假报出口或者其他欺骗手段,骗取国家出口退税款,数额较大的才构成骗取出口退税罪。因此,行为人仅实施了假报出口或者其他欺骗手段,尚未达到数额较大的,不构成本罪。根据《骗取出口退税案件解释》第 3 条的规定,骗取国家出口退税款 5 万元以上的,为《刑法》第 204 条规定的"数额较大";骗取国家出口退税款 50 万元以上的,为《刑法》第 204 条规定的"数额巨大";骗取国家出口退税款 250 万元以上的,为《刑法》第 204 条规定的"数额特别巨大"。另根据《最高人民检察院 公安部关于公安机关管辖的刑事案件立案追诉标准的规定(二)》第 60 规定,以假报出口或者其他欺骗手段,骗取国家出口退税款,数额在 5 万元以上的,应予立案追诉。故该罪的立案追诉标准是 5 万元。

尽管我国不是判例法国家,但是根据相关裁判案件来看,骗取出口退税的实行方式主要有以下几种:

（1）虚假出口,例如伪造假的出口凭证,虚开出口退税的专用发票等形式将不实行退税的物品充当退税物品进行出口的。

（2）将一批货物进行反复循环出口以获得退税款的。

（3）没有出口资质的公司进行国内贸易假冒出口贸易进行出口退税。即利用各种方式来构造虚假的出口贸易行为,获取或者伪造出口单证,以此来骗取国家的税款。

三、犯罪主体

骗取出口退税罪的主体为一般主体,凡达到刑事责任年龄且具备刑事责任能力的自然人和单位都可以构成本罪的主体。其中,此处的单位是指具有出口退税申请权的单位。根据现行税法的相关规定,具有出口退税申请权的单位包括以下几种:

（1）经批准拥有进出口经营权的中央和地方外贸企业、工业贸易企业。

（2）经批准拥有进出口经营权的自营出口生产企业。

（3）采用委托代理出口形式的生产企业。

（4）外商投资企业。

（5）特准出口退税企业。

一些特准退（免）税企业,虽然不一定具有进出口经营权,但对其在特定条件下从事对外贸易活动中销售的货物特准退还或免征增值税和消费税。

实践中,存在部分人为了更隐蔽地骗税或者长期骗税,专门成立了用于骗税的公司的现象,即某自然人注册多个虚假公司,这些虚假公司不进行任何生产活动,其主要业务就是骗税。按照《最高人民法院关于审理单位犯罪案件具体应用法律有关问题的解释》

第 2 条的规定,对于这种情况,不应认定为单位犯罪,应按自然人犯罪追究行为人的刑事责任。如果公司是合法成立的,但以从事犯罪活动为主业,仍应当认定为自然人犯罪。

四、犯罪主观方面

骗取出口退税罪的主观方面表现为直接故意,过失不构成本罪。即行为人故意以非法手段,骗取国家出口退税款,获得非法利益。实际生产经营中,行为人往往会因为疏忽大意,造成税率、商品成本、数量、价格等方面的计算错误,从而造成多报退税,致使税务机关多退税款的情况。此种情况并不能认定行为人构成骗取出口退税罪,应由税务机关责令其退还税款,并加收相应的滞纳金,进行税法处理即可,不移交公安机关进行刑法处理。

例如,杭州市萧山区人民检察院　杭萧检公诉刑不诉〔2016〕124 号 :"经本院审查并退回补充侦查一次,本院认为杭州市公安局萧山区分局认定被不起诉人叶某某主观明知'他人意欲骗取国家出口退税款'的证据不足,且也不能认定被不起诉人叶某某构成其他犯罪,没有再次退回补充侦查必要,不符合起诉条件。"

第二节　骗取出口退税的立案和量刑标准

一、立案标准

以假报出口或者其他欺骗手段,骗取国家出口退税款,数额在 5 万元以上的,应予立案追诉。

二、量刑标准

(1) 骗取国家出口退税款 5 万元以上的,处 5 年以下有期徒刑或者拘役,并处骗取税款一倍以上 5 倍以下罚金。

(2) 骗取国家出口退税款 50 万元以上的,或者造成国家税款损失 30 万元以上并且在第一审判决宣告前无法追回的;或者因骗取国家出口退税行为受过行政处罚,2 年内又骗取国家出口退税款数额在 30 万元以上的;或者有情节严重的其他情形;处 5 年以上 10 年以下有期徒刑,并处骗取税款 1 倍以上 5 倍以下罚金。

(3) 骗取国家出口退税款 250 万元以上的,或者造成国家税款损失 150 万元以上并且在第一审判决宣告前无法追回的;或者因骗取国家出口退税行为受过行政处罚,2 年内又骗取国家出口退税款数额在 150 万元以上的;或者有情节特别严重的其他情形;处 10

年以上有期徒刑或者无期徒刑,并处骗取税款 1 倍以上 5 倍以下罚金或者没收财产。

第三节 骗取出口退税罪在审查起诉阶段
无罪抗辩的案例借鉴

一、酌定不起诉抗辩观点

(一)犯罪情节比较轻微,退缴全部税款、罚金

和检诉刑不诉〔2017〕6 号《不起诉决定书》①中表述:"本院认为,被不起诉人张某甲实施了《中华人民共和国刑法》第 204 条的规定,构成了骗取出口退税罪,因犯罪情节比较轻微,并已退缴了全部税款、罚款,根据《中华人民共和国刑事诉讼法》第 173 条第二款的规定,决定对张某甲不起诉。"

(二)犯罪情节比较轻微,从犯、具有坦白情节

杭萧检公诉刑不诉〔2016〕125 号《不起诉决定书》②中表述:"本院认为,犯罪嫌疑人裘某某作为浙江桥通进出口有限公司直接负责的主管人员,实施了《中华人民共和国刑法》第 204 条第一款规定的行为,但犯罪情节轻微,具有从犯、坦白等情节,根据《中华人民共和国刑法》第 37 条的规定,不需要判处刑罚。根据《中华人民共和国刑事诉讼法》第173 条第二款的规定,决定对裘某某不起诉。"

二、存疑不起诉抗辩观点

(一)现有证据无法证明行为人主观明知他人意欲骗取国家出口退税款的故意

杭萧检公诉刑不诉〔2016〕124 号《不起诉决定书》③中表述:"经本院审查并退回补充侦查一次,本院认为杭州市公安局萧山区分局认定被不起诉人叶某某主观明知'他人意欲骗取国家出口退税款'的证据不足,且也不能认定被不起诉人叶某某构成其他犯罪,没有再次退回补充侦查必要,不符合起诉条件。依照《中华人民共和国刑事诉讼法》第171 条、《人民检察院刑事诉讼规则(试行)》第 403 条第二款的规定,决定对叶某某不起诉。"

---

① 2018 年 8 月 20 日摘自人民检察院案件公开信息网。
② 同上。
③ 同上。

（二）证据未达到事实清楚、证据确实充分的起诉条件

昆检诉刑不诉〔2018〕12 号《不起诉决定书》①中表述："经本院审查并退回两次补充侦查，现有证据未达到事实清楚，证据确实充分的起诉条件，根据《中华人民共和国刑事诉讼法》第 171 条第四款、《人民检察院刑事诉讼规则（试行）》第 404 条第一款第（二）项之规定，决定对内蒙古＊＊有限公司不起诉。"

类似不起诉案例还有：观检公诉刑不诉〔2017〕9、10、11 号；惠检诉刑不诉〔2017〕28、29、30 号；佛三检刑不诉〔2016〕44、46 号。

三、法定不起诉抗辩观点

未检索到法定不起诉的案件，根据《中华人民共和国刑事诉讼法》第 173 条第 1 款的规定："犯罪嫌疑人没有犯罪事实，或者有本法第 15 条规定的情形之一的，人民检察院应当做出不起诉决定。"

《中华人民共和国刑事诉讼法》第 15 条规定，有下列情形之一的，不追究刑事责任，已经追究的，应当撤销案件，或者不起诉，或者终止审理，或者宣告无罪：

（1）情节显著轻微、危害不大，不认为是犯罪的。

（2）犯罪已过追诉时效期限的。

（3）经特赦令免除刑罚的。

（4）依照刑法告诉才处理的犯罪，没有告诉或者撤回告诉的。

（5）犯罪嫌疑人、被告人死亡的。

（6）其他法律规定免予追究刑事责任的。

第四节　骗取出口退税罪在认定的案例借鉴

一、骗取出口退税罪的既遂标准裁判案例

现以浙江省桐乡市人民法院（2016）浙 0483 刑初 50 号《刑事判决书》②进行阐释。

（一）基本案情

2012 年，被告人章某通过接受外商客户订单，下单给浙江某某家纺有限公司生产围巾等产品，生产完工后由被告人章某负责装箱、运输及办理报关、货物出口手续，浙江某

---

① 2018 年 8 月 20 日摘自人民检察院案件公开信息网。

② 2020 年 1 月 9 日摘自中国裁判文书网。

某家纺有限公司收取外商货款和出口退税后扣除一定生产成本和部分税金将余款支付给被告人章某。2012年9月,被告人章某结伙他人经预谋后,在浙江省绍兴县某镇亭桥村被告人章某的仓库内,将浙江某某家纺有限公司生产的围巾替换为事先在义乌小商品市场采购的塑料水壶、垃圾桶等不可退税货物,并以出口围巾的名义申报宁波北仑海关欲骗取出口退税,后被海关当场查获,没有成功办理退税。上述涉案货物申报价格计人民币642 268.73元,如果成功出口可骗取税款102 763元。

(二)人民法院裁判结果

被告人章某结伙他人以欺骗手段,欲骗取国家出口退税款102 763元,数额较大,其行为已构成骗取出口退税罪。公诉机关指控的罪名成立。被告人章某已着手实施犯罪,因意志以外原因未能得逞,系未遂,依法可以比照既遂犯从轻处罚。被告人章某系自首,依法可以从轻处罚。

二、认定骗取出口退税罪构成要件的裁判案例

现以浙江省杭州市西湖区人民法院(2015)杭西刑初字第355号《刑事判决书》、浙江省杭州市中级人民法院(2015)浙杭刑终字第1130号《刑事裁定书》[①]为例进行阐释。

(一)基本案情

2010年2月至2014年3月,余某洪在经营被告单位富尔顿公司期间,从其另一经营的杭州某某纸张有限公司以完税价采购相关货物,后明知这些出口货物的海关商品编码(税号)与海关认定的编码不符,为了企业利益,指使周某在出口贸易中,将82单食品包装纸、烤箱纸、硅油纸、蜡纸、大规格防油纸等纸张故意以食品包装纸、厨房用纸等品名,以48239090海关商品编码(退税率为13%)向海关报关,利用海关不是每单必查的查验制度,蒙混过关,骗取海关的查验,并在海关查验后出口结汇。其明知上述出口货物不能退税,仍将相关单据及原采购出口货物时取得的完税增值税发票(进项抵扣凭证)提交西湖区国家税务局申请出口退税,西湖区国家税务局根据其提供的上述报关单、进项增值税发票、合同等资料共计向被告单位富尔顿公司退税人民币1 844 122.88元。

(二)人民法院裁判结果

经查,虽本案外贸交易行为真实,但到案证据已经证实涉案商品均非可退税商品,被告单位及被告人均明知,被告单位将退税率为0的商品申报为退税率为13%的商品,并向税务部门申请出口退税,另被告人余某洪、周某在出口申报品名时故意不注明影响编码认定的涂布要素,且均曾供认存在侥幸心理,想骗取一点出口退税,以上足以反映被告

---

① 2020年1月9日摘自中国裁判文书网。

单位富尔顿公司具有虚报编码骗取出口退税的主观故意和行为,被告单位富尔顿公司的行为符合《最高人民法院关于审理骗取出口退税刑事案件具体应用法律若干问题的解释》第 2 条第(四)项"以其他手段骗取出口退税款的"的特征,具备骗取出口退税犯罪构成要件,故对上述辩解及辩护意见均不予以采纳。

三、无主观故意不构成骗取出口退税的裁判案例

现以浙广东省广州市中级人民法院(2016)粤 01 刑初 472 号《刑事判决书》[①]为例进行阐释。

(一)基本案情

G 德览贸易有限公司(简称德览公司)为外贸企业,具有进出口经营权和出口退税权,徐某伟任该公司法定代表人,为该公司的实际负责人。2013 年,经与林某坤、张某萌商议,徐某伟同意林某坤、张某萌挂靠德览公司从事服装出口业务,由德览公司负责提供加盖公章的空白采购合和报关单给林某坤、张某萌,由林某坤、张某萌自行负责组织货源和自行报关出口,德览公司在收到林某坤、张某萌提供的出口合同、报关单证及发票等资料后,再向国税部门申请退税,并按照出口金额每美元收取人民币 0.03 元至 0.05 元的比例收取手续费。

2013 年 10 月至 2014 年 11 月间,德览公司通过上述方式共接收林某坤、张某萌提供的由 C 市金某服装加工有限公司、C 市兴兴绒毛服装加工有限公司、R 市超越服装有限公司、J 县恒合绒毛制品厂等四家公司开具的增值税专用发票 930 份,并持其中的 900 份发票向国家税务部门申报出口退税,共计申请退税款人民币 13 982 187.38 元,其中已经实际退税人民币 10 256 301.61 元,所申请的退税款扣除应收取的挂靠费后,余款均汇入林某坤指定的账户。

(二)人民法院裁判结果

人民法院认为,德览公司以及作为德览公司直接负责的主管人员徐某伟,利用德览公司作为进出口公司可以申请退税的资质,为他人提供挂靠服务,在不见客户、不见货物、不见外商的情况下,允许挂靠人自带客户、自带货源、自行报关从事出口业务,并持挂靠人提供的发票申请退税,显属违法违规行为。但本案并无证据证实德览公司主观上明知挂靠人具有骗取出口退税的故意,不能排除德览公司确系被挂靠人蒙蔽的合理怀疑。德览公司及其诉讼代表人、徐某伟及其辩护人所提辩护意见合理,人民法院依法予以采纳。人民检察院指控德览公司、徐某伟骗取出口退税的事实不清,证据不足,指控的罪名

---

① 2020 年 1 月 9 日摘自中国裁判文书网。

不能成立。

四、关于取得了虚开的增值税发票是否就构成骗取出口退税罪的裁判案例

《财政部　国家税务总局关于防范税收风险若干增值税政策的通知》(财税〔2013〕112号)第1条第四项规定:"本通知所称虚开增值税专用发票或其他增值税扣税凭证,是指有为他人虚开、为自己虚开、让他人为自己虚开、介绍他人虚开增值税专用发票或其他增值税扣税凭证行为之一的,但纳税人善意取得虚开增值税专用发票或其他增值税扣税凭证的除外。"据此,外贸企业善意取得虚开增值税专用发票,不按骗取出口退税处理。现以浙江省衢州市中级人民法院(2013)浙衢刑初字第18号《刑事判决书》[①]为例进行阐释。

(一)基本案情

丽新帽厂成立于2001年6月22日,系毛某幸投资设立的个人独资企业,法定代表人为毛某幸,负责该厂的经营管理。2009年上半年,经崔某提议,毛某幸向他人咨询后双方商定,除向丽新帽厂采购服装外,利用丽新帽厂的一般纳税人资格,将崔从他人处采购的未完税服装虚构成丽新帽厂生产的完税服装,通过外贸企业出口至危地马拉,以申报退税,同时崔按实际出口金额支付丽新帽厂每美元7分钱的费用。因申请退税需要丽新帽厂向外贸企业开具增值税专用发票以确认出口服装已缴纳增值税,为少缴或不缴税款,降低开票成本,崔某、毛某幸从广东、浙江、江苏、湖北等地100余家单位购买大量增值税专用发票用于抵扣丽新帽厂开出的税票。自2009年至2010年年底,崔某和毛某幸以丽新帽厂的名义通过衢州市某鹰贸易有限公司(简称某鹰公司)及衢州市某福贸易有限公司(简称某福公司)出口4635889件服装至危地马拉,共计退税14 781 306.10元。

(二)人民法院裁判结果

外贸企业某鹰公司和某福公司虽然取得了虚开的增值税专用发票并办理了出口退税,但由于无证据证明其存在骗取出口退税的故意,因此衢州市人民检察院做出对外贸企业不予起诉的决定,而丽新帽厂及其负责人,则被衢州市中级人民法院判决构成骗取出口退税罪。由此可见,在认定骗取出口退税时,应当分别审查企业的主观故意。

---

① 2020年1月9日摘自中国裁判文书网。

第二十一章　骗取出口退税罪案例解析和大数据分析报告

骗取出口退税罪是指故意违反税收法规,采取以假报出口等欺骗手段,骗取国家出口退税款,数额较大的行为。本章通过典型案例以及大量的司法裁判实践来分析骗取出口退税的犯罪问题。

第一节　骗取出口退税罪案例解析

一、司法裁判案例

(一)基本案情①

(1) N新达通企业服务有限公司(简称新达通公司)于2014年2月24日成立,经营范围包括货物及技术进出口、国际货物代理业务等,法定代表人梁某,实际经营人及董事长马某东。2014年3月6日被Y市X区国家税务局认定为增值税一般纳税人,2014年3月18日被Y市X区国家税务局认定具有出口货物退(免)税资格。

2014年1月,彭某某带阿尔及利亚外商订购港祥公司(林某某)学生校服,口头约定销售价格68.0534万元。彭某某为此支付订金13万元。彭某某将该出口货物信息告知马某东。因港祥公司无法开具增值税专用发票,马某东与彭某某以及彭某某的员工丁某某商议由母婴坊公司代开增值税专用发票。

2014年4月25日,新达通公司给母婴坊公司转账68.2826万元。当天,母婴坊公司扣除2.731304万元后,将剩余的65.551296万元通过其公司员工朱某乙账户转入李某甲账户,李某甲扣除2.731304万元后,将剩余的62.819992万元转给彭某某。2014年4月25日、4月26日,彭某某给林某某账户分别转入50万元、5.0534万元。至此,彭某某共支付给林某某68.0534万元。

2014年4月26日,新达通公司以自营方式将港祥公司的货物报关出口,取得报关单

---

① 2020年3月12日摘自中国裁判文书网。

1 份。2014 年 5 月 30 日,母婴坊公司给新达通公司虚开了 7 张增值税专用发票,金额为 58.361 197 万元,税额 9.921 403 万元,价税合计 68.282 6 万元。

结汇后,新达通公司使用上述报关单和增值税专用发票,骗取出口退税款 9.337 792 万元。

(2) S 市鑫宇辉实业有限公司(简称鑫宇辉公司)于 2003 年 11 月 25 日成立,经营范围包括电子产品、模具、环保材料的设计研发及销售,国内贸易,货物及技术进出口等,法定代表人邓某某,股东邓某某、蒋某靖,实际经营人蒋某靖。S 赣锋安科有限公司(简称赣锋安科公司)于 2011 年 11 月 25 日成立,经营范围包括电子烟及烟器具的研发及销售,电子产品及组件、锂电池的研发及销售,国内贸易,货物及技术进出口等;法定代表人蒋某靖,股东蒋某靖、袁某某。

2014 年 4 月至 2014 年 12 月期间,蒋某靖在经营鑫宇辉公司、赣锋安科公司过程中,利用部分出口贸易商出口货物无需开票办理出口退税的机会,在该公司无真实货物买卖的情况下,冒用其他公司或个人的出口货物信息,高报货物出口价格,与新达通公司签订相关合同,由新达通公司以自营方式报关出口,取得报关单 34 份。同时,蒋某靖通过支付开票手续费的手段从山新公司、维尔康公司等单位获取增值税专用发票。蒋某靖套用上述发票及 TCL 公司为鑫宇辉公司、赣锋安科公司开具的增值税专用发票作为进项,向新达通公司开具销项发票。新达通公司使用上述报关单及发票向 Y 市 X 区国家税务局申报出口退税。通过上述借货配票的手段,蒋某靖以鑫宇辉公司的名义骗取出口退税款共计人民币 244.366 037 万元、以赣锋安科公司名义骗取出口退税款共计人民币 219.216 544 万元。为实现骗取出口退税中资金链的闭合,蒋某靖还从鹏之冠公司、刘某等单位或个人处购买外汇。

(二) 被告人蒋某靖及辩护律师辩护意见[①]

(1) 蒋某靖意见:①蒋某靖一直从事真实的出口业务;②蒋某靖未向他人购买出口信息;③蒋某靖委托新达通公司的所有出口业务均系其所在公司的真实出口业务,新达通公司提交的税务机关的《函调》、出口报关单及新达通公司的收货人员、相应的物流公司等均能证实;④《司法鉴定意见书》在内容和形式上均不合法,不能作为证据使用;⑤即使本案犯罪事实成立,也应系单位犯罪。

(2) 蒋某靖的辩护人提出以下辩护意见:①蒋某靖公司使用本案业务模式的目的是为了将业务做大做强,增加公司流水,以便吸引基金等投资机构从而获取融资,而非为了骗取出口退税款。②蒋某靖公司不是出口退税的责任主体,新达通公司是本案涉税违法责任主体,在新达通公司不承担责任的情况下,去追究蒋某靖的责任不当。③即使罪名

---

① 2020 年 3 月 12 日摘自中国裁判文书网。

成立也应该是单位犯罪,而不是自然人犯罪。④国家实际退还了出口退税款的观点没有证据支持。⑤新达通公司申请出口退税没有造成国家出口退税款的损失,因为所退税款已经由蒋某靖的公司实际申报缴纳。⑥指控蒋某靖购买出口信息骗取出口退税不能成立,蒋某靖无论是购买出口信息还是购买出口货物,两种方式对蒋某靖公司负担的增值税以及新达通公司申请的出口退税额都是一样的。⑦税务稽查报告提及的实际已退税款缺乏证据支持,且稽查报告只是税务机关稽查过程中的阶段性内部文书,并不是最终的结论文书,不具有对外执法的法律效力,不属于刑事诉讼法规定的刑事证据。⑧会计师事务所不具有对税收问题进行鉴定的资质和能力,鉴定人曾对新达通公司同时期的财务进行过审计,应当回避。鉴定人没有独立的判断立场和中立的鉴定能力。报关单尾号为7853所对应的货物并不是张某某的,司法鉴定意见书不能作为有效证据使用。⑨本案出口退税环节没有发生假报出口的情形,蒋某靖代办出口经过上游货主的同意。⑩指控蒋某靖提高出口报关单价的证据不足,且不属于骗税手段。⑪现有证据不足以证明邓某某和袁某某转账给韩某某的1 500万元、李某乙的2 400余万元是蒋某靖购买外汇用于骗取出口退税。⑫现有证据无法证明蒋某靖公司向TCL公司购货是为了匹配虚假出口信息达到骗税目的。⑬蒋某靖公司没有虚开和接受虚开,指控的接受虚开不是发生在出口退税环节,且缺乏证据支持。⑭指控的虚开发票方均未被追究责任。⑮B国税局的复函可以印证S市鑫宇辉实业有限公司和S赣锋安科有限公司获取的进项增值税专用发票不存在虚开情形。⑯蒋某靖公司向新达通公司开具的增值税专用发票不是虚开。综上,蒋某靖无罪。蒋某靖的辩护人为证明以上辩护观点,当庭出示了S市鑫宇辉实业有限公司、S赣锋安科有限公司增值税专用发票抄报税情况表、增值税纳税申报表、增值税实缴情况表等证据。

(三)新达通公司及辩护律师辩护意见[①]

(1)新达通公司诉讼代表意见:①新达通公司正常的与母婴坊公司签订合同、转入货款,并正常接受增值税专用发票,但最终是丁某某没有安排母婴坊公司实际生产货物,新达通公司对此并不知情,丁某某、彭某某的证言不应当被采信。在该单业务中,新达通公司完全按照国家税务总局公告2014第13号以自营身份参与外贸出口业务,主观上没有骗取出口退税款的故意。②新达通公司出口的货物是真实的,不具备虚构已税货物出口事实的目的,新达通公司接受外商委托,代为出口货物,货物真实存在,发票也真实,其按照外贸综合服务规定进行退税并没有违反相关规定。综上,新达通公司不构成犯罪。

(2)新达通公司的辩护人提出以下辩护意见:①新达通公司是受外商苏莱曼国际商贸有限公司的委托出口母婴坊公司供应的货物,港祥公司并非新达通公司的服务对象;

---

① 2020年3月12日摘自中国裁判文书网。

②彭某某、丁某某的证言与朱某乙、林某某的证言及书证相互矛盾,不应被采信;③货物真实出口,发票真实,新达通公司具备出口退税资格,不存在以假报出口或者其他欺骗手段骗取出口退税的目的;④出口货物系已税货物,退税额比缴纳税额少,未给国家税款造成损失,本案发票不属于虚开增值税专用发票;⑤代办退税的出口业务如发生骗取出口退税等涉税违法行为的,生产企业应作为责任主体承担法律责任。综上,新达通公司无罪。

(四) 被告人马某东及辩护律师辩护意见①

马某东意见:新达通公司主观上没有骗取出口退税款的故意,客观上没有占有退税款,新达通公司及马某东无罪。

马某东的辩护人提出以下辩护意见:(1)涉案货物已出口并实际缴纳了税款,新达通公司的退税行为是依照法律法规进行的正常程序,在货物出口退税环节,新达通公司没有任何违法犯罪行为;(2)母婴坊公司开具的发票是否存在问题与新达通公司无关;(3)新达通公司未实施任何骗取出口退税的行为,原判认定的事实证据不足。综上,新达通公司及马某东无罪。

(五) 人民检察院意见②

人民检察院的意见是:(1)蒋某靖的辩护人提交的增值税专用发票抄报税情况表、增值税纳税申报表、增值税实缴情况表等证据只能证明对于涉案的向新达通公司开具了增值税专用发票的货物属于内销货物,蒋某靖的公司对此承担了代缴购进方进项增值税税款的义务,而这一部分税款作为内销税款按照国家规定不能用来申报出口退税,辩护人提交的其他证据与本案涉案事实不具有关联性;(2)本案在案证据来源合法,能够相互印证,形成完整的证据链,证实蒋某靖、马某东、新达通公司骗取出口退税款的犯罪事实,一审审判综合全案证据情况认定事实和适用法律正确,量刑适当,审判程序合法,建议二审人民法院驳回上诉,维持原判。

(六) 人民法院裁判结果③

(1) 一审人民法院认为,依据《中华人民共和国刑法》第 204 条第 1 款,第 111 条,第 72 条第 1 款、第 3 款,第 73 条第 2 款、第 3 款之规定,判决:①被告人蒋某靖犯骗取出口退税罪,判处有期徒刑 12 年,并处罚金人民币 600 万元;②被告单位新达通公司犯骗取出口退税罪,判处罚金人民币 15 万元;③被告人马某东犯骗取出口退税罪,判处有期徒刑 1 年,缓刑 2 年,并处罚金人民币 15 万元;④向被告人蒋某靖追缴违法所得人民币

---

① 2020 年 3 月 12 日摘自中国裁判文书网。
② 同上。
③ 同上。

4 635 825.81元[已冻结邓某某名下的 514 401.63 元、从邓某某等人处共扣押 243.797 9 万元(详见综合证据 5 项⑧),剩余部分继续追缴];向被告单位新达通公司及被告人马某东追缴违法所得人民币 93 377.92 元(已冻结被告单位新达通公司人民币 618 059.47 元、美元 127 012.21 元、扣押被告人马某东 4 900 元,扣除违法所得及罚金后剩余部分发还被告单位)。其他未随案移送的涉案物品及财产由查封、扣押、冻结机关依法处理。

(2) 二审人民法院认为,经查,彭某某的证言称其告诉马某东港祥公司开不了增值税专用发票,马某东对其说可以找别的公司开具等额的增值税专用发票,丁某某通过一个叫李某甲的人联系到了母婴坊公司的老板朱某乙,朱某乙说可以开票,但是母婴坊公司需要收取 4 个点的开票费。丁某某将这个情况反馈给马某东,马某东说谁开无所谓,只要把等额的增值税发票给他就行了,剩下的由他们操作。丁某某的证言称福建石狮的林老板开不了增值税专用发票,其将这个事情告诉了马某东的公司,他们让其找个熟悉的人把增值税专用发票开出来就行了,剩余的事情由他们来操作。林某某的证言称其没有将卖给彭先生的货物卖给母婴坊公司,其与母婴坊公司没有任何业务往来,其没有收到退税款,其不知道出口退税这回事。朱某乙的证言称丁某某没有给其公司生产任务和生产资料,增值税专用发票上所记载的货物既没有生产也没有销售。新达通公司于 2014 年 5 月 15 日、22 日分别给厦门海关驻海沧办事处的情况说明中亦提到外商向港祥公司订购服装,因港祥公司生产能力有限,无法在规定期限内完成订单数量,故将该笔订单外发给母婴坊公司代为生产。企业网上银行电子回执、银行卡交易明细、账户历史交易清单等证据证实母婴坊公司收到新达通公司转账 68.282 6 万元后扣除 2.731 304 万元,将剩余 65.551 296 万元通过朱某乙账户转入李某甲账户,李某甲扣除 2.731 304 万元后将剩余 62.819 992 万元转入彭某某账户,彭某某向林某某账户转入人民币 50 万元、5.053 4 万元。上述证据相互印证。

经查,王某甲的证言称蒋某靖帮其公司出口货物,每单业务可以退给其公司一定补贴;侦查机关向其出示的报关单上的货物单价和金额要比生产厂家提供给兆泉美信公司的实际出口单价和金额要高。陈某的证言称赣锋安科公司给其公司支付过服务费;其发现报关单上的单价和金额与其提供给赣锋安科公司的不一样,王某丙让其不要管,之后其就不再提供出口货物的单价和金额。刘某某的证言称蒋某靖的公司代理其公司出口一台液晶显示器,其公司会得到 8 至 10 元人民币不等的补贴,并且所有的报关费用以及运费均由蒋某靖的公司承担;侦查机关向其出示的报关单上的单价从 70 美元至 145 美元不等,而鹏之冠公司实际出口的货物单价都是在 40 美元左右;袁某某账户向其妻子韩某某账户转入 1 500 余万元用于购买外汇。赵某某的证言称蒋某靖的公司代其公司出口货物,所有报关以及从深圳到中国香港的运费均由蒋某靖的公司支付,其公司不承担任何费用;其与外商协议的单价是 7.6 美元,但报关单上所报的产品单价全部是 13 美元,这比其和外商协定的单价高出将近一倍。刘某的证言称蒋某靖公司代其出口货物向其支付的好处费共计人民币 13.212 9 万元,其只给蒋某靖出口货物信息,其他的退税资料以及增值税专用发票是从哪里来的其不知道;大约在 2014 年 10 月份左右,海关查验其出口的货物时,其才知道蒋某靖报关的价格比较高(以尾号为 1735 的报关单为例,每台液晶电视的报关价格为 165 美元,但实际出售价格为 67.65 美元),其告诉蒋某靖把货物价格报得太高容易引起海关查验耽误船期,容易招致外商客户索赔,蒋某靖对其说发票就是这么多没办法。张某某的证言称其给蒋某靖提供过 2 个柜子的报关信息,一个收了 3 000 元,一个收了 36 450 元。王某丙的证言称兆泉美信公司、鹏之冠公司、声派尔公司、刘某、张某某的货物在报关前,其都请示过蒋某靖,蒋某靖根据从其他地方开的增值税专用发票价格确定货物单价和金额,其再将修改后的信息发给新达通公司。上述证人证言还证实鹏之冠公司、声派尔公司、合肥五矿公司、兆泉美信公司从未向鑫宇辉公司、赣锋安科公司开具过增值税专用发票,且兆泉美信公司系从事货代业务的中介机构,并非生产企业,对出口货物不享有所有权,无权出售出口货物。张某某系从事炒单业务的个人,亦无法开具增值税专用发票。上述证人证言,结合收集在卷的付款申请单、核算单、记账凭证、收缴款项统计表、收款收据、王某丙记载的银行日记账等证据能够证实蒋某靖从鹏之冠公司(韩某某)、刘某(李某乙)等单位或个人处购买出口货物信息、购买外汇并支付好处费、高报价格出口的事实。蒋某靖利用其他公司开出的销售发票作为进项,又向新达通公司开具销项发票,造成自己已经缴纳增值税的假象后骗取退税款,其结果必然增加国家退税款的支出。

据上,新达通公司、马某东、蒋某靖及其辩护人所提相应意见与查明的事实和证据不符,人民法院不予采信。蒋某靖作为鑫宇辉公司、赣锋安科公司直接负责的主管人员,采取借货配票的手段,骗取国家出口退税款共计人民币 463.582 581 万元,数额特别巨大,其行为已构成骗取出口退税罪。新达通公司明知港祥公司无法开具增值税专用发票,不享受国家出口退税利益,仍然让母婴坊公司给其虚开增值税专用发票,骗取国家出口退税款共计人民币 9.337 792 万元,数额较大,其行为已构成骗取出口退税罪。马某东作为新达通公司直接负责的主管人员,其行为亦构成骗取出口退税罪。原判认定蒋某靖犯骗取出口退税罪的事实清楚,证据确实、充分,审判程序合法,但适用法律错误,且将蒋某靖被采取拘留措施的日期表述错误,人民法院予以纠正。原判认定新达通公司及马某东犯骗取出口退税罪的事实清楚,证据确实、充分,量刑适当,审判程序合法。鉴于蒋某靖的犯罪违法所得已大部分追缴到案,并结合其他量刑情节,二审对蒋某靖的量刑予以调整。依照《中华人民共和国刑法》第 204 条,第 211 条,第 30 条,第 31 条,第 52 条,第 53 条第 1 款、第 72 条第 1 款、第 3 款,第 73 条第 2 款、第 3 款,第 64 条,《最高人民法院关于审理骗取出口退税刑事案件具体应用法律若干问题的解释》第 1 条、第 3 条,《中华人民共和国刑事诉讼法》第 225 条第 1 款第(一)、(二)项,《最高人民法院关于适用〈中华人民共和国刑事诉讼法〉的解释》第 283 条、第 365 条第 2 款之规定,判决如下：①维持 N 回族自治区 Y 市中级人民法院(2016)宁 01 刑初 73 号刑事判决中对原审被告单位新达通公司、原审被告人马某东的定罪、量刑及违法所得追缴部分;②撤销 N 回族自治区 Y 市中级人民法院(2016)宁 01 刑初 73 号刑事判决中对原审被告人蒋某靖的量刑及违法所得追缴部分;③蒋某靖(原审被告人)犯骗取出口退税罪,判处有期徒刑 10 年,并处罚金人民币 500 万元;④追缴 S 市鑫宇辉实业有限公司违法所得人民币 244.366 037 万元、S 赣锋安科有限公司违法所得人民币 219.216 544 万元;⑤涉案财物由查封、扣押、冻结机关依法处理。

二、综合解析

(一)本案骗取出口退税罪的认定

本案经人民法院审查后判定,相关证据能够证实新达通公司对外商向港祥公司订购学生校服、港祥公司开具不了增值税专用发票、不能享受出口退税利益,且港祥公司与母婴坊公司并非挂靠关系,也未利用母婴坊公司对外从事经营活动的事实和过程是明知的,但仍然让母婴坊公司开具增值税专用发票,造成自己已经缴纳增值税的假象,并使用该发票申报出口退税,造成国家出口退税款的损失,其行为已构成骗取出口退税罪。马某东作为新达通公司实际控制人,其行为构成骗取出口退税罪。

同时经人民法院审查,根据案件相关银行账户交易明细、费用报销单及随附增值税专用发票、情况说明、核算单、需跟进事项表及证人证言等证据能够证实多家公司为鑫宇辉公司、赣锋安科公司虚开增值税专用发票,蒋某靖支付开票好处费的事实以及上诉多家公司向侦查机关退缴虚开增值税专用发票所得好处费的事实。蒋某靖与上述多家公司不是买卖、代理、挂靠关系,也不属于如实代开发票关系,为骗取国家出口退税款,又向新达通公司开具增值税专用发票,存在虚开增值税专用发票的行为。本案中蒋某靖利用监管漏洞,将他人有真实出口,但没有退税需求的货物伪报为自己的货物,并以此为基础拼凑相关单证,由新达通公司以自营形式报关出口并向税务机关申报退税。该行为既不符合代理出口的实质要件,也不符合代理出口的形式要件。因此,即便该部分货物已经真实出口,且可以申请退税,但由于鑫宇辉公司、赣锋安科公司并不是真实的出口企业,不享有出口退税利益,蒋某靖利用其他公司开出的销售发票作为进项,又向新达通公司开具销项发票,造成自己已经缴纳增值税的假象后骗取退税款。

(二)司法鉴定意见书、税务稽查报告能否作为证据使用

本案中蒋某靖的辩护人提出鉴定人不具有税务鉴定资格和能力,不能对本案做出鉴定的辩护意见并无事实和法律依据。经审查认定涉案会计师事务所及做出本案司法鉴

定意见书的相关鉴定人员均具有司法会计鉴定资格,且鉴定并未超出其业务范围,鉴定程序符合规范。本案鉴定人曾对新达通公司 2014 年度合并经营成果和合并现金流量等做出过审计报告,蒋某靖的辩护人以此为由提出本案鉴定人应当回避,但该次审计与本案司法鉴定属于不同范围的鉴定事项,并不存在应当回避的情形。

税务稽查报告系 Y 市国家税务局稽查局指派稽查人员对新达通公司涉税情况进行检查后做出,之后以 Y 市国家税务局稽查局的名义移送侦查机关。有关鑫宇辉公司、赣锋安科公司骗取出口退税款数额的证据除稽查报告外,还有司法鉴定意见书及 Y 市 X 区国家税务局出具的《新达通公司 2014 年退税明细表》等证据予以佐证。按照《税务稽查工作规程》的规定,税务稽查报告虽由税务检查部门做出,后由税务审理部门进行审核,但并不能据此认定税务稽查报告不能作为证据使用,人民法院审判也是结合其他在案证据综合认定案件事实的。

据上,本案中涉案司法鉴定意见书、税务稽查报告可以作为证据使用。

(三)蒋某靖承担刑事责任是否应以外贸综合服务企业承担相应责任为前提

依据《最高人民法院关于审理骗取出口退税刑事案件具体应用法律若干问题的解释》第 6 条之规定,有进出口经营权的公司、企业,明知他人意欲骗取国家出口退税款,仍违反国家有关进出口经营的规定,允许他人自带客户、自带货源、自带汇票并自行报关,骗取国家出口退税款的,依照刑法第 204 条第 1 款、第 211 条的规定定罪处罚。

经人民法院审查,认为本案中相关证据并不能证实新达通公司明知鑫宇辉公司、赣锋安科公司有骗取国家出口退税款的故意,而故意采取“四自三不见”的方式以自营名义报关出口取得退税款。委托出口企业虽不具有直接出口经营权,但其仍有权享有出口退税利益,所以也可以成为骗取出口退税罪的主体。故是否追究外贸企业的责任并非追究生产企业或委托企业责任的前置条件。

(四)鑫宇辉公司、赣锋安科公司是否属于单位犯罪

经人民法院审查认为相关涉案证据并不能证实鑫宇辉公司、赣锋安科公司系个人为进行违法犯罪活动而设立或者以实施犯罪为主要活动而成立的公司,但本案中检察机关未指控鑫宇辉公司、赣锋安科公司,根据《最高人民法院关于适用〈中华人民共和国刑事诉讼法〉的解释》第 283 条规定,对应当认定为单位犯罪的案件,人民检察院只作为自然人犯罪起诉的,人民法院应当依法审理,按照单位犯罪中的直接负责的主管人员或者其他直接责任人员追究刑事责任,并援引刑法分则关于追究单位犯罪中直接负责的主管人员和其他直接责任人员刑事责任的条款。蒋某靖系鑫宇辉公司的实际经营人及赣锋安科公司的法定代表人,属于直接负责的主管人员,其行为已构成骗取出口退税罪,人民法院应当依法审理,按照单位犯罪中的直接负责的主管人员追究刑事责任。

三、案例扩展分析

(一) 证实骗取出口退税罪的基本证据

(1) 犯罪主体就直接负责的主管人员和其他直接负责人员的职务证明。

(2) 相关内贸、外贸的合同文本、档案。

(3) 伪造或者签订虚假的买卖合同。

(4) 以伪造、变造的出口货物报关单。

(5) 虚开、伪造、非法购买的增值税专用发票或者其他可以用于出口退税的发票。

(6) 虚构的其他已税货物出口事实的,申请出口退税的相关资料。

(7) 将未纳税或者免税货物作为已税货物出口的,未纳税的有关证明或者货物免税的有关海关证明。

(8) 反映犯罪嫌疑人虚构该出口货物的品名、数量、单价等的有关书面资料。

(9) 有关会计记账凭证。

(10) 出口货物的入库单据及库存明细账。

(11) 银行对账单及收款、付款单据。

(12) 现金结算的,查清现金来源及流向。

(13) 对已申报退税的,犯罪嫌疑人申报退税时的有关单证及相关资料。

(14) 对实际取得出口退税款的数额的说明。

(15) 其他相关证据。

如果证据不确实充分,就不能证实骗取出口退税罪名成立。

(二) 证据不足不起诉案例

(1) 内蒙古包头市昆都仑区人民检察院昆检诉刑不诉〔2018〕12 号《不起诉决定书》①中表述:"被不起诉单位内蒙古某有限公司在 2006 年至 2011 年期间,向包头市国税局以出口民用航空连接件的名义申请出口退税 31 笔,金额为 6 208 896.12 元。内蒙古某有限公司曾被天津海关、青岛海关行政处罚,处罚理由为伪造品名、高报价格、高报数量。内蒙古某有限公司谎称向美国、香港出口民用航空器连接件,并以此为理由向包头市国税局申请出口退税,涉嫌骗取出口退税罪。

经向波音(中国)投资有限公司核实,其公司未与内蒙古某有限公司发生过任何贸易往来。经向民航管理局华北地区管理局适航管理处核实,内蒙古某有限公司不具备生产民用航空零件的资质。

---

① 2020 年 2 月 20 日摘自 12309 中国检察网。

经人民法院审查并退回两次补充侦查,现有证据未达到事实清楚、证据确实充分的起诉条件,根据《中华人民共和国刑事诉讼法》第 171 条第四款、《人民检察院刑事诉讼规则(试行)》第 404 条第一款第(二)项之规定,决定对内蒙古某有限公司不起诉。"

(2) 宁夏回族自治区银川市中级人民法院(2019)宁 01 行终 165 号《行政判决书》①中表述:"本院认为,本案争议的焦点为被上诉人德泓国际是否提供了虚假备案单证的货物。被上诉人的备案单证系中间代理机构或者船公司提供,并非被上诉人自行制作。对该备案单证与上诉人市稽查局调取的海运提单上的货物名称记载不一致的原因,上诉人市稽查局未予核实,且上诉人市稽查局称其对涉案货物是否实际出口未作认定。在无法确定备案单证与上诉人市稽查局调取的单证记载的货物名称为何不一致,被上诉人的货物是否实际出口的情况下,上诉人市稽查局仅以被上诉人提供的报关单及备案单证与其调取的海运提单记载不一致为由,认为被上诉人提供了虚假备案单证的货物,做出涉案税务行政处理决定,证据不足。故一审判决撤销涉案税务行政处理决定及复议决定,并无不当。"

第二节 骗取出口退税罪大数据分析报告

自 2014 年 1 月 1 日起,《最高人民法院关于人民法院在互联网公布裁判文书的规定》颁布实施,要求全国各级人民法院将除涉及国家秘密、个人隐私、未成年犯罪、调解结案等情形之外的全部生效裁判文书在互联网公布。最高人民法院于 2016 年对上述规定进行了修改,进一步扩大了公布裁判文书的范围,并对公布的技术措施作了更加明确和具有可操作性的规范。

本报告通过对中国裁判文书网数据库的搜索,选取了 2016 年至 2017 年的骗取出口退税罪裁判文书,从被告人的情况、犯罪情况(被告人职位、骗取出口退税金额等)、律师辩护意见及人民法院采信情况、量刑分布等维度进行分析,揭示骗取出口退税罪近两年的审判规律,希望通过分析和研究,展现全国骗取出口退税罪的基本情况、判决要点、辩护效果等数据总结。

一、整体分析

(一)基本情况分析

(1)总体情况。

---

① 2020 年 2 月 20 日摘自中国裁判文书网。

在2016年至2017年骗取出口退税罪的56件裁判案件中,2016年审理31件、2017年审理25件。

从各省级行政区域的情况来看,骗取出口退税罪刑事案件的分布情况为:浙江省20件、广东省8件、福建省5件、江苏省4件、上海市5件、安徽省2件、河南省2件、湖南省2件、四川省2件、山东省1件、宁夏回族自治区2件、新疆维吾尔自治区1件、辽宁省1件、北京市1件。

(2)审理人民法院情况如图21-1所示。

由基层人民法院一审审理的26件,由中级人民法院一审审理的7件;由中级人民法院二审审理的11件,由高级人民法院二审审理12件。

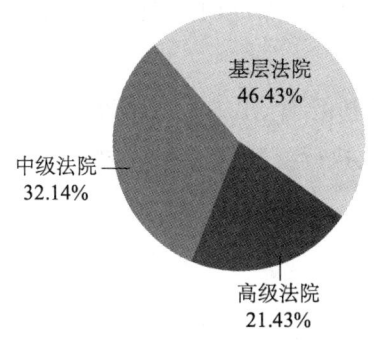

图21-1　审理人民法院级别示意图

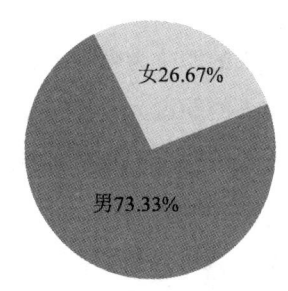

图21-2　犯罪主体性别示意图

(3)在2016年至2017年骗取出口退税罪的裁判案件中,无二审抗诉案件;撤回上诉1件。

(4)犯罪主体的构成。

据统计,在56件裁判案件中,涉及企业构成骗取出口退税罪的有27件,占总数的48.21%。

(5)被告人的性别构成如图21-2所示。

在裁判文书中,涉诉被告人共有109人。有34人无法检索出犯罪主体的性别。

在可以有效检索出犯罪主体性别的裁判文书中,男性被告人共55人,占总数的73.33%;女性被告人共20人,占总数的26.67%。

(6)被告人文化程度。

据统计,在109名涉诉被告人中,有62名被告人被记载了文化程度,其中:

高中/中专文化的有18名,占比为29.03%。

初中文化的有17名,占比为27.42%。

大专文化的有16名,占比为25.81%。

大学文化的有8名,占比为12.90%。

研究生文化的有 2 名,占比为 3.23%。

小学文化的有 1 名,占比为 1.61%。

(7) 被告人职位情况。

据统计,在 109 名涉诉被告人中,有 73 名被告人被记载了职位(重复计算),其中最主要的情况如下:

有 19 名被告人的职位为法定代表人,占比为 26.02%。

有 15 名被告人的职位为实际经营者或负责人,占比为 20.55%。

有 12 名被告人的职位为(副)总经理,占比为 16.44%。

有 8 名被告人的职位为公司股东,占比为 10.96%。

有 8 名被告人的职位为受雇于公司的工作人员(如部门经理、业务员等),占比为 10.96%。

有 6 名被告人的职位为财务人员(含财务经理、会计、出纳),占比为 8.22%。

有 4 名被告人的职位为董事会成员(董事长、执行董事、董事),占比为 5.48%。

有 1 名被告人的职位为监事,占比为 1.37%。

(二) 影响量刑的情节分析

1. 自首、坦白情节

认为涉及自首情节的有 31 件,人民法院认定具有自首情节的 20 件;认为涉及坦白情节的有 21 件,人民法院认定具有坦白情节的有 19 件。

2. 立功情节

认为涉及立功情节的有 3 件,人民法院认定具有立功情节的有 2 件。

3. 共同犯罪案件

人民法院认定为共同犯罪案件的有 17 件。

(三) 采取的强制措施情况

据统计,在 109 名涉诉被告人中,有 20 人无法被检索出是否被采取了强制措施情况。

在可以有效检索出采取强制措施情况的裁判文书中,被逮捕的有 66 人,占总数的 74.16%;被取保候审的有 22 人,占总数的 24.72%,被监视居住的有 1 人,占总数的 1.12%,如图 21-3 所示。该罪的取保成功率较低。

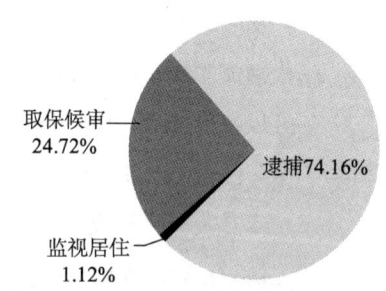

图 21-3　采取强制措施示意图

(四) 骗取出口退税的金额

(1) 在 2016 年至 2017 年骗取出口退税罪的裁判案件中,被告人或被告单位骗取出口退税的金额如下：

① 有 24 件案件的被告人或被告单位骗取出口退税的金额不满 100 万元。

② 有 20 件案件的被告人或被告单位骗取出口退税的金额在 100 万元以上不满 1 000 万元。

③ 有 12 件案件的被告人或被告单位骗取出口退税的金额在 1 000 万元以上。

（2）骗取出口退税金额（退）缴情况——大多数的案件均在案发后补（退）缴了应纳税款。

据统计，在 56 件裁判案件中，有 31 件补（退）缴了全部（部分）税额，占比为 55.36％。

二、一审案件判决结果分析

据统计，在 2016 年至 2017 年骗取出口退税一审案件中，整体量刑情况如下所示，判决结果图如图 21-4 所示。

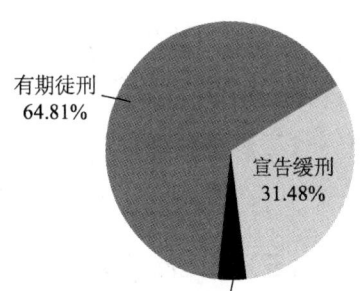

图 21-4　一审案件判决结果图

（一）有期徒刑

判处有期徒刑的有 35 人，占总数（54 人）的 64.81％。

有 10 名被告人被判处有期徒刑不满 5 年。

有 10 名被告人被判处有期徒刑 5 年以上不满 10 年。

有 15 名被告人被判处有期徒刑 10 年以上，其中有 2 件案件的被告人被判处无期徒刑，剥夺政治权利终身。

（二）宣告缓刑

被判处宣告缓刑的有 17 人，占总数的 31.48％。绝大多数案件均存在退赃的情形。

（三）不构成骗取出口退税罪

被判处不构成骗取出口退税罪的有 2 人，占总数的 3.71％。

（四）被判处拘役

没有出现判处拘役的案件。

（五）免予刑事处罚

没有出现判处免予刑事处罚的案件。

（六）变更罪名

没有出现变更罪名的案件。

（七）人民检察院撤诉

没有出现人民检察院撤诉的案件。

三、二审案件判决结果分析

据统计，在 2016 年至 2017 年骗取出口退税二审案件中，整体裁判情况如下所示，判决结果图如图 21-5 所示。

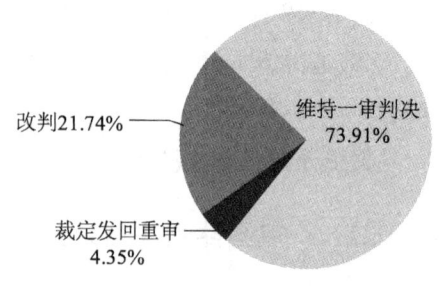

图 21-5　二审案件判决结果图

（一）维持一审判决

二审人民法院维持一审判决的有 17 件，占二审案件的 73.91%。

（二）改判

二审人民法院改判的有 5 件，占二审案件的 21.74%。

（三）裁定发回重审

没有出现二审人民法院裁定发回重审的案件。

（四）撤回抗诉

没有出现二审人民法院裁定撤回抗的案件。

（五）撤回上诉

申请撤回上诉案件 1 件，人民法院裁定准予撤回，占二审案件的 4.35%。

四、辩护情况分析

（1）在 56 份裁判文书中，有辩护人的有 43 件，辩护率为 76.79%，可见当事人越来越重视聘请律师进行辩护。

（2）辩护人辩护意见采纳情况统计，如表 21-1 所示。

表 21-1　辩护人辩护意见采纳情况统计表

辩护意见	出现情况（件）	采纳情况（件）
事实不清、证据不足	13	2
不构成骗取出口退税罪	6	2
不具有骗取出口退税的故意	5	1
骗取的税款已全部或部分退还	9	6

（续表）

辩护意见	出现情况（件）	采纳情况（件）
系单位犯罪，对负责的主管人员可以从轻处罚	3	0
没有取得出口退税款	1	1
没有参与犯罪	2	0
具有出口退税资质	1	0
罪状不符	1	0
有真实的货物出口，仅为贪图利益，请求人民法院区别无货物出口骗取出口退税的行为	2	1
部分犯罪未遂，部分系犯罪预备	1	0
未给国家税收造成流失	2	1
不具备骗取出口退税的能力、条件及动机	1	0
诱供、未审阅笔录等手段属于非法证据	1	0
犯罪未遂	4	4
并处罚金不适当	1	0
建议缓刑	3	0
自首	25	14
立功情节	3	2
主观恶性相对较小	3	1
从轻、减轻	27	24
从犯，次要作用	15	6
系初犯、偶犯	7	4
坦白、如实供述	11	7

五、人民法院观点概览

（一）不具有骗取出口退税的故意

广东省 G 市中级人民法院(2016)粤 01 刑初 472 号《刑事判决书》[①]中表述："本院认

[①]　2018 年 9 月 15 日摘自中国裁判文书网。

为,被告单位德览公司以及作为被告单位直接负责的主管人员被告人徐某伟,利用德览公司作为进出口公司可以申请退税的资质,为他人提供挂靠服务,在不见客户、不见货物、不见外商的情况下,允许挂靠人自带客户、自带货源、自行报关从事出口业务,并持挂靠人提供的发票申请退税,显属违法违规行为。但本案并无证据证实被告单位德览公司主观上明知挂靠人具有骗取出口退税的故意,不能排除被告单位德览公司确系被挂靠人蒙蔽的合理怀疑。被告单位德览公司及其诉讼代表人、被告人徐某伟及其辩护人所提辩护意见合理,本院依法予以采纳。"

(二)骗取出口退税既遂部分与未遂部分如何认定

浙江省 J 市中级人民法院(2017)浙 07 刑终 423 号《刑事裁定书》[1]中表述:"各被告人所涉的骗取出口退税行为既遂部分为 219 万余元,未遂部分为 40 万余元,预备部分为 38 万余元。根据刑法及司法解释的有关规定,应以处罚较重的既遂部分确定法定刑幅度,对未遂及预备部分作为量刑情节予以考虑。"

(三)走私国家禁止进出口的货物和骗取出口退税是否属于牵连犯

浙江省 Q 市 Q 区人民法院(2016)浙 0803 刑初 168 号《刑事判决书》[2]中表述:"关于走私国家禁止进出口的货物和骗取出口退税是否属于牵连犯,应从一重处罚还是数罪并罚的问题,经审理认为应数罪并罚,理由是,本案中消耗臭氧层物质出口后走私行为既遂,无论是否申请出口退税都不影响走私的既遂,申请退税也不是出口的必经程序或自然结果,出口单位可以选择不去申请出口退税。所以本案走私和退税之间不存在方法和结果的关系,也不属于实施某种犯罪的同一过程,即二罪之间不存在刑法意义上的牵连或吸收关系,应数罪并罚。至于辩护人提出的《退税解释》第九条,从一重处罚的前提也要符合牵连犯或吸收犯构成的基本要求,条文中的'虚开增值税专用发票罪等其他犯罪',这个'等'字并不是包含所有的其他犯罪,而是类似于虚开增值税专用发票这种和骗取出口退税之间有方法和结果等密切关系,或者属于实施某种犯罪的同一过程的犯罪行为。"

(四)实施骗取出口退税犯罪,同时构成虚开增值税专用发票罪等其他犯罪的如何判处

广东省高级人民法院(2016)粤刑终 1055 号[3]《刑事裁定书》中表述:"根据最高人民法院《关于审理骗取出口退税刑事案件具体应用法律若干问题的解释》第九条规定,实施骗取出口退税犯罪,同时构成虚开增值税专用发票罪等其他犯罪的,依照刑法处罚较重

---

[1] 2018 年 9 月 15 日摘自中国裁判文书网。
[2] 同上。
[3] 同上。

的规定定罪处罚。"

（五）骗取出口退税罪不以单位犯罪论处的情形

上海市高级人民法院（2015）沪高刑终字第 97 号《刑事裁定书》[①]中表述："经查，美梭公司成立于 2005 年 6 月，从 2009 年在起自营出口及委托中航技上海公司、上海三毛公司、上海轻工公司、上海纺织公司、苏州纺织公司等外贸公司代理出口纺织纱线至香港、新加坡的过程中，通过联系雷灿辉，指令黄带根在香港以益利公司名义收货。待货物到达香港后，又指令雷某辉、黄某根等人将纱线以来料加工或者以羊毛纱线名义报关入境，并通过金国物流公司将纱线从深圳、东莞等地运回上海、河北，重新包装后再由美梭公司出口。

本院认为，根据《最高人民法院审理单位犯罪案件具体应用法律有关问题的解释》，公司、企业、事业单位设立后，以实施犯罪为主要活动的，不以单位犯罪论处。本案中，从相关证人证言、涉案相关书证及美梭公司历年营业收入、虚开增值税专用发票等事实和证据，能够证明黄玉建、陈辉、黄裕春等人以美梭公司名义自 2009 年至案发，并非从事合法经营，而是以货物循环出口的方式骗取出口退税为主要活动，原判依法对本案的骗取出口退税罪不以单位犯罪论处正确。"

六、分析结论

在本次统计中，受"营改增"全面铺开的影响，本罪的犯罪率在上升，且多为数额较大甚至巨大的案件，打击力度和难度都在加大。

---

① 2018 年 9 月 15 日摘自中国裁判文书网。

参考书目

[1] 吴新联.税务稽查案例分析[M].北京:中国税务出版社,2009.

[2] 李瑶,乔梦虎.纳税检查[M].北京:经济科学出版社,2011.

[3] 刘兵.税收程序法概论[M].兰州:兰州大学出版社,2011.

[4] 国家税务总局教材编写组.税务稽查方法[M].北京:中国税务出版社,2008.

[5] 陈发初.税务检查方法与案例[M].北京:中国税务出版社,2006.

后　记

近年来,特别是营改增以后,涉税涉票风险案例不断出现,税务机关也在多层面、全方位地加强对涉税涉票行为的监管,有力的措施之一就是税警联合"打虚""打骗"。对于如何防控涉税涉票风险,我们在从事税法业务的活动中不断地进行了思考,形成了我们自己的实务经验和见解,并已陆续出版了相应的著作。

本书耗费了我们两年时间,拟通过深度解析"打虚""打骗"案例,探究增值税专用发票的法律风险防控。在这两年里,我们分析了《中国税务报》在 2015 年至 2019 年刊出的全部案例和各地税务机关"打虚""打骗"的经验介绍,也分析了税务机关对外公告的税务文书,借鉴了税务机关的有益做法,还研究了数百份司法裁判案例,再结合我们的税法业务实践,最终写成本书。

参与本书编写工作的有北京大成(兰州)律师事务所刘兵律师、中共国家税务总局党校郭勇平教授、北京大成(兰州)律师事务所武雪君律师、甘肃王力律师事务所梁静雲律师、亚信科技(中国)有限公司税务专员朱永芳。具体分工是:刘兵律师拟定全书提纲,撰写第二部分下编,并负责全书统稿定稿;郭永平教授负责税收政策支持;武雪君律师撰写第二部分上编、第三部分,并负责目录编制;梁静雲律师负责案例统筹并编写部分案例,又校对了全书法条和文字;税务专员朱永芳撰写第一部分。中国社会科学院大学税务硕士刘润哲、曹铮、王伟真为本书撰写了个别案例。

在编写本书的过程中,我们得到了北京大成律师事务所冷雪峰律师、北京大成(南宁)律师事务所黄庆坤律师、上海锦天城律师事务所刘云刚律师、广东国智律师事务所徐立律师、北京大成(石家庄)律师事务所徐伟律师、北京大成(广州)律师事务所石淼律师、上海锦天城(合肥)律师事务所吴晓红律师、山东君泓律师事务所徐林勇律师、辽宁申扬律师事务所安庆芳律师、贵州宇辉律师事务所池泽江律师、黑龙江远东律师事务所刘泽羽律师、江苏宏锦律师事务所马慧平律师、兰州大学法学院刘光华教授、广西财经学院财务处潘文泳副处长、山东国信税务师事务所有限公司郝士巍董事长、北京大成（兰州）律师事务所袁先高律师的悉心指导和帮助。给予我们指导的还有税务机关的同志，在此不一一列举。谨此致谢！

刘　兵

二〇二〇年四月二十一日于广东